Ogiermann

Kein Tod
kann uns töten

Kein Tod kann uns töten

Alfred Delp –
Denker und Mahner
in dunkler Zeit

St. Benno-Verlag
Leipzig

Herausgegeben
und mit einer Einführung
versehen von
P. Otto Ogiermann SJ

Der Titel des Buches »Kein Tod kann uns töten« entspricht einem
Wort von P. Delp in seiner Epiphaniebetrachtung Januar 1945
im Gefängnis

Das Faksimile auf dem Einband
zeigt P. Delps letzte Notiz
Nachricht für seine Freunde vor der Hinrichtung.

Der Text auf der Rückseite des Schutzumschlages ist ein Zitat aus
dem Buch von P. Delp »Der Mensch und die Geschichte«.

ISBN 3-7462-0026-1

Die Herausgabe dieser Auswahl
erfolgt mit freundlicher Genehmigung
des Verlages Josef Knecht,
Frankfurt/M.
© der 4bändigen Ausgabe
by Verlag Josef Knecht, Frankfurt/M., 1982

Nur zum Vertrieb und Versand
in der Deutschen Demokratischen Republik
und in den sozialistischen
Ländern bestimmt

1

Eine biographische Einführung

Alfred Delp —
Zeugnis für
den lebendigen Gott

Der Jesuitenpater Alfred Delp starb am 2. Februar 1945 in Berlin-Plötzensee am Galgen.
Plötzensee mit seiner ehemaligen Hinrichtungsstätte für Fallbeil und Strang ist ein Ort, der mit Schaudern und zugleich Ehrfurcht genannt wird. Das Leben vieler Menschen, die sich leidenschaftlich gegen das Böse ihrer Zeit eingesetzt haben, ist dort nach dem ungerechten Spruch faschistischer deutscher Gewalt zu Tode gebracht worden.
Wer ist Pater Delp, der am 11. Januar 1945 in der Stunde nach der Verurteilung schrieb: »Mein Verbrechen ist, daß ich an Deutschland glaubte, auch über eine mögliche Not- und Nachtstunde hinaus ... Und daß ich dies tat als katholischer Christ und als Jesuit.«?
Mit dieser biographischen Einführung wird das Leben Delps in wesentlichen Zügen nachgezeichnet. Manches bleibt ungesagt und ist Aufgabe anderer Arbeiten, so die Auseinandersetzung der katholischen Kirche in Deutschland mit dem Nazismus.
Delps kurzes Leben gliedert sich in vier Etappen: Kindheit und Jugend, Ausbildung im Jesuitenorden und erste öffentliche Aktivitäten, fünf priesterliche Jahre in Freiheit, sechs Monate in Fesseln.
Es ist dies das Leben eines Menschen, der zu Gott unterwegs ist und anderen einen Weg zu Gott bahnen will.

Kindheit und Jugend
Alfred Delp wurde am 15. September 1907, dem Gedenktag »Sieben Schmerzen Mariens«, in Mannheim geboren und in der

dortigen »Oberen Pfarrei« wenige Tage später katholisch getauft. Marientage werden in seinem Leben besondere Daten sein. Am 15. August 1944, dem Fest »Aufnahme Mariens in den Himmel«, wird nach seiner Verhaftung der erste Kontakt zu ihm gelingen – frische Wäsche und Butterbrote. Am 8. Dezember 1944, dem Fest »Mariens unbefleckte Empfängnis«, wird er im Gefängnis seine Letzten Gelübde ablegen. Am Fest »Mariä Lichtmeß« 1945 wird er durch sein Sterben am Galgen das Glaubenszeugnis eines Christen im Widerstand vollenden. In der Lampertheimer Pater-Alfred-Delp-Gedächtniskapelle erinnern die vier Halbbogenfenster in der Kuppel an diese vier Daten. Eine Bekannte von P. Delp, Frau Ruth Kiener-Flamm, hat sie entworfen.
Alfred war das zweite Kind einer katholischen Mutter und eines protestantischen Vaters. Vor ihm war Juliane geboren. Nach ihm kamen Ewald, Gerda, Greta und dann noch Fritz zur Welt.
Vater Johann Friedrich hatte Kaufmann gelernt. Nach dem ersten Weltkrieg wurde er Angestellter der Krankenkasse, zuerst in Darmstadt, dann in Lampertheim. Nach 17 Jahren Gichtleiden starb er dort 1951 im St.-Marien-Krankenhaus.
Alfreds Mutter Maria kam aus einer kinderreichen Familie. Ihre katholischen Eltern waren Bauern mit Haus und Landbesitz in Arlsbach bei Mosbach im Odenwald. Um das Kochen und die Hauswirtschaft zu lernen, ging Maria nach Mannheim. Dort lernte sie durch eine Freundin ihren späteren Mann Johann Friedrich Delp kennen. Sie heirateten.
Alfred wuchs in Hüttenfeld auf, einem kleinen Ort in der Umgebung von Mannheim. Sein Großvater väterlicherseits war dort Förster.
1914 zog die Familie nach Lampertheim, etwa 20 km nördlich von Mannheim. Der katholische Pfarrer Johannes Unger, ein sozial engagierter Mann, wurde der hilfsbereite Freund der Delps. Er brachte die Familie Delp im oberen Stockwerk des katholischen Vereinshauses »Zum Schwanen« unter. Neben dem »Schwanen« liegt die katholische Kirche, ihm gegenüber auf der anderen Straßenseite das Pfarrhaus. Der Pfarrer konnte schnell einmal nach der Familie schauen. Die Kinder besuchten ihn oft.
»Laßt Euch von meiner Mutter über mich keine Heiligenlegenden erzählen. Ich war ein Strick«, wird Delp aus dem Gefängnis schreiben. Mit den Geschwistern und Freunden strolchte er durch die

Gärten, gern auch dort, wo es verboten war. Die Kinder konnten sich dann vor dem »Schütz«, dem Bewacher der Gärten, nur dadurch retten, daß sie aus dem hessischen Gebiet über das Flüßchen »Die Holland« in das badische Gebiet sprangen. Sie bauten Zelte, spielten Fußball. Alfred war immer der Organisator – schon in der Kindheit. Seine große Liebe und Leidenschaft galt den Büchern. Er wird einmal während der Semesterferien etwa 200 Bücher »durchackern« und daraus Notizen machen.

An den Sonntagen ging man selbstverständlich zur Kirche. Alle Kinder gemeinsam. Sie setzten sich in »ihre« Bank, breit und mit Abständen. So hielten sie für ihre Mutter einen Platz frei, wenn sie erst kurz vor Gottesdienstbeginn kommen konnte. Vater besuchte als Protestant den evangelischen Gottesdienst oder blieb daheim. Wieder zu Hause, sangen Mutter und Kinder oft noch einmal alle Lieder, die in der Kirche gesungen worden waren. An manchen Sonntagen machten Vater und Mutter den Kindern eine besondere Freude. Freunde und Freundinnen durften zu Kaffee und Kuchen eingeladen werden. Groß war auch die Freude, wenn Besuch in Hüttenfelde gemacht wurde, bei Oma und Opa und bei den Bekannten von damals, und wenn dafür eine Kutsche genommen wurde.

Es gab für Alfreds Eltern die Probleme einer »Mischehe«. Wie taufen, wie erziehen? Alfred war katholisch getauft worden. Sein Vater aber wollte, nach damaliger Gepflogenheit, die protestantische Erziehung seines Sohnes sichern. Alfred wurde in der protestantischen Schule angemeldet und auch für den protestantischen Religionsunterricht. Er ist dort durch Interesse, kluge Fragen und Antworten aufgefallen.

Am Ostersonntag 1921 wurde Alfred konfirmiert. Trotzdem scheint er sich über seine konfessionelle Zugehörigkeit nicht klar gewesen zu sein. So kam es, wird erzählt, daß der protestantische Pfarrer ihn eines Tages auf dem Marktplatz traf und fragte, ob er denn nicht wisse, wohin er gehöre, und das Gespräch, wie damals oft üblich, mit einer Ohrfeige abschloß ... Alfred ging, ob aufgrund dieser Ohrfeige und ob unmittelbar darauf, sei dahingestellt, zu Pfarrer Unger und sagte, er wolle katholisch werden. Die Mutter freute sich. Der Vater, so berichtete Alfreds Schwester Greta, meinte: »Das ist dein Leben, da mußt du selbst entscheiden.«

Alfred entschied sich. Er war fast 14 Jahre alt.

Die Entscheidung, sich der katholischen Kirche anzuschließen, war nicht die Entscheidung eines reifen erwachsenen Menschen, aber auch nicht das Ergebnis einer knabenhaften Wut wegen der Ohrfeige auf dem Marktplatz. Es war eine ehrliche und echte Entscheidung.

Pfarrer Unger sorgte dafür, daß Alfred den Anschluß an die katholische Gemeinde fand. Er bereitete ihn persönlich auf die Erste Heilige Kommunion vor. Alfred empfing sie in Stille am 19. Juni 1921. Die allgemeine Kommunionfeier hatte bereits stattgefunden. Am 28. Juni durfte Alfred, nun schon zusammen mit den anderen katholischen Schulkindern, das Sakrament der Firmung empfangen.

Mit dem Hinfinden zur katholischen Kirche entwickelte sich Alfreds Leben intensiv in der Richtung seiner Begabung und inneren Berufung.

Nur etwa 40 km nordöstlich von Lampertheim liegt der Marienwallfahrtsort Dieburg. Bischof Ketteler hatte 1869 dort ein Knabenkonvikt mit Progymnasium bauen lassen. Katholische Schüler aus der Umgebung konnten darin wohnen und so das humanistische Gymnasium, die Goetheschule, besuchen. Pfarrer Unger besorgte für Alfred einen Platz im Konvikt und bereitete ihn für die Aufnahmeprüfung im Gymnasium vor. Sie fiel so gut aus, daß Alfred Ostern 1922 sofort probeweise in die Obertertia, die fünfte Klasse des Gymnasiums, aufgenommen wurde. Im nächsten Schuljahr übersprang er die Untersekunda und kam so von der Obertertia gleich in die siebente Klasse, die Obersekunda. Er war auch dort bald der »Primus«, der Klassenbeste. Die Klassenkameraden gaben ihm den Spitznamen »der Hecht« – Alfred brachte Leben in die Klasse ... Typisch für ihn waren ein scharfer Verstand und eine große Diskussionsbereitschaft. Zeichen eines schnellen, fast stürmischen Denkens waren seine Sprache, die sich manchmal überschlug, und seine Schrift, die fast unleserlich war: »Delp«, sagte eines Tages der Deutschlehrer zu ihm, »kaufen Sie sich endlich eine Schreibmaschine! Ich kann überhaupt nicht mehr lesen, was Sie da schreiben.«

Wie wahrscheinlich alle Jungen des Konvikts wurde auch Alfred in die »Marianische Kongregation« aufgenommen. Die Liste der Aufgenommenen existiert noch. Stärker geprägt wurde Alfred durch den Schülerbund »Neudeutschland«. Auf Anregung des Jesuitenpaters Ludwig Esch war dieser Bund vom Kölner Kardinal Felix von Hartmann nach Kriegsende ins Leben gerufen worden. Der großgewachsene, wortgewaltige, kontaktfreudige und jugendverbundene Pater Esch, eine Persönlichkeit mit großer Ausstrahlung, war sein »Bundeskanzler«. Verbundenheit mit der Natur und Verbundenheit mit Christus waren die Ziele. Sie standen gegen Hoffnungslosigkeit, Alkohol, Nikotin und Vereinzelung und für ein frohes, natürliches Leben in Gemeinschaft. Als »Neudeutschland« von den Nazis zerschlagen wurde, waren 20 000 bis 25 000 Jungen höherer Schulen Mitglieder dieses Bundes. Alfreds Bereitschaft zu Verantwortung, Organisation und Mitarbeit fand in diesem Bund ein Betätigungsfeld, auf dem er sich begeistert engagierte. Ehemalige Mitschüler aus der »Neudeutschland«-Gruppe im bischöflichen Konvikt berichteten über Delp: »... Er war der Motor. Er schöpfte aus dem vollen. Er konnte begeistern, er konnte mitreißen und war willensstark bei Rückschlägen, die auch er erleben mußte; dann suchte er sich Kraft im Gebet. Ich habe seine Führungskraft und seine Zähigkeit persönlich erlebt... Die Jugendbewegung hatte damals einen großen Gedanken: Wir wollten hinaus in die Natur, um darin den Willen des Schöpfers zu schauen und aus dieser Schöpfung heraus zu leben. Daraus kamen unsere Fahrten, unsere Lager zustande, und oft sind wir vom Dieburger Konvikt hinaufgewandert auf den Breuberg, durch die Wälder des Odenwaldes.«

Unterwegs sein, »auf Fahrt«, wie es die Jugendbewegung nannte, das ist Delp sein ganzes Leben hindurch gewesen, auch in seinem Denken. Unterwegs durch die Schöpfung Gottes, mit Gott und zu Gott hin: »... Weiter, weiter und notwendiger Weg. Wir müssen ihn gehen, bis die wenigen Lichter der anbetenden und liebenden Herzen wieder angezündet sind. Dann ist die Menschheit wieder einmal für eine Stunde zu Hause, aber ihrem unruhigen Geist entspringen dann schon die Pläne zu einer neuen Fahrt«, schreibt er im Gefängnis, als er über »die Erziehung des Menschen zu Gott« nachdenkt.

Die Christusverbundenheit, die Marienverehrung und die soziale Einstellung des »Neudeutschland«-Bundes haben Alfred geradlinig reifen lassen.

Im März 1926 bestand Alfred das Abitur. Sechs Fächer schloß er mit »sehr gut« ab (Religionslehre, Deutsch, Staatsbürgerkunde, Griechisch, Hebräisch, Physik), fünf mit »gut« (Geschichte, Erdkunde, Latein, Französisch, Mathematik). Alfred war 18½ Jahre alt. Kindheit und Jugend hatten einen äußeren Abschluß gefunden. Neues rief. Es hatte sich still vorbereitet: der Weg zu den Jesuiten.

Noviziat

Nach dem Abitur bat Delp am 22. April 1926 um Aufnahme in die »Gesellschaft Jesu«, in den Jesuitenorden.

Seinem Wohnort entsprechend wurde er in das Noviziat der »Oberdeutschen Provinz« im österreichischen Feldkirch/Vorarlberg aufgenommen, nahe an der Grenze zur Schweiz. Die Landschaft, die er dort vorfindet, liegt Delp: weite Täler und herausfordernde Berge.

Seinen Eltern scheint Alfred vom Eintritt ins Noviziat erst spät Mitteilung gemacht zu haben, wie von einem ganz persönlichen Geheimnis, das man nicht gern zerredet. Jemand hat sogar erzählt, es klingt ein wenig legendär, Delp habe seinen Eltern gesagt, er gehe »auf Fahrt«, und erst aus Feldkirch habe er den Eltern geschrieben, er werde Jesuit, und man möchte ihm doch die nötigen Sachen nachschicken.

Auch sein Pfarrer war überrascht. Er hatte für Alfred bereits einen Studienplatz im »Germanikum« in Rom überlegt. Das »Germanikum« der Jesuiten ist eine gezielte Einrichtung ihres Ordensstifters Ignatius von Loyola. Deutschsprachige Priesterkandidaten werden dort durch ein besonders intensives Studium auf ihren priesterlichen Dienst in der Heimat vorbereitet. Pfarrer Unger mußte seine Pläne aufgeben. Er schimpfte: »Bei den Jesuiten wird er versauern!«

Ob er damit Recht hatte?

Der Orden bietet große Möglichkeiten zur Entfaltung und Arbeit. Und doch wird Pfarrer Unger etwas geahnt haben. Delp war von Kindheit an selbständig, freiheitshungrig und ein unabhängiger Organisator. Der Orden verlangt auch von solchen Charakteren die Bereitschaft zu einschränkender Gemeinschaft, Unterordnung, Einordnung, zu einem gemeinsamen Leben mit gemeinsamer Arbeit für gemeinsame Ziele. Das würde für Alfred nicht leicht werden. Aber gerade deshalb wurde er in das Noviziat aufgenommen.

Er sollte geprüft werden und sich entscheiden. Viele Jahre nach der Priesterweihe und dem Tertiat wird der Orden ihm die Ablegung der Letzten Gelübde um ein Jahr hinausschieben. Delp soll begreifen, etwas an ihm sei noch nicht in der geforderten Ordnung. So wird verständlich, daß Delp, als er im Gefängnis dann diese Letzten Gelübde ablegen darf, auf seinem Stuhl zusammensinkt und verstummt, sich dann aber aufrafft und mit seinen harten Schriftzügen die Gelübdeformel unterschreibt. Man wird verstehen, was er gemeint haben könnte, wenn er im Hinblick auf dieses Geschehen schreibt: »Ich habe mein Leben endgültig weggesagt.« Man wird aber ebenso verstehen, wenn er nach dieser Gelübdeablegung schreibt: »Nun haben die äußeren Fesseln gar nichts mehr zu bedeuten, da mich der Herr der Vincula amoris (der Fesseln der Liebe) gewürdigt hat.«

Die Mitnovizen haben Delp gut in Erinnerung behalten. Sein ungebrochenes Selbstbewußtsein, seine kaum lesbare Handschrift, die auch durch einen verordneten Schönschreibekurs nicht zu ändern war. Er war an allem interessiert, auch an Politik, besonders an sozialen Fragen, war stets fröhlich mit einem laut schallenden Lachen und dem Schalk im Nacken.

Jeden Morgen gab es eine »Betrachtung«. Sie dauerte eine volle Stunde. Dabei kniete man auf einem Kniebänkchen und konnte sich auf das kleine Tischchen aufstützen, das man vor sich hatte und auf dem ein eingeglastes Marienbild stand. Eine solche Stunde konnte lang werden und anstrengend wie ein hartes Training. Einmal sprachen die Novizen über diese lange Stunde. Alfred Delp lachte schelmisch: »Mir kam es gar nicht so lange vor. Im Glas des Marienbildes vor mir sah ich euch im Spiegel und konnte beobachten, wie ihr euch abmühtet. So ging mir die Stunde schnell vorüber.«

Einer der Mitnovizen sollte heimgeschickt werden. Seine Gesundheit schien zu schwach. Delp sagte zu ihm: »Mensch, wir beten dich durch.« Der Mitnovize durfte bleiben. Delp nannte das seine erste Gebetserhörung. Solches Beten wird ihm bis zum Tode eigen sein: bei aller Bereitschaft für die Entscheidung Gottes auf das Wunder hoffen.

Nach zwei Jahren war die Einführungs- und Prüfungszeit, das Noviziat, zu Ende. Delp hatte sich eingebracht so wie er war. Er hatte versucht, so zu werden, wie er sein sollte. Wichtig waren in diesem Klärungsvorgang die »großen«, die dreißigtägigen Exerzitien. Sie führen den Novizen vor das Antlitz Gottes, der ihn Jesus »zugesellen« möchte, damit er in der »Gesellschaft Jesu« Gottes Liebe empfange und weitergebe, zur Erlösung der Menschen und – Wahlspruch des heiligen Ignatius von Loyola – »zur größeren Ehre Gottes«. Nun durfte er, einer von 48 Novizen, die ersten Gelübde ablegen. Sie waren eine Realisierung des Gebetes seines Ordensstifters Ignatius: »Nimm an, Herr, meine ganze Freiheit, meinen Verstand, meinen Willen, mein Gedächtnis, alles, was ich habe...«.

Studium der Philosophie
Erfrischt durch Ferien und in der Freude der abgelegten Gelübde, wurden die »Fratres«, wie sie nun hießen, von Feldkirch nach Pullach bei München geschickt, vom Noviziat in das »Scholastikat«. Sie sollten scholastische Philosophie studieren, drei Jahre hindurch. Sie waren damit »Scholastiker«, Studenten der scholastischen Philosophie. Es war das Jahr 1928.
Von München brachte die Vorortbahn sie zum Haltepunkt Pullach/Isartal. Nach nur wenigen Minuten Weg durch Wiesen überquerten sie die große Straße, die einer der bayerischen Könige von seiner Münchner Residenz zu den Alpen hin angelegt hat. Sie standen vor dem »Berchmanskolleg«. Der Name erinnert an den flämischen Jesuiten Johannes Berchmans, der in jungen Jahren, 1621, als Ordensstudent in Rom gestorben war, ein Scholastiker mit absoluter Treue zu den Gelübden und zur Gesellschaft Jesu.
Die Fratres standen vor dem Kolleg, einem groß angelegten Bau, der 1925 fertiggestellt worden war. Die Vorderfront zierte ein gehelmter Turm, von dem man an föhnig klaren Tagen nach der einen Seite hin München und nach der anderen Seite hin die Alpen sehen konnte. Der Kollegsbau mit seinem in die Umfassungsmauer gesetzten hohen schmiedeeisernen Tor, das ein Laienbruder geschaffen hatte, war Einladung und zugleich Herausforderung.
In diesem Hause war für die Fratres nun neben der religiösen Weiterbildung, neben Handball- und Faustballspiel, Wandern und Schwimmen, für die nächsten Jahre das Studium die Hauptsache. Die Sprache der Studienjahre war bis auf Ausnahmezeiten das Latein.

Der junge Frater Delp war berufen, wie alle seine Mitstudenten an der philosophischen Verantwortung und Arbeit der Menschen teilzunehmen. Zunächst als Schüler, der wie in der Schule hört, fragt, lernt, geprüft wird. Später vielleicht als Lehrer, der doziert und in die philosophische Diskussion eingreift. Es geht dabei um die anspruchsvolle Zielsetzung, die Existenz des Menschen aus letzter Erkenntnis und Verantwortung zu begreifen.
Im Berchmanskolleg wurde, wie damals überall in der katholischen Kirche, scholastische Philosophie doziert. Ihre Grundlage ist die Philosophie des hl. Thomas von Aquin. Die Scholastik hatte sich inzwischen – im 19./20. Jahrhundert – zur »Neuscholastik« entwickelt. Offen für die Erkenntnisse der modernen Wissenschaften und im Bewußtsein eigener Denkergebnisse, war sie in Verantwortung vor dem Glauben »christliche Philosophie«. Die Einstellung der jungen Studenten im Berchmanskolleg war ähnlich: offen, selbstbewußt und kritisch – auch ein Resultat der Jugendbewegung, auch »Neudeutschlands«, von dem damals viele den Weg zum Jesuitenorden fanden.
Auf dem Programm der drei Studienjahre standen: Einleitung in die Philosophie, Logik und Kritik, Ontologie, Geschichte der Philosophie, Kosmologie, Theodizee, Biologie, Physik, Chemie, Soziologie, Anthropologie, Ethik. Zusätzlich durften Wahlfächer belegt werden. Frater Delp wählte Predigtlehre und Gemeinschaftsethik. Es drängte ihn, in der Öffentlichkeit wirksam zu werden. Dazu ist das gesprochene Wort wichtig, die gekonnte, gut ausgearbeitete oder improvisierte Rede. Deshalb seine Entscheidung für die Predigtlehre. Doch wozu Gemeinschaftsethik? Das soziale Interesse, das Pfarrer Unger und »Neudeutschland« in ihm geweckt hatten, findet sich hier wieder, gleichzeitig ahnte er die heraufziehenden Auseinandersetzungen mit den sozialen und ethischen Auffassungen des erstarkenden Nazi-Regimes.
Für seine Studienziele hat Delp intensiv gearbeitet. In den Ferien zwischen dem ersten und zweiten Studienjahr hat er – wie schon erwähnt – etwa 200 Bücher aus der Münchner Staatsbibliothek durchgearbeitet und wichtige Stellen notiert. Zusammen mit einem Freund arbeitete er dazu in einem Münchner Haus der Jesuiten im Heizungskeller. Dort waren sie nicht nur ungestört. Sie konnten, um sich wachzuhalten, auch rauchen und »Wachhalter« (wachhaltende Tabletten) schlucken. Solche »Wachhalter« wird Delp sich

auch in das Gefängnis schmuggeln lassen. »Coffein ist neulich dem mißtrauischen Alten in die Hände gefallen. Pech!«, schreibt er einmal von dort.
Delp war stark dem Geschehen seiner Gegenwart zugewandt, weniger der philosophischen Vergangenheit. So wurde er hellwach, als in Freiburg/Breisgau an der dortigen Universität Prof. Martin Heidegger eine Philosophie dozierte, die viele junge Menschen faszinierte, aber der Ideologie der Nazis Vorschub leistete und heroisch in eine nihilistische Gottesferne, ja Gottlosigkeit zu tendieren schien. Delps Mitbrüder sahen ihn in dieser Zeit oft nachdenkend die langen breiten Kollegsgänge auf- und abgehen, in der Hand Heideggers »Sein und Zeit«, das 1927 erschienen war. Delps Philosophieprofessor Bernhard Jansen hatte ihm einen Auftrag erteilt. Delp durfte über dieses Buch Heideggers und damit über dessen Philosophie vor den Professoren und Hörern des Kollegs referieren. Das Referat wurde eine Glanzleistung. 1933 wurde dieses Referat, erweitert, als Schlußkapitel in Jansens Buch »Aufstiege zur Metaphysik heute und ehedem« veröffentlicht: »Sein als Existenz. Zur Metaphysik heute«. 1935 erschien Delps Text als Buch: »Tragische Existenz. Zur Philosophie Martin Heideggers.«
Im Juni 1931 waren auch für Frater Delp die philosophischen Studien beendet. Den Abschluß bildete das große Examen »über die gesamte Philosophie« – »de universa philosophia«. Zuvor, am 9. und 10. April, empfingen alle »Drittjährigen« in der Kapelle des Kollegs als Vorstufe der noch fernen Priesterweihe die »Niederen Weihen«. 1939, nach Beendigung des Gesamtstudiums, erhielt auch Delp aufgrund dieses bestandenen Examens vom Generaloberen des Jesuitenordens den Titel eines »Römischen Doktors«.
Der Tag des Abschieds vom Berchmanskolleg kam. Wie wohl jeder, so wird auch Frater Delp zur Helmspitze des Turmes hinaufgestiegen sein. Der Blick umfaßte noch einmal das Kolleg. Die Hörsäle, in denen es interessante Vorlesungen und Diskussionen gegeben hatte. Den großen Rundbau der Kollegskapelle. Ihr Altar war geschmückt mit Reliefbildern aus dem Leben der Gottesmutter und des heiligen Johannes Berchmans. Im ersten Stockwerk vor dem oberen Eingang zur Kapelle schmückte ein Muttergottesrelief die Wand. Delp hatte dort an jedem Morgen auf den Knien

ein Gebet mit der Bitte um Treue zur Berufung gesprochen. Er hatte diese Treue bewahrt. Einmal, ein Mitbruder hat es berichtet, hätte Delp beinahe aufgegeben. Harte Erlebnisse im Kollegs- und Ordensleben hatten ihn unzufrieden, wütend und zugleich traurig werden lassen. »Morgen früh gehe ich fort«, vertraute er sich einem Mitbruder an. Er ging nicht. Der Freund hatte mit ihm gesprochen, offen und ehrlich, und hatte ihm mit kräftigen Worten Mut gemacht.

Interstiz

Nach den philosophischen Studien schickte der Provinzial Frater Delp nach Feldkirch. Dort sollte Frater Delp das »Interstiz« leisten, die praktische Ausbildungszeit zwischen dem philosophischen und dem theologischen Studium. In der konkreten Arbeit des Ordens sollte er Erfahrungen sammeln, sich bewähren und auf neue Weise erprobt werden.

Für Delp war Feldkirch bekannter Boden. Im Feldkirchner Ortsteil Tisis hatte er das Noviziat gemacht. Im Ort selbst hatten die Jesuiten 1856 eine Schule gegründet, die berühmt war: das Jesuitenkolleg »Stella Matutina« – »Morgenstern«, einer der Ehrentitel, welche die betende Kirche der Gottesmutter gegeben hat. Die rund 400 Schüler kamen aus Deutschland, Österreich und der Schweiz. Die meisten von ihnen wohnten in dem zur »Stella« gehörenden Internat. Schule und Internat lagen an beiden Ufern des Ill. Brücken führten hinüber und herüber. Etwa 10 km westlich von Feldkirch mündet der Ill in den Rhein. Höhen umgeben Feldkirch und die Berge der Schweiz sind nahe.

Die Schüler waren in »Abteilungen« gegliedert. Jede bestand aus 50 bis 80 Schülern.

Frater Delp bekam die »Oberabteilung«, die »OA«, verantwortlich anvertraut, zuerst als zweiter, untergeordneter Präfekt, dann als erster. Zu den »Großen« paßte er am besten. Auf die Jungen seiner »OA« hatte Delp einen starken Eindruck gemacht, und er war bei ihnen beliebt. Bewußt oder unbewußt brachte er für seine erzieherische Arbeit die »Neudeutschen« Ideale mit: Verbundenheit mit Christus und Verbundenheit mit der Natur. Dazu seine persönliche Art: Einsatzbereitschaft, religiöse, politische und soziale Wachheit, Organisationstalent, ein hohes Maß an Eigenständigkeit, Intelligenz und Ausstrahlung von Kameradschaftlichkeit und zugleich Autorität: »... groß an Gestalt, bezwingend im Geist, voll innerer Freude...«.

Sein Drang zu Einsatz und Leistung in Selbstverantwortung führte zu erheblichen Schwierigkeiten mit seinem Vorgesetzten P. Augustin Rösch, der zuerst Generalpräfekt, dann Rektor des Kollegs war.

Rösch war im ersten Weltkrieg dreimal verwundet worden, später hat er sich als Priester und Jesuit in riskanten Aktionen gegen die Nazis für die Kirche eingesetzt. »Er ist der stärkste Mann des deutschen Katholizismus«, schrieb Graf Moltke Anfang April 1943 an seine Frau. Rösch war eine starke Persönlichkeit. Er erwartete Unterordnung und Gehorsam. Delp, der Jüngere, Rösch, der Ältere, Delp, der Untergebene, Rösch, der Vorgesetzte, Rösch, das verantwortliche Befehlen gewöhnt, Delp, bei aller grundsätzlichen Gehorsamsbereitschaft einen weiten Freiheitsraum erwartend – wie konnte das ohne Kämpfe und Nöte ausgehen!

Die Schüler der »OA« erlebten ihren Präfekten Delp als einen durch und durch religiösen Ordensmann. Die Eucharistiefeier am Beginn des Tages war ihm »die heilige Stunde am Morgen«. Im Kollegsbetrieb erlebten sie ihn offen für alles gute Neue.

Delp schaffte für seine »OA« die braven Spaziergänge ab. Dafür organisierte er Geländespiele. Man muß sich dabei erinnern, daß Delp als Junge nach dem Vorbild seines Taufpaten hatte Offizier werden wollen und auch daran, daß in jenen Jahren das Straffe und Militärische große Bedeutung erlangte. Delp wanderte mit seinen Jungen. Kochtopf, Gitarre und Liederbuch wurden mitgenommen.

1933 schrieb er ein Theaterstück: »Der ewige Advent. Adventspiel im zwanzigsten Jahrhundert«. Seine »OA« studierte es ein und führte es kurz vor Weihnachten für die Schüler, Lehrer und Angestellten auf. Es zeigt drei Gruppen von Menschen im Advent: Soldaten auf Vorposten, nach einem Handgranatenüberfall auf sie; Grubenarbeiter in einem zusammengebrochenen Stollen; Arbeiter mit einem niedergeschlagenen Priester in ihrer Mitte. Sie alle bezeugen, die Menschen warten auf Gott, sie brauchen ihn. Der Leitgedanke dieses Adventsspieles ist der Leitgedanke von Delps Denken und Leben: Nur mit Gott ist der Mensch wirklich und ganz Mensch. Der Mensch gehört zu Gott und Gott gehört »als natürliche Tatsache zur Welt und in die Welt hinein«.

Das Adventsspiel hatte für Darsteller und Zuschauer die Bedeutung eines Glaubensbekenntnisses in besonderer Situation. Es wurde unmittelbar vor dem Aufbruch in die Weihnachtsferien gespielt. Die Stimmung war nicht die eines Aufbruchs in die Ferien. Die vielen deutschen Schüler hatten die starke Ahnung, daß sie nicht mehr lange in der »Stella« lernen würden. Die Nazis hatten 1933 – ein Jahr vor dem Naziputsch in Wien und der Ermordung des österreichischen Bundeskanzlers Dollfuß – als Schikane gegen Österreich die »1000-Mark-Sperre« verhängt: die Ausfuhr von mehr als 1000 Mark nach Österreich wurde verboten. Die deutschen Schüler konnten nicht mehr bezahlt werden. Sie mußten Österreich verlassen. Doch die Jesuitenpatres der »Stella« hatten vorgesorgt. In St. Blasien im Schwarzwald stand eine alte Benediktinerabtei, die man zu einer Fabrik umfunktioniert hatte. In kurzer Zeit wurde die Fabrik zu einem Kolleg mit Internat umgebaut. 300 Schüler zogen dort am 1. Mai 1934 ein. 200 davon wohnten im Internat. Frater Delp war mit seiner »OA« nach St. Blasien mitgegangen. Der dortige Kollegsrektor P. Dold war kein Mann unnachgiebig betonter Autorität, sondern eher ein Mann des weiten Herzens. Er hat einmal erzählt, wie er die Jungen seines Kollegs in die Kapelle fast purzeln sah. »Wenn sie nur beim Heiland sind!« hat er lachend gesagt. In ihm fand Delp einen Mitbruder, mit dem er sich bald gut verstand. Sie wurden Freunde. Die anderen Mitbrüder hatten manchmal den Eindruck, Dold, der Direktor, und Delp, der Präfekt der »OA«, seien die »Dirigenten« des Kollegs. Das war die Atmosphäre, in der Delp sich wohlfühlte. An den Abenden waren die beiden oft bei Eltern und Schülern oder bei Bekannten zu Gast. Bei einem Besuch hat sich Delp wohl sehr kritisch über die Nazis geäußert. Der Gastgeber warnte ihn: »Wenn Sie weiter so reden, sterben Sie eines Tages nicht ruhig im Bett.«
Delp stand wie alle Mitbrüder im Kolleg in Opposition zu den braunen Machthabern. Um jedoch die Freiheit der Erziehung und die Schule selbst nicht zu verlieren, ließ die Kollegsleitung, als der Druck immer stärker wurde, die Schüler in die HJ, die »Hitlerjugend«, überführen. Immerhin erreichte man eine fast völlige Unabhängigkeit von der offiziellen HJ-Führung.
Delp sah nun erst recht eine wichtige Aufgabe in der Aufklärung der Jungen über die Ideologie der NSDAP. Er befähigte sie zur

kritischen Auseinandersetzung. Mit seinem scharfen Verstand und seiner Treue zur Kirche war er dafür wie geschaffen: »... Er (Delp) ließ alle Stöße der aufkommenden Bewegung unmittelbar und ohne Angst an die jungen Leute herankommen, fing sie aber in aktuellster Auseinandersetzung durch die Kraft seiner Persönlichkeit auf ... Als die ersten Gruppen in Ferienlager und in den Arbeitsdienst abrückten, waren sie geistig gegen den Nationalsozialismus immunisiert«, schreibt Pater Grillmeier.

Im Zuge der Auflösung aller konfessionellen Schulen wurde trotz des eingegangenen Kompromisses Ostern 1939 auch das Kolleg in St. Blasien geschlossen. In der letzten Nummer ihrer Schülerzeitung hatten die Schüler einen aus einem Horst hochsteigenden Adler gezeichnet, darunter stand: »Es fliegt auf ...«.

Frater Alfred Delp war aber zu dieser Zeit schon längst als Priester in München.

Theologie

Im Herbst 1934 begann Delp in Valkenburg in Holland das Studium der Theologie.

Das kleine Valkenburg liegt etwa 20 Kilometer nordwestlich von Aachen in der holländisch-belgischen Landschaft »Limburg«. 1872 durch den Bismarckschen »Kulturkampf« aus Deutschland vertrieben, hatten die deutschen Jesuiten 1893 dort ihre Hochschule für Philosophie und Theologie errichtet, das »Ignatiuskolleg«. Dieser große Bau beherbergte bis zu 200 und mehr Hörer, Professoren und helfende Laienbrüder. Unter den Hörern waren Jesuitenstudenten aus der ganzen Welt. Nach dem Einfall in Holland beschlagnahmten die Nazis auch dieses. Die Kapelle wurde abgerissen, der Friedhof eingeebnet. Nach Kriegsende erhielten die Jesuiten das Kolleg zurück, richteten aber dort keinen neuen Studienbetrieb ein. Katholische Ordensschwestern übernahmen das Haus. Sie bauten eine neue Kapelle. Die große Bibliothek übernahm die Hochschule der Jesuiten in Frankfurt/Main »St. Georgen«.

Die Landschaft, in der Frater Delp die nächsten Jahre verbringen sollte, war ganz anders als das alpine Österreich. Selbst die »Limburger Schweiz« ist nur ein hügeliges Land. Alles andere ist Tiefebene.

Im Ignatius-Kolleg studierte Frater Delp nun Theologie, die

»Wissenschaft von Gott«: Fundamentaltheologie, Dogmatik, Einleitung in das Neue Testament, Exegese, Alttestamentliche Theologie, Sakramentenlehre, Moraltheologie, Kirchengeschichte, Pastoraltheologie, Kirchenrecht, Homiletik mit Übungen.
Seit ihrer Aufhebung 1773 und ihrer Wiederherstellung 1814 hatte die Gesellschaft Jesu noch keine »große« Theologie geschaffen. Es wurde in Valkenburg ein gutes Wissen angeboten und vermittelt, ein gutes allgemeines Rüstzeug für den kommenden priesterlichen Dienst. Delp allerdings und manche mit ihm suchten mehr als eine »brave« Theologie, auch anderes als eine »große« und dabei nur allgemeine Theologie. Sie wollten eine zeitgemäße Theologie, die sich an den Fragen und Ereignissen der Zeit orientierte, keine Augenblickstheologie, aber eine Theologie, die den Menschen ihrer Zeit zugewandt ist. Vielleicht würde Karl Rahner das schaffen, hat Delp geschrieben. Mit ihm und anderen zusammen überlegte er eine ganz neue Art der Glaubenslehre. Über die Valkenburger Theologie könnte er gedacht haben, was er zu Pullacher Philosophen gesagt haben soll: »Euch kann man vergessen. Ihr seid für niemanden gefährlich.«
Inzwischen – 1935 – war Delps Kritik an Heidegger im Herder-Verlag als Buch erschienen: »Tragische Existenz. Zur Philosophie Martin Heideggers.« Delp wuchs damit über das Hören und Lernen hinaus in die öffentliche philosophische Verantwortung und Diskussion hinein. Es ging ihm nicht darum, mit hoher Intelligenz Wissenschaft zu betreiben, vielmehr darum, aus kritischer Verantwortung im konkreten Leben für die Wahrheit Stellung zu beziehen und wirksam zu sein. Viele Christen warteten darauf. Auch für sie schrieb Delp in seinem Buch: Die Philosophie Heideggers »wollte ein Versuch sein, die bedrohte Existenz des Menschen zu retten. ... Was wurde erreicht? Klipp und klar muß die Antwort lauten: Diese Philosophie bringt keine Rettung der bedrohten Existenz, sie ist selber eine starke Bedrohung dieser Existenz.«
Und: Philosophie ... »soll den Leitfaden auf jeden Fall da anbinden, wo er entspringt und wohin er zurückschlägt: in der menschlichen Existenz. Aber in der ganzen, unverbogenen Menschenexistenz. Unter all ihren Verweisungen ...«, deren entscheidende die Verweisung auf Gott ist als die Mitte des Daseins und des Denkens. »Das deutsche Leben ist seit langen Zeiten losgerissen von der tragenden, nährenden, heilenden, bergenden Mitte ...

Wird es uns jemals wieder gelingen, diesem Gesetz der ewigen Tragik zu entkommen? ... Arbeit der Besten sollte es sein, so zu führen, daß der Blick wieder frei wird für das ganze Sein mit all seinen Verweisungen und Bindungen und Komponenten. Dann mag es wieder geschehen, daß wir uns durcharbeiten zu der Mitte ... Wo die Existenz aus aller Tragik entbunden wird, weil dort, wer sein Leben verliert, es übervoll wiederfindet.« Wenige Seiten zuvor hatte Delp mit realistischem Blick und als überzeugter Christ geschrieben: »Daran aber werden wir uns gewöhnen müssen, daß wir in einer Welt der Scheidung leben. Daß die einen diese und die anderen jene Sprache sprechen. Nicht, als ob wir nicht mehr zusammenkommen könnten. Das ist oft weithin eine Sache des guten Willens. Das Zeichen dieser Zeit aber wird sein, daß im Menschen sich die Menschen scheiden. Es werden Menschen dasein, die nur von der Endlichkeit sprechen ... Und es werden Menschen leben, die ja sagen zum ganzen, vollen Menschentum und die deshalb Bild Gottes genannt werden und sind.«

Die Dankbarkeit der Christen damals für solche Worte bezeugt Walter Repges in seiner Broschüre »... und Freiheit den Gefangenen – Alfred Delp frei in Fesseln«: »Ich selbst erinnere mich, daß wir zu Hause das Buch von Alfred Delp besaßen, das den Titel ›Tragische Existenz‹ trug. Ich war damals zu jung, um es zu lesen und zu verstehen. Aber den Worten meiner Eltern und gelegentlicher Besucher entnahm ich, wie froh man darüber war, daß es den Verfasser dieses Buches gab, einen, der die Menschen der Gegenwart, ihre Hoffnungen und ihre Hoffnungslosigkeit verstand und in aller Not noch einen Ausweg wußte.«

Heidegger hat später manches von seinen Aussagen korrigiert. Sein religiöses Bekenntnis hat er elf Jahre vor seinem Tode, 1966, in einem Interview so formuliert: »Die Philosophie wird keine unmittelbare Veränderung der jetzigen Weltzustände bewirken können. Das gilt nicht nur von der Philosophie, sondern von allem bloß menschlichen Sinnen und Trachten. Nur noch ein Gott kann uns retten. Uns bleibt die einzige Möglichkeit, im Denken und Dichten eine Bereitschaft vorzubereiten für die Erscheinung des Gottes oder für die Abwesenheit des Gottes im Untergang: daß wir im Angesicht des abwesenden Gottes untergehen.«

Auch in seinen Valkenburger Jahren studierte Delp intensiv. »Wer mit ihm in den stilleren Jahren der theologischen Ausbildung zusammen war«, so sein ehemaliger Mitstudent Pater Grillmeier, »spürte, daß er sich mit größter Intensität und raubbauartiger Ausnutzung seiner Kräfte darauf vorbereitete, philosophisch, theologisch, soziologisch und politisch in das Geschehen seiner Zeit einzugreifen. P. Delp hatte ein Gespür für alles, was ›lief‹. Zeitungen, Zeitschriften und persönliche Nachrichten, auch das ›Gerücht‹ trugen ihm vieles zu, was er auf seine Weise verarbeitete.«

Delp arbeitete wie besessen, am besten in den Nächten, erinnerte sich ein Mitbruder. Am Tage zog er dann oft von Zimmer zu Zimmer, stand an der offenen Tür – Besuche auf den Zimmern waren nicht erlaubt – und diskutierte. »Der Dialog ist die dem Menschen gemäße Form des Denkens«, war seine Meinung. Solche Dialoge führte er auch in manchen von Nachtigallen durchsungenen Nächten im Garten. »Dolly«, ein vertrauter Mitbruder, der sein Zimmer zu ebener Erde hatte, ließ in solchen Fällen das Fenster seines Zimmers offen oder angelehnt. Durch diese »offene Tür« stiegen dann Delp und sein Dialogpartner in das Haus und strebten auf leisen Sohlen, die Schuhe in der Hand, ihren Zimmern zu. Delp glaubte sich berechtigt, die ihm kleinlich anmutende Hausordnung, die ein frühes Zubettgehen vorschrieb, durchbrechen zu dürfen. Andere taten es ähnlich. Eine diesbezügliche, vom Provinzial wohl etwas schmunzelnd angeordnete und vom Rektor auftragsgemäß durchgeführte »Razzia« brachte eine fast endlose Reihe von »Sündern« im Refektorium (Speisesaal) vor Essensbeginn zum Schuldbekenntnis auf die Knie. Man darf auch hier an Delps Brief im Gefängnis denken: »Ich war ein Strick«.

In seiner intensiven Zuwendung zu dem, was in der Gegenwart neu aufbrach und für die Kirche wichtig werden konnte, war Delp erfüllt, ja fast getrieben von dem Gedanken, es müsse zwischen dem Gedankengut des »Völkischen Aufbruchs« und der Botschaft des Christentums eine Ausgleichsmöglichkeit existieren. In diesem Sinne plante Delp ein neues Buch: »Der Aufbau. Die Existenzmächte des deutschen Menschen.« Nach Absprache mit den Provinziälen der deutschen Provinzen gewann er 13 Mitbrüder als Mitarbeiter, darunter die Brüder Karl und Hugo Rahner, Hirschmann, Lotz, Kirschbaum und Urs von Balthasar. Sie erarbeiteten zunächst Idee und Inhalt des Buches. In den Skizzen dazu steht: »Das Buch soll eine positive Begegnung versuchen mit den zur

Zeit im deutschen Raum wirksamen ›Existenzmächten‹. ... Es handelt sich um ... eine Krisis und Abgrenzung und katholische Erfüllung und Erweiterung ... Das heißt, da, wo die einzelnen Kräfte ihrem inneren Gesetz nach wirken dürfen, führen sie einmal in die Nähe katholischen Denkens und verlangen eine katholische Erhöhung und Erfüllung.«

Noch vor Ausarbeitung des Buches merkte Delp, daß er in Gefahr war, einer Illusion zu erliegen. Die Gegenseite hatte gar kein Interesse an einem »aufbauenden«, vielleicht gar »heimholenden« Dialog mit der Kirche, an einer Art »Rechristianisierung«, wie sie im Prozeß ihm und Moltke als Verbrechen wird vorgeworfen werden. Die kirchenfeindlichen Maßnahmen, die auf eine Vernichtung der Kirchen abzielten, sprachen längst eine eindeutige Sprache, die Radikalen hatten sich durchgesetzt. Das geplante Buch blieb eine Konzeption.

Mit ungebrochenem Elan ging Delp nun in eine Offensive für den Glauben.

Mit staatlicher Unterstützung propagierte die »Deutsche Glaubensbewegung« eine »germanische«, »deutsche« Art von Religion, eine Religion des »arischen« Menschen aus »Blut und Boden«. Hier mußte für die Sache Gottes gekämpft werden. »... Man muß ... spüren, daß wir in der Zeit Träger der Verheißungen und Gnaden sind, daß es uns gar nicht darauf ankommt, um jeden Preis ein paar Lebenstage länger da zu sein, daß es uns aber wohl darauf ankommt, um jeden Preis so zu sein, wie wir sind«, wird Delp später formulieren.

Gemeinsam mit einigen Mitbrüdern erarbeitete er wieder einen großen Zyklus von Predigten: »Kirche in der Zeitenwende«. Diese Predigten zeigten, was der Mensch ist und sein soll, was Kirche ist, Christus, Gott, Verantwortung in der Kirche und für die Kirche. Sie drängten und ermutigten im Angesicht der »deutschen Glaubensbewegung« und damit im Angesicht des lockenden und drohenden Staatsapparates zur Entscheidung für Gott, für Christus und für die Kirche. Das war 1936. Delps Mitbruder P. Nötges gab den »Chrysologus« heraus, eine Zeitschrift für Prediger. Delp durfte – ein Zeichen für seine Fähigkeit, Energie und Einsatzbereitschaft – den Jahrgang 1936 redigieren. So konnte er auch diese Entscheidungspredigten veröffentlichen. 52 waren geplant, 38 erschienen, 11 davon hat Delp selbst geschrieben. Delp

erreichte mit diesen gedruckten Predigten im Kampf für die Kirche und gegen das Neuheidentum eine weitreichende Resonanz und Wirkung. Der »Chrysologus« hatte 9000 Bezieher.
1936 erging es dem Valkenburger Ignatius-Kolleg ähnlich wie 1934 der »Stella Matutina«. Die deutsche Regierung erließ immer schärfere und kompliziertere Devisenvorschriften. In ihrem Gefolge starteten die Nazis dann die heimtückischen »Devisenprozesse« gegen die Kirche in Deutschland. Die deutschen Jesuiten konnten im holländischen Valkenburg nicht länger unterhalten werden. So kam auch Pater Alfred Delp Anfang Oktober 1936 für sein drittes theologisches Studienjahr nach Frankfurt/Main. Dort hatten die Jesuiten 1926 am Rande der Stadt eine Hochschule für Philosophie und Theologie errichtet, zunächst nur für Weltgeistliche. Vom winzigen ländlichen Valkenburg in die Großstadt Frankfurt am Main und damit auch mitten hinein in das Geschehen jener Jahre, das bedeutete eine große Umstellung, kam Delp aber gar nicht ungelegen.
Im Frühsommer 1937 wurde das dritte Jahr der Theologie mit dem üblichen Jahresexamen abgeschlossen.
Zuvor gab es den ersten großen Schritt auf dem Wege zum Priestertum. Im Frankfurter Kaiserdom empfing Pater Delp zusammen mit den anderen »Drittjährigen« am 6. und 7. März 1937 die Weihe des Subdiakonates und des Diakonates. In der »Wahlkapelle« des Kaiserdomes waren seit 1438 sieben deutsche Kurfürsten zu deutschen Kaisern gewählt worden; immer in Verbindung mit der gemeinsamen Feier des Meßopfers, »...auf daß sie... einen gerechten, guten und tauglichen Mann zu einem römischen König und künftigen Kaiser zum Heile der Christenheit wählen«, wie es im 2. Kapitel der »Goldenen Bulle« heißt. Die Weihen in diesem Kaiserdom müssen für den geschichtsfühligen Delp ein starkes Erlebnis gewesen sein, zugleich eine Anfrage nach der Existenz und Bedeutung der Jesuiten. Was ist die Gnade, Berufung und Verpflichtung eines Jesuiten in der Geschichte seiner Jahre? Der Jesuit, so schreibt er 1938 in seiner »Skizze eines jesuitischen Menschenbildes«, muß bereit sein, in seiner geschichtlichen Stunde »die fällige Gestalt des jesuitischen Menschentums zu leisten«.
Nach dem bestandenen Jahresexamen kam am 24. Juni 1937 für einen sehr glücklichen Alfred Delp in der Münchner Jesuitenkirche St. Michael der Tag der Priesterweihe. Genau 400 Jahre zuvor,

am 24. Juni 1537, war in Venedig der Ordensgründer Ignatius von Loyola zum Priester geweiht worden. Deshalb wurden 1937 überall in der Gesellschaft Jesu – sofern es möglich war – die Priesterweihen am 24. Juni erteilt und nicht wie üblich Ende Juli, nahe dem Fest des heiligen Ignatius. Die Priesterweihe spendete der Münchner Erzbischof Kardinal Michael Faulhaber. Zusammen mit neun anderen Weihekandidaten kniete Delp im Altarraum, erhielt er die Vollmacht, zum Heile des Gottesvolkes Sünden zu vergeben und das Opfer Jesu Christi darzubringen, sowie den Auftrag, das Wort Gottes zu verkünden. Delp, von nun an Pater Delp, dankte dem Kardinal im Namen aller zum Priester Geweihten am nächsten Tage im Rahmen einer Festakademie in der Aula des Pullacher Berchmanskollegs. Der Kardinal war ernst. Am 21. März war, von ihm entworfen und wie eine Befreiung für die treuen Katholiken, die päpstliche Enzyklika »Mit brennender Sorge« von allen Kanzeln verlesen worden. Es war gelungen, sie bis in die Nacht vor der Verlesung geheimzuhalten. Die Racheaktionen der Nazis tobten immer noch. Druckereien waren enteignet, die diplomatischen Beziehungen zwischen Staat und Kirche abgebrochen worden, Schmutzprozesse wurden hochgespielt. Goebbels hielt im Punkte »Sittlichkeitsverbrechen« eine gemeine Rede gegen die Kirche. Ein Professor aus Faulhabers Diözese schrieb als Antwort auf Goebbels' Rede einen offenen Brief an ihn und wurde von der Gestapo gesucht – er hatte seinen wahren Namen nicht genannt, er kannte die Brutalität der Nazis und ihre Skrupellosigkeit. Jesuitenpater Rupert Mayer, der kriegsverwundete Mitbruder Delps und Leiter der Münchner Marianischen Männerkongregation mit rund 7000 Mitgliedern, ein Jesuit mit hoher Autorität und öffentlicher Wirksamkeit, saß in Untersuchungshaft. Er beugte sich dem gerichtlichen Redeverbot nicht: Ohne Rücksicht auf sich werde er weiterhin gegen kirchenfeindliche Maßnahmen von Polizei, Gestapo und Staat predigen. Prozeß, Gefängnis, KZ, Verbannung in das Benediktinerkloster in Ettal kamen auf ihn zu. Sein Ordensoberer sowie sein Bischof, Kardinal Faulhaber, hatten ihm auf seine Bitte hin dafür die volle Selbstentscheidung gelassen.
Kardinal Faulhaber war gleichfalls ein Mann, der die scharfe Form der Auseinandersetzung nicht scheute. Bei der Feier seines Silbernen Bischofsjubiläums, am 19. Februar 1936, rief er im ge-

füllten Münchner Frauendom von der Kanzel: »Der Verfasser des ›Mythus‹ (›des zwanzigsten Jahrhunderts‹ – Alfred Rosenberg) hat dem Bischof von München seine Hochachtung abgesprochen. Der Erzbischof von München müßte sich in Grund und Boden schämen, wenn ihm von dieser Seite die Hochachtung zugesprochen würde. Schmach und Schande dem Priester, der als Überläufer im Sold der Kirchenfeinde steht und von Kirchenfeinden sich loben läßt!... Wir verzichten auf das Lob der Christus- und Kirchenhasser.«

1941 spricht Delp in einem Zyklus über die sieben Sakramente auch über die Priesterweihe: »... hineingestellt... in das letzte Duell mit den Dämonischen... Licht zu bringen und Nacht und Finsternis zu bannen... damit die Suchenden wissen, wo Heimat ist und die Irrenden wissen, wo Rat ist und die Hilflosen wissen, wo Segen ist und die Verlaufenen wissen, wo die Tore sind der Rückkehr, die auf sie warten aus der Freude des Herrn.« Delp war dazu bereit.

Am 4. Juli 1937 feierte P. Delp zusammen mit seinen glücklichen Eltern und Geschwistern in Lampertheim seine Heimatprimiz. Pfarrer Unger, der treue Freund der Familie aus vergangenen Tagen, erlebte diesen Tag nicht mehr. 1935 war er, von den Nazis ortsverbannt, verstorben.

Für sein Primizbildchen hatte P. Delp einen Text aus dem 1. Korintherbrief ausgesucht: »Niemand kann einen anderen Grund legen, als den, der gelegt ist: Jesus Christus«. Das war sein Glaubensbekenntnis und für viele eine Ermutigung.

Terziat

Ein Jahr später, im Sommer 1938, schloß Delp seine theologischen Studien mit dem großen Schlußexamen ab. Es folgte auf der »Rottmannshöhe« am Starnberger See das Terziat. Dieses in seiner Art und Zielsetzung dem Noviziat vergleichbare Jahr ist ausgerichtet auf religiös-geistliche Besinnung und Festigung.

Im Terziat werden wie im Noviziat die »Großen Exerzitien« gehalten. Delp hat in diesen Wochen geistliches Tagebuch geführt. Es fällt auf: kein direkter Bezug auf das Geschehen ringsherum. Dieses war ihm gegenwärtig, und er rang darum, sich für die momentane Zeit und für die kommende Aufgabe innerlich vorzubereiten – als »Gefährte Jesu«, hellhörig und offen bis in die Tiefen

der Seele. So, nur so bestand Hoffnung, angesichts der Forderungen und Nöte der Zeit »die fällige Gestalt des jesuitischen Menschentums zu leisten«, mit einem anderen, schlichteren Worte Delps ausgedrückt, zusammen mit Jesus den Menschen »erlösend, helfend beizustehen«. Im Kreis der 14 jungen Terziarier alle bereit, als Priester und Jesuiten der Kirche zu dienen, stellte Delp eines Tages die Frage: »Werden wir unserem Volk und unserer Kirche das geben, was der Orden nach 13 Jahren Ausbildungszeit von uns erwartet?«
Der Terziariermeister P. Steger soll gesagt haben: »Der Delp wird hinstehen.«

An den »Stimmen der Zeit«

Es war Juli 1939 geworden. Der junge Jesuitenpater Alfred Delp – schon fast 32 Jahre alt – bewarb sich auf Wunsch seines Provinzials Rösch bei der Münchner Universität um ein weiteres Studium mit dem Ziel des Doktorates.
Bereits 1931 hatte der damalige Provinzial Hayler die Errichtung eines Sozialinstitutes überlegt. Delp sollte Mitarbeiter werden. Ein sozialwissenschaftliches Studium war dazu erwünscht. Aufgrund der Jesuitenfeindlichkeit wurde »die Zulassung des Angehörigen des Jesuitenordens Alfred Delp zur Doktorprüfung an der philosophischen oder staatswissenschaftlichen Fakultät« nicht genehmigt.
Herbst 1939 erfolgte der Überfall auf Polen. Delp meldete sich als Kriegspfarrer an die Front. Er gab als Begründung nicht nationale oder gar »nationalsozialistische« Begeisterung an, nicht Einverständnis mit der Politik der Herrschenden, sondern »daß mir die Anliegen und Sorgen meines Volkes immer eine ernste Pflicht sind«. Er wollte priesterlich bei den Kämpfenden und Sterbenden sein, so wie sein inzwischen verurteilter, dann amnestierter, dann wieder verhafteter und neu verurteilter Mitbruder P. Rupert Mayer im ersten Weltkrieg.
Delps Antrag wurde abgelehnt. Die deutschen Faschisten werden im Gegenteil in ihrer Siegesgewißheit und Religionsfeindlichkeit die Ausstoßung aller Jesuiten als »wehrunwürdig« aus den Reihen der Soldaten betreiben – als Beginn ihrer Vernichtung.
Die Aufgabe, die der Orden P. Delp schon im Juli 1939 zugewiesen hatte, wurde nun endgültig: die Mitarbeit an den von den

deutschen Jesuiten herausgegebenen »Stimmen der Zeit – Katholische Monatsschrift für das Geistesleben der Gegenwart«. Schon 1935 hatte er für die Zeitschrift eine Buchbesprechung geschrieben.

Delp sollte bei den »Stimmen der Zeit« auf dem Gebiet der sozialen Frage sowie des wirtschaftlichen und politischen Lebens informieren und dabei die Meinung der Kirche vertreten. Er traf an den »Stimmen der Zeit« als Mitbrüder und Mitarbeiter erfahrene Publizisten und Fachwissenschaftler, die den Kampf gegen die Naziideologie nicht scheuten. P. Ludwig Koch hatte in einer Kritik von Rosenbergs kirchenfeindlichen Schriften »Mythus des 20. Jahrhunderts« schon 1932 die Fronten geklärt: »Auf den ersten Blick könnte man vielleicht meinen, daß die nationalsozialistische Feindseligkeit gegen die Kirche nebensächlich sei. Bei näherer Prüfung aber sieht man, daß der ›Mythus des 20. Jahrhunderts‹ das ›Evangelium‹ einer Bewegung zu werden droht, der die Vernichtung der katholischen Kirche wesentliches Programm ist.« Er hatte recht.

Als der »Mythus« offen und aggressiv die Schulungsgrundlage der deutschen Faschisten wurde, führten die »Stimmen der Zeit« durch P. Anton Koch 1935 eine der großen Auseinandersetzungen mit Rosenberg, kompromißlos und wissenschaftlich hoch überlegen.

Im November 1935 kritisierte P. Peter Lippert in einem Artikel »Mit Gewalt – mit Geduld« scharf die Gewaltherrschaft der Nazis: »...sie hat die leidige Ähnlichkeit mit dem Drill, den man einem Tier beibringt... Wenn die Menschen... in großen Massen auftreten, schreien und marschieren, dann wird die Macht der Finsternis in allen zusammen nicht bloß zusammengezählt, sondern miteinander vervielfacht. Die neue Bosheit, die in zwei vereinten Menschen auftritt, ist immer größer als die beiden Bosheiten zusammengenommen.«

Reaktion der Nazis: Vier Monate Erscheinungsverbot für die Zeitschrift – vorerst einmal.

Als Delp seine Mitarbeit an den »Stimmen« begann, war diese wie alle christlichen Zeitschriften in immer größerer Bedrängnis. Über ihnen schwebte das Wort, das ein HJ-Führer zu den Führern katholischer Jugendverbände gesagt hatte: »Ihr werdet langsam abgemurkst.« Wie sollte man sich verhalten? Im Widerstand tragbare Konzessionen machen, so lange der Leser noch zwischen den

Zeilen die Wahrheit finden konnte? Mit wehender Fahne untergehen, mit »Schreie Wahrheit!«, wie die »Junge Front«, die mutige Zeitung der katholischen Jugend? Die »Stimmen« haben den Kampf weitergeführt, aber sie zahlten den Preis der Konzessionen. P. Overmans z. B. durfte anstelle seiner innerpolitisch kritischen »Kulturschau« nur noch eine »Katholische Kulturschau« veröffentlichen. Im April 1939 – Hitler wurde 50 Jahre alt – mußten auch die »Stimmen«, um weiterexistieren zu können, ein »Gebet für den Führer« abdrucken. Von den drei vorgelegten Gebeten wurde das harmloseste ausgewählt und erst im letzten Augenblick gedruckt.

Delps Beiträge in den »Stimmen« sind keine lauten Offensiven. Kennzeichnend sind Vorsicht und Zurückhaltung. Die Ablehnung der Nazi-Ideologie wird erkennbar und deutlich in Delps Ermutigung zum Bekenntnis des Glaubens. 1939 z. B. las man in seinem Artikel »Christ und Gegenwart«: »Wo Konflikt ist, muß gefochten werden, ohne Kompromiß, ohne Verrat und ohne Feigheit. Aber dieses verteidigende Fechten ist nie das Hauptanliegen einer christlichen Generation. Hinter den Grenzsteinen, die wir verteidigen, muß immer die ganze Fülle echten Lebens sichtbar werden; der seinsmäßige Glanz des in uns existierenden Reiches unseres Herrn ist unser bester Anspruch und unsere beste Verteidigung...«

1937 hat Delp in den »Stimmen« über den Denker Ferdinand Ebner kritisch berichtet. Ein Wort dieses Denkers vom Abend seines Lebens hat Delp am Ende seines Artikels zitiert. Es ist das gleiche ermutigende Bekenntnis wie in Delps Studie »Der Mensch vor sich selbst«: »Das ist der eigentliche Sinn allen Lebens und Denkens im Menschen: daß es sich selbst durchsichtig werde, so durchsichtig, daß es Gott durchscheinen läßt. Daß der Mensch im Lichte des Wortes sich bewußt werde, ein Kind Gottes zu sein – Gottes, der die Liebe ist.«

Delps Arbeit an den »Stimmen« wurde 1941 jäh zerschlagen. Am 18. April erschien ein Beamter der Gestapo mit zwei Begleitern in der Redaktion und erklärte das ganze Haus samt seiner Einrichtung als entschädigungslos beschlagnahmt, es sei »reichsfeindliches Eigentum«. Das Haus mußte innerhalb von drei Stunden geräumt sein. Das war eine jener vielen Enteignungsaktionen, die damals als »Klostersturm« viele Ordensniederlassungen vernichteten. Als

der Chefredakteur nach einer Begründung für die Enteignung fragte, wies der Gestapomann auf P. Peter Lippert hin, der inzwischen schon fast viereinhalb Jahre tot war. Er habe in einem Vortrag in der Schweiz ähnliche Gedanken geäußert wie in jenem Artikel »Mit Gewalt – mit Geduld«. »Das ist Hochverrat!« soll der Gestapomann gesagt haben, »Und Hochverrat ist eine schlimme Sache.«
Der tödliche Schlag kam bald hinterher. Er traf die meisten christlichen Zeitschriften. Mit Wirkung vom 1. Juni 1941 wurde ihnen aus »kriegswirtschaftlichen Gründen« das Druckpapier entzogen.

Kirchenrektor an St. Georg

Wie Koch, Kreitmaier, Pribilla, Overmans und die anderen »Stimmenväter« mußte nun auch P. Delp eine andere Unterkunft und ein neues Betätigungsfeld suchen.
Er wurde Kirchenrektor an St. Georg in München-Bogenhausen. Dort fand er auch Wohnung. Den wichtigsten Teil seiner Bücher hatte er vorsorglich lange vor der Hausenteignung ausgelagert. Er holte sie nun für seine weiteren Studien und Arbeiten in seine neue Bleibe.
In St. Georg hatte Delp pflichtgemäß nur die Gottesdienste zu versorgen – die eigentliche Pfarrkirche war »Heilig Blut«. Die verbleibende viele freie Zeit füllte sich schnell: Unterricht und Gruppenstunden für die Jugend, Abende für Erwachsene, Arbeit am Buch »Der Mensch und die Geschichte«, Mitarbeit im Widerstandskreis Moltkes, persönliche Kontakte und viel konkrete Hilfe für Menschen in Not. Dazu kamen Vortragsreisen bis nach Berlin, Wien, Köln, Königsberg und Breslau.
Schon mit seiner allerersten Predigt nach der Priesterweihe hatte Delp in der Jesuitenkirche St. Michael in München die Zuhörer aufhorchen lassen: ein neuer Ton, eine neue Sicht, eine neue Herausforderung und zugleich Ermutigung. Neu war auch die Schärfe der gelegentlichen Kritik an der Kirche und die scharfe Klinge gegen den kirchlichen bequemen Versorgungstyp, gegen den bürgerlichen Lebensstil, der sich auch in der Kirche breitmachte, gegen das »kleine verfressene Ego, das sich mästen möchte auf Kosten anderer und seiner selbst«, gegen das »Genießerchen«, »das ungeeignetste Organ des Heiligen Geistes«.
Scharfe Worte fand Delp auch über die Unmündigkeit von Chri-

sten: Hier läge eine Haltung vor, »die Vorsicht und behutsame Sicherung überbetont und in einer legalen Bindung und loyalen Ausführung ergangener Weisungen das Herzstück der Religiosität sieht. In einer Zeit, die den Christen vereinzelt, muß diese Unfähigkeit zur einsamen und persönlichen Verantwortung und Entscheidung verhängnisvolle Folgen nach sich ziehen. Hier liegt einer der Gründe, warum unsere Menschen mehr als normal nach kirchlichen Weisungen und Worten schreien und warum das oft begründete Schweigen der Kirche Erschütterungen auslöst, die nicht mehr verständlich sind. Delp weist allerdings kühn auch darauf hin, daß diese Haltung vieler Christen »eine Art dogmatischen Nihilismus und Pessimismus« zur Ursache hat und zielt damit auch auf das kirchliche Amt.

In einem Münchner Tagebuch aus diesen Jahren stehen Notizen über Delp: »Immer mehr erschließt mir R. Sch. (Reinhold Schneider) und natürlich auch P. D. (Pater Delp) dieses unfaßbare Große, dieses Leben in und für unseren Herrgott.... Zwei Menschen, die zum Heil und Segen werden für viele. – Heute abend bin ich ganz erschüttert von einem Vortrag über die Enzyklika. P. D. hat wieder so viel Großes gegeben – sich selbst. In einer Unerbittlichkeit und Klarheit hat er über die Kirche gesprochen, daß einfach nur das eine zu gelten hat: die unbedingte Bejahung – und der Gehorsam gegen Gott.«

»Als Mensch«, steht in einem Brief, der wenige Jahre nach Delps Tod geschrieben wurde, »bleibt er mir unvergeßlich in seiner brennenden Leidenschaft für den Herrgott, von der er in jeder Predigt sprach, als einer, der von dieser Leidenschaft geradezu verzehrt wurde.«

Wo es Delp wichtig schien, griff er schonungslos die Nazi-Ideologie an.

Im Auftrag der NSDAP füllte der Film »Ich klage an« die Kinos. In ihm wurde die Todesspritze propagiert, die Euthanasie. Delp nannte den Film am Allerheiligenfest 1941 von der Kanzel eine Lüge, einen Eingriff »in Rechte, die einfach unantastbar dastehen müssen... Empörung gegen den Kyrios, den einzigen Herrn des Lebens... Empörung gegen den Menschen, der durch seine Geburt und sein Dasein allein schon Rechte hat, die ihm niemand nehmen kann ..., ohne den Menschen zu schänden und sich selbst.«

Delp sah seine Aufgabe aber vor allem in der Verkündigung des Glaubens.

Er habe, sagte er zu Beginn einer Predigtreihe über die sieben Sakramente, Berichte vom Ringen an der Front im Osten gehört und frage nun: »Wie steht der Christ vor all dem? Was hat er als Christ damit zu tun?... Vielleicht schütteln Sie den Kopf, wenn ich Ihnen sage ... die siebenfache Antwort der Erlösung, die wir auf die Frage, auf das Geschehen, auf die Not der Welt haben, sind unsere sieben Sakramente... Sie werden sehen, daß da die großen Zusammenhänge gelten ... daß wir wirklich unser Christentum, unsere eigenste christliche Wirklichkeit wieder verstehen und begreifen lernen als Kräfte in diesem ungebrochenen Zusammenhang mit allem, was geschieht.«

Delps Predigten wurden mitgeschrieben, getippt und von Hand zu Hand weitergereicht. Delp hat seine Predigten intensiv vorbereitet. Auf der Kanzel sprach er dann so, wie er es im Augenblick für wichtig hielt. Man merkt es den Niederschriften an. Delp hat sie nicht überarbeitet, dazu fehlte ihm einfach die Zeit. Dem Ehepaar Rothmund, in dessen Lehrerhaus am Simssee er schönste Stunden verbrachte, schenkte er zur Silberhochzeit zwei seiner Predigten – die über die Ehe und die dort gehaltene Sonnenwendpredigt – und schrieb dazu: »Als kleines äußeres Zeichen nehmen Sie bitte das Büchlein mit den paar Bildern, von denen ich glaube, daß sie Ihnen Freude machen werden. Und außerdem hab ich gerade die Nachschrift einer Predigt zur Hand, die ich einmal über Ehe und Familie gehalten habe. Ich habe keine Urschrift davon und habe auch nicht mehr Zeit gehabt, sie zu überarbeiten und zu formen. Lesen Sie aus den ungefügten Worten, die so blieben, wie sie der Augenblick eingab, das heraus, was darin sein sollte: der große Wunsch, unsere Ehen und Familien möchten doch eine große Offenbarung des göttlichen Segens sein, der über ihnen liegt. Es ist unbescheiden, eigene Worte und dazu noch unfertige Worte zu schenken. Nehmen Sie bitte die Absicht zum Geschenk und den großen Wunsch, der dahinter steckt.«

Sicher saßen in seinen Predigten auch Spitzel der Gestapo. Sie werden es bei seiner Art zu predigen nicht leicht gehabt haben. Vielleicht erschienen ihnen seine Predigten als ungefährlich. Sie waren auf keinen Fall so konkret auf öffentliche Probleme gerichtet wie die Predigten von P. Rupert Mayer zur Schulfrage. So

konnte Delp unbehindert predigen und vielen Mut und Kraft geben.
Mut und Kraft wird Delp auch selbst gebraucht haben. Denn, so schreibt eine Frau, die ihn in der Bogenhausener Jugendarbeit erlebt hat: »Er war alles andere als ein ruhiger, sicherer, abgeklärter Mensch, sondern im Gegenteil einer, der selbst rang und suchte und litt, umgetrieben von einer ganz großen Liebe zu Gott und zu den Menschen und zu seinem Volk, ich glaube aber auch zu seinem Orden, trotz mancher Schwierigkeiten, die er dort hatte.«
Wie in der Zeit des Philosophiestudiums in Pullach hat Delp auch in seiner Münchner Zeit eine Berufserschütterung erlebt. Wieder war es ein Mitbruder, dem er sich anvertraute und der ihm half: »Erinnere dich! Stehe zu dem, was du von der Kanzel den Menschen über die Treue zu Christus in schwierigen Zeiten und Situationen gesagt hast! Handle nach deinen eigenen Worten!«
Delp erinnerte sich. So z. B. hatte er gepredigt: »Es wird wieder Sturm sein, es wird der Mensch immer wieder die Not und Ohnmacht und Grenze erleben, und es wird dem Menschen nur das eine übrigbleiben: das Bündnis mit dem Herrgott immer wieder neu zu schließen. Von da her werden wir stehen können und alles überwinden. Dann kommt die Stunde, die endgültige Stunde der Segnung unseres Daseins. Um uns herum der Glanz der überwundenen Gewitter und in uns selber die Wunden der Erfahrungen. Dies alles aber dann gewandelt in die Bewährung und inneres Erwachen, in die Reife der Gottesbegegnung.« Delp überwand die Krise.
Gottbegegnung, Gott als lebendig bewegte heimatliche Mitte, der aber auch die Verantwortung des Menschen herausfordert, das war für Delp der tiefe Glaubens- und Erfahrungsgrund. Von dort her lebte, dachte und sprach er. Dorthin wollte er seine Zuhörer führen: »Der erbärmlichste Eindruck, den man heute haben kann, ist der Eindruck des verschluckten Wortes. Daß wir alle fast ersticken an den Worten, die wir nicht zu sagen wagen... Es gibt innerhalb der Kirche kein Recht auf absolute Geborgenheit... Wo sind die Menschen, die noch einmal die Verantwortung für das innere Schicksal dieser Generation übernehmen?«
»Sind Sie mir nicht böse«, predigte er am 14. September 1942, »wenn ich so hart anfange. Aber ich bin von den letzten Reisen mit einer großen Bitterkeit zurückgekommen. Nicht was die Bomben

zerschlagen, darf das Letzte sein. Wir müssen fragen: Wie wird vom Herrn und von seiner Wahrheit her die Welt neu gestaltet und neu verwaltet, wenn sie aus den Fugen geht, an den inneren Sinnlosigkeiten und Maßlosigkeiten? So wird die Zeit alle kirchlichen Menschen fragen. Der Mensch, der sagen kann, so wird gelebt –, in ihm soll die Kirche zum Zeichen der Zeit werden. Daß wir daran denken, wie jeder von uns die Not in die richtige Ordnung und Harmonie zurückbringen kann. Da haben wir alle genug zu denken und genug zu tun. Wir müssen nur bereit sein, Verantwortung auf uns zu nehmen.«

Immer wieder spürte man Delps Drängen zu einem Verantwortungsbewußtsein, das aktiv wird.

Pius XI. hatte 1922 alle Gläubigen zur »Katholischen Aktion« aufgerufen.

»Das Ziel der ›Katholischen Aktion‹ ist gerade dies, daß auch das Leben der Straßen und Plätze wieder Leben aus dem Glauben wird. ... Katholische Menschen ... wissen, daß jeder Dienst am Volk Stückwerk ist, wenn er nicht verbunden ist mit dem Gottes-Dienst am Volk, mit der Rückführung des Volkes in die Gesetze, in die Teilnahme am Leben Gottes. Darum ist es notwendig, daß katholische deutsche Menschen sich einsetzen für die Freiheit und das ungehinderte Wirken ihrer Kirche... Eine große Aufgabe, die Männer ruft. Die in dieser Stunde ernste, entschlossene Männer ruft. Die Stimmung dieser Stunde ist ernst wie damals, als der Heiland die Apostel mit hinaufnahm in die feindliche Stadt Jerusalem. Das war Wagnis, war Kühnheit«, schrieb Delp 1935 im »Chrysologus«.

Fünf Jahre danach machte die »Hauptstelle für Männerseelsorge und Männerarbeit« in Fulda Delp zu ihrem Mitarbeiter.

In den Jahren 1941–1942 konnte Delp im Auftrage dieser »Hauptstelle« in Fulda vier Referate halten. Das erste, »Vertrauen zur Kirche«, 1941 auf der Gesamttagung, die anderen vor kleineren, internen Kreisen. Die Tagungen selbst waren inzwischen »aus kriegsbedingten Gründen« verboten worden. In den Fuldaer Referaten nennt Delp die große Not der gegenwärtigen Welt: Das Dasein wird als »ausweglos endlich und weltlich« verkündigt. »An dieser Haltung stirbt jede Transzendenz. Es stirbt an ihr die Frage nach dem Woher und Wohin, die über die Welt hinausweist.«

Delp nennt die Aufgabe der Christen angesichts dieser Weltnot: Es gibt das »Weltamt« der Christen, ihre Berufung zur Arbeit für die Welt, doch von Christus her und auf ihn hin und so für den Menschen: »Wir wissen, daß am Ende der Herr steht. ... Aus den drei Aspekten, die uns das Schöpfungsdogma, das lebendige Christusbild und die Eschatologie eröffnen, müssen wir die Menschen ausrichten für das, was wir in der Welt zu tun und zu wagen haben.«

Im ersten Referat in Fulda hat Delp harte Worte für seine geliebte Kirche gefunden. Nicht aus Ressentiment. Er wollte, daß die Kirche und die Menschen in der Kirche Profil bekämen, das Profil Jesu Christi. So, nur so könne die Kirche Vertrauen gewinnen, nur so könne und dürfe der Christ, der Mensch in der Kirche, Gott verkünden und Menschen für Gott erobern.

Von seinen Vorträgen heimgekehrt, war Delp wieder in der »aufgeregten und schreienden Stadt«, wie er München in einem Brief an die Freunde in Wolferkam nennt. Dort stand er den Menschen in ihren Nöten und für ihre Berufung zu Gott mit allen seinen Kräften menschlich und priesterlich zur Seite. »Manchmal fragten wir uns, wann er eigentlich schlafe«, heißt es in einem Brief. Dabei war Delp gesundheitlich recht instabil. Eine Blut- und Stoffwechselkrankheit bedrohte sein Leben. Entzündungen konnten bei ihm böse Eiterungen und starke Kopfschmerzen hervorrufen.

Delp half, jüdischen Mitbürgern Lebensmittel, Kleidung und Verstecke zu besorgen.

Das Münchner Unterrichtsministerium verfügte Ende 1941, die Kreuze sollten aus den Schulen »allmählich entfernt und durch zeitgemäße Bilder ersetzt« werden.

Es gab Protestaktionen. Ende September 1941 hängten christliche Frauen und Schüler in zwei Münchner Schulen die Kreuze wieder in den Klassenräumen auf. Delp hatte dazu ermutigt und die Kreuze gesegnet.

Er hatte Lagepläne von den Luftschutzräumen der Gemeindemitglieder griffbereit. Tobten die Luftangriffe, soll er auf dem Turm des St.-Georg-Kirchleins gestanden und die Einschläge im Gebiet der Pfarrei beobachtet haben. Ob es stimmt, wissen wir nicht, möglicherweise ist es auch eine der »Heiligenlegenden« über ihn, vor denen er aus dem Gefängnis gewarnt hat. Eine Augenzeugin schreibt: »Unvergeßlich auch die Stunden im kleinen Keller während der Angriffe, wo er vor dem ausgesetzten Allerheiligsten all unsere Angst vor Gott hinbetete... er war nicht ein Mensch, der keine Angst hatte.« Kam die Entwarnung, dann rannte er los, mit Spaten und Hacke. Er konnte dann lautstark Feuerwehr, Polizei und Helfer kommandieren.

In einem Brief wird berichtet: »Allmählich wurden auch in München die Luftangriffe immer stärker. Pater Delp, der auch ein sehr geschickter Techniker war, ging nur noch im Schlosseranzug herum und half den Leuten, wo er konnte. Bei einer kinderreichen Familie in unserer Nachbarschaft betreute er sogar die kleinen Kinder, wenn die vielgeplagte Hausfrau zum Einkaufen gehen mußte. In der Nacht vom 2. zum 3. Oktober 1942 traf uns das große Unglück. Eine Luftmine zerstörte unser Haus bis auf den Grund. Wir lagen die ganze Nacht unter den Trümmern begraben. Der Luftschutz rettete uns nicht mehr mit der Bemerkung, die sind doch alle tot. Pater Delp mit seinen Helfern kam vorbei und fing an zu graben. Unsere älteste Tochter mit 19 Jahren war leider schon erstickt, aber wir anderen wurden, wenn auch schwer verletzt, dank der Bemühungen von Pater Delp in den Morgenstunden des 3. Oktober gerettet.«

Das Toben des Krieges sollte ihn nicht aus der inneren Sicherheit bringen. Inmitten der ›schreienden Stadt‹ »will ich versuchen in der Ruhe und Güte Gottes zu bleiben. Da sind die bösen Dinge halb so schlimm und die guten Dinge doppelt so schön.... Und betet's a bissel für mi armen Hascherl, damit i was taug.«

Delp hielt Gruppenstunden, kam mit religiös wachen jungen Menschen zu Einkehrtagen zusammen: »Er fesselte besonders solche«, schreibt P. Grillmeier, »die, ähnlich wie er, vitale Kraft ausstrahlten. Seine Begabung zur Menschenführung wirkte sich darum nicht auf die ›Masse‹ aus. Bei den zahlreichen Einkehrtagen etwa, die er für junge Menschen in diesen schweren Jahren gab, sprach er nur die geistig Begabteren, die Elite, an. Wer sich von ihm packen ließ, wurde in seine Unruhe hineingerissen.«

Im Turm des St.-Georg-Kirchleins war ein Zimmer eingebaut, zugänglich von der Empore. Dort traf sich Delp, auch bis spät in die Nacht hinein, mit den Jugendlichen der Pfarrei. Daraus ergaben sich oft briefliche Verbindungen. In Zeiten der Krankheit oder Arbeitsüberfülle plagten ihn Briefschulden: »Lieber Freund«, schreibt er Anfang Mai 1943, »ich habe eine schreckliche Sünde zu bekennen. Heute fand ich einen Pack Briefe, den ich im Februar mal irgendwo in einer Klinik oder sonst einem Schinderhaus bekommen habe, noch ungelesen und ungeöffnet ... darunter auch Ihren guten Brief. Nun, was machen Sie mit einem solchen Kerl? Das muß ich ganz Ihrer Güte überlassen.«

Einem anderen Freund schreibt er Ende August 1943: »Wir wollen ja ehrlich miteinander reden. Du, der Brief macht nicht mehr den frischen Eindruck wie Deine ersten Nachrichten. Irgendwo sind die Schrauben wieder locker. Also wieder anziehen. In Deiner jetzigen Lage helfen nur die alten, erprobten Mittel und Wege: ehrlich beten. Rücksichtslos ehrlich sein vor sich selbst. Sich nichts schenken und entschuldigen, sondern hart gegen sich sein. Nicht viel herumlungern. Schaffen, was das Zeug hält. An einer bestimmten geistigen Arbeit bleiben. ... Und wenn man dabei, um nicht einzuschlafen, auf Reißnägeln sitzen muß. Und dann die verführerischen Dinge entzaubern. Das Ganze immer wieder in die ernste, männliche Verantwortung zurückrufen. Ein Mann ist nicht ein getriebenes Wesen (in dem Wort steckt ›der Trieb‹), sondern ein frei Handelnder. Um diese Freiheit rauft man und blutet man, aber man gibt sich nicht weg. Also, ... blank ziehen und scharf zupacken. Ich helf Dir schon und in der Gemeinschaft Gottes und guter Menschen bist Du nicht allein. – Laß bald wieder von Dir hören. Dein Alfred Delp.«

An der Wand des Jugendzimmers hing die »Tafel des Edlen« von Julius Langbehn, dem »Rembrandt-Deutschen«, der für viele Christen damals ein Vorbild für die Verbindung von Christentum und »echtem deutschen Geist« war.

Auf der »Tafel des Edlen« war zu lesen: »Edel ist: wer hohen Sinn trägt und ein zartes Herz, wer geradeaus blickt und nicht rechts und links, ... wer das Alter, die Sonne und die grünende Erde schätzt, wer weise, stark und unschuldig ist, ... wen die Nacht nicht schreckt, wer von Helden gern hört und spricht, wer getreulich hofft, daß ein Tag der Ernte kommt ... wer bleibt, wie ihn der Himmel schuf.«

Mit Langbehn hat sich Delp auch im Gefängnis beschäftigt, kritisch, »... in vielem ein Abschied ... Man wird die bleibenden Aussagen in ein kleines Bändchen sammeln müssen.«

Delp kannte viele Menschen. Wenn Zeit übrig war, machte er gern Besuche. Nie aber wollte er tief bindende Freundschaften.

Man spürte, daß er bei aller Kontaktfreudigkeit »kein Aussteiger aus der totalen Hingabe an Gott allein« war. Es blieb seinem starken Empfinden allerdings nicht erspart, die Konsequenzen dieser totalen Bindung an Gott zu spüren: »Die Fahrenden Gottes müssen überall zu Hause, wo Gott ist, und dort mehr zu Hause sein, wo Gott mehr ist. Das bedeutet – so einfach es sich dahinschreibt – viel Not, viel wundes Herz, viel Ehrlichkeit.«
Er war den Menschen herzlich zugewandt, wird berichtet, bei aller Zuwendung aber nüchtern und durchschauend und zugleich voll Ehrfurcht vor dem »Unaussagbaren« eines jeden Menschen.
»Wie hat mein Herz geklopft«, erzählt eine Frau, »als ich an die Tür zum Zimmer klopfte, in dem die Eltern meines katholischen Verlobten mich Pater Delp vorstellen wollten! Wie atmete ich dann auf! Er selbst öffnete, priesterlich schwarz gekleidet, nahm meine beiden Hände in seine Hände, führte mich, die Protestantin, an den Tisch, nahm mich ruhig und freundlich in das Gespräch hinein und hat hinterher meinen zukünftigen Schwiegereltern gesagt: ›Das Mädel ist in Ordnung.‹ Wir haben eine ganz gute Ehe geführt, und Pater Delp ist bis heute geistig in unserer Mitte.«
Zwischen seinen vielen Vortragsreisen, inmitten der täglichen Arbeit, inmitten der Ereignisse des Kirchenkampfes, in der Zeit der zunehmenden Bombenangriffe schrieb Delp in Bogenhausen sein zweites Buch: »Der Mensch und die Geschichte«. Zuvor hatte er sich intensiv mit der Bedeutung der Worte »Volk« und »Heimat« befaßt. Mit dem Königsberger Professor für Geschichte, Kurt Thieme, führte er als Student der Theologie von April 1935 bis Februar 1936 einen Briefwechsel über das Thema »Geschichte«. Achtzehn z. T. ausführliche Briefe haben beide miteinander zu diesem Thema getauscht. Delp schrieb sein neues Buch als Denker seiner Zeit und für die Menschen seiner Zeit. Wieder ist, wie in seinem Buch »Tragische Existenz«, Gott die Mitte allen Seins, allen Lebens, aller Sinnsuche, alles hinreißend Schönen und alles Fruchtbaren. Und er ist die Mitte aller Verantwortung. Der Mensch und seine Welt werden gesund an den Ordnungen Gottes. Nur in der Erfüllung der in dieser Welt gestellten geschichtlichen Aufgaben wird das außergeschichtliche Heil erlangt. Die Schöpfung trägt das Bild Gottes. Der Mensch soll es bewahren, zum Leuchten bringen und so die »Rühmung Gottes« vollziehen. Von Gott mit Freiheit begabt, ist er als Verwalter der Geschichte auch

ihr Gestalter. Die Konfrontation mit dem Bösen wird er bestehen müssen. Aber nicht im feigen und faulen Stillhalten:
»Die Geschichte ist auf den Einsatz und die Entscheidung des Menschen gestellt. ... Das Böse ist in der Geschichte nur lebendig und wirksam durch den schöpferischen und werbenden Einsatz des Menschen. Gegen den menschlichen Einsatz aber kann und soll stehen der menschliche Einsatz. Es ist dies die tiefere geschichtliche Haltung, dem Jammern und ausweglosen Grübeln über das Böse und dem Verzweifeln und Zerbrechen unter dem Bösen weit überlegen ... Der Mensch ist eben nicht nur da, in Geschichte zu stehen oder Geschichte zu erleiden. Selbst dieses muß noch ein aktiver Einsatz, ein bewußter Vollzug sein. Der Mensch muß Geschichte machen. Dazu gehört das spähende Begreifen neuer Möglichkeiten und Fälligkeiten und dazu gehört der restlose und lebendige Einsatz für die richtige Geschichte. Der Mensch muß gerade in der Geschichte und als Träger der Geschichte begreifen, was es heißt, Repräsentant des schöpferischen Gottes zu sein ... und wer um die Geschichte nicht gekämpft hat, darf sich nicht wundern, wenn er sie verlor und wenn sie ihn vergaß.«
Delp hat in den Münchner Jahren auch schöne Ferientage verlebt.
Westlich vom Chiemsee, auf Rosenheim zu, liegt der kleine Simssee. An seinem südlichen Ende liegt Neukirchen, am Ufer ein Kirchlein. Eine halbe Stunde entfernt liegt Wolferkam, eine Siedlung mit sechs Bauernhöfen. Delp hatte dort bei Bauern gastliche Aufnahme gefunden. Ruth Kiener-Flamm, die später die Marienfenster der Lampertheimer Pater-Alfred-Delp-Gedächtniskapelle schuf, war von der Münchner Universität exmatrikuliert worden, weil sie Halbjüdin war. In Wolferkam hatte sie als Pflegerin einer kranken Bäuerin und als Arbeiterin für den Hof Unterschlupf gefunden. Sie war mit Delp nach einer seiner Predigten bekannt geworden und hatte ihm und seinen Mitbrüdern diesen idyllisch gelegenen Erholungsort vermittelt.
Mit einem der Wolferkamer Bauern befreundete sich Delp so gut, daß er ihm einen Koffer mit wichtigen und gefährlichen Schriften, Schriftstücke aus der Arbeit des Kreisauer Kreises, zum Aufbewahren anvertraute.
Auf dem Segelboot des Lehrers von Neukirchen verbrachte Delp ruhige Stunden auf dem See: »... im Segelboot so frei und still und

nur den Elementen verpflichtet dahinzuschweben ... das Herz atmet wieder«, steht in seinen Wolferkamer Aufzeichnungen. An den Abenden saß er mit den bäuerlichen Freunden bei fröhlichem Spiel und Geplauder zusammen. Tagsüber konnte er ungestört lesen, beten, studieren, in den nahen Bergen wandern und dann nachts ohne Fliegeralarm durchschlafen. »Wolferkam kommt mir immer noch vor wie eine Insel der Glücklichen, Glauben Sie mir nur, wenn ich Ihnen sage, daß ich mich selten so glücklich gefühlt habe wie dort«, schrieb er am 8. Mai 1941 nach Wolferkam. Seine Schwester Greta war oft mit ihm. Er hatte sie am Tage nach seiner Heimatprimiz getraut. Der Schwager war inzwischen gefallen. Sie hatte für den Kreisauer Kreis Kurierdienste übernommen. Delp war in Wolferkam ein gern gesehener Gast. Er wurde mit Freundlichkeit umsorgt und durfte jederzeit wiederkommen. In seiner oftmals schalkhaften Freude konnte er, nicht nur in Wolferkam, zu weit gehen – »bis zur Taktlosigkeit«, hat einer seiner Mitbrüder gesagt, »bis er sein Opfer ganz oben auf dem Baume hatte«, heißt es an anderer Stelle. Er war selbst recht empfindlich und sensibel.
»Tragt mir meine Bösheiten nicht nach!« schreibt er später aus dem Gefängnis. Er hat unter seinen ungewollten verbalen Entgleisungen gelitten, seine eigene Grenze erfahren. Er spürte, daß er Menschen, die ihn verehrten und denen er gut war, enttäuschen konnte. Delp hat in seinem Zyklus über die Sakramente von dieser Not gesprochen und daß auch sie Erlösung finden kann.
Am 20. Juli 1944 – seine Schwester Greta feierte ihren Namenstag – stieg er mit ihr und einigen anderen auf die felsige Kampenwand. Sie erhebt sich im Voralpengebiet, keine 20 Kilometer von Wolferkam entfernt.
Auf dem Gipfel wurde fotografiert: Delp unter dem Gipfelkreuz, eine Scheibe Brot in der Hand. Das erinnert an seine Notiz im Gefängnis: »Brot ist wichtig, die Freiheit ist wichtiger, am wichtigsten aber ist die ungebrochene Treue und die unverratene Anbetung.« Er wird dieses Wort auf dem »Gipfel« seiner Gefangenschaft schreiben, unterwegs zum »Gipfel« Galgentod.

Im »Kreisauer Kreis«

Als Delp im Pfarrhaus von St. Georg das Buch »Der Mensch und die Geschichte« schrieb, war er bereits das größte Risiko seines Lebens eingegangen: Mitarbeit in Moltkes Widerstandskreis, dem

»Kreisauer Kreis«, so benannt nach dem winzigen Ort bei Schweidnitz in Schlesien, wo Moltkes Schloß stand. Delps Provinzial war in dieser Zeit der frühere Rektor des Feldkirchner Kollegs, P. Augustin Rösch. Ein Mann, der die Verantwortung für etwa 600 Mitbrüder der »Oberdeutschen Provinz« trug und sich darüber hinaus sehr aktiv für die bedrängte Kirche einsetzte.
Rösch hatte sich Ende Oktober 1943 in Berlin bei hohen Offizieren Rat geholt. Er sorgte sich um die jungen Jesuiten an der Front, welche die Gestapo listenmäßig erfassen wollte. Nach München zurückgekehrt, vermittelte ein Mitglied des Kreisauer Kreises ihm einen Treff mit Helmuth James Graf von Moltke.
Moltke, von Beruf Jurist, arbeitete in der Kriegszeit als Kriegsverwaltungsrat in der »Spionage-Abwehr«. Sein Chef war Canaris, der als Feind Hitlers später enttarnt und nach dem 20. Juli 1944 hingerichtet wurde. Der spezielle Auftrag von Canaris an Moltke war, durch Gutachtertätigkeit Verletzungen des Völkerrechts durch SS und Gestapo im besetzten Gebiet, an Gefangenen und Geiseln zu verhindern.
Als Kriegsverwaltungsrat war Moltke sowohl die Situation im Inland als auch in den besetzten Gebieten und an den Fronten bekannt. Er konnte mit Personen in hohen Positionen Kontakte aufnehmen und ungehindert in das Ausland reisen. Zusammen mit seinem Verwandten Peter Graf York von Wartenburg organisierte er einen Widerstandskreis, den Kreisauer Kreis. Sozialisten und Konservative, Gewerkschaftler und Gutsbesitzer gehörten zu ihm. Mit der Zeit entstanden Kontakte zu anderen Widerstandsgruppen, auch zu den Kommunisten. Diese Kontaktaufnahme kostete zwei Männern aus dem Kreisauer Kreis, Reichwein und Leber, das Leben – einer der Kontaktmänner der anderen Seite war ein eingeschleuster Gestapospitzel.
Die Kreisauer engagierten sich für den »Tag X«, für die Zeit nach der Niederlage Deutschlands und damit der braunen Macht.
Eugen Gerstenmaier, einer der nicht zum Tode verurteilten Kreisauer, meint, daß die Kreisauer sich »mit den politischen, kulturellen, wirtschaftlichen und rechtlichen Problemen befaßten, denen sich eine neue deutsche Regierung ... gegenübersehen mußte. Sie waren weder Heerführer, noch besaßen sie sonst organisierte Macht. Ihr Feld war der Gedanke, ihre Aufgabe der Entwurf einer neuen rechtsstaatlichen Ordnung, ihr Wille, die Ideologie

des totalen Staates zu überwältigen, ihr Ziel, Deutschland im Geiste des Christentums und der sozialen Gerechtigkeit wiederaufzubauen und in ein vereintes Europa einzufügen.«
Der Entwurf des Kreisauer Kreises vom 9. August 1941 »Grundsätze für die Neuordnung Deutschlands« beginnt: »Die Regierung des Deutschen Reiches sieht im Christentum die Grundlage für die sittliche und religiöse Erneuerung unseres Volkes, für die Überwindung von Haß und Lüge, für den Neuaufbau der europäischen Völkergemeinschaft. Der Ausgangspunkt liegt in der verpflichtenden Besinnung des Menschen auf die göttliche Ordnung, die sein inneres und äußeres Dasein trägt. Erst wenn es gelingt, diese Ordnung zum Maßstab der Beziehung zwischen Menschen und Völkern zu machen, kann die Zerrüttung unserer Zeit überwunden und ein echter Friedenszustand geschaffen werden. Die innere Neuordnung des Reiches ist die Grundlage zur Durchsetzung eines gerechten, dauernden Friedens.«
Daß das Christentum als Grundlage nichts mit dem Aufbau äußerer kirchlicher Machtpositionen zu tun haben dürfe, ergibt sich aus Delps Auffassung – und sie spiegelt die Meinung des Kreisauer Kreises wider: die Wirksamkeit der Kirche hänge nur von ihrer inneren Mächtigkeit als Religion ab. In seinen »Fragestellungen für das Gespräch über Staat und Kirche« zur Vorbereitung von Kreisauer Besprechungen im Mai 1942 weist er darauf hin: »... daß das Volk heute weithin entkirchlicht ist. Jede Privilegierung der Christenheit würde die mühsam errungene Glaubwürdigkeit der Kirche bei den Massen und damit die Fähigkeit zur inneren Mission wieder gefährden. Es muß alles vermieden werden, was nach Staatskirche und Gewissenszwang aussehen könnte, da das deutsche Volk überempfindlich in diesem Punkte ist.«
Bei jenem Treff Ende Oktober 1941 eröffnete Moltke Pater Rösch die Möglichkeit zur Mitarbeit im Kreisauer Kreis. Rösch sagte zu. Moltke fragte ihn nach einem Fachmann, der aus katholischer Sicht die soziale Frage in die Überlegungen einbringen könnte. Rösch informierte Delp und stellte ihm die Entscheidung frei.
Delp sollte, so versprach Moltke, aus jeder direkten Gefährdung herausgehalten werden. Delp aber stellte sich ohne langes Zögern zur Verfügung.
Zwischen Moltke und Delp entstand eine Freundschaft bis zum Lebensende. Delp wurde sein Mitarbeiter weit über den sozialen

Sektor hinaus, organisierte Kontakte mit anderen Widerstandsgruppen, vermittelte Gespräche mit katholischen Bischöfen, besorgte Wohnungen für kleinere Besprechungen. Im Kölner »Kettelerhaus« z. B. traf er sich mit leitenden Männern des »Katholischen Arbeiterbundes« und mit Männern anderer Widerstandsgruppen.

Mitunter fuhr Delp auf Vortragsreisen, auch um seine Arbeit für die Ziele des Kreisauer Kreises zu tarnen.

Ein damaliger Breslauer Mitbruder berichtet: »Wir saßen zusammen, manchmal bis tief in die Nacht. ... P. Delp kam nach Breslau, weil er unterwegs zum Grafen Moltke war, aber davon hat er uns nichts erzählt – erst nach dem Kriege erfuhren wir das. Während wir die politische Zukunft sehr düster sahen, war er immer optimistisch, ohne uns Gründe für seine Haltung zu sagen.«

War Delp zu Besprechungen mit dem »Kreisauer Kreis« in Berlin, dann wohnte er im dortigen Dominikanerkloster. »Er kam so«, schrieb Dominikanerpater Odilo Braun nach 1945, »wie ein Freund den vertrauten Freund besuchen würde. ... Es war ihm lieb, bei mir Unterkunft zu finden, denn so bewahrte er seine Mitbrüder vor Gefährdung und ersparte sich selbst die Notwendigkeit, ausweichen zu müssen, wenn man ihn fragen würde. Bei der Lage der Dinge konnte und durfte er keine Erklärungen abgeben. Zwischen uns war es anders. Jeder wußte vom andern, daß er irgend etwas tat und plante, das keine überflüssigen Mitwisser vertrug. Keiner fragte den anderen nach seinem Tun und Lassen. Man war eben nur bemüht, jede mögliche Hilfe zu leisten.«

P. Odilo wurde nach Stauffenbergs Aufstandsversuch von der Gestapo gejagt und auf der Flucht verhaftet, allerdings erst, als es zu Prozeß und Verurteilung zu spät war.

Kurz vor Delps Verhaftung hatte er ihn auf dem zerbombten Pfarrgrundstück in München-Bogenhausen noch einmal besucht: »Auf uns allen lastete etwas von banger Erwartung. Niemand wußte, wie **stark er gefährdet** und auch wie nah die Gefährdung war. Nur einige Male, wenn wir gerade unbeobachtet waren, zwinkerte er mir zu. In seinem Blick lag alles. Die Frage: Wie wird es gehen? – aber auch zugleich die Antwort: Gott macht es schon!«

1942 hat Delp in Berlin Frau Marianne Hapig kennengelernt, die ihm später während der Gefängniszeit so viel half. Sie arbeitete als Sozialfürsorgerin im katholischen St.-Hedwig-Krankenhaus. Frau Hapig hat, wohl 1943, Delp in München besucht: »Ich erinnere mich, daß er uns, nachdem wir uns lange über die Zeitumstände unterhalten hatten und ob es denn in Deutschland keine Männer gäbe, die dagegen aufstünden, Schriftstücke zeigte, an denen er als Soziologe und Kenner der katholischen Soziallehre mitgearbeitet hat. Er ließ sie uns lesen. Wir sagten ihm dann: ›Pater, wissen Sie, daß Sie das da den Kopf kosten kann?‹ Er gab zur Antwort: ›Nun, erst fragen Sie, gibt es denn keine Männer mehr in Deutschland? und dann haben Sie Angst.‹ Er sagte es gutmütig, ein wenig spöttisch und schelmisch, wie es seine Art war. Denn bei allem Ernst, der ihn auszeichnete, war er der letzte, der nicht gern gescherzt und gelacht hätte.«

Der dritte Jesuit im Kreisauer Kreis wurde Pater Lothar König, Delps Freund aus der Studienzeit. Er war Professor für Kosmologie in Pullach und suchte in zähem Ringen die Beschlagnahme des Pullacher Kollegs durch die Nazis zu verhindern.

Ger van Roon schrieb über die Mitarbeit der Jesuiten im Kreisauer Kreis: »Seit Ende Juli 1942 war Delp aktiv an der Kreisauer Arbeit beteiligt ... Gleich nach seiner Ankunft nahm Delp an mehreren Besprechungen des Kreises teil, auch mit Vertretern der Arbeiterführer. ... Nach einigen solchen Besprechungen schreibt Moltke: ›Ich glaube, daß zwischen diesen Leuten die notwendige Vertrauensbasis zu schaffen ist, um weiter zu kommen.‹ Es war gar nicht einfach, den Abstand zwischen diesen Gruppen geistig zu überbrücken. Es ging auch nicht immer glatt. ›Dann schien es eine Stunde lang überhaupt nicht weiterzugehen, und plötzlich so gegen 6 ging alles im Galopp, der Punkt, den man als Test des gegenseitigen guten Glaubens ansehen wollte, war gefunden, für 10 Minuten sprachen Delp und Maass dieselbe Sprache, wenn auch mit verschiedenem Inhalt, und dann schlug Delp vor, die beiderseitige These ganz kurz aufzuzeichnen und sie auszutauschen, ehe man weiterging.‹ Delp und die anderen Jesuiten gingen in ihren Gesprächen von den beiden Sozialenzykliken, besonders von ›Quadragesimo Anno‹ aus. Um festzustellen, daß ihre Äußerungen nicht nur die persönliche Meinung, sondern amtliches Ideengut der katholischen Kirche wären, ermöglichten die Jesuiten Rücksprache der Sozialisten und übrigen Mitglieder mit mehreren Bischöfen.«

Für Delp war eine Lösung der sozialen Probleme nur vom Glauben her denkbar:»Überhaupt kann eine solche echte Erneuerung in allen genannten Lebensbereichen nur gelingen, wenn die Religion, diese Zentralkraft des menschlichen Lebens, in den Herzen der Menschen lebendig ist. Nur wenn im Namen Gottes die Geister gerufen, die Gewissen geweckt und gebildet und die Menschen verpflichtet werden, werden die Völker den Weg zurückfinden zu den naturgegebenen echten Ordnungen, die Ordnungen Gottes des Herrn sind, und sich entschließen, alles an die Verwirklichung dieser Ordnungen zu setzen, weil sie wissen, daß dieser Einsatz echter Gottesdienst ist. Das Wort des Herrn ›Ich will, daß sie das Leben haben‹ gibt uns die Gewähr, daß die Menschen im Namen und in der Kraft Christi zurückfinden werden zum Frieden Christi im Reiche Christi. Der Friede Gottes: das ist die Gerechtigkeit unter den Menschen und die Rettung der Völker.«
Bei den Treffen der Kreisauer lernte auch Moltkes Frau, Gräfin Freya, Delp kennen. In einem Brief vom 23. 2. 1954 hat sie ihn aus der Erinnerung geschildert:»Ich sah Delp zum ersten Mal in Kreisau 1942, als er mit anderen unserer Freunde zu einer Besprechung auf ein langes Wochenende zu uns kam. Er war von einer bedrohlichen Krankheit erst kürzlich genesen, aber es war offenbar, daß er erfolgreich die Beschwerden seines Körpers aus dem Geiste überwand. Er war jugendlich und feurig, ja er erschien von allen der Jüngste, er war heiter und lebensfroh. Der entschlossene Ernst, der seinen Charakter bestimmte, verschwand hinter der Wärme und Freundlichkeit seines Wesens, die allen Belangen voll zugewandt waren ... Später, im Sommer 1943, war ich mit meinem Mann in München. Auch diese Reise wurde einer Besprechung wegen gemacht; ich kam mit, weil es wie eine kurze Ferienreise wirken sollte. Wir suchten Pater Delp in seiner schönen Pfarre in Bogenhausen auf. Er war sprühend und wie immer voller Optimismus. Auf dem Heimweg, in der Straßenbahn, besprachen mein Mann und ich, welch hinreißenden bedeutsamen Einfluß Pater Delp auf junge Menschen ausüben müsse.«
Am 20. Juli 1944 dröhnte der »Donnerschlag von der Wolfsschanze«. Stauffenberg hatte die Bombe gegen Hitler gezündet, der Aufstand begann. Stauffenberg und seine Mitverschworenen wußten sich nicht nur vor ihrem Gewissen gerechtfertigt, sondern von ihm gefordert.

Doch die als möglich einkalkulierte Katastrophe trat ein.
Am Abend des 20. Juli hörte Delp bei Freunden im Radio vom Attentat. Er war überrascht: »Donnerwetter! Das sollte doch nicht sein!« Nach Mitternacht erfuhr P. König, daß Stauffenberg das Attentat verübt habe und daß Hitler noch lebe. Auf seine Bitte hin, fuhr P. von Tattenbach mit dem Rad zu Delp, um ihm diese wichtige Mitteilung zu bringen. Delp hatte Stauffenberg kurz vorher, am 6. Juli, ohne Absprache und Absicherung besucht. Stauffenberg hatte ihn nach nur allgemeinen Gesprächen wieder fortgeschickt und sich nachher über den unvorsichtigen Besuch Delps beschwert.
Noch in der Nacht nach dem Attentat hatte Hitler in einer Rede gnadenlose Vergeltung angekündigt. Das bedeutete für jeden aus dem Widerstand höchste Gefahr. Auch Delp wurde gedrängt unterzutauchen.
Rösch wurde in seinem Versteck, einem abgelegenen Bauerngehöft, im Januar 1945 gegriffen. Wegen der sich Berlin nähernden Front und des Todes von Freisler, dem Präsidenten des Volksgerichtshofes – er starb im Luftschutzkeller des Volksgerichtshofes einen Tag nach der Hinrichtung Delps – kam es nicht mehr zum Prozeß gegen ihn. So entging er dem Galgen und – wie durch ein Wunder – den Mordaktionen der Gestapo im Gefängnis kurz vor der Einnahme Berlins. König konnte sich im Kohlenkeller des Pullacher Berchmanskollegs bis nach Kriegsende versteckt halten.
Delp wollte nicht untertauchen. Sein Verschwinden, so sagte er, würde ihn nur verdächtig machen. Außerdem habe er mit dem Attentat nichts zu tun, und er wolle seine Gemeinde bei den immer häufiger werdenden Bombenangriffen nicht im Stich lassen. Er blieb. Er hatte seine Sicherheit überschätzt und die Gefährlichkeit der Gestapo, der ganzen Situation, total unterschätzt. »Ich war dumm und töricht wie ein Kind«, schreibt er in einem anderen Zusammenhang aus dem Gefängnis. Das könnte auch hier gelten.
Schon im Januar 1944 war Moltke verhaftet worden, von der Existenz des Kreisauer Kreises aber erfuhr die Gestapo nichts. Als nun Stauffenberg die Bombe gegen Hitler gezündet hatte und dann in Berlin den Aufstand auslöste, stand neben ihm in der Bendlerstraße als sein Mitverschworener York Graf von Wartenburg, neben Moltke der wichtigste Mann im Kreisauer Kreis. Er

wurde verhaftet, und bei den sich anschließenden Untersuchungen stieß man auch auf den Namen Delp ...

Gefängnis und Tod
Am Fest der Darstellung Jesu im Tempel – Mariä Lichtmeß – am 2. Februar 1941, genau vier Jahre vor der Hinrichtung, hält Delp eine Lichtpredigt. Sie soll ermutigen.
»Man kann für Gott kein besseres Bild finden als dieses: Licht. Und er selbst nennt sich Licht. Er ist als Licht gekommen, herabgestürzt, hineingestürzt in die Nacht ... Dynamik des Kommens Christi ... in die Welt hinein. ... Begreifen Sie, daß damit immer wieder etwas gesagt ist über die öffentliche Verantwortung des christlichen Menschen ... daß man nicht gleichsam fett werden will an seinem Christentum, daß man wirklich diesen Dienst und diese Verantwortung begreift. Ich glaube, es wird uns gelingen, das Volk nochmals zu erleuchten, wenn wir genug Menschen haben ..., die fähig sind, ... diesen Verschwendungs- und Opferberuf zu ergreifen und zu vollziehen. Menschen, die sich hineingeben auch in den Untergang ..., um die anderen zu gewinnen.«
In seinem Buch aus der Bogenhausener Zeit ermutigt Delp noch drängender: »Wenn die Geschichte entartet ..., dann ist die Stunde gekommen, in der der Mensch die Geschichte nicht verraten ... darf. ... Weder die Flucht ins Ewige noch der Verrat in der Geschichte wird ihn retten, sondern nur die ungeheure Anstrengung ... Dies ist das erste Gesetz der menschlichen Freiheit und zu diesem Gesetz muß die Freiheit stehen, auch um den Preis der persönlich-geschichtlichen Katastrophe. Der dadurch unter Umständen bedingte Ruin wird sich erweisen als das schmerzvolle Zerbrechen eines Samens, um einen neuen Keim von unabsehbarer geschichtlicher Mächtigkeit in das Leben zu entlassen.«
Wie aber mag Delp zumute gewesen sein, als ihm die »persönlich-geschichtliche Katastrophe«, der »Untergang« drohte? Als die zwei Gestapoleute ihn am frühen Morgen des 28. Juli 1944 nach der heiligen Messe vor der Bogenhausener Kirche zwischen sich nahmen und im Pfarrhaus für verhaftet erklärten?
Im Gesicht fahl, erbrach er die rasch noch vorgesetzte Speise. Mit ungewöhnlich hoher und leiser Stimme sagte er zu den Schutträumern im Pfarrhof – Fliegerbomben hatten erneut eingeschlagen: »Ich bin verhaftet. Behüt' euch Gott und auf Wiedersehen!«

Sechs Monate in Fesseln können das Erschrecken der ersten Sekunden zum Entsetzen steigern. Ausgeliefert an die feindliche Gewalt, gerät die Kreatur Mensch an ihre Grenzen: »In einer Nacht, es war bald nach dem 15. August, bin ich beinahe verzweifelt. Ich wurde wüst verprügelt in das Gefängnis zurückgefahren, abends spät. ... Und ich sah von dieser Nacht aus den ganzen verhängnisvollen Verlauf, wie er dann auch kam.«

Die Freunde haben Pater Delp in seiner Not nicht im Stich gelassen. Sie spürten auf, wo er nach seiner Verhaftung war. Ein Bekannter Delps hatte ihn durch Zufall bei der Überführung durch die Gestapo nach Berlin auf dem Bahnsteig gesehen, und Delp hatte ihm eine Adresse und »Koffer« zuflüstern können.

»Die beiden Mariannen«, Frau Hapig und Frau Dr. Pünder, stellten den Koffer Delps sicher. Er enthielt Berichte und Ergebnisse aus der Arbeit des Kreisauer Kreises.

Delp befand sich währenddessen schon in Berlin, im neuen Gestapogefängnis in der Lehrter Straße. Frau Hapig setzte durch, daß sie Delp jede Woche frische Wäsche bringen und die alte abholen durfte. Sie schmuggelte mit dieser Wäsche manches Butterbrot zu Delp, auch Zigaretten und Zigarren, viele Briefe und Schreibpapier, später auch Hostien und Meßwein. Sie schmuggelte auch jene Texte Delps aus dem Gefängnis heraus, die er fast ausschließlich in Fesseln geschrieben hat.

Der Denker Delp war durch die Verhaftung und durch die Phase der harten Verhöre nicht gebrochen worden. Dr. Harald Poelchau, der evangelische Gefängnispfarrer von Berlin-Tegel, schreibt: »Der Jesuitenpater Delp, der evangelische Theologe Gerstenmaier, Graf Helmut von Moltke, Theodor Haubach, alles Angehörige des Kreisauer Kreises, arbeiteten intensiv geistig weiter, schrieben mit ihren gefesselten Händen und tauschten sich gegenseitig zum Teil durch meine Vermittlung aus. Trotz der Nähe des Todes war die Atmosphäre nicht gedrückt, sondern von hoher geistiger Intensität. Wer die Veröffentlichungen aus diesen Monaten liest: ›Delp – Angesichts des Todes‹, ›Moltke – Letzte Briefe‹, spürt dies unmittelbar. Konfessionelle Unterschiede spielen keine Rolle mehr. Mein katholischer Kollege Buchholz und ich besuchten die Gefangenen gleichmäßig. Auch als die Gestapo für uns ein Besuchsverbot bei Pater Delp erließ, waren immer Beamte bereit, für uns aufzupassen, während wir in seiner Zelle waren.«

Die Themen von Delps Aufzeichnungen im Gefängnis sind vielfältig. Er schreibt über die Sonntage und über die kirchlichen Zeiten, die während seiner Haftzeit gefeiert wurden. Er denkt und schreibt über die Gegenwart und Zukunft des Volkes, der Menschheit und der Kirche, manchmal wie in Tränen, manchmal wie im Zorn, immer aber in Treue zur Kirche und in Bereitschaft für Gottes Willen, der das soziale und religiöse Heil der Menschen will. Stark bewegt war Delp auch von der Frage nach der Einheit der Kirche – er gehörte einem Münchner »Una-Sancta«-Kreis an.
Seinem Freund und evangelischen Pfarrer, dem Mitgefangenen Eugen Gerstenmaier, schreibt er auf einem kleinen Zettel: »Und wenn wir wieder draußen sind, wollen wir zeigen, daß mehr damit gemeint war und ist als eine persönliche Beziehung. Die geschichtliche Last der getrennten Kirchen werden wir als Last und Erbe weitertragen müssen. Aber es soll daraus niemals wieder eine Schande Christi werden. An die Eintopfutopie glaube ich so wenig wie Du, aber der Eine Christus ist doch ungeteilt, und wo die ungeteilte Liebe zu ihm führt, da wird uns vieles besser gelingen, als es unseren streitenden Vorfahren und Zeitgenossen gelang.«
Delp rechnet mit sich selbst ab, zieht Bilanz. Unerbittlich, aber im Angesicht des heilenden Herrgotts. Er sagt uns, daß der anbetende Kontakt mit dem heiligen »Herzen« Jesu Christi den Menschen aus seiner »tödlichen Verkümmerung« herausholen kann, aus der wachsenden Einsamkeit, Ohnmacht und Veräußerlichung, Vermassung, Gnadenlosigkeit, Erbarmungslosigkeit. Er schreibt Betrachtungen, die er als persönliches Geschenk meint. Er beschenkt uns alle.
Ohne es zu ahnen, hat Delp in seinen Aufzeichnungen wie von einer großen Kanzel gesprochen.
In der Not des Kerkers geht es ihm in besonderer Weise um sein immerwährendes Anliegen: der Mensch muß einen Weg zu Gott gebahnt bekommen. Der Mensch muß Gott als seine eigentliche Mitte finden können. Der Mensch muß die Chance erhalten, an Gott gesund zu werden und seine Welt an Gott gesund zu machen.
Die geliebte Kirche ist für Delp dabei von entscheidender Bedeutung. Deshalb geißelt er die »amtliche« Kirche auch in Fesseln, mit harten Worten und Vorwürfen. Sie soll ihre Aufgabe, ihre

eigentliche Aufgabe sehen und erfüllen. Sie hat dazu alle Gnaden. Sie muß aber Mut, großen Mut haben, zu allen Zeiten.
Delps Briefe aus der Haft zeigen deutlich seine persönliche religiöse Situation und Entwicklung in diesen Monaten. Die sechs Monate in Fesseln waren ja nicht nur eine Zeit der bösen Gewalt. Sie zeugten auch von der Nähe des »mächtigen Gottes«.
»Gott hat mich gestellt. Dem muß ich jetzt gewachsen sein.« Das könnte als Motto für Delps Haftzeit stehen.
»Gottes Wirklichkeit geht mir allmählich in großer Nähe und Dichtigkeit auf.« Das schreibt Delp nach einer Nacht, in der er »wüst verprügelt« beinahe verzweifelt wäre. »Gott kann es noch machen. Er allein«, das schreibt er dazu.
»Wie es mir geht? ... Ich bemühe mich, kein Kleinholz zu machen, auch wenn es an den Galgen geht. Aber mir ist manchmal schon etwas schwer. Georg war in manchen Stunden nur mehr ein blutiges Wimmern. Aber Georg hat immer wieder versucht, dieses Wimmern einzuordnen in die beiden einzigen Wirklichkeiten, um derentwillen es sich lohnt, da zu sein: Anbetung und Liebe.«
Hier ist ein Menschenherz weit geworden. Es hat sich aufnehmen lassen in den »großen Raum der inneren Freiheit«, den Gottes Liebe ihm angeboten hatte.
In diesem Raum der inneren Freiheit war Delp dicht am Herzen des väterlich liebenden »Herrgotts«, wie Delp ihn gern nannte. In diesem Raum der inneren Freiheit erlebte er und brachte er Gott dar, was ihm geschah und er zu tun imstande war. Dazu gehörte vorab die Feier der heiligen Eucharistie, »Quelle und Gipfel aller Frömmigkeit« hat das 2. Vatikanische Konzil sie genannt.
Er feierte Eucharistie – Danksagung! – im blauen Drillich mit den roten Streifen des Gefangenen an den Hosen und über den Ellenbogen. Das war seine liturgische Kleidung. Seine eucharistische Nüchternheit war der schäbige schuftige Hunger, von dem der Leib voll war: »Daß ein Stück Brot eine große Gnade ist, habe ich manchmal gesagt. Heute weiß ich es aus bitterer Erfahrung.«
Und auch das Herz war voller Hunger: »Wenn ich so in meiner Zelle auf und ab gehe, drei Schritt hin, drei Schritt zurück, die Hände im Eisen, das Herz in alle Winde der Sehnsucht gespannt...«
Die Feier der Eucharistie verlangt ein Herz, das sich durch die Reue von Schuld gereinigt hat. Delp brachte ein solches Herz an

den »Altar«: »Denen ich weh getan habe, sie mögen mir verzeihen. Ich habe gebüßt ...«

Zur Reue kam die Hingabe. In der Nacht zwischen Jahresende und Neujahrstag notierte er: »Jesus ... Diesen Namen des Herrn und meines Ordens will ich groß an den Anfang des neuen Jahres schreiben ... Letztlich aber soll der Name eine Leidenschaft bezeichnen: des Glaubens, der Hingabe, des Strebens, des Dienstes.«

So bereitet, gab Delp den Todeskandidaten in den Nachbarzellen das verabredete Klopfzeichen. Dann las er die heilige Messe. Mit gefesselten Händen. Mit einem Herzen, das alle Menschen umspannte. Im Morgengrauen. Während der Wachablösung.

Das scheint am 12. September 1944 zum ersten Male geschehen zu sein. Seit dem 1. Oktober hatte Delp die heilige Hostie ständig in seiner Zelle. Er wird sie, verborgen, auch während der Gerichtsverhandlung bei sich tragen. »Sie bricht die Einsamkeit, obwohl ich – zur Schande sei's gesagt – manchmal so müde und zerstört bin, daß ich diese Realität gar nicht mehr aufnehme.«

An anderer Stelle sagt er: »Ich sitze oft da vor dem Herrn und schaue ihn nur fragend an.« Delp hörte die wortlose Antwort: er solle den göttlichen Willen annehmen und sich ihm überlassen, ganz und gar. Hatte er denn nicht immer wieder, schon als Novize, gebetet: »Nimm hin, Herr, meine ganze Freiheit ...«?

Tausendmal sagte er dem Herrn: Ja. Tausendmal aber flehte er auch die Bitte um »das Wunder der Befreiung«. In der Heiligen Schrift steht, wir sollen bitten, damit wir erhalten! In der Neujahrsnacht 1944 notiert Delp, was er erhoffte: »Die Lösung der egoistischen Krämpfe und Engen in den freien Dialog mit Gott, die freie Partnerschaft, die vorbehaltlose Hingabe. Und die baldige Erlösung aus diesem elenden Eisen.«

Freunde beteten und hofften mit ihm.

Seine Jugendhelferin in der Bogenhausener Jugendarbeit wollte in den Karmel eintreten. Immer wieder hatte Delp sie prüfend zurückgehalten: »Noch nicht reif!« Jetzt aber, nach dem Tode ihrer pflegebedürftigen Mutter und nach Delps Verhaftung ging sie in den Karmel und opferte ihr kommendes Ordensleben für Delp auf – daß er gerettet werde. Sie hat nach dem Kriege den Karmel »Heilig Blut« im Todesgelände von Dachau gegründet und ihn als Priorin Mutter Maria-Theresia geleitet. Von dort aus entstand,

getreu einer Idee von ihr, nach ihrem Tode der Karmel »Regina Martyrum« (»Königin der Märtyrer«) auf dem Gelände von Berlin-Plötzensee; zur Sühne, als Erinnerung und als Aufruf zu einer menschenwürdigen Zukunft.
Eine andere Frau, »Urbi«, hatte schon vor Delps Verhaftung Gott ihr Leben für Delp angeboten. Der Brief, in dem sie P. Delp von ihrem Angebot Mitteilung machte, sollte – so hatte sie verfügt – diesem erst nach ihrem Tode übergeben werden. Sie starb am 13. Juni 1944 bei einem Luftangriff. Marianne Hapig schreibt am 24. November 1944 in ihr Tagebuch, Urbis »Opferbrief« läge unter den Leinentüchlein, in denen Delp die heilige Hostie aufbewahrte und »offenbar strömen ihm Kräfte des Vertrauens von diesem Lebensopfer zu« – Kräfte des Vertrauens auf das »Wunder der Befreiung«, um das er mit Gott rang.
Gottes Liebe aber bleibt in ihrer für uns jetzt noch nicht durchschaubaren Freiheit. Das wußte und akzeptierte Delp. »Geben wir auch das in Gottes Freiheit«, schrieb er Mitte Januar 1945.
Die Gestapo bot Delp das »Wunder der Befreiung« an, unter der Bedingung: Austritt aus der Gesellschaft Jesu.
Delp hat abgelehnt und dafür das Angebot seines Ordens angenommen, im Gefängnis die Letzten Gelübde abzulegen. Hier hat er, fast verstummend und zusammenbrechend, »Ja« gesagt und hat zu den Fesseln, die der Haß ihm angelegt hatte, freiwillig die »vincula amoris«, die »Fesseln der Liebe« angenommen.
Was ihm seine Treue zum Orden bedeutete und ihn kostete, das zeigte dann der Prozeß, der am 9. und 10. Januar 1945 vor dem Volksgerichtshof in Berlin stattfand. Der »Pfaffenfresser« Roland Freisler, auch »der rasende Roland« genannt, führte den Vorsitz. »Was ich bei der Gestapo schon erfahren habe«, schrieb Delp nach der Verhandlung, »war auch hier spürbar, diese dichte Intensität des Hasses gegen Kirche und Orden.«
Eugen Gerstenmaier, in derselben Verhandlung mit einer Zuchthausstrafe davongekommen, berichtet: »Aufmerksam, ein wenig nach vorn geneigt, die Hände dann und wann ineinander greifend, so stand Alfred Delp am 9. Januar 1945 vor seinem Richter. Der weltoffene, kräftig gebaute Jesuitenpater im schlichten Straßenanzug, der halbkahle Freisler mit fahlen Zügen in roter Robe. Monatelang hatten die Voruntersuchungen der Gestapo gewährt. Immer wieder war der Termin der Hauptverhandlung angesagt und

abgesetzt worden. Aber nun war der Tag des Gerichtes doch, wie erwartet, eher gekommen als die Befreier. Und es begann mit Pater Delp. Die Spuren der blutigen Mißhandlungen, die er auf dem Rücken trug, waren noch kaum vernarbt. In einem Keller der Meinekestraße zu Berlin hatte ihm die Gestapo Schuldbekenntnisse abzupressen versucht. Er wußte, daß er erneut den Gang zu jenem Keller riskierte, aber er widerstand. In dem seinem Temperament gar nicht gemäßen, unerhört beherrschten, gleichmäßig zurückhaltendem Ton parierte er die Ausfälle und Hiebe Freislers, widerstand er den sinnlosen Beleidigungen wie dem unversöhnlichen Haß des Mannes in der roten Robe.«

Freisler beantragte für Delp die höchstmögliche Strafe, die Todesstrafe.

Noch einmal sei Eugen Gerstenmaier zitiert: »Die Wachtmeister begannen uns wieder die Fesseln anzulegen, die wir schon seit Monaten Tag und Nacht trugen. Alfred Delp und Helmuth Moltke standen neben mir. Seit September 1944 waren wir Zellennachbarn. Obzwar durch dicke Wände voneinander geschieden, lebten wir geheimnisvoll miteinander verbunden unser Leben, äußerlich und innerlich in tiefer Gemeinschaft. Nun sah uns Moltke mit seinem leisen, humorvoll überlegenen Lächeln an, so als wollte er sagen: Was habe ich euch immer gesagt? – Er sagte es nicht. Alfred Delp aber wandte sich mir zu, und mit offenem Lächeln sagte er: ›Also, Gerstenmaier, frisch gestorben!‹«

Am nächsten Tage wurden die Urteile verkündigt, die Todesstrafe auch für Delp.

Delp schrieb nachher: »Das alles war Rache für den abwesenden Rösch und für den Nichtaustritt ... Der eigentliche Grund der Verurteilung ist der, daß ich Jesuit bin und geblieben bin.«

Das Todesurteil und seine Begründung bestätigten die Vermutung des vorgefaßten Vernichtungswillens:

»Helmuth Graf von Moltke ... bildete einen Kreis, der im Falle eines Zusammenbruchs unseres Reiches mit Nationalsozialisten die Macht ergreifen wollte. Durch dies ist er für immer ehrlos geworden. Er wird mit dem Tode bestraft. Der Jesuitenpater Alfred Delp arbeitete sehr eng und intensiv mit Helmuth Graf von Moltke zusammen ... Auch er hat sich dadurch für immer ehrlos gemacht und wird mit dem Tode bestraft.«

53 Freisler nennt Delps und Moltkes »Verbrechen«: Besprechungen

über das Verhältnis von Kirche und Staat, über die Soziallehre der katholischen Kirche, über die Möglichkeit eines Zusammengehens von Kirche und Gewerkschaften, Vermittlung von Kontakten zu katholischen Bischöfen, Vermittlung von Räumen für »Verratsbesprechungen«, Absicht einer »Rechristianisierung« des deutschen Volkes.

Dann heißt es weiter: »Alles, was Moltke damit getan hat, ist Hochverrat ... Einer der aktivsten Verratsgehilfen Helmuth Graf von Moltkes ist der Jesuitenpater Alfred Delp ... Das alles beweist eindeutig, daß Delp sehr aktiv mitten im Hochverrat des Kreisauer Kreises drinstand ... Wenn er sich ... im Kriege dieses Verrates schuldig gemacht hat, so bezeugt das seine vollkommene Ehrlosigkeit und erzwingt zum Schutze des Reiches das Todesurteil gegen ihn.«

Delp erkennt andere Gründe für die Verurteilung zum Tode: »Fallen, weil man an Deutschland glaubt über eine mögliche und kommende Nacht hinaus, weil man an eine Kirche glaubt als leitende Kraft für dies Volk, weil man zu diesem Orden gehört und weil man aus der Not, der Eigenart des Volkes und der Botschaft der Kirche eine justitia socialis (soziale Gerechtigkeit) wachsen sah und ihr dienen wollte.«

Der mächtige Gott schaltet die Nähe und Gewalt der bösen Mächte nicht aus. Aber er führt den Menschen weiter auf dem Wege der Reinigung und Reifung. Er läßt die »reine Gestalt« werden, auch in Delp. Mit Recht schreibt Delp: »Ich bitte die Freunde, ... sich darauf zu verlassen, daß ich geopfert wurde, nicht erschlagen, ... als fruchtbares und gesundes Samenkorn in die Erde zu fallen. Und in des Herrgotts Hand.«

Vor der Fahrt zum Hinrichtungsgefängnis hat Delp seinen Freunden auf einem Fetzen Papier ein letztes Wort geschrieben: »Beten und glauben. Danke. *Dp.*« Er hat seinen abgekürzten Namen unterstrichen, wie als Siegel unter sein Wort vom »... kämpferischen Dialog, der zwischen Gott und Gegengott ... unerbittlich ausgefochten wird ... die Tatsache ... des Hineinbezogenseins in diesen Dialog. Jeder hat seinen Beitrag zu leisten. Und es kann geschehen, daß Gottes hohe Souveränität die Kreatur einfach hineinreißt in diese Auseinandersetzung. Der erwachsenen Kreatur gereicht dies nur zum Heil, wenn sie diese Beschlagnahme durch Gott in freier Entscheidung ratifiziert und mitvollzieht.«

Victor von Gostomski, selbst Gefangener mit ungewissem Schicksal, war in jenen Tagen im Gefängnis Berlin-Plötzensee Kalfaktor für die Bibliothek und für den katholischen Gottesdienst. Gleich nach der Einlieferung Delps in das Hinrichtungsgefängnis hatte er heimlich an Delps Zellentür geklopft: »Sind Sie Pater Delp?«
»Ja.« »Haben Sie einen Wunsch?« »Ja. Die heilige Kommunion, sobald es möglich ist.« Es gelang Victor von Gostomski ein wenig später, sich die Tür zu P. Delp öffnen zu lassen: »Delp sah sehr abgemagert aus, elend und zerschunden ... und ich dachte: wie ein Heiliger.«
Am Fest »Mariä Lichtmeß«, wurde P. Delp am frühen Nachmittag in den Hinrichtungsschuppen von Berlin-Plötzensee geführt.
Delp war für die Hinrichtung gekleidet wie am 26. Januar sein Freund Moltke, wie jeder, der nach dem ungerechten Spruch faschistischer Macht vom Henker und seinen zwei Gesellen umzubringen war. So wie das Hinrichtungszeremoniell es vorschrieb: Drillichhose. Die Drillichjacke lose über die nackten Schultern geworfen. Die Füße in Holzpantinen. Die Hände auf dem Rücken gefesselt.
Gefängnispfarrer Buchholz – er durfte die Todeskandidaten nicht begleiten – hatte aus einem versteckten Winkel Moltke auf dem Wege zum Erhängen gesegnet. Moltke hatte zurückgegrüßt und er habe »gestrahlt wie einer, der zur Hochzeit geht«.
Bei Delp weiß sich Buchholz noch an das letzte Gespräch mit ihm zu erinnern. Zum Abschluß dieses Gespräches hat Delp zu ihm gesagt – in fast kühner, überlegener Sicherheit: »In einer halben Stunde weiß ich mehr als Sie.« Dann ging er. Aus der Zeit in die Ewigkeit. Aus der Gefangenschaft in die endgültige Freiheit. Aus dem Suchen und Fragen in das Wissen der Anschauung Gottes.
Victor von Gostomski räumte Delps Zelle für den nächsten Hinzurichtenden auf.
Er fand nicht viel in dieser Zelle: eine zerbrochene Brille und einen Rosenkranz.
Es war der 2. Februar 1945.
Einen Tag später erschlug eine Bombe Delps Richter.

2

Aus Delps
Schriften

Katholische Aktion
des Mannes

> 1935, während der theologischen Studien in Valkenburg, geschrieben, im »Chrysologus«, der Predigtzeitschrift der deutschen Jesuiten, 1935 veröffentlicht.
> »*Katholische Aktion*«: gemeint ist die »Teilnahme der Laien am hierarchischen Apostolat« (Enzyklika »Ubi arcano« von Papst Pius XI., 1922)

...

Das rein geistige Leben war wohl selten so bedroht wie in unseren Tagen.

Nicht nur, daß in weiten Gebieten alltäglich und achtlos wertvollste Schöpfungen des Geistes vernichtet und vertändelt werden. Dem schaffenden und schöpferischen Geiste wird Dasein und Geltung abgesprochen. Er gilt nur noch als Zugabe, als Anhängsel. Gestern galt er als Überbau, als Ergebnis von Wirtschaft und Technik und heute gilt er als dürre und fast unerwünschte Beigabe zu Blut und biologischem Leben. Nicht klare Einsicht und helle Entscheidung fördert und fordert man. Magie und Mythos beherrschen die Stunde.

Das stellt uns vor die weit schlimmere Tatsache, daß der Träger des Geistes, die geistige Person nicht nur in Frage gestellt ist, daß sie weithin schon zerstört und zerfallen ist. Wir haben uns längst abgewöhnt, die viele nervöse Hast und Bedrängnis unserer Menschen immer nur dem Lärm der Technik oder dem Versagen irgendeiner äußeren Lebensbedingung zuzuschreiben. Der Mensch, dessen innerster Kern, dessen Persönlichkeit in voller Auflösung begriffen ist, der kann nicht mehr ruhig und fest im wirren Geschehen der Dinge um ihn stehen. Er kann sie nicht mehr meistern, er wird selbst geschoben und gemeistert.

Und dem ging zuvor eben der Zerfall des inneren Menschen in seine Funktionen, von denen jede das ganze Leben darstellen wollte. Wir kennen die Menschen, die nur noch Intellekt sein wollten, die sich fern von allem realen Leben herumtrieben in den äußersten Gebieten geistigster Spitzfindigkeiten. Wir kennen die

Menschen, die wilden kopflosen Stürmer, die keinen Lebenssinn mehr empfanden, sobald nicht mehr irgend etwas einfach ohne Überlegung, nur im ungestümen Drauflos, zusammenzurennen war. Und wir kennen die Menschen, die jeden Geist von sich weisen und nur vom halbhellen Instinkt sich durch ihr Dasein treiben lassen.

Wir wollen uns diese Menschen genau anschauen: sie stellen uns vor die entscheidenden Tatsachen und öffnen uns den Blick auf die Brücke, die wir bauen wollen heraus aus dieser Bedrängnis und hinüber in das gesicherte Land eines neuen Lebens.

Diese Menschen sind innerlich zerfallen, weil sie keinen Mittelpunkt mehr anerkennen, aus dem sie leben. Deshalb ist unsere Zeit eine Zeit, über die das Gesetz des Unterganges zu herrschen scheint. Die Menschen dieser Zeiten haben den Versuch einer peripheren Lebensgestaltung unternommen. Sie haben versucht, einen Teil an die Stelle des Ganzen zu stellen. Sie haben es versucht im persönlichen Leben und sie haben es versucht im öffentlichen und gemeinsamen Leben.

Das Ergebnis liegt vor: dieses zerfahrene und zerrüttete Leben, das heute spürt, daß es keine Grundlage mehr hat, das laut und vernehmlich davon spricht, daß es um seine Existenz bangt und das nun verzweifelt um den Tod tanzt und dabei vom Leben spricht und nach dem Leben schreit.

Wir brauchen die Geschichte nur ein paar Blätter umzudrehen und wir sehen, warum wir heute unter dem Gesetz des Todes stehen. Etappe um Etappe können wir verfolgen, wie der Mensch sich wegschlich vom Mittelpunkt des Lebens, von den Quellen des Lebens und wie er sich draußen an der Peripherie ansiedelte. Kirche Christus Gott gab man hin. Ein Versuch jagt den anderen. Totale Wissenschaft, totale Wirtschaft, totale Politik; alles umsonst. Der Mensch selbst ging zugrunde dabei.

Und er wird solange vor dem Abgrund stehen und in sich diese Angst um sich selbst nicht los werden, bis er wieder heimkehrt, bis er wieder Mittelpunkte anerkennt, die außer ihm und über ihm liegen. Ganz einfach: Ihr Menschen, wir Menschen, wir werden so lange die Einsamen und Verlassenen sein, bis wir wieder da stehen, wo vor vielen Jahren das Unheil begann. Wir sind am Ende des Abstieges. Wir haben den Blick wieder ganz frei für die Notwendigkeit des Aufstieges in eine andere Welt, so daß gerade wir

bedrohten Menschen von heute fähig geworden sind, die alte Botschaft vom neuen Leben, von einer neuen Lebensgrundlage zu hören und zu verstehen und lebendig und begierig aufzugreifen und anzunehmen.
Du moderner Mensch da draußen in deiner Einsamkeit, du Mensch in Sorge und Bangigkeit um dein Schicksal: du schau nur recht scharf hin auf die Grenzen deines Könnens, du höre nur aufmerksam auf die Stimmen aus dem Abgrund, die nach dir rufen, du spüre nur den gleitenden Boden unter deinen Füßen und dann schau her, dann höre her, und du wirst verstehen, daß die Botschaft, die die Kirche gerade in unserer Zeit hinausspricht in die weite Welt, daß sie dich und keinen anderen angeht und daß sie dir sehr viel zu sagen hat.

Die Botschaft der katholischen Aktion: der sichere Mensch

Vielleicht ahnst du schon, daß die beiden Dinge viel miteinander zu tun haben: der heimatlose und ruhelose Wanderer durch unsere Tage und die neue Parole der Kirche Gottes, von der wir hier sprechen wollen:
Was mit diesem vielgebrauchten und vielmißbrauchten neuen Wort der Kirche gemeint ist: das ist eben nicht jene neue Form der äußeren Organisation, das ist eben die Antwort auf die Fragen, die dieser entwurzelte Mensch laut und begierig stellt, auf die einzige Frage, die er stellt: wie und wo finde ich Erlösung aus dieser Irre, wo finde ich eine feste Begründung meines Lebens?
Einfach und sachlich sagt der Papst der Katholischen Aktion: diese Katholische Aktion ist die Teilnahme, die gesteigerte Teilnahme auch des Laien am ganzen Leben der Kirche. Am ganzen Leben der Kirche, das heißt am ganzen Leben des Christusgottes, der in der Kirche weiterlebt. Das heißt aber Teilnahme am Leben dessen, dessen Grundlagen in Gott sind, der die Fundamente seiner Existenz so sicher und unveräußerlich besitzt, daß ein inneres Schwanken und Erzittern gar nicht in Frage kommt.
Katholische Aktion heißt also für dich: Du, der moderne, verängstigte Mensch, der Mensch der bedrohten und in Frage gestellten Existenz:
Du sollst dich innerlich anschließen an ihn, den göttlichen Menschen, den sicheren Menschen. Du sollst teilhaben an der Sicher-

heit und Geborgenheit dessen, der jenseits von Angst und Bedrohung durchs Leben ging und der auch heute noch, in unseren Tagen, jenseits von Angst und Bedrohung seine Kirche und seine Gläubigen durchs Leben führt.
Christus der sichere Mensch: der das bedrohte Leben unserer Zeit wieder erneuern und festigen kann und will.
Ihr Menschen der inneren Hast und Not des heutigen Lebens: nehmt einmal die Biographie des Christus in die Hand. Schlagt sie auf, auf welcher Seite ihr wollt: immer werdet ihr finden: sein Leben ist in allem dem unseren gleich geworden. Das Auf und Ab, das in keinem Leben dieser Erde fehlt, fehlte auch bei ihm nicht: im Gegenteil: es häuften sich in seinem Leben die Belastungen, wie in keinem anderen Leben. Er stellte sich geradezu unter Ausnahmezustand. Vom ersten Augenblick seines Daseins an stellte er sich außerhalb der festen, sichtbaren und greifbaren Grundlagen, die sonst ein Leben zu sichern scheinen.
Finden wir irgendwo ein inneres Schwanken? Kann jemand irgendwo einen Knick in der Kurve feststellen? Gibt Christus sich irgendwo innerlich auf, fühlt er sich bedroht?
Wir wollen zu ihm gehen in der Situation, die äußerlich der Lage des heutigen Menschen sehr ähnlich sieht: Christus, in der Ölbergstunde! So stark wirken die Ereignisse auf ihn, so sehr weichen alle äußeren, menschlichen Sicherungen zurück, daß der äußere Mensch, der biologische Mensch zu zerbrechen droht. Und er, der Christus, der innere Mann der Sicherheit? Die Linie wird eingehalten: Vater ... nicht mein Wille, dein Wille geschehe! Er bleibt in der Aufgabe, er meistert auch diese Lage, im innersten Bezirke wird er niemals ein Spiel der Ängste und Nöte.
Gerade in dieser äußersten Situation offenbart uns Christus die starken Quellen seiner Kraft, seiner Ungebrochenheit, die zugleich die Quellen jeder anderen Sicherheit und Geborgenheit sind: Vater, dein Wille!
Christi Leben ist ein Leben aus einem festen Mittelpunkt, von dem er nicht losläßt. Der Mittelpunkt allen Seins ist die Mitte seines Lebens, der Vater, der alles Leben schuf und erhält und Vater bleibt auch in der Bedrängnis. Das wird es immer geben, daß Leben auf dieser Erde Bedrängnissen und Nöten ausgesetzt wird.
In diesen Bedrängnissen, in den äußersten Stunden wird jedes Leben geradezu vor sich selbst gestellt: es erkennt seine Grenzen.

Und wehe, wenn die Grenzen des eigenen Vermögens zugleich die Grenzen seiner Grundlagen, seiner Mittelpunkte sind. Dann ergibt sich eben notwendig die heutige Lage des Menschen. Christus in der Ölbergstunde: der sichere Mensch: gesichert im Willen des Vaters, gesichert im Leben aus dem Mittelpunkt, aus Gott.

So der sichere Christus von Palästina, so der sichere Christus der Weltgeschichte: in seiner Kirche. In nichts ausgenommen von den Geschicken irdischer Institutionen, in allem dem Schicksal menschlicher Gemeinschaften gleichgestellt und den Schwankungen irdischer Geschichte ausgeliefert. Und dennoch: die innere Linie bleibt. Schlagt doch ihre Geschichte auf, blättert doch in ihrem Lebensbuche: Tausendmal ändern sich die Zeiten, tausendmal ändern sich die Formen, tausendmal wird sie in Staub und Schmutz getreten und tausendmal ist sie wieder die alte Kirche, in der Christus lebt! Und so oft auch die Menschen und selbst ihre Diener und Hüter auf ihr Wesen zu vergessen schienen und sie zu weit hineinzwangen in die Gassen des rein Weltlichen: sie fand immer wieder zurück zu sich, zu ihren Aufgaben. Sie war nicht zu erschüttern und war nie so zu erschrecken, daß sie um die Grundlagen ihres Seins bangen mußte.

Sie führt eben dies Leben aus diesem festen Mittelpunkte. Ihr Leben ist Christus, der das Leben Gottes in ihr und durch sie lebt. Der in seiner Kirche und durch seine Kirche das fortsetzt und vollendet, was er damals in seinem irdischen Dasein als einzigen Inhalt seines ganzen Lebens und Wirkens ansah: er wollte und will uns teilnehmen lassen an der Sicherheit und Geborgenheit seines eigenen göttlichen Lebens.

Darin besteht ja eigentlich das Wesen der Erlösung: daß wir wieder auf ein brauchbares und tragfähiges Fundament gestellt würden. Das Wesen des unerlösten Elendes war unser Weglaufen vom Mittelpunkt. Unser Versuch, »selbständig« zu werden, ein Leben auf eigene Faust und aus eigener Mitte zu leben. Das Endergebnis die Menschheit im Fall, durch und durch erschüttert und labil geworden: das können wir heute an uns selbst ablesen. An unserer Welt, die sich eben aus diesen Grundsätzen ihr modernes Leben zurechtzimmerte.

Das war die Aufgabe Jesu, die er sich stellte: von uns aus gesehen: er wollte uns wieder hinaufheben auf die verlorene göttlich-sichere Grundlage unseres Lebens. Deshalb kam er und deshalb konnte

er seinen Grundsatz in die Worte fassen: ich bin gekommen, daß sie das Leben haben und daß sie es überreich haben.
Der sichere Christus der Geschichte ist nicht zufrieden, der sichere Christus als Leben seiner Kirche zu sein: er will der sichere Christus in unserem persönlichen und eigenen Leben werden. Deshalb wollte er ja in der Kirche fortleben. Deshalb gab er der Kirche Macht, das erloschene Leben in uns neu zu wecken. Das ist der ganz und gar moderne Sinn der Sakramente. Deshalb will er tiefste Gemeinschaft und engstes Zusammensein immer wieder mit uns haben in der Eucharistie: damit das göttliche Leben, die Teilhabe am Sein der Mitte, in uns immer stärker und wirklicher werde. Brot der Starken läßt er sich nennen, das heißt Brot, Nahrung, Kraftquelle der Menschen, die einen Mittelpunkt haben. Die im göttlichen Zentrum fest verwurzelt sind und von da jenseits von Angst und Not gestellt sind. Die so in Gott geborgen, so am sicheren Christus teilnehmen, daß alle Fragwürdigkeit dieser irdischen Form des Lebens gar nie mehr zur Fragwürdigkeit des ganzen Lebens werden kann.
Das ist der sichere Christus, den du suchst, du verängstigter Mensch, und das ist der Christus, der dich ruft, daß du zu ihm kommst in all deiner Mühsal und Beladenheit. Was hindert, daß du zu ihm kommst und neu beginnst zu leben aus ihm und in seiner göttlich unerschütterlichen Kraft?
...
Der überpersönliche Sinn dessen muß erfaßt werden, was es heißt, zur Kirche zu gehören. Mensch in der Gnade – Glied der Kirche – Kind des Vaters – Bruder des Christus: diese Worte müssen in all ihrer Lebendigkeit in uns wach werden und wirken. Von ihrem Gehalt wollen wir uns mitten hineinstellen lassen in die große Wirklichkeit unserer Kirche. Das ist die Bereitschaft, die wir leisten sollen: so teilnehmen am großen Sein und am großen Sinn der Kirche. Die Wirklichkeit unseres Christseins an uns vollziehen, sie an uns geschehen lassen und sie durch uns auswirken lassen auf alles Leben um uns herum.
Denn so geschieht es ganz von selbst, daß unsere Bereitschaft und Willigkeit sichtbar wird auf den Straßen und Plätzen, im Getriebe und Lärm des lauten Lebens. Der Gerechte lebt aus seinem Glauben, aus seiner Gnaden- und Kirchenwirklichkeit. Das Ziel der Katholischen Aktion ist gerade dies, daß auch das Leben der Stra-

ßen und Plätze wieder Leben aus dem Glauben wird. Daß wieder das Knie gebeugt wird vor der Hoheit Gottes, nicht nur über der Erde, nicht nur unter der Erde, nicht nur in den verborgenen Stuben und den dämmerstillen Kirchen. Das laute Leben selbst soll eine große Anbetung, ein großes Loblieb auf Gott den Herrn sein.
Dieses Ziel bleibt Utopie ohne Menschen innerer Bereitschaft und Willigkeit. Diese Fähigkeit und Willigkeit, sein Leben nach den großen Gesetzen Gottes, nach den weiten Weisungen der Kirche zu formen, diese innere Erweckung ist die Arbeit der Katholischen Aktion, die allen organisatorischen Neufassungen vorangehen muß.
...
Katholische Menschen werden immer Verständnis und Zeit und Kraft für den Dienst am Volk übrig haben. Aber sie wissen, daß jeder Dienst am Volk Stückwerk ist, wenn er nicht verbunden ist mit dem Gottes-Dienst am Volk, mit der Rückführung des Volkes in die Gesetze, in die Teilnahme am Leben Gottes.
...
Kirchliche Menschen waren immer starke und lebensfähige Menschen. Man vergleiche doch einmal rein die geistige und physische Leistung etwa der beiden Apostel der Deutschen, Bonifatius und Canisius, mit der Leistung anderer Menschen ihrer Zeit.
Die Kraft der kirchlichen Menschen, die Quelle, aus der ihr Gutsein, ihre Treue und Ausdauer und ihr Reichtum floß, ist ihre Kirche. Diese Kirche, die immer wieder das große Geheimnis und das große Ärgernis aller Zeiten ist. Diese katholische Kirche, die man zu allen Zeiten erschlagen und vernichten wollte und die aus allen Zeiten stärker und schöner und stolzer hervorging. Der es auch in den schlechtesten und verkommensten Zeiten gelang, starke und feine und überragende Menschen zu bilden.
Diese Kirche ist nicht von dieser Welt. Die Feindschaften, die ihr drohen, überrennen jedes Menschenwerk. Die Belastungen, die ihre eigenen Menschen ihr immer wieder bereiten, erdrücken jedes irdische Gebilde. Kein Staat hielte ihre inneren Spannungen aus!
Die Heimat dieser Kirche ist Gott. Geschichtlich sicher wie keine andere geschichtliche Tatsache ist die eine, daß der Gottessohn Jesus Christus diese Kirche auf seine göttliche Kraft gegründet

hat. Sie haben lange versucht, das wegzudisputieren. Die Tatsache steht heute fest. Sie erweist sich in jedem Saeculum durch die Lebenskraft der Kirche neu und unwiderleglich.

Die Aufgabe dieser Kirche ist Gott. Sie ist nicht auf dieser Welt, um Machtpositionen zu erobern und zu behaupten. Sie ist Weg Gottes zu den Menschen und Weg der Menschen zu Gott. Aus dieser Aufgabe kommen alle ihre Rechte und alle ihre Pflichten. Sie will keiner irdischen Institution Konkurrenz machen, aber sie kann auch um ihres Auftrages willen nicht auf eines ihrer Rechte und auf eine ihrer Pflichten verzichten.

Kirchliche Menschen sind Menschen, in denen dieses Bewußtsein der Kirche lebt. Die so stolz und aufrecht und – wenn es sein muß – auch hartnäckig über die Erde gehen, weil sie Gott zu den Menschen und die Menschen zu Gott bringen müssen. Sie müssen dies nicht aus irgendeiner Anmaßung heraus, sondern weil es der unzweideutige Wille des Gottes aller Menschen ist.

...

Kirche in der Zeitenwende

Predigtzyklus – von Delp und anderen Studenten der Theologie in Valkenburg erarbeitet, 1936 im »Chrysologus« veröffentlicht; von 52 geplanten, aber nur 38 veröffentlichten Predigtvorlagen schrieb Delp 11; »Christus, Herr der neuen Zeit« war als Abschlußpredigt des Zyklus' geschrieben.

Was ist der Mensch?

...
Was sagst du selbst von dir, du geheimnisvolles Leben Mensch? Ist das dein Sinn, sind das deine Grenzen, die dich umschreiben? Einsamkeit, Verfall, Trotz und vergötzende Anmaßung? Oder stehst du in deinen ehrlichen Stunden anders vor dir?
Ja, der Mensch weiß sich einsam. Es gibt Stunden, in denen er keine Wege zu den anderen findet, und es gibt Kammern in seiner Seele, die noch kein fremder Mensch betreten. Und trotzdem: der Mensch weiß, daß er nicht für die Einsamkeit da ist. Daß gleichursprünglich mit seinem Alleinsein auch sein Wille und sein notwendiger Drang zur Gemeinschaft da ist. Daß es einfach Menschennot und Menschenpflicht ist, zu anderen Menschen zu gehen, in eine Familie, ein Volk einzuwachsen und sich einzufügen. Der Mensch weiß, daß es seine Aufgabe ist, einer Begegnung entgegenzugehen, die auch die innersten Kammern seiner Seele mit Leben füllen wird. Der Mensch weiß und spürt, daß er ein verpflichtetes und gebundenes Dasein ist. Nicht selber ist er oder bestimmt er Maß und Ordnung der Dinge. Um ihn gelten die Gesetze des Volkes, der Gemeinschaft. Über ihm leuchten die Sterne Gottes und singen sein Lied und verkünden das gleiche Gesetz, das der Mensch in seiner Seele tiefer Stille vernimmt.
Der ehrliche Mensch weiß, daß seine Hütte am Abgrund gebaut ist, daß er ein Wesen der steten Erschütterung und Bedrohung ist. Immer wieder steht er vor den inneren und äußeren Zusammenbrüchen seines Lebens. Der moderne Mensch sieht da richtig, wenn er immer wieder sich an die dunklen Stunden in jedem Men-

schenleben erinnert, wenn er sein Leben als fragwürdig und unbeständig und verloren empfindet. Aber ist das der ganze Inhalt eines gesunden Herzens? Lebt in ihm kein Vertrauen auf eine Hilfe aus der Höhe? Schauen die Augen seiner Seele nicht sehnsuchtsvoll aus nach der Hand von oben, die in das Leben hineinlangt und es auf eine neue Grundlage stellt? Vernimmt der Mensch nicht die rufenden und hoffenden Stimmen seines Herzens? Das ist nicht der ganze Mensch, der nur die Nachtseiten seines Daseins kennt und den Glauben an das Licht, der dem Menschen genauso eigentümlich und ursprünglich ist, übersieht.
...
Christus, was sagst du zu dem einsamen Menschen? Christus reißt den Menschen heraus aus allen Einsamkeiten und stellt ihn hinein in neue Beziehungen und Geltungen. Neue Beziehungen zu Gott. Er lehrt den Menschen beten: Vater unser!
...

Christus, Herr der neuen Zeit

Enttäuschter Aufbruch?

Hat es einen Sinn, an dieses Lied zu erinnern, das eine junge, eroberungsfreudige Generation so oft und so gläubig gesungen hat? Sind nicht alle Aussichten verrannt, alle Himmel verhängt? Alle Erwartungen zersplittert wie ein gestrandetes Schiff? Klingt es nicht wie wehmutsvolle Erinnerung an Zeiten, da wir sichtbar und Mann an Mann durch die Straßen zogen, die Herzen so voll, Schritt und Tritt so einträchtig und mächtig, die Augen glänzend und des Sieges sicher, das Lied auf den Lippen? Das Lied des jungen katholischen Aufbruchs!
Was ist geblieben? Wo sind die Banner? Wo sind die geschlossenen Kolonnen? Wo ist das Lied? Ist es nicht so, als ob alles oder doch vieles vorbei wäre? Es sieht nach Sturm aus, nach Vernichtung, ein wenig nach Untergang. Es hat keinen Sinn, an den Dingen vorbei zu sehen. Und ist es nicht so, als ob wir an den eigenen Schwächen und Gebrechen zugrunde gehen müßten? Die junge Generation des katholischen Aufbruchs?
Ja, vieles ist versunken. Es ist still um uns, oder wo es laut ist, da schallt Anklage und Vorwurf und Gericht. Christus, Herr der neuen Zeit?

Vielleicht war unser Aufbruch, unser Siegglaube doch nicht ganz richtig? Wir müssen die Frage stellen. Denn Christus unterliegt nicht. Uns aber droht in vielem Untergang und Niederlage. Vielleicht haben wir zu äußerlich geglaubt und gehofft. Vielleicht unsere hellen Fahnen verwechselt mit den Bannern, die auf den Wällen der irdischen Burgen wehen. Vielleicht sind wir doch dem Rhythmus der Erde und dieser Zeit unterlegen wie einer heimlichen Versuchung? Haben wir die Herrschaft Christi über die neue Zeit verwechselt mit der Macht über die neue Zeit? Wir müssen die Fragen stellen und in der ehrlichen Stille unserer Herzen beantworten vor den Stunden der Entscheidung, die anbrechen.

Und doch mag sein, was will, es lag mehr in all diesen mutigen Ansätzen, wir meinten mehr damit. Es war und es ist der unerschütterliche Glaube an das Königtum Christi auch in diesen Tagen. Zutiefst glaubten und glauben wir an den Sieg des Christus der Kirche, des Christus des Heiligen Geistes. Und mögen die Stürme uns auch vieles wegfegen, was wir vielleicht noch mitgeglaubt und mitgehofft hatten: der Glaube bleibt: es gibt keinen anderen Sinn auch dieser Zeit als den, der gemeint ist in Jesus Christus. Es gibt kein anderes Grundgesetz auch dieser Zeit als das, das gegeben ist in Jesus Christus. Es gibt keine andere und endgültige, die inneren Wirklichkeiten erhaltende und gestaltende Herrschaft über diese Zeit als ihn, den einzigen König auch über Geist und Seele, von dem alles andere Königtum nur ein Abbild und Lehen ist. Wir sagen das nicht gegen jemand oder etwas, wir sagen das für uns, für unser Volk, für unsere Hoffnung, unseren Glauben.

Und hier gilt nun unentwegt und unbesiegt unser alter Glaube, unsere alte Hoffnung, hier streichen wir keine Flaggen und räumen wir keine Straßen! Zwei Gesetze gelten: Was bestehen will, muß auf den letzten Grundlagen ruhen. Diese letzten und sicheren Grundlagen garantiert nur die Ordnung, die Christus vertritt und garantiert. Ohne ihn und seine Gnade wird jeder Aufbruch scheitern, wird jede Natur schwach und zur Unnatur. Jedes Nur-Menschliche, das in übermenschlicher Überheblichkeit auf ihn verzichten möchte, sinkt ab zum Untermenschentum.

Und das andere: Alle, die in Christus stehen, werden bestehen. »Niemand wird sie aus meiner Hand reißen.« Die in innerer Gläubigkeit ihm ihre Seele verschrieben und ihr Leben nach seinem Gesetz gebaut haben, werden bestehen. Sie werden an seinem Sieg teilnehmen, an seinem unerschütterlichen Bestand. Aber nur deshalb, weil sie seinem Gesetze folgen, und das Gesetz seiner Siege hat seine eigenen Ordnungen.

Das Gesetz der Herrschaft Christi

Die Menschen, die Christus »die Welt« nannte, die große, breite Menge, die sich so wohl fühlt auf der Erde und so gerne ihren Besitzer spielt für ein paar kurze Tage: sie wird dieses Gesetz nie begreifen. Es lag von Anfang an das Geheimnis des Glaubens darüber, und wer mit den Maßen der Materie mißt, dessen Augen sind blind für die Ordnung Gottes.

Das Gesetz der Herrschaft Christi: die Welt begriff es nie. Daß Christus über die Erde ging, sich in Zeichen und Wundern, in Wort und Werk als Herr und Gott erwies, daß er das Volk aufjubeln ließ aus Freude über sein Kommen – und dann den einsamen, elenden Tod des Kreuzes starb: wer mag das begreifen nach den Ordnungen der Welt? Es ist das eben kein Gesetz der Einsichtigkeit, keine Norm der Notwendigkeit, er hat es so gewollt und so bestimmt im freien und geheimnisvollen Ratschluß der göttlichen Tiefen. Er hat es so bestimmt, daß es nun für immer gelte für die Siege seines Reiches: wenn das Weizenkorn nicht vergraben wird und stirbt, wird es keine Frucht bringen. Wenn es aber vergraben wird und stirbt, wird es reiche und vielfältige Frucht bringen.

Das bleibt nun durch alle Zeiten das Gesetz und das Geheimnis seiner Fruchtbarkeiten: vergraben werden und sterben. Das gilt für jedes Christenleben, das gilt für das Gesamtschicksal seiner Existenz in der Kirche in allen Zeiten ihres geheimnisvollen Lebens. Immer wieder brechen die Katastrophen über sie zusammen und immer wieder steht sie, die Totgesagte, als herrliche Siegerin auf den Trümmern der feindlichen Mächte.

Wir könnten diese Sätze belegen und beweisen aus jedem Jahrhundert ihrer langen Geschichte. Wir wollen nur an die eine oder andere Stunde ihres reichen Lebens erinnern. Wann stand ihre Sache – menschlich gesehen – je schlechter und aussichtsloser als damals, da gleich zu Beginn ihrer Geschichte das mächtige Römerreich mit der ganzen Wucht eines wohlgeordneten und mächtigen Staates auf sie stürzte? Es ist gefährlich, der, wenn auch nur vermeintliche, Feind eines festen und starken Staates zu sein. Seine Hände führen das Schwert und seine Diener sind treu und ergeben. Sie werden jeden Befehl ausführen und sie haben damals jeden Befehl ausgeführt. Sie haben die Menschen der Kirche als lebende Fackeln verbrannt, sie haben sie vor die wilden Tiere geschleppt und unter das Richtbeil gezwungen. Wer sollte gegen einen Staat wie das Römerreich bestehen – es herrschte wohl nie ein mächtigeres Reich in den Räumen der Welt. Und doch: siegreich stand die Kirche auf seinen Trümmern. Nicht sie hat den Staat vernichtet, die Kirche hat kein Interesse daran, den von Gott gewollten Staat, gleich welcher Form und Art er sei, zu vernichten oder zu verdrängen. Aber der Staat hat sich durch den Tod der Kirche, den er wollte, seiner innersten Kräfte beraubt, die allein seinen Bestand garantieren konnten. Was das Reich der Römer an Kultur und Geist und Organisation geschaffen, Großes und Stolzes: das fiel ihr als Erbe und Angeld zu für den weiteren schweren Weg durch die Geschichte.

Und wieder: wann war ihre Geschichte trauriger und düsterer als zu Beginn unserer neuen Zeit, da die Völker, denen sie das Licht des Glaubens gebracht, aus ihr auswanderten und sich gegen sie stellten. Es war nicht mehr der harte Zugriff des Staates, obwohl auch er sich immer wieder gegen sie zur Verfügung stellte: es war die Untreue und der Abfall und der Verrat im eigenen Raum. Die Kirche aber, sie zitterte wohl; aber nur von innerem Schmerz über das Schicksal der Ausgewanderten, aber sie sprach ihr Anathem (Bannfluch) so bedächtig und gültig wie in den ersten Jahren ihrer jugendlichen Kraft. Und als reiches Erbe auch dieser Untergänge kam ihren Getreuen das Bewußtsein, daß der Besitz der Kirche keine Selbstverständlichkeit ist, kein Alltagsding, sondern eine kostbare Perle, ein seltener Schatz, den man verlieren und verderben kann. Und seitdem steht die Kirche als Kirche heller und klarer denn je im Bewußtsein ihrer Gläubigen.

Das sind die Untergänge der Kirche, das sind die reichen Ernten ihrer harten Jahre und Unwetterzeiten. Ihre Scheunen werden immer weiter und unablässig wächst der Raum und das Volk der endgültigen Kirche, das Volk derer, die bei Gott ewig das innere Leben der Kirche in sichtbarer Vollendung führen. Das sind ihre Untergänge, das das Gesetz ihrer Herrschaft, der Königsherrschaft ihres Christus: vergraben werden und so Frucht bringen.

Christus, Herr auch dieser Zeit

Nun ist nicht mehr viel dazu zu sagen, daß Christus auch am Ende dieser Zeiten als der große Sieger stehen wird. Mögen die Dinge gehen, wie sie wollen: möge uns die Sonne eines verstehenden Friedens und einer gemeinsamen Eintracht leuchten: dann hat seine mächtige Hand uns alle geführt; oder mögen die Wetter, die immer näher heran leuchten, prasselnd und hagelnd auf uns niedergehen: wir werden bestehen. Nur eines muß in uns bleiben: unser Glaube an ihn und unsere Liebe zu ihm, den Christus unserer Kirche, dem Christus unserer Herzen. Laßt uns ihm ruhig das alte Lied singen. Unser Aufbruch kennt keine Enttäuschung, unsere Liebe keinen Tod: weil er immer siegt, wenn er stirbt. Auf, laßt uns ihm treu bleiben und dann mit ruhiger Hand und festem Schritt ans Werk gehen.

Wir haben in Geduld und Liebe das wahre Gesicht unserer Kirche gezeigt. Wir taten das nicht, um gegen Menschen, die wir lieben, zu streiten. Wir taten das, um der Wahrheit die Ehre zu geben und der Kirche, die auch in unsere Hände gegeben ist, die Treue zu halten. Nun mögen die Dinge ihren Weg gehen. Mögen die Wetter kommen oder ausbleiben: wir werden der Kirche die Treue halten und an ihr Geheimnis glauben und ihr Geheimnis, den Christus unserer Seelen, lieben. In Zukunft werden wir nur noch von diesem Geheimnis unserer Kirche sprechen und von unserem gottsicheren Leben in ihr. Jetzt aber wollen wir ihr Treue und Liebe geloben und ihr Treue und Liebe bewahren. Vergeßt nicht, ihr Lieben, daß er die Welt überwunden hat, daß also die Welt uns nicht überwinden kann. Christus wird auch der Herr dieser Zeiten sein.

Christliche Persönlichkeit

Predigt in St. Michael, München,
am 10. Oktober 1937

Mit dem Himmelreich ist es wie mit einem König, der mit seinen Knechten abrechnen wollte. (Mt 18, 23) Die Worte des Evangeliums sind Worte Gottes an uns. Worte, die Gott einmal gesprochen hat und die für immer gelten. Christus ist die letzte Botschaft an die Welt. Einen anderen Grund, als den, der gelegt ist in Jesus Christus, kann niemand legen. Worte Gottes muß man ernst nehmen, sonst geht man an ihnen zugrunde. Sie sind gesprochen zum Falle vieler. An ihnen entscheidet sich unser Schicksal. Und deshalb sollen Worte Gottes, die Botschaft des Evangeliums immer mitten in unserem Leben stehen. Es sind alte Worte, Worte aus dem ewigen Herzen Gottes, aber gerade deshalb sind es ewig neue Worte. Worte, die immer in unser Leben passen und immer unser Leben verpflichten. Und immer die Antwort bringen auf die Fragen, die uns gerade bewegen, die uns zur Lösung und Beantwortung aufgegeben sind.

Die Aufgabe, die uns Christen dieser Zeit gestellt ist und die wir zu lösen haben, das ist der christliche Mensch. Keine Rechte und keine Verträge werden uns retten, wenn nicht in dieser Zeit echte christliche Menschen stehen und leben und sich bewähren, deren überlegenes und sicheres und treues Leben das Argument für die Echtheit und Wahrheit unserer Religion ist. Die Geschichte hat noch immer bewiesen, daß Menschen, die Träger einer Idee, einer Ordnung sind, daß die auch entscheiden über den Bestand und die Dauer dieser Ordnungen. Noch jede Regierungsform z. B. ist nicht zugrunde gegangen, weil sie in sich schlecht war; es gibt mancherlei Arten, neue Ordnungen zu gestalten und durchzuführen.

Aber alle, die zugrunde gingen, vergingen an der Unfähigkeit und Untreue und Halbheit der Menschen, denen sie anvertraut waren.

Die größte Not, an der die Kirche heute leidet und an der alle aufrechten Christen leiden, das sind nicht die vielen Angriffe und Mißgünstigkeiten und der feste Wille, uns auszuschalten. All das könnten wir tragen und haben wir schon oft getragen und ertragen und überwunden. Die größte Not, die eigentliche Krise, das ist die Schwäche des christlichen Menschen. Vom christlichen Menschen wollen wir deshalb wieder sprechen.

Das Evangelium des letzten Sonntags zeigte uns die Grundform des christlichen Menschen, den gläubigen Menschen. Das Evangelium heute zeigt und fordert den Menschen der christlichen Exekutive. Das Himmelreich gleicht einem Herrn, der mit seinen Knechten abrechnen wollte. Abrechnen: das heißt doch, daß der christliche Mensch ein verantwortlicher Mensch sein muß, ein Mensch der persönlichen Haftung und der persönlichen Verantwortung. Es hängt für uns alles davon ab, daß wir diese Menschen der persönlichen Verantwortlichkeit haben. Was Christus und die Kirche in einem Lande gelten, das hängt sehr viel von dem ab, was die Christen in diesem Lande wert sind. Deshalb wollen wir heute sprechen vom persönlichen Christen, von der christlichen Persönlichkeit. Zwei Fragen stellen wir uns und beantworten wir uns: 1. Was ist Persönlichkeit? 2. Was ist das: christliche Persönlichkeit?

Persönlichkeit
Eine Persönlichkeit ist mehr als ein Mensch. Wenn wir von einem Menschen sagen: der ist eine Persönlichkeit, dann zeichnen wir diesen Menschen aus. Dann heben wir ihn heraus aus der Masse und aus der Menge und sprechen ihm einen eigenen Charakter, einen eigenen Geschmack, einen eigenen Stil zu. Was meinen wir damit eigentlich, wenn wir einen Menschen eine Persönlichkeit nennen?

Eine Persönlichkeit, das ist mehr als ein Mensch, der einfach da ist. Es gibt immer Menschen, die vom Leben nichts anderes verlangen, als das, was es uns im launischen Spiel seines Schicksals bringt. Und es gibt heute eine Philosophie, die das reine Da-sein, das reine Sichabfinden mit dem, was faktisch geschieht und tatsächlich mit uns wird, als Idealform und Gehalt des Lebens bezeichnet. Praktisch gibt das dann Menschen, die sich treiben lassen, die alles geschehen lassen. Diese Menschen sind den anderen, den entschlossenen Menschen, einfach ausgeliefert. Sie werden einfach mitgenommen vom Strom des Lebens, wie Treibholz, und werden auch so behandelt. Sie sind immer passiv im Leben. Es stehen keine Sterne über ihrem Leben und es ragen keine Berge in ihren Ebenen. Keine Leistung, keine Kühnheit. Treibholz des Lebens, das dann an irgendeiner Klippe zerschlagen, an irgendeinem seichten Strand abgesetzt wird. Wer ein durchformter Mensch sein will, ein verantwortlicher Mensch, ein persönlicher Mensch, der muß mehr verlangen von seinem Leben und sich.

Eine Persönlichkeit, das ist auch mehr als ein Mensch, der einfach mitmacht. Das sind Menschen der fremden Entscheidungen. Die gehen mit, wenn andere vorangehen, wenn andere drängen, wenn andere ihnen die Entscheidung abnehmen. Es ist eine der größten Versuchungen dieses Zeitalters, die Versuchung des Mitlaufens, des Mitmachens ... Daß man sich an eine falsch verstandene Gemeinschaft verliert und dadurch zur Masse wird, zur instinkt- und entscheidungslosen Masse. Man läßt sich sein Leben bis in seine letzten Einzelheiten und bis in seine intimsten Wirklichkeiten hinein vorsagen, vorschreiben, und folgt. Die Versuchung des Kollektivs steht sehr real und sehr drastisch im Leben dieser Zeit. Den Menschen schwindet die Kraft zu persönlichen Entschlüssen und zu persönlichen Entscheidungen. Das Schlagwort, die Massenparole feiert Triumphe und setzt in allen Köpfen das gleiche Vorurteil fest. Menschen, die nur mitmachen, die sich diesen Einflüssen wehrlos überlassen und vorbehaltlos ausliefern, das sind vielleicht ganz brauchbare Mitläufer, mit denen man Kartotheken und Statistiken ausfüllen kann. Aber das sind keine Menschen, mit denen man eine Welt erobert, das sind keine Menschen, die das Leben gestalten, das sind keine Persönlichkeiten.

Eine Persönlichkeit, das ist auch mehr als der Mensch der teilweisen und stückweisen Tüchtigkeit. Es gibt auch diese Menschen, die ein Stück des Lebens meisterhaft beherrschen, die z. B. ihren Beruf ganz gut und sehr gut ausfüllen und verwalten. In denen aber doch kein Kerl steckt. Die übrigen Belange ihres Lebens sind ganz ungepflegt und unterernährt. Da steht keine gesamtmenschliche Leistung dahinter. Das sind vielleicht tüchtige Fachmänner, aber es sind keine Männer, die das ganze Leben meistern und im Ganzen sich bewähren und treu sind. Zu einer Persönlichkeit gehört mehr. Es gehört mehr als das reine Dasein, es gehört mehr als das Mitmachen, und es gehört mehr dazu als die Tüchtigkeit des Fachmannes.

Von einer Persönlichkeit verlangen wir eine bestimmte Grundverfassung des gesamten menschlichen Seins, der gesamten menschlichen Wirklichkeit. Drei Dinge machen einen Menschen zur durchgeformten und einsatzfähigen Persönlichkeit: Eine Persönlichkeit, das ist ein Mensch hohen Sinnes. Ein solcher Mensch weiß, daß sein Leben auf ein Hohes und Großes ausgerichtet ist. Der weiß, daß sein Leben eine Gralsfahrt ist, auf der es gilt, das Höchste und Größte zu gewinnen. Es ist wichtig, daß über einem Leben Sterne stehen, daß da ein Ideal steht, das ihn immer wieder emporruft, dem er sich verpflichtet und verhaftet weiß.

Eine Persönlichkeit, das ist ein Mensch der wagenden Entschlossenheit. Also ein Mensch, der sein Leben selbst in die Hand nimmt. Der selbst für verantwortlich zeichnet, der sich die Grundlinien nicht von anderen vorzeichnen und die Grundsätze nicht von anderen vorsagen läßt. Das ist ein Mensch, der im Grunde seiner Seele immer wieder ein einsamer Mensch ist. Der immer dann wieder in seine Einsamkeit geht, wenn es sich um Masse handelt, um jenen Menschenbrei, der das Persönliche und Eigengestaltige und Eigenwachsige ersticken will im Wust seiner Schlagworte und seiner Parolen. Eine Persönlichkeit, das ist ein Mensch, der wagt, der entschlossen und kühn und zäh seinem hohen Sinn anhängt und nachstrebt. Ein Mensch, der Verantwortung tragen kann und Verantwortung tragen will, ein Mensch der wagenden Entschlossenheit.

Eine Persönlichkeit, das ist ein Mensch der inneren Geschlossenheit. Das ist ein Mensch der Harmonie. Ein Mensch der Reife, der nicht einen Teil seiner menschlichen Felder brach liegen läßt und nie bestellt und einen Teil überkultiviert. Das ist der Mensch, der sein ganzes Leben immer wieder nach seinem Ideal ausrichtet und unter den führenden Willen seiner wagenden Entschlossenheit stellt. Das ist der Mensch, der gesamtes, menschliches Ideal verwirklicht. Der keinen Strich und keine Möglichkeit echten menschlichen Lebens abstreicht und wegwirft. Da haben Leib, Geist und Seele, da haben Erde und Himmel, da haben Gott und Menschen ihren Platz, ihre Rangstufe in der großen Hierarchie der Werte. Und nur an ihrem Platz sind sie gut und wertvoll. Ein solcher Mensch weiß, daß jedes Wegreißen der Dinge von ihrem Platz sie zu Unwerten, zu Gefahren werden läßt. Der weiß, daß jeder entartete und übersteigerte Wert gerade das vernichtet, um was es geht: die durchgestaltete und durchformte Persönlichkeit, den Menschen des Ganzen.

Die drei bilden den ganzen, persönlichen Menschen: der hohe Sinn, der wagende Einsatz, die innere Geschlossenheit. Wer auf eines dieser drei verzichtet, dessen Leben wird eine Ruine, ein Torso oder aber eine Karikatur.

Christliche Persönlichkeit

Aber es geht uns nicht um die rein menschliche Persönlichkeit. Es geht uns um die christliche Persönlichkeit...

Christliche Persönlichkeit, das ist mehr als ein Christ, der nur da ist: der einmal Christ wurde, weil unsere Eltern uns taufen ließen. Gewiß, damals wurden wir nicht gefragt. Es wurde von denen, die dazu ein Recht hatten, eine Entscheidung über uns gefällt, die über unser ganzes Leben gilt. Genauso wie dadurch, daß wir von deutschen Eltern geboren wurden, eine Entscheidung über uns gefällt wurde. Wir sind eben einmal hineingestellt in vorgegebene Ordnungen. Dadurch, daß wir in einem Volk geboren wurden, haben wir Pflichten zu diesem Volk hin, sind wir an es gebunden. Und dadurch, daß wir aufgenommen sind in die Gemeinschaft der Getauften, sind wir verpflichtet auf diese Taufe, die uns im Namen und Auftrag Christi gespendet wurde. Aber damals wurde erst ein Anfang gelegt. Es gibt da keinen Wildwuchs. Der Anfang verlangt Pflege, Entfaltung, Erhaltung. Christliche Persönlichkeiten wachsen nur dann und nur da, wo Gabe und Gnade von oben und ernster Entschluß von unten sich begegnen. Das andere ist eben Plan, ist großer Ansatz, der, wenn er verkümmert, nur um so trauriger wirkt.

Christliche Persönlichkeit, das ist mehr als der Christ, der nur mitmacht. Es gibt auch die Versuchung des christlichen und des kirchlichen Kollektivs. Es gibt auch da die Versuchung zum ungefährlichen Mitlaufen und es gibt auch eine falsche Auffassung der christlichen Gemeinschaft. Die Zugehörigkeit zur Kirche rettet uns allein nicht und macht allein nicht den Christen aus uns. Das ist ja der Jammer, daß da zu viel stummes, vermasstes Kirchenvolk steht, das immer wartet, was die anderen tun, was der nächste Hirtenbrief sagt, was der Pfarrer predigt. Und die sich damit aller persönlichen Verantwortung und Entscheidung enthoben glauben.

Christliche Persönlichkeit, das ist auch mehr als der Christ eines persönlichen Auswahlchristentums. Der dann und wann seine christlichen und kirchlichen Zeiten hat, wenn ihn das Gewissen plagt und die Not drückt. Und der dann wieder seine unchristlichen Zeiten hat, in denen er frei und ungebunden über die Felder des Lebens streift. Der das und jenes aus dem Christentum sich herausnimmt, weil es ihm behagt. Der meinetwegen die feingestaltete kirchliche Feierstunde liebt oder die wertvolle Orchestermesse, der aber dann draußen in den Stunden des Bekenntnisses auf den Straßen und Plätzen des Lebens nicht mehr gesehen wird. Nein, da ist überall Abstrich, da ist die Furcht und die Flucht vor dem Ganzen. Zu einem ganzen Christen, zu einem persönlichen und verantwortlichen Christen gehört viel, sehr viel.

Christliche Persönlichkeit, das ist der Christ des ganzen, ungebrochenen Ideals. Der Christ, der an allem festhält, was mit dem Christentum an Großem und Hohem, an Schwerem und Hartem gegeben und verlangt ist. Der weiß, daß er sein Leben im Namen Gottes zu leisten hat, und von dort her sich Maßstab und Norm seines Lebens zu nehmen hat. Und der sich die Dinge nicht verfälschen läßt. – Unsere Worte haben ihren eigenen Sinn und ihren Klang und ihren eigenen Gehalt. Daß wir uns nicht heimlich einen anderen Sinn unterschieben lassen. Es ist z. B. klar und selbstverständlich, daß wir vom Christentum her auf die Gemeinschaft verpflichtet sind. Daß wir ihr dienen müssen, aber nach den Ordnungen Gottes. Nicht jeder, der der Gemeinschaft dient, ist deswegen ein Christ. Es kommt auf das Wie und auf das Warum an. Es ist z. B. selbstverständlich, daß sich im Namen Christi viele Hände öffnen und von dem, was sie haben, dem geben, der nichts hat und nicht genug hat. Aber nicht jeder, der Brot gibt, ist deswegen ein Christ. Es gehört mehr dazu, es gehört die innerste Verantwortung vor dem Herrgott und die undiskutierbare Treue zu seinen Ordnungen dazu. Wer deswegen Brot gibt, der wird auch das Ganze leisten, und der ist dann ein Christ. Den Worten ihren echten Sinn lassen und nicht heimlich andere Sinne unterschieben.

Am ganzen Ideal ungebrochen festhalten: das ist der persönlich-einsatzfähige Christ.
Christliche Persönlichkeit, das ist der Christ des ganzen, ungebrochenen Einsatzes. Wir haben neulich schon davon gesprochen, daß der Christ ein wagender Mensch sein muß. Daß er wissen muß, wieviel von seiner persönlichen Treue und seinem persönlichen Einsatz abhängt, wieviel gerade heute davon abhängt. Wir brauchen gerade jetzt die Menschen des ganzen Einsatzes. – Nicht, daß wir angegriffen werden, ist das Schlimme, sondern daß wir uns nicht wehren. Daß nicht das Leben von Tausenden und Hunderttausenden ein lauter Protest ist, eine beweiskräftige Widerlegung. Daß wir uns alle das gefallen lassen. Daß wir so viele Menschen haben, die mit einem leisen oder guten Kompromiß, mit einer Feigheit des Herzens sich die Karriere sichern, die nicht das Ganze riskieren. Die große Geschichte der Welt und auch die der Ewigkeit, die wird nicht auf der Schreibmaschine geschrieben, sondern mit dem Herzblut wagender Menschen. Mit dem Herzblut von Menschen, die bereit sind auch einen langen dunklen Weg zu gehen, weil sie treu bleiben wollen. Die sich immer wieder ausstoßen lassen aus den Gemeinschaften, weil sie den ganzen Ordnungen treu bleiben wollen. Wieviel Schmach und Not und Leid und Schmerz kommt doch in diesen Zeiten über die Kirche und über ihre Menschen, weil zu viele da sind und da waren, die nicht fähig waren, die kleinen Gelüste ihres Herzens zu opfern. Weil sie heimlich zu den verlassenen Götzen der Schwäche und des Genusses schlichen. – Wir halten auch den Schmutz und die Schwäche aus, die man über uns schüttet. Wir lassen uns auch von der Schwäche der Menschen nicht irre machen an den Ordnungen und den Worten unseres Gottes. Auch das gehört zum ganzen christlichen Einsatz. Und dann noch das Dritte:
Christliche Persönlichkeit, das ist der Christ der christlichen Totalität. Der Christ des treu behüteten christlichen Ordnungsbildes. Wir wissen uns mitten hineingestellt in eine schöne und große Welt, deren Höhe und Vollendung wir sind. Aber wir lassen uns nicht blenden davon. Wo die Welt aufhört, da hört die Wirklichkeit nicht auf. Wir wissen uns auch darüber hinaus verwiesen. Es kann uns keiner ein Gut, einen Wert anbieten, der echt ist und den wir verwerfen müßten. Unser Gott ist die Heimat aller Güter, aller Werte. Der Christ ist der Mensch der ganzen Ordnung, der al-

les an seinem Platz läßt und nicht in Gottes Ordnung herumstöbern und herumkorrigieren will. Dem Ganzen die Treue halten: nicht aus der Erde flüchten und nicht den Himmel verraten. Das sind die Christen!

Es gibt eine wunderbare Geschichte aus den ersten Kampfzeiten der Kirche. Irgendein römischer Präfekt sprach von den Christen als von verächtlichen Wesen, mit denen man machen könnte, was man wollte. Da sprach Cyprian, der Märtyrer-Bischof, das schöne Wort: »Der Mann hat noch keinen Christen gesehen!« Und er ging hin und die anderen gingen hin und leisteten die Blutprobe und das Blutzeugnis ihres Lebens. Der Mann hat noch keinen Christen gesehen: das gilt von manchem Mann in unserem Volk!

Es ist unsere Sache, daß wir uns sehen lassen. Daß wir zeigen, daß wir da sind und daß wir da bleiben und daß wir gar nicht daran denken, aus dem hellen Licht des deutschen Tages zu weichen. Darauf kommt es jetzt an, daß jeder mit einer unüberbietbaren Selbstverständlichkeit dableibt und zeigt, daß er Christ ist. Es ist wichtig, daß z. B. jeder katholische Christ selbstverständlich und ohne Zögern und ohne Abstrich in seine Haushaltsliste das »RK« setzt, römisch-katholisch. Jawohl! Das sind wir. Wir sind da. Soundsoviele sind da und es wird wichtig sein, daß man bei der Gelegenheit weiß, daß soundsoviele da sind und nicht weggehen. In unsere Hände ist das Schicksal unserer Kirche gelegt. Die Kirche selbst wird nicht vergehen, aber ob sie bei uns bleibt, ob Christus im deutschen Volk bleibt, das hängt von uns ab. Das geht jeden an.

Das Himmelreich gleicht einem Herrn, der mit seinen Knechten abrechnen wollte. Als Menschen, die Rechenschaft geben müssen, stehen wir da. Als Menschen also, die persönliche Verantwortung tragen. Bleiben wir dabei. Es hängt alles davon ab, wieviele von uns den Mut aufbringen, gerade zu stehen und für die Kirche und für das Christentum und für Bestand und Treue persönlich verantwortlich zu zeichnen.

Gelübde

> Geschrieben für den »Kirchen-Anzeiger St. Michael«, in München im Sommer 1938 erschienen; der 15. August ist in der Gesellschaft Jesu neben dem 2. Februar der Tag der Gelübdeablegung.

Die Gelübde, die heute hier in der Kirche abgelegt werden, werden nicht geleistet aus dem begeisterten Drang erster jugendlicher Hingabe. Die Männer, die hier heute die letzten und endgültigen Gelübde der Gesellschaft Jesu sprechen, haben sich 15 Jahre auf diesen Tag hin geprüft und bereitet und sie wurden vom Orden 15 Jahre auf diese Stunde hin erprobt. Diese Gelübde sind die überlegte und besonnene Hingabe und Verpflichtung von Männern an ein bestimmtes Ideal und auf eine bestimmte Leistung. Es ist immer etwas Großes um ein mit Überlegung und Besonnenheit gegebenes Manneswort. Wenn ein Mann mit voller Klarheit seine ganze Wirklichkeit, sein ganzes Leben auf ein Wort setzt, sich selbst gleichsam in ein Wort zusammenfaßt und weggibt an ein anderes, dem er nun verpflichtet und verbunden bleibt bis in die letzte Stunde seines Lebens. So steht der Offizier vor seiner Fahne und schwört seinen Fahneneid. So kniet der Ordensmann vor dem Altar und schwört sein Gelübde.

Der Inhalt dieser Gelübde aber ist die völlige Weggabe seiner selbst. Gelübde gehen immer auf Gott, und wer sich prüft und sich berufen weiß zu dieser Großleistung menschlicher Freiheit, der weiß, daß er nicht auf sich und nicht für sich schwört. Er hat auf alle Ausrichtung seines Lebens auf sich hin zu verzichten, er strebt nicht nach Besitz und er strebt erst recht nicht nach irgendwelchen Einflüssen, nach irgendwelcher Macht. Sein Leben ist fortan Dienst.

Gelübde gehen immer auf Gott und der Sinn der Gelübde, die heute hier gesprochen werden, sind eben eine volle Auslieferung des Menschen an seinen Gott. Der Orden, der diese Gelübde entgegennimmt, ist ein echtes und gültiges Element der Kirche. Er nimmt diese Gelübde nicht entgegen für sich; Gelübde sind nur möglich, weil die Kirche sie annimmt. Und Kirche ist nur möglich, weil Christus in ihr lebt. Der Priester, der Obere, der im Auftrag des Ordens die Gelübde annimmt, weiß sich als Werkzeug, als Vicar Christi, des Einen, Großen, dem alle Macht gegeben ist im Himmel und auf Erden, auch die Macht und Größe, die große Hingabe eines Menschen, sein ganzes Herz und seine ganze Liebe, anzunehmen und in seinen Dienst zu stellen.

Das Leben aus diesen Gelübden wird ein Leben des Dienstes und der Sendung sein. Diese Männer versprechen ja, daß sie keine andere Aufgabe mehr kennen wollen als die eine: sich restlos und ganz dem Sendungsbefehl Christi zur Verfügung zu stellen. Was immer die Kirche im Namen und in der Vollmacht Christi von ihnen verlangt: jede Stunde und jeder Befehl soll sie bereit finden.

Was mit diesen Gelübden gemeint ist, hat der Gründer des Ordens, in dem sie geleistet werden, knapp und gültig formuliert in seinem bekannten Gebet der Hingabe: Nimm hin, o Herr, meine ganze Freiheit. Nimm meinen Verstand, mein Gedächtnis, meinen ganzen Willen. Was ich bin und was ich habe, habe ich von dir und ich gebe es dir voll und ganz zurück. Deine Gnade gib mir und deine Liebe und ich habe genug und ich will nie nach etwas anderem begehren. Amen.

Warum sie sich ärgern an uns

Veröffentlicht im »Kirchenanzeiger
St. Michael«, München, im Sommer 1938.

I.

Die Tatsache läßt sich nicht leugnen: wir sind vielen ein Ärgernis. Wir, das heißt die Kirche Gottes, das heißt, wir Christen. So geht es, seit wir existieren, seit Christen durch die Welt gehen, seit die Botschaft Christi als verpflichtendes Wort Gottes an die Welt gesprochen wurde. Es ist seitdem noch kein Jahrhundert vergangen, das nicht irgendwie laut und vernehmlich gegen uns protestiert hätte. Es ist keine Kultur aufgegangen über die Geschichte der Menschen, die uns Christen nicht irgendwie als Gefahr und Bedrohung empfunden hätte. Mit allen Möglichkeiten, die menschlicher Macht und menschlichem Willen gegeben sind, haben sie sich immer wieder gewehrt gegen uns. Daß wir immer noch da sind und daß wir gar nicht daran denken, zu verschwinden, ist der Beweis dafür, daß wir echt sind und daß hinter uns ein echter Auftrag Gottes steht, daß unsere Botschaft das letzte verpflichtende Wort Gottes an die Welt ist. Daß wir immer wieder in Widerspruch geraten mit der Umwelt und Mitwelt, ist eine Frage, die uns immer wieder beschäftigen sollte und die, ehrlich beantwortet, uns selbst und anderen eine tiefere Kenntnis des Christentums vermittelt.

Zweifach spricht schon die Schrift von dem Ärgernis, das durch uns in der Welt sein wird, und zweifach ist auch das Ärgernis, das wir geben. Wir sind zunächst ein notwendiges Ärgernis: auf den ersten Seiten der Offenbarung des Neuen Bundes steht, daß Christus sein wird »ein Zeichen des Widerspruches«. Er selbst hat uns gesagt, daß man seine Gläubigen selbst im Namen Gottes und der Gerechtigkeit vor die Tribunale schleppen wird und daß man sich unserer Vernichtung als einer kulturellen Leistung und sogar als eines Gottesdienstes rühmen wird. Paulus hat diese Tatsache bestätigt und weiterverkündet, als er feststellte, daß Christus den Juden ein Ärgernis und den Heiden eine Torheit bedeutet. – Aber daneben spricht die Schrift noch von einem anderen Ärgernis der Kirche. Von einem Ärgernis, das immer sein wird, das aber denen, die es geben und bringen, zum Unheil ist, Anlaß zum Gericht. Von diesen beiden Ärgernissen, die wir geben, von dem notwendigen und von dem schuldhaften Ärgernis wollen wir kurz sprechen.

II.

Christus ist gesetzt als Zeichen des Widerspruches; seine Kirche als der fortlebende Christus bleibt in diesem Zeichen. Warum eigentlich?

Der Mensch ist Geist. Jedes geistige Wesen ist Herr seiner selbst. Der Geist ist frei. Er entscheidet frei und selbstgewollt über sein Schicksal, über seine Lebensordnung, seine Haltungen und Leistungen. Und jedem Geist wohnt der Drang und die Versuchung inne, sich selbst absolut zu setzen, sich zum Mittelpunkt seines Lebens zu machen. Dieser Versuchung ist der Mensch schon am Anfang seiner Geschichte erlegen: Ihr werdet sein wie Gott. Und der Mensch wollte sein wie Gott. Die Kirche aber verkündet das erste Gebot. Sie fordert im Namen und Auftrag Gottes die absolute Unterwerfung des Menschen unter die Hoheit Gottes. Sie verlangt, daß der Mensch von seiner Freiheit in einer eindeutig bestimmten Richtung und Weise Gebrauch mache. Sie verlangt den Dienst, die Unterwerfung, die Anbetung. Hier ist die erste Möglichkeit des Zusammenstoßes und die erste Quelle des Ärgernisses, das wir immer geben werden.

Der Mensch ist Leib, Stoff, Materie. Es ist der Materie eigen, daß sie in sich selbst ruht. Daß sie einfach ihrer Schwerkraft unterliegt und jeder Bewegung träge widersteht. Das heißt konkret und praktisch, daß der Mensch immer in Versuchung ist, seiner Schwerkraft zu trotzen. Den Trieben und Neigungen seiner Natur hemmungslos und widerstandslos nachzugeben. Die Kirche aber verkündet im Auftrag Gottes ein vielfaches »Du sollst nicht, du sollst anders!« Sie verlangt, daß der Geist den Leib beherrsche. Daß er ihn einer höheren Gesetzlichkeit und Wirklichkeit unterordne und unterwerfe. Wie oft wurde die Kirche ein Ärgernis und ein Wi-

derspruch wegen dieses: Du sollst nicht! Denken wir nur an ein Kapitel ihrer Verkündigung: an die heilige und ungebrochene und unbrechbare Ehe und eheliche Treue, die sie fordert.
Der Mensch ist Natur. Das heißt, er besitzt von sich aus bestimmte Wirklichkeiten und Eigenschaften und Fähigkeiten, die seine ganze Realität ausmachen. Der Mensch ist groß, ja. Er ist die Vollendung und der Höhepunkt der sichtbaren Welt, unserer Erde. Aber seine Größe ist auch seine Grenze. Es reicht nicht weiter, seinem Denken und Wollen und Können sind Grenzen gesetzt durch sein Sein. Es gibt Dinge, die der Mensch kann und die er versteht und es gibt Dinge, die er nicht kann und die er nicht begreift. Die Kirche verkündet im Namen und Auftrag Gottes die Übernatur. Sie ist selbst übernatürliche Wirklichkeit. Gott hat aus seiner Übergröße, die alles Menschliche überragt, gesprochen und gewirkt. Es kam der Gottmensch – ein Mensch, der zugleich Gott ist: eine Tatsache, die dem Menschen aus eigenen Kräften unverständlich bleibt. Gott hat Zeichen gesetzt, die mehr sind als sie scheinen, die natürliche Dinge sind und übernatürliche Wirkungen hervorbringen: die Sakramente. Er hat seine Kirche ausgestattet mit Kräften und Auszeichnungen, die wieder dem natürlichen Menschen, der auf das Seine sich beschränken will, unverständlich bleiben: daß eine Organisation, die nach außen aussieht wie jede andere, innerlich Träger göttlichen Lebens sein soll; daß ein Mensch, der Führer und Leiter dieser Kirche, von Gott so geführt und geschützt wird, daß er in dem, zu dem er bestellt ist, nicht versagen kann. Das alles sind Wirklichkeiten, die vom Menschen eben die Unterwerfung unter Gottes Größe fordern. Erst von da aus sind all diese Tatsachen verständlich und begreifbar. Und schließlich hat Gott das Zeichen des Kreuzes aufgerichtet: die schlimmste Zumutung für einen Menschen, der auf seine Natur stolz ist und über sie nicht hinausgehen will. Daß er erlöst ist durch den freiwilligen Tod des Gottessohnes, daß der Balken der Schmach das Zeichen des Heiles wurde: das begreift nur, wer vorher begriffen hat, daß der Mensch vor Gott knien muß, daß Gott ihm weit über ist und ganz und gar unabhängig von menschlichem Können und menschlicher Einsicht.
Sie ärgern sich an uns, weil sie es nicht begreifen. Und sie begreifen es so oft nicht, weil sie nicht lassen können von sich selbst; weil sie nicht mehr wissen, was das heißt, ein Geschöpf Gottes zu sein.

Was es heißt, an Gott glauben, in Demut und Ehrfurcht vor ihm stehen und alles annehmen, was er in seiner Größe und Höhe für gut befindet. Daß wir solchermaßen Ärgernis sind, das müssen wir tragen, das gehört mit zu unserer Christenwirklichkeit und Christenpflicht. Wir sind und bleiben, was er war, ein Zeichen des Widerspruches.

III.

Wir werden schuldig, wenn wir uns weigern, das erste Ärgernis, von dem oben gesprochen wurde, zu geben. Wenn wir an der Klarheit und Härte und Übernatürlichkeit der Werke und Forderungen Gottes etwas abstreichen, damit es die Menschen leichter begreifen oder tun können, damit es ihnen angenehmer und annehmbarer sei. Wir werden und sind ebenso schuldig vor Gott, wenn wir das zweite Ärgernis geben.

Dieses zweite Ärgernis ist wirklich ein Ärgernis, eine Fehlleistung des christlichen Menschen. Es ist vielleicht die traurigste Tatsache des christlichen Lebens, daß Menschen, ehrliche und aufrichtige Menschen, die wirklich suchen und finden wollen, daß die den Weg zu Christus nicht finden, den Zugang zur Kirche nicht finden, weil sich davor allerhand Christenvolk herumtreibt, das fragwürdig ist und das das Haus Gottes, die Kirche, die sie vertreten, einigermaßen in Verruf bringt. Es gibt auch das und es gibt es gar nicht selten, daß sich Menschen an uns ärgern, weil wir versagen, weil wir das Werk und das Wort Gottes in Mißkredit bringen.

Was Christus und was die Kirche in einem Volk und einem Land gelten, das hängt immer wieder von dem ab, was die Christen in diesem Lande wert sind und gelten. Und wie sollen die Menschen lernen, was es um die Kirche ist, wenn wir es selbst nicht wissen oder wenn wir so leben, als ob es das alles nicht gäbe? Als ob Kirche und Christus und Ordnung Gottes eine Sache wäre, die für die Feierstunde des Sonntags ihren Sinn hat, aber am Werktag nicht zur Geltung kommt?

Was nützt es, wenn wir vom Menschen fordern, daß er die Versuchung seiner Geistigkeit zum Stolz und zum Trotz und zur liberalen Unabhängigkeit überwindet, wenn die Christen selbst immer wieder von ihr überwunden werden? Wenn wir selbst stolz sind und man uns wirklich nicht anmerkt, daß wir ehrfürchtige Anbeter Gottes sind? Wenn man uns wirklich nicht ansieht, daß wir unser Leben auffassen als Dienst und verantwortliche Leistung unter dem Auftrag Gottes!

Was nützt es uns, wenn wir vom Menschen fordern, daß er die Schwerkraft seiner Leiblichkeit überwinde? Daß er Herr sei über die Schwere und das dumpfe Drängen, das der Materie eigen ist, daß er es hinaufreiße in eine höhere Wirklichkeit! Was nützen uns alle diese Forderungen, wenn wir selbst dauernd dieser Schwerkraft unterliegen? Wenn wir genau sind wie alle anderen und der einzige Unterschied der ist, daß wir ab und zu uns erinnern, daß es anders sein sollte. In dem Augenblick, in dem unser Christenleben unserer Christenpflicht entspricht, ist viel Ärgernis aus der Welt.

Was nützt es, daß wir die Übernatur verkündigen, wenn wir selbst nicht daran glauben! Wie vieles nehmen wir doch mit und tun wir, weil es überkommener Brauch und überlieferte Sitte ist. Wieviele Menschen, die beobachten, wie wir vor unseren Tabernakeln stehen, kämen wohl auf die Idee, daß wir unseren Gott anbeten und wissen und glauben, daß er da gegenwärtig ist?

Was nützt uns alle Verkündigung und aller Protest und alle Beschwerden, wenn unser Leben nicht ein einziger überzeugender Beweis ist für die Echtheit unserer Worte und Ansprüche? Wie kann einer Gott lieben, den er nicht sieht, wenn er den Menschenbruder, den er sieht, nicht liebt? sagt schon die Schrift. Und so sagen auch die Menschen. Das zweite Ärgernis, das gerade die Guten und Aufrechten trifft, ist unsere Schuld und unser Versagen. »Wehe aber den Menschen, um derentwillen die Ärgernisse kommen«, spricht der Herr.

Tagebuch
der großen Exerzitien

> Geschrieben 1938 im Tertiat; Ort des Tertiates war die »Rottmannshöhe« am Starnberger See. Während der »Großen Exerzitien« (30 Tage mit je einem Tag Pause nach jeder Woche) waren die »Tertiarier« als eine Art ›Besetzung‹ in der Feldkirchener »Stella Matutina«, um dieses Gymnasium und Internat der Jesuiten vor der Beschlagnahme durch die Gestapo zu retten.

8. Oktober 1938

Gott hat es ernstlich mit mir zu tun und ich muß es ernsthaft mit ihm zu tun haben. Er muß mehr in meinem Leben zur Geltung kommen. Immer unter seinem »Eindruck« stehen.

Die tägliche Betrachtung ist eine Aufgabe und eine Leistung, an der gearbeitet werden muß.

Beten: es persönlich mit Gott zu tun haben. Das muß ein Hauptergebnis dieser Exerzitien sein.

Ich will sehr darum beten, daß ich Freude haben darf an Gott. Daß mein Herz vor ihm frei und froh wird und ich ihn nicht so sehr als Last und Sorge empfinde.

9. Oktober

Hinter allen Ereignissen meines Lebens muß eine ehrliche Entscheidung für den Herrgott stehen.

Froh werden an Gott und ihm mit dem Herzen begegnen. Ihm endgültig begegnen mit der ganzen Liebe: das ist Religion. Und als Religiose muß ich diese Exerzitien verlassen.

Habe Sinn für Dienst. Mehr unter der Verantwortung Gottes stehen. Eine persönliche Beziehung zwischen der Arbeit und ihm suchen und finden.

Die Unsicherheit in meinem bisherigen Leben, die Scheu und Unwissenheit kommt daher, daß ich die Dinge zu sehr auf mich gestellt habe. Sie nicht herabgeholt und herabgeführt habe bis ins Herz Gottes.

Das ist dann unsere große Ruhe und Überlegenheit, wenn wir im Willen Gottes zu Hause sind. Da haben wir den festen Punkt, der

nicht zu erschüttern ist und von dem aus wir alles andere erschüttern können.
Aus meiner Hast und Hetze komme ich heraus durch das persönliche Gespräch mit meinem Gott. Ihn lieben lernen und ihn in mir finden.
Ich merke es doch direkt, wie ich unter der Nähe Gottes in diesen zwei Exerzitientagen ruhiger und entspannter geworden bin. Wie die alte Flüssigkeit des Geistes sich wieder zeigt und wie ich froh bin.

10. Oktober

Diese Exerzitien sind eine Gnade für mich. Sie zeigen mir, daß da doch eine Schwerpunktverschiebung vorlag. Daß vieles zurechtzurücken ist.
Die rechte Entscheidung zum höchsten Wert und zur echten Ordnung muß hinter allen Ereignissen meines Lebens stehen.
Die rechte Stellung zu Gott gibt Ruhe und Gewißheit und wird mir die innere Reife und den inneren Ernst schenken, die mir oft fehlen oder die ich selbst mehr an mir vermisse als andere.
Unter den Augen Gottes wird man ein Mann oder man vergeht. Ich will mich immer öfter unter den Blick meines Herrn stellen. Und ihm persönlich begegnen.

11. Oktober

Diese Konsequenz- und Indifferenzbetrachtungen haben eine unangenehme Klarheit und Schärfe und Helligkeit. Das beweist aber nur, daß ich mich doch wieder in meiner eigenen Dämmerung eingerichtet habe.
Sinn und Beruf meines Lebens müssen klarer ins Bewußtsein. Jesuit: Mensch der großen Gottes- und Nächstenliebe.
Stetigkeit, Zähigkeit, Systematik und Ordnung fehlen mir noch viel. Starke Taue an den »Grenzpfählen«.
Auch für diese Dinge die Übernatur ernster nehmen. Das persönliche Interesse Gottes an meinem Leben ernst nehmen. Das ist die Quelle von vielen Schwachheiten und Unordnungen, daß ich alles allein machen wollte. Und da es nicht ging, blieb es. Das Leben als liebedurchglühten Auftrag Gottes begreifen. Auch die Seite der gewohnten Aktivität, der Leistung, der eifrigen Verantwortung mehr beachten. Ich bin da zu sehr Liebhaber gewesen.

Vor allem daran denken, die Vollkommenheit ernst zu nehmen. Vertrauen haben zu Gott, der mich angenommen hat, und rangehen.

Träger des Auftrages, der Gnade und Güte Gottes sein. Du sagen zu Gott und zu den Menschen. Ich habe das überhaupt noch selten getan.

Gott gehört dem größeren Herzen und nicht dem Bürger. Ich war bisher Gott gegenüber viel zu sehr rechnender Bürger.

Ich muß viel mehr Stille in mir tragen und auf Gott hören. Die schöpferischen Stimmen in mir werden dann schon wieder wach.

Ich bin sehr dem Lärm verfallen und der Dämonie von Stoff, Zeit und Raum. Umdenken. Die Dimensionen Gottes liegen anders.

Treu sein. Zäh und hart treu sein. Das wird mich weiter bringen.

Vom Geist her leben. So meine Materie überwinden und formen.

Persönliche Nähe zu Gott, aktiver Einsatz für diese Nähe, tiefer ergriffen werden von dorther, systematische Gebetsschule und Gebetspflege, großmütige Haltung: das fehlt mir noch und muß nach den bisherigen Betrachtungen gepflegt werden. Aber dabei die Ruhe behalten, keinen geistlichen Betrieb aufmachen.

Die Wiederholungsbetrachtung eben ging schlecht. Eine gute Erkenntnis: ich brauche für die Betrachtung noch ziemlich viel »Stoff«. Wenn es dann zündet und ich bei einem Gedanken warm werde, bleibe ich. Heute hatte ich zu wenig zurechtgelegt und so hatte die Phantasie leichtes Spiel.

12. Oktober

Die Nachtbetrachtung war gut. Die beiden Morgenbetrachtungen nicht. Phantasie zu lebendig.

Die Erkenntnis der Nachtbetrachtung: ich muß ein vir religiosus (ein religiöser Mensch) sein. Ein Mann träumt nicht und tändelt nicht. Ernst und reif werden, unter der Wirklichkeit Gottes und der Glut des Heiligen Geistes.

Ich war beinahe daran, den Mut zu verlieren. Der Herr hat mich sichtbar durch soviel Klippen herabgeführt, daß ich ihm vertrauen muß. Kein Halbling und kein falsarius (Fälscher). Und ernst machen mit dem: Gott gern haben.

Ich muß aufhören, mein Leben allein führen zu wollen. Da stirbt es ab, weil es einfach nicht geht. Das Leben ist mehr als ein einsamer und mühsamer Monolog.

Durch Christus sind meine Sünden und Vergehen zur felix culpa (glückselige Schuld) der neuen Anfänge und der neuen Liebe geworden.
Vertrauen und Großmut: auf diese beiden Grundpfeiler will ich den Dom meines Lebens aufbauen. Die halten und tragen.
Anständig und ehrenhaftig dem Herrgott gegenüber sein. Vor ihm und mit ihm leben. Persönlich. Ich zu Du.

13. Oktober

Die Nachtbetrachtung brachte mir die Aufforderung: Großmut, keine Rechnerei in allen Dingen der Gottes- und Nächstenliebe. Großmut. Die heilige Messe brachte deutlich den Hinweis auf die Heiligste Dreifaltigkeit. Dort muß ich sein.
Vor Christus stehe ich beschämt als Halbling und als Feigling. Da ist noch keine Großmut und noch keine Ernsthaftigkeit vor dem Herrgott.
Die Quellen meiner Sünden und Versager:
Unruhe: zu wenig Stetigkeit, ich lasse mich zu leicht mitnehmen von den Dingen.
Natürlichkeit: Ich verfolge die Dinge zu wenig bis in ihre übernatürliche Wertigkeit.
Stolz: Ich will alles auf mich bauen, zu wenig Gebetssinn und Gebetstreue, zu wenig Religion als Bewußtsein der totalen Abhängigkeit von Gott.
Leichtsinn: zu wenig Ernst und Verantwortungsgefühl vor dem Herrgott.
Überheblichkeit: Ich überschätze mich und unterschätze die anderen, Anmaßung und Lieblosigkeit.
Kurz: Zucht, Dienst, Gebet, Echtheit.
Berufsbewußtsein: daß ich berufen und gerufen bin, Gott zu lieben, ihn gern zu haben und zu ehren und die Glorie des Dreifaltigen in die Welt zu tragen und in der Welt kundzutun. Dieses Berufsbewußtsein pflegen. Vir religiosus.
Gott ernst nehmen: vielleicht ist das meine Formel. Ernst nehmen: seine Gnade, seine Güte, sein Vertrauen, seine Ordnung, seinen Auftrag, seine Berufung, seine Menschen.
Die Menschen sollten spüren, daß ich Gott trage und in jedem von ihnen Gott anbete. Dienen und helfen und gütig sein. Ich bin zu hart und eitel und anmaßend.

Vertrauen haben. Deshalb habe ich zu wenig Fortschritte gemacht: ich habe nicht an Gott geglaubt mit dem Ernst, mit dem er es um mich meint. Und deshalb habe ich auch nicht ernst gemacht. Ein Gespräch kommt nur zustande, wenn ich weiß, daß der Partner mich ernst nimmt und ich ihn auch ernst nehme.
Eifer haben. Geballte, gestaute Kraft. Die Trinität in mir sich auswirken lassen.

14. Oktober

Gedanken der Nachtbetrachtung, den ich festhalten muß: Herz Jesu, Tor zur Heiligen Dreifaltigkeit.
Ich will es mir etwas kosten lassen um meinen Herrn und Gott. Mehr Eifer. Vom unklugen, untiefen Eifer, der mehr angekrampft als echt war, bin ich in eine zu große Trägheit geraten. Träger des Dreieinigen Gottes sein, dieses ewigen Lebens.
Geistige Zucht und körperliche Züchtigung gehören mehr in mein Leben. Ich war bisher oft feige und opferscheu.
Das wird wohl der Sinn sein: Herz Jesu, Tor der Trinität. Den Herz-Jesu-Weg der Sühne und des Opfers gehen. Ich glaube, daran hat's schon lange gehangen. Bisher ist mir so viel gut gegangen: daß ich aus meinen Verhältnissen und mit meinen Anlagen so weit gekommen, Priester der Gesellschaft Jesu bin, auch in dem äußeren Schicksal solche sichtbaren Beweise erhalten habe, das muß mir Mut für die Zukunft geben und die erdenhaften Bedenken, die sich da anmelden, einfach verscheuchen.
Es ist zum ersten Mal seit langer Zeit wieder, daß ich so etwas wie ein lebendiges Hinüber und Herüber spüre. Wie schön müßte es sein und wie weit wäre ich, wenn ich treu gewesen wäre.

16. Oktober

Christus ist der konkrete Plan und das existente Wohlgefallen des Vaters. Wer also echt und ehrlich zum Vater will, der muß über die existenzminimalen Christusbeziehungen, ohne die keiner lebt, hinaus in seine Nähe geraten und eben »alter Christus« (ein zweiter Christus) sein wollen mit aller Wucht und Kühnheit eines großen Herzens. Quid faciam, Domine? (Was soll ich tun, Herr?)
Ob einer einer großen Hingabe fähig ist, das entscheidet über den Wert seines Lebens. Und so, mit einem großen Herzen will ich vor Christus stehen und mit ihm zum Vater gehen.

17. Oktober

Der Tag gestern und heute nicht gut. Physisch matt, schlecht gebetet, viel zerstreut, wenig Anregung.

Persönliche Begegnung mit Christus, wie vorher persönliche Begegnung mit dem Vater. Sein Herz soll ja für mich das Tor zur Trinität sein.

Innerlich mich loslassen, nicht alles so berechnen und sicher haben wollen: das gehört zu meiner Christusnachfolge. Das wird auch einen gewissen Krampf meiner Seele lösen und mich freier machen.

Weiter großmütig und echt ehrlich sein. Bis jetzt stimmt die Sache in der zweiten Woche noch nicht!

Gottes Freude muß ich haben und offenbaren. Im Bewußtsein und im Wesen tragen, daß ich es mit Christus, der Erfüllung und Höhe aller irdischen Möglichkeiten zu tun habe. »Erlöser« sein. Ich bin oft so vergrämt.

Sinn und Ziel auch dieser zweiten Woche ist der Vater und die Nähe zum Vater, der Weg hin zu ihm. Der konkrete Weg aber ist Christus: Herz Jesu, Tor der Trinität. Der innere und äußere Anschluß an ihn. Die von der Gnade getragenen Grundhaltungen seiner großen Liebe sollen auch meine Seele groß machen und weit öffnen für den Vater und seinen Geist. Es ist wie bei den Sakramenten: die materia muß eine qualitas certa (eine sichere Qualität) sein, damit sie signum gratiosum efficax (wirksames Gnadenzeichen) wird. So müssen auch wir ein Minimum von Raum und Disposition schaffen mit der Gnade des Herrn, um immer tiefer in den Vater aufgenommen zu werden.

Beim Herrn lernen, ein großes Herz zu haben und eine große Liebe und eine große Freude. Einen großen Eifer und Drang zum Vater hin.

18. Oktober

Die Geheimnisse sind das Paradigma eines genuinen Lebens in der Gnade. So benimmt sich Natur in und vor der Gnade.

Auch der Sinn der Geheimnisse ist das Hin zum Vater, die innere Vitalität: unus focus et origo (ein einziger Brennpunkt und Ursprung).

Treu sein und glauben, persönlich glauben, daß Gott mein Glück und meine Freude ist.

Christusgesellschaft und Christusgefolgschaft ist die einzige Form möglichen Gottesdienstes.
Auch jetzt nicht das Hauptziel meiner Exerzitien vergessen: beten lernen. Mit Christus zum Vater beten. Persönliche Beziehungen zu Christus haben, dem Tor zur Trinität.
Christus ist der Weg und das Schicksal. Wer zum Vater will, muß sich zu ihm gesellen. Ich will Freude an ihm haben und ihm treu sein. Das religiöse Leben auf echte Haltungen und Entscheidungen gegründet, ist einfacher und froher und leichter, als ich dachte.

19. Oktober

Christus hat persönliche Beziehungen zu mir und persönliches Interesse an mir. Ich muß diesen Gedanken in meinem Leben mehr zur Geltung bringen.
Mein inneres Leben muß ähnlich sein dem Christi: die innerste Intentio muß auf den Vater gehen. Wo immer die Stunde des Vaters ruft, muß diese Intentio alle anderen einfach beiseite schieben und in ihrer Höchstwertigkeit Anerkennung finden. Siehe Jesus im Tempel.

20. Oktober

Es kommt alles, aber auch alles darauf an, daß ich ein großes Herz habe. Die Entscheidungen fallen nicht in der Materie, sondern in der Stellungnahme des Herzens.
Ein persönliches Verhältnis zu Christus haben. Er ist nicht der unsichtbare Befehlshaber, sondern der Freund, der Kamerad, der Bruder. Diese Gedanken mehr pflegen.
Wichtig ist das: Freude haben. Religiöse Freude haben. Beim Herrn das Herz sprechen lassen. Das fehlt mir sehr. Deswegen geht das Gebet auch so oft daneben.
Es ist ja viel schöner und freudiger beim Herrn, als ich dachte und vermutete. Nur echt und ehrlich und gerade mich hinstellen und die Exerzitiengesinnung nicht verlieren.
Mit Christus und in Christus zum Vater gehen, aber zum Vater gehen!
Ehrlich und echt und aufrichtig und treu sein bei Christus und alles ist gut.

21. Oktober

Was hat in meinem bisherigen Ordensleben gefehlt? Warum ist es zu so viel halben Resultaten gekommen?

Ich muß klarer in Herz und Willen haben, um was es geht: eine großmütige, großherzige Liebe zu Gott durch edelmütige Hingabe an die Wirklichkeit und das Werk Christi.

Ernsthaftes männliches Streben nach Vollkommenheit, nicht nach einer Leistung usw., sondern nach christlicher Vollkommenheit.

Einkehr nach Innen. Primat der Übernatur. Eigentliche Religion. Persönliche Nähe zu Gott. Das weiß ich jetzt: Wer nicht betet, ist verloren. Geistige und religiöse Zucht und Kultur.

Der Herr hat mich an vielen Klippen, an denen ich scheitern konnte, vorbeigeführt und vor manchem Schiffbruch bewahrt. Ich schäme mich bitter, wenn ich sehe, wie leichtsinnig ich das Beste meines Lebens aufs Spiel gesetzt habe. Das darf nie wieder geschehen. Gott ernst nehmen und ihn ehrfürchtig gern haben.

Diese Stunde der Scham und der Reue und des Entschlusses soll einen neuen Anfang zwischen mir und meinem Gott bedeuten. Ich will ihn lieben.

Zucht und Innerlichkeit brauche ich wohl zuerst. Sonst fressen mich die schweigenden Gedanken noch auf. Ich glaube, ich nehme als Partikularexamen (gezielte Selbstkontrolle) die ehrfürchtige Anbetung des in mir wohnenden Gottes.

Gott ernst nehmen: das wird doch meine Formel bleiben. Gott ernst nehmen mit großem Herzen und großer Liebe.

Auch den Menschen zeigen, daß ich Gott ernst nehme und von seiner Güte weiß.

22. Oktober

Der heutige Tag war sehr mühsam. Fast keine Betrachtung gelungen. Aber es ist schon recht, wenn nur hinter allem eine große, echte Entscheidung und Liebe zu Christus steht. Dann kann man auch einmal in Liebe bummeln.

Christus gern haben und vertrauen, daß er mich gern hat und mich haben will. Und diese Kräfte in meine Seele einströmen lassen.

23. Oktober

Der Kelch der Segnung ist uns anvertraut für die Menschen, nicht aber die Schale des Zorns.

Ein einfaches, offenes, schlichtes, aber großes Herz haben vor Christus dem Herrn.
Vertrauen, vertrauen, vertrauen!
In vielem denkt Christus genau umgekehrt wie ich. Also muß ich immer noch umdenken.
Ich muß zäher sein.

24. Oktober

»Wie ich durch den Vater lebe, so lebt der, der mich ißt, durch mich.« Das zeigt uns deutlich die communicatio naturae divinae (Mitteilung der göttlichen Natur). Denn der Sohn lebt durch den Vater per communicationem naturae divinae.
Christus anschauen, ihn innerlich kennenlernen: das wird für die nächste Zeit meine Betrachtung sein. Und zwar Christus vor dem Angesichte des Vaters.
Der totale Primat der Übernatur: das praktisch und theoretisch zu vertreten, wird eine Hauptanregung der Exerzitien sein.
Mann werden bei Christus. Freude haben an Christus und seiner Wirklichkeit. Ihn gern haben. Kleinmut und Verzagen ist Kleinmut an Christus. Er ist alles und hat alle Macht des Himmels und der Erde. Und hat die Zukunft.

25. Oktober

Auf was kommt es nun an? Gott ernst nehmen, großmütig ernst nehmen. Mann sein vor Gott. Ernst und echt. – Übernatur ernst nehmen. Überwindung der Natürlichkeit. – Gott gern haben, ihm persönlich nahe kommen. – Trinität, Inhabitatio (einwohnen). – Freude haben an Gott. – Gottes Güte weitertragen. – Innerlichkeit durch Anbetung Gottes. – Persönliche Nähe zu Christus; nicht dem Ideal, sondern der Person. – Persönlich beten. Contemplatio intellectualis (Denkende Betrachtung). – An den Beruf glauben, auch und zuerst an den Beruf zur Vollkommenheit. – Sinn für Dienst, Demut, Güte, Zucht. – Ein großes Herz haben für alle Interessen Gottes.

27. Oktober

Abendmahlssaal: es muß in der Seele eine Schicht geben, eine Grundhaltung, die nur mehr Liebe und Drangabe ist; die nicht mehr nach Erfolg, Berechtigung, Pflicht usw. fragt, sondern nur

noch Offenbarung und Durchbruch der strömenden Liebe Gottes ist, die wir tragen und die ich sein will.
Christus ist der große Mensch zum Vater hin. Er ist der Erste. Wer ist wie er, der ist er und der ist echt. Der lebt vom Vater her und zum Vater hin.

28. Oktober

Ölgarten. Annas und Kaiphas: an die Liebe des Herrn zu mir glauben. Das Leiden des Herrn ist die Garantie dafür, daß aus mir noch etwas wird, wenn ich nur ehrlich und echt vor ihm stehe. Das ganze Leiden Christi ist eine Offenbarung wie groß und ernst und echt der Vater, seine Güte zu den Menschen in uns sein muß. Das fehlt mir noch sehr.

29. Oktober

Ich muß den Sprung tun: weg von mir. Die Leidenswoche geht mir an die Natur. Das zeigt, ich bin noch verfangen in mir selbst: natürlich, selbstsüchtig. Demütig, dienend, liebend, opfernd will ich sein.
Wie groß ein Herz ist, zeigt sich an seiner Opferfähigkeit. Dort ist der größte Sieg, wo die größten Opfer gebracht worden sind.
Fester Entschluß: ein inneres Leben führen: mit Christus. Seine Wirklichkeit trage ich in mir. Seine Gesinnungen und Haltungen müssen in mir geschehen. Ich will tun, was an mir ist: treuer und mit mehr Vertrauen. Und mich seiner Führung überlassen.
Beten wollen und ums Beten beten! Von außen nach innen! Warum ist meine Liebe so stumpf? Keiner echten Begeisterung und Regung fähig? Nicht nur müde, sondern auch verlassen. Ich muß treuer und eifriger und gottnäher sein.
Ehrlich und echt auch vor dem Christus der Not und des Elendes stehen. Es sind ja jeden Tag alle meine neuen Anfänge in seine Hand gelegt von seiner Güte.

30. Oktober

An seiner Liebe lieben lernen.

31. Oktober

Gott hat alles getan, damit ich reüssieren kann. Wieviel und wie oft in mein Leben eingegriffen. Es liegt jetzt nur an mir, ob ich das

Minimum seelischer Offenheit und Ehrlichkeit aufbringe, das nötig ist, um von ihm weiter geführt zu werden.
Der Christus der dritten Woche, gegen den sperrt sich unsere Natur noch und gaukelt mir Bilder von Erfolg, Leistung usw. vor. Ich muß Ernst machen mit dem: Ich bin der Weg ... Das ist der vielgeliebte Sohn, also der christliche Mensch.
Ich bin zu schlapp und energielos geworden in den Dingen des inneren Lebens. Unter dem Kreuz Zucht und die Kraft des liebenden Herzens lernen.
Der liebende Mensch allein ist es, auf den es ankommt. Alles andere hält nicht. Jetzt bin ich, glaube ich, zum ersten Mal daran, mich loszulassen und mein Heil nur in Ihm zu suchen.
Diese Betrachtung der Worte Jesu am Kreuz werde ich noch öfter machen. Sie war eine Gnadenstunde.
Ehrlich und echt und liebend unterm Kreuz stehen.

1. November

Haupterkenntnisse und Anregungen der Exerzitien für mein konkretes Leben:
Gott mehr ernst nehmen. Er muß in meinem Leben eine größere Rolle spielen als bisher.
Ich muß persönlich mit meinem Gott leben. Ich zu Du. Familiaritas. Und Freude an ihm haben, ihm mit dem Herzen begegnen.
Trinitarisch (mit der göttlichen Dreifaltigkeit) leben und beten. Vom Vater her im Sohn durch den Geist zum Vater heim.
Persönlich neben Christus stehen. Herz Jesu, Tor der Trinität. Der Herz-Jesu-Weg des Opfers, der Treue, des Eifers, der Liebe führt mich zum Vater. Nur der Liebende ist der wirkliche Mensch. Alles andere ist Schein und Betrug.
Im Reich Gottes gibt es keinen Selfmademan. Offenes Herz haben für die Gedanken Gottes. Und offenes Ohr für seine Führungen.
Das Leben meistert das größere Herz und sonst nichts. Echter Entscheidungen und echter Hingabe muß ich fähig sein.
Ein Mann sein vor Gott. Ein Mann träumt nicht und tändelt nicht. Ernsthaft Hand ans Werk, ehrlich und echt.
Übernatürliche Ordnung und Wertung ernst nehmen. Die Natur durchschauen, richtig einordnen und unterordnen und – opfern.
Von mir selbst wegkommen. Dienst und Opfer lernen. Ich war ein großer Egoist.

Den Menschen die Güte Gottes bringen. Lieben lernen bei Christus Jesus, auf dem Kreuzweg. Die Menschen achten, weil Gott sie liebt.

Beruf zur Vollkommenheit ernst nehmen. Ich bin geschaffen und berufen zur Liebe Gottes, zum Dienst für Gott, zur Freude an Gott.

Zucht und Konsequenz in den Dingen der Ordnung, der Arbeit, des Denkens und Betens.

Energie wieder fördern. Nicht Betrieb, aber eifrige Aktivität. Zunächst aber einmal die physische Ruhe wiederfinden.

Großmut und Eifer für alle Interessen Gottes. Überhaupt großmütig und grundanständig sein.

Persönlich beten. Viel mehr beten und ehrlicher beten. Contemplatio intellectualis (vom Denken begleitete Betrachtung).

Das Vertrauen zum Herrgott pflegen, darauf bauen und davon leben.

Gnadenführung: Vertrauen und Liebe. Innerlichkeit: Weg von außen nach innen.

Mein Leben hat sich mir in einem anderen Licht gezeigt und in anderen Umrissen. In vielem muß ich umdenken. Vieles war verkehrt und falsch aufgefaßt. Gott war gütig und gnädig und geduldig mit mir. Er hat mich durch viele Strudel und an vielen Klippen sicher und gut vorbeigeführt. Aber jetzt muß mit klarem Blick gerade Fahrt gehalten werden.

Ich habe viel zu sehr draußen gelebt. Zu sehr in der Diaspora des Geistes. Von den Dingen her, die ja Zerstreuung, Auseinandersetzung sind. Die Heimat ist drinnen, da, wo Seele und Gott sich begegnen. Deshalb soll das künftige Leben jetzt beginnen mit der Adoratio (Anbetung) der Trinität, die in mir gegenwärtig ist. Das gibt dem Auge den Tiefblick und dem Herzen die innere Sicherheit und Heimat.

Ich war nicht nur zu sehr draußen, ich war noch viel mehr »drunter«, zu sehr natürlich. Das Eigenständige und Höherwertige und unbedingt Gültige der Übernatur war nicht stark und klar genug in meinem Bewußtsein. Sie ist das Erste, auf das es ankommt. Diese Metanoia (Bekehrung) muß geschehen, ich muß da umdenken.

Übernatur aber nicht als »Ordnung«, sondern als persönlicher, dreipersönlicher Gott, als Christus. Meine Religiosität muß mehr

persönliche Beziehung zu diesem meinen Gott werden. Persönlich beten, sprechen mit ihm. Damit verliert auch Religiosität, Beruf usw. den Last- und Angstcharakter, den sie bisher gehabt haben. Es ist nicht nur Aufgabe und Verantwortung und Sorge, sondern es ist Freundschaft, Freude, Güte.
Der eigentliche Mensch aber ist der Liebende. Nur er ist der volle Mensch. Ich bin noch so arm und klein und nichtig, weil ich zu wenig geliebt habe. Ich muß mich loslassen und hergeben.
Ein großes Herz haben für Gott und die Menschen. Großmütig hergeben, dienen, schenken, opfern.
Das alles aber mit männlichem Ernst. Die Zeit der Träume und des Tändelns ist vorbei. Vir religiosus. Mann sein vor Gott, der gern und freudig und eifrig und mit konsequenter Energie zugreift und durchhält.
Das Ganze aber aufbauen auf der Gnade und Güte Gottes. Sie wird mich führen, ich will auf sie hören. Er wird mir helfen, ich will auf ihn vertrauen. Das Leben hört auf, ein einsamer, mühsamer Monolog zu sein; es wird Dialog, es wird mehr: Cor ad Cor loquitur (Das Herz spricht zum Herzen).

2. November

Kurze Zusammenfassung des vorher Geschriebenen. Die Grundhaltungen meines künftigen Lebens: Gott ernst nehmen – ein großes Herz haben und echt sein vor ihm. – Ernst nehmen und großmütig bejahen:
Seine lebendige Wirklichkeit: Trinitarisch leben und beten. Ein persönlich warmes und echtes Verhältnis zu den göttlichen Personen haben. Sie in mir anbeten. So wachsen im Glauben, Überwindung meines Hanges nach außen. Treu und eifrig beten und sprechen mit ihnen.
Christus, den menschgewordenen Sohn: ihm wirklich zugesellt sein und ihm treu sein, nicht dem Ideal, sondern der Person Christus. Ich trage mit ihm das gleiche Leben. Durch Weihe und Gelübde habe ich Teil an seiner Sendung. Priesterlich leben. Herz-Jesu, Tor zur Trinität. Herz-Jesu-Weg des Opfers, der Treue zur Trinität, zum Vater.
Seine Gnade: Einmal durch ein immer tieferes Eindringen in die Tatsache und Höherwertigkeit der Übernatur meinen Naturalismus überwinden. Dann im Gebet der Gnadenführung mein Herz

öffnen und treu folgen. So komme ich aus dem mühsamen Monolog heraus und lebe mit meinem Gott.
Seine Güte: überzeugt sein, daß Gott mir gut will. Vertrauen auf ihn und mutig und männlich werden durch seine Kraft. Ihn wieder lieben. Nur der Liebende ist der wirkliche, echte Mensch. Bei Gott zu Hause sein, Freude an ihm haben.
Seine Berufung: Gott setzt auf mich. Viel mehr als bisher davon überzeugt sein, daß Gott mich will als Liebenden und als Gesandten. Liebe zur Gesellschaft, die konkrete Form meines Berufes. Sie ist der Ort meines Heiles. Konstitutionen und Regeln ernst nehmen.
Seine Menschen: Gottes Güte bringen und Gottes Werk und Liebe in ihnen achten. Dienen und helfen und gut sein, Überwindung meines Egoismus. Der liebende Mensch!
Seinen Auftrag: Eifer und Hingabe an die Arbeit im Dienst Gottes. Zähigkeit, Zucht, Energie. Überwindung meines sprunghaften und unruhigen Arbeitens. Mann sein vor Gott. Mit innerer Ehrlichkeit und Echtheit an die Arbeit gehen. Nicht nach Erfolg unruhig schielen. Ruhe und Beherrschung. Systematik.
Sein Kreuz: das ist der Herz-Jesu-Weg. Überwindung meiner Opferscheu und meines Stolzes. Wissen, ich bin ein Findelkind der Gnade. Mit Gott nicht rechnen.
Also: Gott großmütig ernst nehmen – durch Liebe, Treue, Dienst, Zucht, Opfer, Männlichkeit, Echtheit. Trinitarisch leben. Herz-Jesu, Tor zur Trinität.

3. November
Freude haben an Christus. Persönliche Freude. Dies ist doch das letzte Wort. Persönliche Hingabe und Kameradschaft halten. Das habe ich sehr versäumt. Christus nicht als Ideal, sondern als Person, als Freund und Bruder und Träger der Gottheit.

4. November
Ich war heute sehr müde und träge, auch im Gebet. Ich muß zäher sein und acht geben: meine Müdigkeit wird sonst zur endgültigen Willensschwäche. Energischer und härter sein. Und eben eine große Liebe im Herzen haben.

5. November

Das ist das größte Geschenk dieser Exerzitien: es ist alles viel wirklicher geworden. Gott, Christus, sein Leben, seine Haltungen, seine Forderungen. Mehr Ernst und Freude habe ich. Ich will mich Gottes Geist ausliefern und so wird schon alles recht und vieles besser werden.

6. November

Ungekünstelt, ungezwungen, krampflos, frei und echt und ehrlich als Liebender durch die Welt gehen. Die Dinge durchschauen und alles durch-schauen bis auf den letzten Grund und dort ist Gott die Liebe.

Ein Gang durch mein Leben ist für mich die beste Betrachtung. Dankbar sein, großherzig sein, treu sein – lieben.

Vertrauen zur Kirche

> Referat, das Delp am 22. Oktober 1941
> im Rahmen der Jahreskonferenz der
> »Katholischen Männerarbeit« in Fulda
> gehalten hat.

Die ganze Heilsökonomie Gottes ist unter einer bestimmten Hinsicht auf Vertrauen gegründet. Die Botschaft Christi und die Werke Christi sind Botschaft und Antwort an den vertrauenden Menschen. Eine der wenigen Unwilligkeiten des Herrn gilt dem Menschen ohne Vertrauen: »Ungläubiges Geschlecht! Wie lange soll ich bei euch sein? Wie lange soll ich euch ertragen?« (Mk 9,19).
Das heutige Grunderlebnis des Priesters ergibt so oft folgende Situation: Der Priester sucht den Menschen im Auftrag der Kirche mit vollem Herzen und vollen Händen. Er erlebt schwindendes Volk, wachsendes Unverständnis, zunehmende Interessenlosigkeit. Die Sprache der Zahlen zeigt eine ständige Abnahme der kirchlich gebundenen Menschen. Sind die Gründe dafür nur Macht und Verführung, nur Dekadenz oder gibt es dafür auch andere, innerkirchliche Gründe?
Das Vertrauen, von dem hier die Rede sein soll, geht nicht direkt auf Gott, also es wird nicht vom Gottvertrauen an sich gesprochen. Es geht auch nicht direkt auf den historischen und verherrlichten Christus. Diese beiden Beziehungen sind in dem Vertrauen, um das es hier geht, enthalten, aber sie sind nicht das formale Objekt dieser Überlegungen. Es geht um ein Vertrauen zur Kirche, das heißt, um ein gleich näher zu erklärendes Verhältnis zur physischen und metaphysischen Wirklichkeit, die wir Kirche nennen.
Die Haltung des Vertrauens, um die es hier geht, ist eine Grundhaltung des Lebens; deshalb ist, wie bei allen Wirklichkeiten des Lebendigen, auch keine sogenannte Wesensdefinition möglich, sondern nur eine sogenannte deskriptive Definition: der Versuch,

durch Umschreibung irgendwie annähernd zu erfassen, was gemeint ist. Das soll keine moderne Schwarmrederei bedeuten. Thomas von Aquin gibt sich in der S. Th. II. 2. qu. 129 a 6 redlich Mühe, das Wesen des Vertrauens herauszustellen und bei aller Klarheit bleibt die fiducia (das Vertrauen) bei ihm in der Schwebe. Sie ist auch für ihn eine Grundhaltung, ein Mutterboden christlichen Lebens, eine conditio virtutis (Bedingung der Tugend) (ebenda ad 3), nicht eine klar faßbare virtus selbst. Für Thomas liegt die fiducia im Schnittpunkt von fides, spes, fortitudo, magnanimitas (Glaube, Hoffnung, Stärke, Großmut). Es ist also klar, es handelt sich hier nicht um eine geborgene Vertröstung und Verharmlosung des Daseins, sondern um eine Grundhaltung, die wie selten eine andere unser heutiges Leben angeht.
Vertrauen ergibt sich so als eine Haltung, eine Verfassung, kraft derer der Mensch von innerer Zuversicht erfüllt ist, durch das Wissen um die eigene Wertigkeit oder durch das Wissen um die Wertigkeit eines Wirklichen, das für das Leben des Menschen bedeutsam ist und das ihm zur Verfügung steht.
Von diesem Verständnis aus gewinnt das Thema seine natürliche Gliederung, seine Weite und seine Begrenzung. Kirche erscheint hier als eine objektive Gegenständlichkeit für den Menschen, die dieser vorfindet und die ihm begegnet. In dieser Auffassung ist nur eine Teilwirklichkeit der Kirche getroffen. Die Kirche ist mehr als nur die objektive Gegenständlichkeit von Institution, Botschaft, Lehramt. Sie ist auch eine Wirklichkeit innerhalb des Menschen, und auch diese tiefere Wirklichkeit ist in die Vertrauenskrise, von der zu sprechen ist, hineingerissen. Auch davon wird zu sprechen sein, obwohl unter dieser Rücksicht das Thema eigentlich heißen müßte: Vom Selbstbewußtsein und Selbstvertrauen des christlichen Menschen. Unter dieser Voraussetzung ist zu sprechen vom Vertrauen zur Kirche in einem doppelten Sinn: das zuversichtliche Subjekt und seine Problematik (der Mensch und der Christ unserer Zeit), das Objekt und seine Problematik (die Kirche in dieser Zeit).

Die Ermüdung des vertrauensfähigen Subjekts
Ein gut Stück der Vertrauenskrise der Gegenwart stammt aus der Unfähigkeit des gegenwärtigen Menschen zum Vertrauen überhaupt, besonders aber zum Vertrauen gegenüber der Wirklich-

keit der Kirche. Die Ursachen dieser Unfähigkeit sind aufzuzeigen, an ihrer Überwindung muß der Wiederaufbau eines vertrauensfähigen Menschen beginnen.

Erlebnis der Zeit als einer trostlosen Zeit: Zuversicht bedeutet immer eine persönliche Beziehung des konkreten Menschen zu einer objektiven Wirklichkeit, eine persönliche Erfülltheit, Geborgenheit durch einen vorhandenen erlebten Wert, eine Kraft und deren Wirkung auf den konkreten Menschen. Der Mensch erlebt sich als einbezogen in eine Summe von Ordnungen und Gemeinschaften, aber in all dem bleibt er Persönlichkeit, und die Ordnungen und Gemeinschaften zerbrechen, wenn der in sie einbezogene Mensch kein tragfähiges Verhältnis mehr zu ihnen aufbringt. Dies aber gerade erlebt der Mensch heute im Geschehen der Zeit, daß er als einzelner, als Persönlichkeit entwertet und entwürdigt ist. Die Geschichte erscheint wie selten gegenüber dem einzelnen übermächtig gewaltig und gewalttätig, als ein Schicksal, das über den einzelnen hinweggeht und ihn in seine Gesetzlichkeit hineinreißt. Dem geistigen und gläubigen Menschen gegenüber ist die Geschichte nicht nur übermächtig, sondern unverständlich, mißtrauisch, gewalttätig und räuberisch, seine Werte negierend und vernichtend. Rein in der Ebene des Ereignishaften, noch lange vor jeder geistigen Verarbeitung, ist das Erlebnis der Zeit für den einzelnen erschütternd, entwurzelnd, trostlos.

Entwicklung des Subjekts zum christentumsunfähigen Subjekt: Durch die Entwicklung, die im folgenden dargestellt werden soll, ist der moderne Mensch wertblind für die Werte, die sein Vertrauen zur Kirche begründen könnten und müßten. Man muß diese Dinge in den Entwicklungszusammenhängen sehen, um sie ganz zu begreifen und zu wissen, wie weit der heutige Mensch vom ordo (Daseinsordnung) entfernt ist, in dem allein der zuversichtliche Mensch gedeihen kann. In kurzen Worten sei eine Linie der Entwicklung skizziert. Seitdem im ausgehenden Mittelalter der Nominalismus den Zugang zu den metaphysischen Räumen verschlossen und der Humanismus im Endergebnis tapfer nach der Erde griff, wird der für den Menschen als vorbildlich anerkannte Kosmos immer kleiner, bestimmter, einpoliger. Die Entwicklungslinie geht durch folgende Hauptmomente: Abbau der organisch verbundenen Übernatur – der Universalien (Geltungen und Ordnungen) – des Geistes – des Menschen. Die heutige Geisteslage muß bezeichnet werden als eine totale Entscheidung zur Natur als der triebhaften, bluthaften, ursprünglich wachsenden und drängenden Wirklichkeit. Diese Haltung spricht sich aus in drei Grundworten und drei Grundwerten: Leben, Existenz, Tat.

Leben: das moderne Bekenntnis zum Leben proklamiert das Recht und die Pflicht, so zu sein, wie einer oder etwas tatsächlich ist. Einziger Sinn des individuell oder gruppenhaft verstandenen Daseins ist die Selbstverwirklichung und Selbstentfaltung alles Lebenden und alles Drängenden. Jede Beschneidung, Verkümmerung, Hemmung von außen wird abgewiesen. Es gibt weder historische noch dogmatische Hemmungen. Der einzige Geltungsgrund für eine Wirklichkeit liegt in der Steigerung der Lebendigkeit und Tüchtigkeit des betreffenden Subjekts.

Existenz: Mit diesem Grundwort des modernen Denkens ist gemeint die bewußte und ausschließliche Sorge des naturhaften, tatsächlich vorhandenen Lebens um sich selbst. Das Leben kennt nur einen Willen, den totalen und ausschließlichen Willen zu sich selbst. Es spricht ein totales Ja zu sich und nur zu sich, das heißt aus eigener Einsicht und eigener Zuständigkeit. Diese Entscheidung bedeutet eine restlose Verschlossenheit des Lebens in sich selbst, in seine Größe und seine Schwäche, in seine Höhe und seinen Absturz. Außerhalb dieses Kreises gibt es keine echten Daseinsmöglichkeiten.

Tat: Deshalb ist die Tat, die aktiv und effektiv gewordene Entscheidung, die einzig gültige Lebensäußerung. Diese Tat ist rücksichtslos und durchschlagend. Sie setzt immer alles auf eine Karte, sie ist immer ein Spiel auf Leben und Tod; und so hat das Wort vom totalen Einsatz einen doppelten Sinn: es meint immer das menschliche Risiko des tätigen Subjekts und zugleich den Einsatz der gesamten Kraft der dichtesten Lebendigkeit. Diese Tat und Tatbegeisterung des modernen Menschen stammt nicht aus der Kühle und Härte eines echten Auftrages, eines echten Dienstes, sondern bricht aus irrationalen Tiefen hervor. Wenn das wagende und tätige Subjekt sich als Kollektiv versteht, dann geschieht in der tätigen Vollziehung des Lebens eine totale Subsumierung (Unterordnung) alles Privaten.

Aus diesen Grundverhältnissen ergibt sich ein dreifaches Ergebnis: ein Prinzip – eine Haltung zu den geistigen Werten: zu Religion, Christentum, Kirche – ein Menschenbild.

Das Prinzip: Das totale Prinzip dieses Lebens ist die Natur im oben angegebenen Sinne. Dies bedeutet die Entbindung ungeheurer Lebendigkeit und Wucht, zugleich aber auch die Auslieferung des Menschen an die Natur. Die Natur ist von sich aus selbstsicher, drängend und mächtig, zugleich aber unfertig, dumpf, unerhellt und ungeformt, wartend und angewiesen auf die geistige Meisterung durch den Menschen. Natur als Prinzip bedeutet deshalb eine grausame und unbedenkliche, eine vernichtende und total kämpferische Grundverfassung des Daseins. Diese aber besagt zugleich die Erhebung der untergeistigen und untermenschlichen Ordnungen zum Gesetz des menschlichen Lebens.

Die Haltung: Als Haltung bedeutet das Prinzip der Natur die endgültige Verzweckung alles geistigen Lebens. Die geistigen Räume (Kultur, geistiges Leben, Geschichte) werden den Zwecken der zu steigernden Natürlichkeit und Selbstentfaltung untertan gemacht. Das Leben wird zur geschlossenen Kugel, die nur mehr den Blick nach innen erlaubt. Das Leben ist rein Dienst, Funktion, und jede Transzendenz, das heißt jeder Blick auf Höheres, über die umschließende Kugelfläche hinaus, stört den totalen Einsatz. Für unsere konkrete Frage aber bedeutet das, daß Religion notwendig als Störung und als Flucht empfunden werden muß.

Das Menschenbild: Diesen Tatsachen gegenüber bleiben dem Menschen nur zwei Möglichkeiten: entweder er ergibt sich und wird zum resignierten Menschen. Vor der Übermächtigkeit des naturhaften Geschehens oder den aus den naturhaften Auffassungen hervorbrechenden Gewalten empfindet sich der Mensch nur noch als Objekt, über das verfügt wird, und er fügt sich, Objekt zu Objekt gelegt, in die unorganische Masse. Oder aber er versucht die andere Möglichkeit, den bewußten Vollzug dieser Haltungen. Der Versuch dieses bewußten Vollzugs wird uns in zwei Formen vorgelebt und vorgeredet. Der Heroismus beruht auf einem existentialen Idealismus, auf dem faustischen Glauben, durch den eigenen Einsatz das Dunkle und Nächtige dieser Lebensauffassung ertragen, überwinden und aufhellen zu können. Im Grunde ist dieser Heroismus eine idealisierende Unehrlichkeit, die deswegen Bestand hat, weil die ernüchterten und einsichtigen Jünger jeweils schichtweise zu den resignierten Menschen hinüberwechseln und durch einen Nachwuchs von neuen Gläubigen abgelöst werden. Der Tragizismus als Haltung, die ehrlicher ist: das Bekenntnis zu den Grenzen und Nachtseiten des Daseins wird vollzogen auch zu dem in ihnen beschlossenen unaufhaltsamen Absturz.

Es ist ohne weitere Überlegung klar, daß der Mensch dieser Haltungen und dieser Versuche in den Werten des Christentums Unwerte und Bedrohungen seiner Lebensauffassung erblickt, daß er ihnen gegenüber kein Vertrauen aufbringt und von ihnen zu keinerlei konkreter Zuversicht erhoben werden kann. Bevor überhaupt eine saubere Begegnung zwischen dem Christentum und dieser Welt stattfinden kann, muß diese Lebensauffassung entweder bis zum bitteren Ende durcherprobt werden oder aber gewaltige Erschütterungen, deren echteste in der Begegnung mit Menschen bestünde, die dem harten Leben, das die anderen versuchen, gewachsen sind, müssen das Vertrauen zu jenen Versuchen erschüttern.

Entwicklung des Subjekts zum vertrauensunfähigen Subjekt überhaupt: Der Mensch, der heute der Kirche begegnet, ist nicht nur ein Mensch, der den christlichen Werten gegenüber blind und unwillig ist, sondern er ist gar oft ein Mensch, dem überhaupt jede Fähigkeit und Möglichkeit zu einem innerlich gesicherten, das heißt zuversichtlichen Leben fehlt. Wir sprachen schon vom Zeiterlebnis, das den gegenwärtigen Menschen trostlos und hilflos erfaßt. Daß der Mensch einem Zeitgeschehen überhaupt so hilflos gegenüberstehen kann, war nur möglich durch eine vorausgegangene Entwicklung, die den Abbau der menschlichen Fähigkeiten bewirkte.

Die erste Stufe und die verhängnisvollste Phase dieser Entwicklung besteht in dem bereits vollzogenen Abbau des Vertrauens des Menschen zu sich selbst, in seine Wirklichkeiten und Fähigkeiten. Als Beispiel sei erinnert an den Streit um die Erkenntnisfähigkeit des Menschen (Kant: Idealismus). Analog ging der Streit um den menschlichen Willen und um seine Fähigkeit zur Sittlichkeit. Als Ergebnis dieser zunächst in kleinen Kreisen ausgetragenen Streitfragen, die aber mehr als theoretische Streitfragen bedeuten, sondern in ihren Ergebnissen das gesamte Leben erschüttern, werden den Menschen die primitiven und grundlegendsten Lebensäußerungen verdächtig. Es bleibt eine schwankende Lebensunsicherheit als Lebensgefühl und als Grundhaltung. Das naturhafte

Selbstvertrauen, das dem Menschen nach dem Rückzug aus dem christlichen Ordo und der metaphysischen Ganzheit noch geblieben war, wurde endgültig erschüttert.
Durch diese und die eben gezeichnete allgemeine Entwicklung wurde der Mensch an das immanente Welterlebnis ausgeliefert. An seinen Horizonten gingen keine ewigen Sterne mehr auf, und in sein Dasein fiel kein jenseitiges Licht mehr. Das immanente Welterlebnis verengt sich zum Erlebnis des Ungenügens und der Ungeborgenheit. Als letzte Erkenntnis und letztes Fundament der menschlichen Haltung bleibt die unüberwundene Nichtigkeit des Daseins, und so verfällt der Mensch einer Weltangst, die ihn innerlich aushöhlt und zu jeder echten Tröstung unfähig macht.
Ergebnis dieser Entwicklung ist der wirklich trostlose und innerlich haltlose Mensch. Er versucht, seine innere Leere durch Pathos, durch die stolze Gebärde zu überwinden. Er versucht, die innere Angst durch die Flucht in die Herde zu bändigen. Das Ergebnis ist der daseinsmüde Mensch, der jeder Gewalt sich ergibt und jedem stolzen Wort verfällt. Für den wesentlichen Teil unserer Botschaft und unserer Wirklichkeit ist dieser Mensch blind und unansprechbar.

Die Ermüdung des vertrauenswürdigen Objekts
... Bei der Frage, ob und wie die Kirche diesen Menschen als vertrauenswürdiges Objekt begegnen kann und soll, ist der schon erwähnte Doppelaspekt der kirchlichen Wirklichkeit sehr zu beachten: Kirche als Reich Gottes in den Seelen und Gemütern, die sichtbar wird durch die konkrete Verfassung der christlichen Menschen – und Kirche als Institution und Werk, als organisierte Erscheinung. Von beiden ist zu sprechen.
Schwund des christlichen Selbstbewußtseins: Es wurde schon die Frage gestellt, ob wir als christliche Menschen noch die Kraft unserer Ahnen haben. Wir sind Menschen unserer Zeit und wir sind weithin in die allgemeine physische und metaphysische Ermüdung mit hineingerissen. Dies ist doppelt verhängnisvoll, weil geschichtlich das Gesetz festzustellen ist: über alle Verträge, Abmachungen und Proteste hinaus hatte Christus und seine Kirche in der jeweiligen Kulturwelt immer soviel Ansehen und Gültigkeit, als die Christen Kraft besaßen, auf Grund der eigenen Fähigkeiten die Welt zu meistern und von innen heraus zu erobern.

Die heilende und stärkende Kraft des spezifisch Christlichen wirkt sich nicht aus, weil wir sie nicht besitzen. Aus den Menschen, die im Bewußtsein des Segens und der Gnade alles, was echt war, sich zurechneten und zusprachen, ist der Mensch der Sorge geworden um die Korrektheit vor Gott und den Menschen. Das daseinsmäßig sich sicher und erhaben fühlende Christentum hat sich aufgelöst in Ethik und Gebotslast, in Heilsangst und Mißtrauen, in behütenden Traditionalismus, der im Namen des Schöpfergottes jeden neuen Ansatz zunächst einmal in Mißtrauen verschüttet, ihn am liebsten aus Vorsicht umbringen möchte; in geschichtsfremden Konservatismus und Flucht in ein oft freiwillig bezogenes geistiges Ghetto, das nun das physische Ghetto als Form und Fluch nach sich zieht.

Die Christen beweisen heute oft keine schöpferische Eigenständigkeit mehr. Sie warten auf die Worte der anderen und verzehren sich dann entweder in kleinlicher Rechthaberei und Apologetik oder verlieren sich in profanen Entwicklungsgängen, indem sie durch unechte Rezeptionen alle Pendelschläge des allgemeinen Lebens auch im kirchlichen Raum blind nachvollziehen ... Pessimismus: Es wurde schon oben davon gesprochen, welche Rolle im gegenwärtigen Lebensbewußtsein die Angst und das unüberwundene Nichts spielen. Es gibt innerhalb des kirchlichen Lebens der Gegenwart eine Art dogmatischen Nihilismus und Pessimismus. Die Nichtigkeitslinie der Kreatur wird betont, als ob in der Erbsünde die Kreatur in einen protestantischen Abgrund hinabgerissen worden sei und als ob die Erlösung an jenen ersten Erschütterungen spurlos vorübergegangen wäre. Es sind hier bis in innerste Kreise der christlichen Frömmigkeit Einflüsse der dialektischen Theologie festzustellen, die aber trotz allen verführerischen Ernstes von ihren Grundgedanken her keine katholische Theologie ist. Diese Haltungen bewirken eine gestörte Daseinswilligkeit. Sie nehmen dem Menschen den Mut zu eigener Verantwortung und lassen ihm auch im Raume der Kirche den Befehl wichtiger erscheinen als die eigene persönliche Verantwortung. Diese Haltungen bringen ein allgemeines Mißtrauen zur Herrschaft, das die Vorsicht und behutsame Sicherung überbetont und in einer legalen Bindung und loyalen Ausführung ergangener Weisungen das Herzstück der Religiosität sieht. In einer Zeit, die den Christen vereinzelt, muß diese Unfähigkeit zur einsamen und persönlichen

Verantwortung und Entscheidung verhängnisvolle Folgen nach sich ziehen. Hier liegt einer der Gründe, warum unsere Menschen mehr als normal nach kirchlichen Weisungen und Worten schreien und warum das oft begründete Schweigen der Kirche Erschütterungen auslöst, die nicht mehr verständlich sind ...

Das dreifache Amt der Kirche in der Vertrauenskrise: Wir haben ehrlich von der Krise gesprochen, in der der christliche Mensch dieser Tage sich befindet und durch die er nicht befähigt ist, den Mitchristen oder den unchristlichen Menschen ein Vertrauen zur Kirche zu vermitteln.

Wir wollen ebenso ehrlich von den Hindernissen sprechen, die die objektive Kirche dieser Erweckung eines Vertrauens bereitet. Wenn vom dreifachen Amt der Kirche gesprochen wird, dann steht hier Amt im weiteren Sinn, so daß es alle Stufen der besprochenen Aufgabe und Sendung umfaßt. Was gesagt wird, wird nicht gesagt aus Freude an der Feststellung von Mängeln, sondern weil das Anliegen, daß die Kirche ohne Makel und Runzeln sei, uns immer wieder zu einer großen Ehrlichkeit und zu einer großen Sachlichkeit treiben muß. Es geht um die Lebendigkeit der Kirche und um ihre Befähigung, die Menschen innerlich anzusprechen und zu heilen. Es geht um den Glanz der Kirche, nicht den Glanz der äußeren Macht und Herrlichkeit, sondern um den Glanz der Gloria Dei, der als Ergebnis der inneren Weihe und Würde strahlen soll, so daß die Menschen einer unchristlichen Zeit eine Ahnung bekommen sollen von dem großen Gott, der hinter dieser Kirche steht.

1. Das Lehramt: Aufgabe des Lehramtes ist es, die Botschaft klar und ganz und ungeteilt zu hüten und zu sagen. Der Sinn des Weitergebens darf niemals die reine Schau nach rückwärts sein. Tradition ist nur dann und soweit echt, als sie der in der Gegenwart wirkende und wirksame Besitz der geistigen Ganzheit ist, das heißt, echte Tradition begegnet der jeweiligen Gegenwart immer als eine aus dem Ganzen der Vergangenheit sich ergebende konkrete Aussage und Führung, nicht aber als die auf die Dauer ermüdende Wiederholung der immer gültigen allgemeinen Aussagen. Der Mensch hat ein Recht, von der Instanz, die er als gottgesetzte und ihn im Gewissen bindende Führungsmacht anerkennen will, klare Weisungen für die konkreten Verhältnisse und Umstände seines Lebens zu erhalten. Er darf nicht darauf angewiesen bleiben, in

schwierigen Situationen allgemeine Aussagen zu erhalten, die da und dort nur durch einen versteckten Hinweis die Gegenwart berühren. Die Menschen fragen oft, warum die Kirche sich früher um die Ordnungen und Maße ihrer Kleidung bekümmerte und jetzt manchmal den Eindruck erwecke, als ob sie sich um die Ordnungen und Maße ihres täglichen Lebens und Leidens weniger kümmere.

Zwischen den Menschen von heute und uns stehen die fremde Sprache und die fremde Problematik. Fremde Sprache meint hier nicht die liturgische Sprache des Mysteriums, sondern die Sprache auf unseren Kanzeln, in unseren Schriften und Erlässen. Wir treiben Studien, um zu beweisen, wie geistige Grundworte einer bestimmten Epoche ihre christliche Bedeutung und Erfüllung finden, wie bei Paulus Wortschatz und Begriffsreichtum wechseln und sich wandeln, je nach der geistigen Umwelt, aus der er oder in die er spricht. Zugleich aber suchen wir in unserer eigenen konkreten Verkündigung oft in einem unechten Sinn »überzeitlich« zu sein. Das bedeutet aber, daß wir dadurch den Menschen aus der Zeit keine konkrete Antwort anbieten und für ihn unverständlich bleiben. Es gibt eine ganze Reihe religiöser Belehrungen und Unterweisungen, die als Kurzschriften von einigen oder auch von verantwortlichen Seelsorgestellen unseren Menschen in die Hände gegeben werden und in denen oft das Imprimatur, sein oder des Druckes Datum der einzige Hinweis auf die Zeit ist, in der dieses den Menschen gegeben wurde. Unsere Problematik erwächst oft rein aus der innerkirchlichen Situation und nicht aus dem drängenden missionarischen Dialog mit dieser Zeit ... Unsere Kritik an neuen Ansätzen ist oft rein negativ. Diese Feststellung trifft zuerst und besonders die kirchlichen Gelehrten. Aufgabe des Lehramtes ist es, Grenzen zu ziehen; Aufgabe des kirchlichen Denkens ist es, Antworten zu geben auf die Fragen, aus denen heraus Grenzüberschreitungen vorgekommen sind.

Aber das ist ja gerade eine unserer großen Nöte, das Schweigen der schöpferischen Kräfte, die aus Besitz und Kraft des Ganzen die Situation geistig und religiös verarbeiten; und weil wir keine große Theologie und keinen großen führenden Gedanken haben, schießen die kleinen »Theologien«, die Lösungen aus einem partikulären und totalisierten Ansatz wie Pilze aus dem Boden. Es liegen im geistigen Raum der Kirche soviele Anliegen unerfüllt und

unerledigt herum. Es sei nur auf eines hingewiesen: jede »Häresie« muß im kirchlichen Raume ein doppeltes Schicksal erfahren: die Verurteilung und die Erfüllung des sie bedingenden positiven Anliegens.
Uns fehlt irgendwie der große Mut, der nicht aus dem Blutdruck oder der Jugendlichkeit oder ungebrochener Vitalität, sondern aus dem Besitz des Geistes und dem Bewußtsein des Segens, der uns zuteil geworden ist, kommt. Und deswegen haben wir Angst und begeben uns auf die Flucht. Wir fliehen in die christliche Antike, wie fliehen in andere Zeiten der christlichen Vergangenheit, als ob wir jemals Antwortung und Weisung von rückwärts erwarten dürften und als ob wir nicht gesandt seien bis ans Ende der Tage und so für jeden Tag eine echte und genuine Verheißung besäßen. Diese »Dauer-Renaissancen« sind mehr Zeichen der Schwäche als Zeichen des Lebens. Eine ähnliche Offenbarung einer Lebensangst und Beantwortungsangst zeigt die immer wiederholte und wiederkehrende Beschränkung auf religiöse und »kirchlich-wesentliche« Anliegen und dabei wird übersehen, daß es um die grundsätzliche und auch für den Bestand der Religion wichtigere Wirklichkeit des Menschen überhaupt geht.
2. Das Hirtenamt: Aufgabe des Hirtenamtes in allen Stufen und Graden seiner Existenz ist die klare, vernehmbare und sichere Führung. Auch dieser Dienst erfährt die Art und den Stil seines Vollzugs oft aus der inneren Verfassung der Stunde, in der er geschehen soll. Durch die zu intensive Bindung an die Zeiten kirchlicher Vergangenheit haben wir manchmal noch den Eindruck, als ob das Wesentliche der hirtenamtlichen Führung die Klugheit und Taktik sei. Es gibt aber Stunden, in denen jede Klugheit an ihre Grenzen geraten ist und das Sichere und Harte so und nicht anders einen undiskutierbaren Primat hat.
Gerade das kirchliche Hirtenamt steht heute oft im Kreuzfeuer der Fragen und der Kritik. Hat die Kirche das »Du sollst« nicht verlernt, hat die Kirche die Gebote vergessen oder verschweigt sie sie, weil sie von der Aussichtslosigkeit ihrer klaren und harten Verkündigung überzeugt ist? Ist die »Unklugheit« Johannes des Täufers ausgestorben und hat die Kirche den Menschen und seine grundlegenden Rechte vergessen? Wie will die Kirche den Christen retten, wenn sie die Kreatur, die christlich werden soll, im Stich läßt? Das sind Fragen, die oft von Nichtchristen und oft auch

von Christen gestellt werden. Mit ihrer Aufzählung ist nichts gesagt über ihre Berechtigung. Aber, daß sie gestellt werden, muß uns nachdenklich machen, nachdenklich nicht wegen der billigen Worte der Menschen, sondern vor dem herrscherlichen Gott, der uns seine Kreatur anvertraut hat.

Was wir vorhin von der Gestalt und Problematik des geschichtlich christlichen Menschen sagten, gilt gesteigert von der Gestalt und Problematik des christlichen Führers. Immer wieder entsteht die Frage, warum in der Kirche die harten und kantigen Menschen so selten seien. Ist der Typ des kirchlichen Menschen nicht zu weich und kraftlos geworden und versucht er nicht immer noch viel zu sehr, eine Menschheit, die sich auf die wilden Wege einer geistigen und physischen Völkerwanderung begeben hat, »amtlich« zu erfassen und zu erobern?

Gerade die Priester sollten innerlich nach den Gründen der Zerstörung des Vertrauens fragen, die als tatsächlich nicht geleugnet werden kann und die uns oft so quält und hemmt; denn alles, was an uns liegt, muß getan werden, um dieses Vertrauen wieder herzustellen. Eine der wichtigsten Gründe zur Zerstörung oder Minderung des Vertrauens liegt in der gegenseitigen Diskriminierung der »Gruppen« und »Richtungen« vor dem Laien und vor dem Suchenden. Wir werden oft mit den negativen Eindrücken und Erlebnissen unseres eigenen Daseins nicht fertig und wenn wir schon nicht die Kraft haben, die Dinge innerlich und echt religiös zu verarbeiten, und wenn wir schon nicht den Mut haben, auch mit dem Risiko der Unbeliebtheit, unsere Gedanken und Eindrücke auch nach oben zu sagen, dann sollten wir wenigstens den Takt und die seelsorgliche Verantwortung haben, unsere Erlebnisse und Eindrücke uns nicht nach außen wegzureden. Es muß innerhalb der Kirche die ehrliche Aussprache und der christliche Meinungsaustausch zwischen den verschiedenen verantwortlichen Menschen und Instanzen möglich sein. Wir müssen daran denken, daß wir dabei sind, durch die Art unserer Führung und die Gestalt des Führers, die wir vorleben, viele innerliche Menschen der sichtbaren Kirche zu entwöhnen. Warum sollten sie in leichten Zeiten nach der sichtbaren ausschauen, die sie in schweren Zeiten einsam ließ oder sich ihnen in unzulänglicher Form vorstellte?

Wir sind Missionsland geworden. Diese Erkenntnis muß vollzogen werden. Die Umwelt und die bestimmenden Faktoren alles

Lebens sind unchristlich. Aus dieser Einsicht ergeben sich notwendige und natürliche Konsequenzen für Art, Stil und Takt der Arbeit. Aber dies bedingt noch eine zweite Grundeinsicht. Missionsland darf man nur betreten mit einem echten Missionswillen, das heißt mit einem Willen, an den anderen Menschen auf allen Wegen sich heranzupirschen und ihn zu gewinnen für Gott den Herrn. Defensive ist Verlust und Verzicht auf unser Eigentliches. Die Situation wird grundlegend nicht durch Verhandeln geändert, sondern durch die Bekehrung. Wer aber denkt über die Bewahrung des schwindenden Volkes hinaus an die Eroberung, an die systematische und planmäßige Gewinnung der anderen Menschen? ...
3. Das Priesteramt: Das Priesteramt ist oft zu sehr in die oben bezeichnete Loyalität und Historizität verstrickt und besitzt zu wenig pastorale Wendigkeit und Freiheit. Manchmal wünscht man eine große Einsicht in den Grundsatz, daß die sacramenta propter homines (Sakramente wegen der Menschen) da sind und nicht wegen der Ehrfurcht und noch weniger wegen der in bestimmten geschichtlichen Stunden herausgebildeten Zeichen und Äußerungen der Ehrfurcht.
Da und dort spielen wir mit den Menschen. Wir gestalten das liturgische Tun des Priesters zu sehr nach dem Geschmack des einzelnen und muten so der Gemeinde viel zu viel Wandel und Wechsel im liturgischen Stil zu. Es sei wiederholt, was früher gesagt wurde, daß hiermit nichts gesagt werden soll gegen das positive Grundanliegen der liturgischen Bewegung, daß diese Dinge aber auch aus der Perspektive der Gemeinde gesehen werden müssen.
Eines der wichtigsten Anliegen der priesterlichen Tätigkeit ist über die Bekehrung und Betreuung des einzelnen hinaus der Versuch, immer wieder, mit allen Mitteln, physisch und geistig ein entsprechendes Milieu zu bilden. Wenn je, dann muß heute, selbst unter Verzicht auf die große Zahl, alles versucht werden, den christlich gebildeten Menschen zu erhalten und zu gestalten, das heißt den Menschen, der zwischen seiner geistigen Bildung, seiner Kulturhöhe, seiner amtlichen Stellung und seiner Christlichkeit eine echte Synthese herstellt.

Folgerungen und Forderungen
Ut vitam habeant (Damit sie das Leben haben): Dieses Wort des Heilandes muß gerade in einer Zeit, die in das Leben verliebt ist,

eine neue Erfüllung und Darstellung erfahren. Der Christ muß der erfüllte Mensch sein, der innerlich seiner Sache sicher ist und der weiß, er ist im Recht. Der Christ muß der Mensch der katholischen Weite sein. Wir können es uns heute nicht leisten, innerhalb der Kirche so und so viele »Monopole« zu vertreten. Es gibt innerhalb des einen Hauses des Vaters viele Wohnungen, und die Kirche müßte sich einmal von außen betrachten, um zu sehen, wie verhängnisvoll diese Gruppenkämpfe, diese Diktatur der »jungen Kirche« – der »alten Kirche« usw., diese oft heilsarmee-mäßigen Anpreisungen bestimmter Auffassungen als Allheilmittel auf den suchenden Menschen wirken. Wenn irgendwann, dann ist heute der Mensch der katholischen Weite harte Pflicht.

Es gibt ein Gesetz, das man wie folgt formulieren könnte: Auf die Dauer ist nur der Christ Mensch. Das heißt aber zugleich: Mit dem Menschen stirbt der Christ. Für unsere konkrete Verantwortung heißt dies aber, daß der Kampf um die Freiheit und Geistigkeit des Menschen, der Kampf um eine echte, saubere Kultur, nicht nur Möglichkeitsanliegen der Kirche sind, sondern grundlegende Rechte und Pflichten, nicht nur der kirchlichen Menschen, sondern auch der kirchlichen Ämter. Die Kirche hat in diesen Tagen die ungeheure Chance, sich dem Gedächtnis der Kreatur unverlierbar einzuprägen, wenn und weil sie die mutige Verteidigung der bedrohten Kreatur war, und es wäre falsch, dies zu sehen unter dem Gesichtspunkt der zukünftigen taktischen Vorteile. Die Bindung an diese Aufgaben ist eine Bindung aus der Verantwortlichkeit, die wir dafür tragen, daß das Antlitz Gottes in der Kreatur bleibe.

Wir sollen vor die Menschen treten nicht zuerst, weil wir zweitausend Jahre hindurch immer da waren und weil wir begriffen haben, daß hier im Geschehen der Geschichte dieser ungeheure Wille des Herrn steht, die Menschen heimzuholen zu sich. Weil wir wissen um den strömenden Heilswillen Gottes, deswegen muß der erste Grundzug des christlichen Menschen sein, daß er ein suchender Mensch ist, immer unterwegs auf der Suche nach dem Menschen, und von dieser Einsicht her wird uns auch die andere Ausweitung gelingen, die von uns verlangt wird. Wir dürfen uns innerlich nicht verengen auf die eigene Sicherheit oder das eigene Heil. Das erste, worum es zu gehen hat, ist der Glanz und die Ehre des Herrgotts, und wer echt für diese steht, dem wird all das andere zugegeben werden. Dies aber setzt voraus, daß der kirchliche Mensch ein Mensch sei, der den Begriff der Ehre wieder ursprünglich faßt und verwirklichen kann, daß etwas von der Härte, von der Gültigkeit des alten, echten Ritters wieder in uns Auferstehung feiere. Wenn Gott in diesem Volk noch einmal groß sein wird, dann wird es, soweit man diese Dinge sehen kann und soweit dies überhaupt von Menschen verursacht oder mitbewirkt werden kann, nur dann sein und nur dadurch, daß es uns gelingt, durch den eigenen Ernst und die eigene Wucht und die eigene Sicherheit und die eigene Größe die Menschen aufmerksam zu machen auf den großen Gott, dessen Ebenbild wir sind.

Und so bleibt die Frage nach dem Vertrauen der Kirche immer wieder eine Frage nach dem Menschen in der Kirche in allen Stufen und Ämtern, und so bleibt die Krise des Vertrauens zur Kirche immer wieder die Klage über die Krise des kirchlichen Menschen, und so bleibt die Aufgabe, die sich aus der Pflicht zur Wiederherstellung des Vertrauens zur Kirche ergibt, zuerst und zuinnerst die Aufgabe der Wiederherstellung und Bildung eines echten und zuversichtlichen kirchlichen Menschen.

Das gegenwärtige Weltverständnis und die christliche Haltung gegenüber der Welt

Referat, von Delp am 21. Oktober 1942 in Fulda auf der Jahrestagung der Katholischen Männerseelsorge gehalten. Wegen des inzwischen staatlicherseits ergangenen Tagungsverbotes konnte Delp nur vor einem kleinen Arbeitskreis sprechen.

Die Kirche wird sich nur behaupten, wenn sie sich als gottgesetzte Lehrerin und Hüterin des Lebens erweist. Kirche und Mensch als Thema des vorigen Jahres vollenden sich im Thema dieses Jahres. Es geht darum, die »Welt« aufzuzeigen und ihre Einwirkungen auf den Menschen und sein Denken klarzulegen. Besonders für den Christen ergibt sich aus seinem In-der-Welt-sein eine heftige Bedrängnis. Auch eine Bedrängnis für seine christliche Aufgabe. Er weiß sich für die Welt verantwortlich. Er kennt seine Aufgabe. Zugleich sieht er sich von der Gestaltung der Welt heute weithin ausgeschlossen. Die neue Welthaltung ist alles andere als dem christlichen Glauben konform. Und doch verbergen sich auch in der modernen Welthaltung echte Werte. Warum haben die Christen mit diesem, was echt ist, nichts anzufangen gewußt?
Zwei Dinge sind zu untersuchen: 1. Das gegenwärtige Weltverständnis. 2. Was fangen wir Christen angesichts des modernen Weltverständnisses an?
Das gegenwärtige Weltverständnis wurzelt in zwei Tatsachen: 1. In dem Verlust des Zutrauens zu sich selbst, zu seinen tragenden geistigen Kräften, das man bei dem modernen Menschen beobachten kann; 2. In dem äußeren Erlebnis der Zusammenbrüche der innerweltlichen Sicherheiten. Bei einer totalen Verwirrung aller inner- und außerweltlichen Grundlagen erleben wir gleichzeitig einen Heißhunger nach der Welt. Der Heißhunger nach dem Besitz der Welt ist dem modernen Menschen das größte Anliegen. Sein ganzes Sehnen und Streben geht danach, ein geborgenes, sicheres Leben zu führen; er möchte Ordnung in der Welt haben, um die Welt zu besitzen und zu genießen.

Was ist mit »Welt« gemeint? Die Summe der erkannten und gekannten Dinge, wie sie von der Natur her ohne Eingriffe der Menschen bestehen, wie sie aus ihrem natürlichen Zustand durch die Kultur, durch den Eingriff der Menschen geworden sind, und was die Geschichte mit ihrem Wandel, Wechsel und Fortschritt hinzugetan hat. Unter »Welt« wird also die Gesamtheit der Natur- und Kulturdinge plus Geschichte verstanden. Dieses so geformte Weltverständnis und Weltverhältnis ist nichts Bleibendes. Es hat im Laufe der Zeit und Geschichte manche Wandlung erfahren.
Das moderne Weltverständnis ist noch einheitlich. Sein Inhalt läßt sich folgendermaßen umschreiben: der Mensch ist in der Welt und nur in der Welt. Am Menschen ist überhaupt nichts wirklich als diese Beziehung zur Welt. Das Menschenleben ist eingefangen in diese Beziehungen. Es ist eingespannt in das Beziehungsgefüge zur Welt. Alle Ordnungen des Menschen können nur auf dieser Grundlage aufbauen. Jedes andere ist eine Zerstückelung und Zerreißung des Menschen. Diese totale Immanenz, dieses ganz und gar In-der-Welt-sein läßt keinen Blick über die Welt hinaus, keine außerweltliche Macht und Größe, kein Jenseits und keinen überweltlichen persönlichen Gott gelten. An dieser Haltung stirbt jede Transzendenz. Es stirbt an ihr die Frage nach dem »Woher« und »Wohin«, die über die Welt hinausweist.
Angesichts solcher Gebundenheit an die Welt und in der Welt bleibt dem Menschen, wenn nicht alles völlig sinnlos sein soll, nur die Möglichkeit, die Weltlichkeit zu bejahen. Aus der Bejahung folgt die Forderung des Dienstes. Der Mensch muß die Welt verwirklichen. Er darf sich alles erlauben, alles leisten, was der Einbeziehung in die Welt dient. Sein Dienst aber ist nicht Last, sondern Weihung.
Was fangen wir Christen angesichts dieses modernen Weltverständnisses an? Kommt die Spannung, in die sich der Christ gestellt sieht, nur von der Welt? Gibt es nicht auch ein irriges Weltverständnis des Christen? Ist unsere Haltung zur Welt nicht oft dem irrig angewandten Bibelwort über die »arge Welt«, die »böse« oder »gefährliche Welt« bestimmt? Es gibt einen mehrfachen Weltbegriff: 1. Die Welt als Ganzes, als Schöpfung Gottes. 2. Die Welt als Inbegriff der unerlösten Kreatur und zwar nach der Menschwerdung Christi, 3. die Welt im Zustand der Nichtanerkennung Christi und der Auflehnung gegen ihn.

Wenn in der Schrift von der »argen Welt« die Rede ist, dann ist die Welt in ihrer Auflehnung gegen Gott und Christus gemeint, nicht aber die Welt als Gottes Schöpfung. Die Welt als Schöpfung bleibt auch für den Christen eine Aufgabe. Wir verwechseln auch zu oft und zu leicht Schwäche und Grenze. Zu vieles, was naturhafte Grenze ist, wird als Schwäche aus der Erbsündlichkeit bezeichnet. Man geht unter den Christen und in der kirchlichen Pastoral zu viel davon aus, daß der Mensch zu wenigem fähig ist, statt zu bedenken, daß Gott den Menschen mit Wirklichkeiten und Kräften ausgestattet hat, die ihn stark machen, sich zu behaupten. Wir dürfen die Welt in dem, was sie bedeutet und uns an Aufgaben stellt, nicht verkürzen, und den Menschen in dem, wozu er mit Gottes Gnade fähig ist, nicht verkleinern. Christus ist Mensch geworden und in die Welt gekommen. Die Menschwerdung, die Inkarnation Gottes, und die Verhältnisse und Beziehungen, die sich aus dieser großen Heilstatsache herleiten, müssen die Grundformel für unsere christliche Weltverantwortung abgeben. Wir haben die Verpflichtung einer Erziehung des Menschen zum Weltamt. Sinn der ganzen Schöpfung, Sinn der Welt ist das Rühmen und die Ehre Gottes. Der Mensch kann nicht vor Gott gerechtfertigt sein, wenn er nicht den Platz ausfüllt, auf den er in der Welt gestellt ist, und wo er für die rechte Ordnung, d. h. für die Ordnung Gottes veranwortlich ist. Das Weltamt ist eine echte und ursprüngliche Aufgabe des Menschen, auch des Christen, und nicht eine zusätzliche Aufgabe. Eine Verkennung dieser Aufgabe drängt den Menschen von einem Wesentlichen ab und führt ihn in eine Verzichthaltung. Wir würden damit auf den positiven Gehalt der Welt verzichten und dem Chaos die Bahn freigeben. Darum müssen wir Verantwortung für die Welt tragen. Wir sind auf die Ordnung in der Welt verpflichtet. Es wird kein Christentum sein, wenn keine Ordnung in der Welt ist.

Aufzeichnungen aus Wolferkam

> Wolferkam: Ort mit sechs Bauerngehöften nahe am Simssee, westlich vom Chiemsee in Bayern; Delp fand dort Zeit zur Entspannung und Sammlung.

31. Mai 1942

Schön war heute abend Traube aus Jugend vor dem Presbyterium. Man konnte nur eines wünschen: daß Gottes segnende Glut dieses junge Leben anlachen möge und ihm eine reiche innere Reifung geschenkt werde. Es soll wahr sein: qui laetificat juventutem meam (der meine Jugend frohmacht). –

Ob ich wohl eine Heimat haben darf? Eine alte Frage. Die schönen Dinge sind doch mehr Offenbarung Gottes als die unschönen. Aber da liegt ja auch ihre versteckte Dämonie. Schönheit ist mehr Geist als das Unschöne. Und allem Geist wohnte die Versuchung inne, sich selbständig zu machen und sich in sich selbst zu runden. Ich glaube, man kann am Schönen und Echten ebenso gottlos werden wie am Unschönen und Unechten. Wenn das Gute und Schöne nicht den Hunger steigert, sondern stillt, wird es für die metaphysische und religiöse Wachheit gefährlich. Eine Heimat, die mich behalten will, darf ich nicht haben. Und auch nicht eine Heimat, die ich behalten möchte, in der ich siedeln möchte. Die Fahrenden Gottes müssen überall zu Hause sein, wo Gott ist, und dort mehr zu Hause sein, wo Gott mehr ist. Das bedeutet – so einfach es sich dahinschreibt – viel Not, viel wundes Herz, viel Ehrlichkeit. –

Es gibt vielerlei Unzuverlässlichkeit. Die der Brutalität und des wechselnden größeren Nutzens. Die der Verzweckung und des flatterhaften Genusses. Die des Dienstes und der Sendung. Und dann die ganz eigenartige unseres Lebens noch, die einige von den wertvollen Vorigen mit einschließt und doch noch ihren ganz eigenen Charakter dazugibt. Manchmal bedauere ich die Menschen, die mir Freund sind. Ich kann ihnen doch nie so unbefangen und

vorbehaltlos begegnen, wie das der Mensch in sich kann und auch gerne möchte. Ich bin immer schon vergeben und gebunden. Das geht bis ins äußerlichste Zeit-haben und gilt bis in die innerste Freiheit. Aber es ist so und es wäre schlimm, wenn ich daran rühren würde oder ließe. –
Mediatrix omnium gratiarum (Vermittlerin aller Gnaden): immer wieder überrascht der innere Anblick des Christentums. Wenn ich gerade meine, es irgendwie auf eine Formel gebracht zu haben, plötzlich sieht wieder alles anders aus. Dieses stille heutige Fest: daß Gottes Gnaden den Händen einer Mutter anvertraut sind: wie ist doch alles Gesetzmäßige, Harte gemildert und gewandelt. Als ob in Gott der Heilswille über Gott gesiegt habe. Eine Mutter kargt nicht und wo Mütter gesund sind und echt, stehen sie immer zum Kind, auch in alle Verlorenheiten und Verlaufenheiten hinein. – Die »mütterliche Herrin« ist eine beglückende religiöse Erfahrung dieses Monats. Sie wird vieles in Ordnung halten und vieles in Ordnung bringen. –
Die Eitelkeit ist eine Mörderin. Sie tötet den echtesten inneren Aufschwung und verdirbt den ehrlichsten Wunsch und den bestgemeinten Einsatz. Es ist ein ekelhaftes Ereignis, wenn man sich plötzlich dabei ertappt, wie man neben seinen wirklichen und vermeintlichen guten Taten oder Gedanken einherläuft und sich in ihnen spiegelt. Man kann sich dann selbst kaum mehr aushalten. – Aber das scheint dazuzugehören, daß man immer wieder genug hat von sich selbst. Und daß dann innere und äußere Geschehnisse zusammenwirken, bis man wieder einmal weiß, daß es gar nicht auf einen ankommt und daß man im Grund ein ohnmächtiges Wesen ist, dem beide Hände abgeschlagen sind. Wenn man dann die Stummel zum Herrgott hinhält, sind auf einmal wieder ganz brauchbare Hände da. Wir sind ja alle vom Geist dieser Zeit besessen, der so durchaus überzeugt ist von sich selbst und betrunken von sich selbst und sich alles zutraut und gar nichts mehr weiß vom gebeugten Knie und vom offenen Herzen und vom hörenden Geist. Deswegen bleibt ja auch alles ein Torso oder verkehrt sich ins schreckhafte Gegenteil des Gewollten und Begonnenen.

2. Juni 1942

Auf den Juni bin ich innerlich »neugierig«. Es war noch immer ein Monat innerer Ansprache. Es ist ganz gut, daß man dieses reelle

Hin und Her zwischen Gott und sich selbst wieder einmal intensiver spürt. –
Die Menschen heute:
Der Student: ein selten wacher und innerlicher Mensch. Diese Fähigkeit, ruhig zu urteilen. Dabei diese innere Erregung, die eine Frage stellen will und eine Antwort sucht und all dies verbirgt und doch nicht verbergen kann. Diese köstliche Doppeldeutigkeit aller Worte, die kamen. Ich blieb bewußt im Vordergrund und nahm immer den billigsten Sinn. Dafür am Schluß dieses herrliche »presto«, dieser eine Satz, der alles verriet und ein Wort gab. –
Bei Dr. (...): ich glaube, ich gehe nicht mehr hin. Ich kann das nicht, alles, was ich selbst bin, zu Hause lassen und dann doch als »Freund« gelten. Ich habe das auch gesagt, ich komme nur noch, wenn ich als der kommen kann, der ich bin. Diese Menschen sind recht und gutwillig und gut zueinander, aber weiter interessiert sie nichts oder alles nur unter dem Gesichtspunkt, wie könnte es unser persönliches Leben berühren. Bei allem Sinn für Familie: diese wird, wenn sie so bleibt, ein vornehmes Grab für Menschen. –

3. Juni 1942
Die Beziehung zu (...), das Gespräch mit (...) und verschiedene andere Dinge machen mich wieder darauf aufmerksam, daß wir durch die Eigenart unseres Lebens mehrfach »ausgebürgert« sind. Daß selbst die Seßhaftigkeit und geweihte Bürgerlichkeit eines Pfarrhofes nicht unser Raum ist und wir deswegen dort im Grunde auch gar nicht verstanden werden. Unter Umständen nur störend und irgendwie unheimlich wirken. Ich muß mehr in meiner Bindung an das Allgemeine und Ganze bleiben und aus dem Konkreten mich lösen. –

4. Juni 1942
Man kann als Mensch in die eigenartigsten Bedrängnisse kommen. Daß es innere Realitäten gibt, die man nicht sagen kann, weil jedes Wort und jede Gebärde dafür falsch oder schon anders belegt ist. Wie soll ich zu einem Menschen sprechen, mit dem ich mich innerlich verschwistert weiß? Wie soll ich ihm dies sagen oder zeigen? Wort, Händedruck, jede Geste der Brüderlichkeit ist zugleich und im allgemeinen Sinn zuerst Wort und Gebärde für ein anderes. Vielleicht lernen die Seelen doch noch ihre Sprache.

Januar 1943

(...) Es gibt Stunden, die sind wie Blitze. Sie zeichnen uns. Von da an tragen wir Male. Sie alle wollen Zeugen Gottes sein, des Guten und des Mächtigen. Die Tränen und die Wunden, die Schwäche und der gute Wille, die Treue und die Not: sie alle heißen uns weitergehen und wachsen, wachsen: bis es doch eine Ernte Gottes wird, dieses weite Feld des Lebens. –

Mai 1943

Von Mensch zu Mensch: Das bleibt immer ein Rätsel oder besser noch ein Geheimnis. Die Wege hinüber und herüber sind unerhellt und wahrscheinlich auch unergründlich. Individuum est ineffabile (Das Individuum ist nicht aussagbar), da liegt wohl der Grund. Was ein Mensch eigentlich ist, – ich, der, jener – das ist letztlich doch nicht aussagbar. Für mich nicht, über mich und über andere erst recht nicht. Die Behutsamkeit und die große Ehrfurcht müßten immer die Haltungen sein, mit denen man in die Nähe eines Menschen kommt. Wie stürzen die Menschen übereinander her oder ineinander hinein und so oft verbrennen sie aneinander und plündern einander aus oder erdrücken einander. Die Zeit heute ist des Menschen Feind. Und der Mensch heute weiß nichts mehr von seinen guten und bösen Geheimnissen. Deswegen weiß er auch mit anderen Menschen nichts mehr anzufangen. –
Es gibt so wenige Menschen, die einen im Glauben an die Menschen bestärken. Daß wir alle krank sind, daran gewöhne ich mich allmählich. Aber daß wir alle habgierig und raubgierig sind, das ist eine böse Tatsache. An ihr kann man bitter werden. –
Nach dem Gespräch mit Dr. (...): Wenn man die Güte nicht hat, tut man einem Menschen immer Unrecht, auch wenn man recht hat. Ich war in der Sache wieder viel zu klein. Man darf nicht von seinen Interessen ausgehen, wenn es sich um einen Menschen handelt. –
Warum ich mit Dr. (...) nicht recht weiterkomme? Und warum er sich immer beklagt, es sei kein Vertrauen da, und ich vorenthalte ihm manches? Daß ich verschlossen bin und wohl auch bleibe, habe ich ihm gesagt. Aber ich glaube, es liegt tiefer. Wir denken verschieden an Gott. Er versteht nichts von dem geheimen Dialog, den man dauernd mit Gott führt, und in dem man sich wandelt und ab und zu ein anderer wird. Und in dem viele Dinge sich lö-

sen, über die es dann keines erhellenden Gespräches mehr bedarf. Der Mensch mit Gott ist wirklicher als der Mensch ohne Gott. Nur die Menschen, die den gleichen Gott lieben, können sich letztlich verstehen.

Juli 1943
(...) Es leben einzelne prachtvolle Menschen darunter. Das Ganze ist verfahren. Ist eng bei aller Schwärmerei, weil es ihm doch nur um die Erfüllung seiner Gefühle und Erlebnisse geht. Wenn die Menschheit einmal fragt, was wir ihr anzubieten haben zu dem Neubau des Lebens, der geschehen muß, dann werden sie uns ihre Kammermusik vorspielen und sagen, im Wald gäbe es Himbeerschläge...

Am Montag, da draußen das erste Korn geschnitten wird (1943)
(...) Ich glaube an den alten Satz von Plato, daß alles Große und Schöne immer auch etwas Erschreckendes und Erschütterndes an sich hat. Deshalb werden wir ja in allen echten Erfahrungen und Begegnungen mehr wir selbst und kommen in ihnen über uns hinaus (...)
(...) Es ist herrlich jetzt, dieser reifende Hochsommer. Vom Feld her rauschen die Sensen und Sicheln ihr betörendes Lied. Ich habe das so gern, die reifen Felder und dann die Ernte selbst. Irgendwie ist ja der Sinn unseres Lebens: reif werden und geschnitten werden, eingebracht in die Scheunen. Die Welt ist voll der Güte und Schönheit und es ist doch die Güte und Schönheit Gottes, die ihr alles gibt. (...)

Nach einem Tag voll Sonne, Schlaf und Kinderlachen...
16. Juli 1943
(...) Und nachher diese silberne Landschaft! Die Berge aller Härte bar, die Landschaft innerlich aufgelöst in ihre geheimsten Kräfte, die Straßen wirklich wie Wege hinter die Sterne: alle Horizonte waren offen und dazwischen bin ich herumgegangen mit einer vollen Seele und einem Herzen, das auch über die Sterne hinaus fragte und Antwort wollte und Klarheit suchte und all dem vielmehr gewachsen war als sonst...
(...) Ich bin Priester und Ordensmann und ich bejahe diese beiden innersten Sendungen meines Lebens wirklich ganz und gar.

Ich würde in diese beiden Berufungen und Bindungen wieder hineingehen, weil sie meine Sendung von Gott her sind und weil sie zugleich die Ordnungen sind, die meinem maßlosen Leben zugleich Bindung geben und Auftrag und zugleich die Weite, das Grenzenlose verbürgen, das ich brauche, um nicht zu ersticken. Aus innerster Ehrlichkeit kann ich es nicht verantworten, diese Ordnungen irgendwie als zu früh gekommenes Schicksal nur zu tragen oder gerade unverletzt zu retten. Ich würde mir innerlich untreu werden und mich selbst in einer Art und Weise verwunden, die keine Heilung mehr fände (...).

21. Juli 1943

(...) Aber das bukolische Dasein hat mich verführt. Ich hab eine ganze Stunde gemäht gerade und hab nun die Hände voll Blasen und die städtisch-unnützen Arme voll Zittern. Aber schön wars. Diese weitausholende fruchtbare Bewegung, das ist ein ganz eigener und bedeutsamer Rhythmus, der irgendwie an den Sinn des Lebens rührt. (...). Bleib wach und froh und zuversichtlich und bet ab und zu ein bissel für mich. Ich tu es auch für Dich. Bei der mütterlichen Herrin hier ist gut beten. Und in der unmittelbaren Begegnung mit den stillen und gütigen und treibenden Kräften der Natur. Dieser treibende und drängende Glanz ist doch nur Ahnung und Kopie des Herrgotts. Es schließt sich alles in eins. Es wird der große und erfüllende Augenblick unseres Daseins sein, wenn einmal das eine Wort Gott alles meint und alles stehen läßt, und umfaßt und zugleich zur Mitte zurückbringt. So möchte ich wenigstens sterben, wenn es mir vorher nicht gegeben sein sollte. – (...)

24. Juli 1943

(...) ich war in den Bergen und hab mich in die Welt des Herrgotts verkuschelt. Es war schön und ich werde bald wieder gehen.
Es war wirklich schön. Viele Bilder werden bleiben. Auf der Spitze. Um uns die aufgeblätterte Welt Gottes und der Menschen. Da fiel mir wie ein Auftrag mein ursprünglicher Auftrag, zu segnen und zu heilen, immer wieder segnen und heilen, ein. Ich hab einen großen Segen gebetet und dann allem Land und allem Volk einen Segen Gottes gegeben. – Meine Schwester: sie ist bei all

ihren Schicksalen bei uns geblieben. Nur so eine Geste. Sie war zum ersten Mal im Stein. Irgendwann einmal eine Situation, die es immer wieder gibt: man weiß nicht weiter. Jemand wollte ihr die Hand geben zum Abspringen. Diese Abwehr: nein, ich muß es allein machen. Das ist unsere Kraft und unsere Not, dieses Allein. Dieser köstliche und blutige Besitz der Freiheit, den man selbst in der brüderlichsten Hilfe noch gefährdet glaubt. – Dann das Wetter. Plötzlich brodelnde Nebel, vom Chiemsee her ein Gewitter. Wir kommen während der ersten Blitze noch herunter. Als die Wand vernebelt ist und das Unwetter im Berg hängt, plötzlich die Hilferufe eines Verstiegenen. Eines leichtsinnigen Burschen übrigens. Immer wieder aus der Wolke: Hilfe, Hilfe. Dann der Vater, der den Berg heraufhastet: es ist mein Sohn. Leichtsinn hin und her, es ist mein Sohn. Dann der ruhige, sichere Mann der Bergwacht, der ihn im tollsten Wetter aus der Wand holt, ihn seelenruhig verprügelt und dann auf den richtigen Weg setzt und weitergehen heißt. Etwas viel Symbolik auf einmal, bei all der Aufregung. Aber es steckt wirklich allerhand dahinter.
Und jetzt genieße ich wieder. Gleich wieder am See, der abends so milde und farbig ist. So in der Sonne schwimmen und nachher im Segelboot so frei und still und nur den Elementen verpflichtet dahinschweben, ach es ist dann so viel vergessen und vorbei und das Herz atmet wieder. Gott ist gut und seine Welt ist schön (...)

Tragische Existenz

> Delp war auf christlicher Seite der erste,
> der mit einer größeren kritischen Arbeit
> – 1935 im Verlag Herder erschienen –
> auf Martin Heideggers Werk »Sein und Zeit«
> reagierte und es wie folgt beurteilte:
> »… tragischer ist noch keine Frage nach dem
> Sinn von Sein beantwortet worden.«

…
Es ist nicht unsere Absicht, ungerecht zu sein und von vornherein nur verurteilen zu wollen. Wir wissen, wo die Vorzüge dieser Philosophie liegen. Daß es ein Fortschritt ist, wenn wieder nach dem Ganzen gefragt wird. Wenn nicht mehr nur irgendein Teil herausgerissen und über diesen dann »philosophiert« wird. Es ist noch gar nicht so lange her, daß Philosophie des Seins und Philosophie des Erkennens und Philosophie der Werte ganz verschiedene Dinge waren. Daß wieder Metaphysik versucht wird in Einheit und Verbundenheit dieser drei Aspekte im gleichen Sein, das ist anzuerkennender Fortschritt.

Und es ist Fortschritt, wenn wieder nach dem Sinn von Sein gefragt wird. Es ist auch hier noch gar nicht lange her, da man Fragen dieser Art für überflüssig und schädlich hielt. Daß man nur zählen wollte und messen und handgreiflich feststellen. Und es schien ausgeschlossen, daß diese Welt wieder einmal an Zusammenhänge glauben und das Ganze über die Summe seiner Teile setzen würde. Es sind auch heute noch nicht viele, die wenigstens groß und aufs Ganze gehend zu fragen wagen. Auch dieser Fortschritt soll nicht übersehen werden.

Es ist Fortschritt, daß man Philosophie will und zugleich die Maxime ausgibt: Zu den Sachen selbst! So daß Beschäftigung mit den Sachen nicht mehr nur rein handwerksmäßig geschieht und Philosophie nicht nur mehr freischwebende Konstruktion aus irgendeinem angenommenen »hohen Satze« heraus ist. Es ist noch nicht lange her, daß es schlimm stand um die Wirklichkeit, wenn sie nicht mit dem »hohen Satze« zusammenstimmen wollte. Gern soll ein gewisser – trotz allem sich bekundender – Wille zur Ehrfurcht vor den Tatsachen anerkannt sein.

Es wurde bei gegebener Gelegenheit auch davon gesprochen, daß vieles gut gesehen ist in den Analysen der Erkenntnis. – Es ist sicher wertvoll, auf die ursprüngliche Verbindung zwischen Erkenntnis und tätigem Leben hinzuweisen. Allzusehr fühlte sich manches Denken jenseits der konkreten Dinge wohl. Es war und ist notwendig, die Erkenntnis zurückzurufen in das Lebensganze des Erkennenden. Es ist wertvoll und notwendig, daß immer wieder aufmerksam gemacht wird auf die vielfachen Einflüsse und vorgängigen Ausrichtungen, die menschliches Erkennen vom menschlichen Leben her erleidet. Und daß klar und deutlich betont wird, die Seinsfrage sei da anzufassen, wo Sein zuerst und zunächst sichtbar wird: im fragenden Dasein selbst.

Es ist Fortschritt, daß der stolze und kluge Mensch von gestern vor seine Wirklichkeit gestellt wurde. Daß auch ihm die Fraglichkeit und Labilität seines Seins zutiefst begreifbar gemacht wurde. O die stolzen Weisen von gestern! Wie sicher waren sie, wie allwissend und unbedingt. Wie festen Schrittes gingen sie über die Erde, das Haupt in den Sternen, die Stirne leuchtend vor göttlichen Ansprüchen. Es ist Fortschritt, daß diese Propheten der menschlichen Allmacht vor die menschliche Wirklichkeit gestellt werden. Daß sie »geworfen« sind! Daß sie Sein-zum-Tod sind! Sie werden es wahrscheinlich nicht glauben – aber einmal stand die Wirklichkeit doch vor ihnen, Und ihre Söhne füllen die Hörsäle, in denen solche Lehre verkündet wird, und spüren den Riß, der da lebendig offen steht zwischen dem sicheren Anspruch und ihren verfallenden Möglichkeiten. Es ist sicher Fortschritt, daß einer aufstand und sie alle, die sicheren und unerschütterlichen Meister der Erde, hineinhält in das drohende und gähnende Nichts.

So ist Fortschritt, daß ein Philosoph spricht, der nicht von irgendwoher dachte und irgendwohin grübelte. Der mitten im Leben stehen will und mitten aus dem Leben denken will. Der die Sprache des modernen Menschen versteht – auch die, die dieser sonderbare Mensch nur innen bei sich selber spricht. Dem von der Materie und Maschine Bedrängten wird gesagt, daß er Herr und nicht Diener und Knecht dieser Dinge sei. Den die anstürmende Masse und Menge verdrängen und zertreten will, ihm wird gezeigt, daß er innerlich ein Einsamer und Einzelner ist, der selber in sich seine Welt hat. Einem jungen Geschlecht, das von früh an immer nur Untergänge erlebte und immer nur Vernichtungen und Bedrohungen, das nicht wußte, wohin mit der jungen Kraft: es ist gut, daß ihm gesprochen wurde von eigener Kraft und eigener Leistung. Es ist Fortschritt, daß offen und laut aufgerufen wird zu einem »Metanoeite« vom »Uneigentlichen« zum »Eigentlichen«. Wir verstehen es nach all dem, daß diese Philosophie »Mythos des modernen Menschen« genannt worden ist. Und in vielen Punkten hat sie dem modernen Menschen gute und brauchbare Botschaft zu sagen.

Und trotzdem bleibt es unsere Ansicht, daß diese Philosophie den modernen Menschen nicht führen kann. Daß sie ihn notwendig verführt zu einer neuen Bedrohung seines Lebens, seiner Existenz, seiner innern Gesundheit und Fähigkeit. Und so wollen wir uns die nötige innere Selbständigkeit wahren und uns nicht in die alte Linie der »möglichst weitgehenden Anpassung« drängen lassen. So viele beginnen, diese Sprache zu sprechen, die noch gar nicht fertig geprägt ist. So viele nehmen die guten Ansätze und positiven Leistungen für das Ganze und übersehen dabei, daß all diese Ansätze in der Horizontalen liegen und daß von der Vertikalen her betrachtet diese Philosophie eine große Bedrohung, ein großer Abfall ist. Denn diese Prüfung muß dem gesunden Menschen wichtiger sein als jeder gute Ansatz im rein Innerweltlichen: die Prüfung des Verhältnisses Oben – Unten. Und auch hier stimmt es, daß Heidegger einen »Mythos des modernen Menschen« gibt. Aber er zeigt diesen modernen Menschen in seiner äußersten Verirrung und zeigt keine Wege, ihn herauszuführen in eine gesündere Lage.

Vielleicht ließen alle andern Berührungen den modernen Menschen unberührt, wenn nicht dieser eine gemeinsame Punkt wäre: die prinzipielle und totale Endlichkeit ...

Der Kreis schließt sich immer mehr. Nach oben bleiben keine Blicke mehr offen. Nietzsche verdrängt Kierkegaard aus der Entwicklungslinie. Von Kierkegaard bleibt nur das herbe, schwermütige Leidgefühl im Tragen des Schicksals. Nietzsche aber diktiert das göttliche Pathos, den unbändigen Willen zur »großen Gesundheit« der reinen Endlichkeit.

Jene Entwicklung, die vor Jahrhunderten begann, die Luther und

Kant groß werden ließ, die Emanzipation des europäischen Menschen, ist vollendet.

»Infolge der Depotenzierung Gottes fühlte der Mensch seinen Sinn nicht mehr unmittelbar von ihm herkommen ..., fühlt er erschreckend ... seine umdrohte Endlichkeit; erschreckend und zugleich gestachelt zur Gegenwehr. Der Mensch reckt sich. Er faßt in seiner Endlichkeit Stand. Er beginnt, die Attribute Gottes an sich zu ziehen. Zuerst dadurch, daß er sich absolut setzt.« (Guardini)

Wir sind heute so weit, daß dieser Prozeß der Genese des modernen Menschen schon wieder vergessen ist. Er ist einfach Tatsache, dieser endliche Mensch. Er ist so sehr Tatsache, daß er nicht einmal mehr reden kann oder irgendwie denken kann von einer andern Welt. Daß er, ohne scheu zu werden, von der »Geworfenheit« der Welt spricht und sich überhaupt nicht veranlaßt sieht, einmal nach dem »Werfer« Ausschau zu halten.

Was ist der Mensch? Ist das der ganze Mensch? Was ist der Mensch, daß er so von sich denken kann?

Was ist der Mensch? Das ist die Frage, die doch zu Beginn jeder Philosophie steht. Es geschah doch seit langen Zeiten immer wieder, daß die Philosophen einen falschen Begriff vom Menschen an die Philosophie herantrugen und aus diesem falschen Erstbegriff sich alles andere Irren notwendig ergab. Es ist nämlich gar nicht anders möglich: der Mensch muß bei allem, was er tut, sich selber mitbringen. Er muß bei all seinem Tun, erst recht bei seinem Denken, sich selber voraussetzen. Und alles hängt davon ab, daß er sich richtig voraussetzt ...

Der Mensch setzt sich aber richtig voraus, wenn er sich als endlich voraussetzt. Der Mensch ist endlich und kann wissen, daß er endlich ist. Daß er bedingt ist. Der Mensch kann das wissen, und der heutige Mensch kennt dieses Bedingtsein sehr gut.

Der Mensch, der als Endlicher an das Denken geht, muß nun aber den Mut haben, diese Linie der Endlichkeit nirgends zu verlassen. Er muß dabei bleiben, an seiner Bedingtheit festzuhalten. Er darf nach keiner Seite hin und von keinem Gesichtspunkt her sich irgendwie als »unbedingt« setzen, d.h. als autonom, als selbstbestimmend, als unabhängig.

Ob eine Philosophie noch den Tatsachen entspricht, ob sie noch echt und ehrlich ist und nicht schon wieder irgendwie verbogen oder verstiegen, ist daran zu prüfen, ob sie den Begriff des Men-

schen, wie er ihn in sich vorfindet, unangetastet läßt. Und es wird sich ergeben, daß all die vielen Systeme, die in so bunter Fülle sich jagten in den letzten Zeiten, daß sie alle im Letzten einen unnatürlichen Menschen voraussetzen. Einen Menschen, der über seine eigene Endlichkeit wegspringt und sich selber zum Maß und Ziel der Dinge setzt, sich selber »absolut« setzt. Gerade weil der moderne Mensch Sinn für die Endlichkeit und Bedingtheit des Menschen hat, sollte er von da aus auch Gespür für gesunde und ungesunde Philosophie haben... Existentialphilosophie hat also einen großen und hohen Sinn: sie soll den Leitfaden auf jeden Fall da anbinden, wo er entspringt und wohin er zurückschlägt: in der menschlichen Existenz. Aber in der ganzen, unverbogenen Menschenexistenz. Unter Bejahung all ihrer Verweisungen, und ohne sie irgendwo heimlich zum Gott zu machen. Denn dadurch wird die Existenz unmenschlich, und jede Philosophie auf solcher Grundlage ist nur eine große, häßliche Parodie.
Von diesen Voraussetzungen aus soll nun noch einmal versucht werden, die Philosophie Heideggers kurz in einen Blick zu zwingen, um aufzuzeigen, wo sie die Grundlage der ganzen Existenz verläßt, und um auf die Möglichkeiten ihrer Weiterführung hinzuweisen...
Der endliche Mensch wird in dieser Philosophie verfälscht, weil die Endlichkeit übersteigert wird. Weil der Blick dieser Philosophie nicht frei ist zu einer Schau über das ganze weite Gebiet der Menschenwirklichkeit. So muß sich diese Philosophie damit begnügen, groß zu fragen. Die große Antwort scheitert.
Die Auseinandersetzung der letzten Zeiten ging ja immer wieder um diesen Punkt, um die richtige Auffassung vom ganzen Menschen. Und bevor diese Diskussion nicht zu Ende geführt ist, gibt es kein gemeinsames Denken mehr. Und bevor nicht die gesunde Auffassung vom geschöpflichen Menschen Allgemeingut ist, gibt es kein gesundes Denken mehr. Ein Blick in die reichsten Philosophien genügt, zu zeigen, daß der wahre Reichtum erst jenseits dieser Auseinandersetzung um den Menschen liegt. Wer sich einmal die Mühe nehmen mag, Augustins De Trinitate nachzuschlagen und mit verständigem Sinn ein paar Seiten zu lesen, der bekommt eine Ahnung, was letztlich Philosophie aus dem vollen, ganzen Menschenleben mit all seinen Verweisungen bedeuten mag.

Daran aber werden wir uns gewöhnen müssen, daß wir in einer Welt der Scheidung leben. Daß die einen diese und die andern jene Sprache sprechen. Nicht, als ob wir nicht mehr zusammenkommen könnten. Das ist oft weithin eine Sache des guten Wollens. Das Zeichen dieser Zeit aber wird sein, daß im Menschen sich die Menschen scheiden. Es werden Menschen dasein, die nur von der Endlichkeit sprechen und predigen und träumen und damit einen kleinen Götzen meinen, der einmal ein Mensch war, aber mehr sein wollte und deshalb weniger wurde. Und es werden da Menschen leben, die ja sagen zum ganzen, vollen Menschentum und die deshalb Bild Gottes genannt werden und sind. »Fecit enim hominem secundum imaginem suam.« (Er schuf den Menschen nach seinem Bilde.)

So bliebe jetzt nur noch übrig, eine neue »Analytik des Daseins« zu unternehmen, eine Analytik des gesund endlichen Daseins und dann auch eine Analytik des gläubigen Daseins. All die Phänomene, die Heidegger gesichtet hat, tauchen dann wieder auf: Schuld und Verfall, Geworfenheit und Einsamkeit und Angst, aber daneben Sicherung und Erhebung und Aufnahme in das Absolute und Ewige. Diese »Analytik des gläubigen Menschen« ist eine Aufgabe, die bald geschehen sollte.

Diese Zeit sucht letztlich nach dem wahren Menschen. Sie wird ihn nicht eher finden, als sie bereit ist, den Menschen zu verlassen und über ihn hinauszugehen, um dort zu suchen und zu finden. Und das ist ihre Tragik, daß sie den Menschen nicht findet, weil sie Gott nicht sucht, und daß sie Gott nicht sucht, weil sie keine Menschen hat.

Tragisches Schicksal?

… Das deutsche Leben ist seit langen Zeiten losgerissen von der tragenden, nährenden, heilenden, bergenden Mitte. Es hat keinen indiskutabeln Standpunkt mehr, von dem aus all die notwendigen Wandlungen übersehen, bewertet, geleitet und gemeistert werden könnten. Unsere Entwicklung ist launischer Pendelschlag geworden, harter Rhythmus, der nur noch in der Form These – Antithese sich bewegt. Es fehlt die Kraft zur Einigung der Gegensätze, zur Bindung in eine höhere Einheit, zur schöpferischen Synthese. All die neuen Aufbrüche waren nicht Versuche, zur notwendigen Mitte vorzudringen …

Es klang wirklich wie neue Sprache und neue Haltung, als Heideggers Fragestellung, die auf Sein als solches ging, gehört wurde. Doch auch er bleibt unter dem Gesetz unserer Tragik. Auch in seiner Philosophie bleibt der Ausblick zur Mitte verhüllt ...
Tragik liegt über dieser Philosophie, da sie nicht aus einer weiten und sichern Sicht über das Reich der letzten Geltungen und Wirklichkeiten dieser unruhigen und hilflosen Zeit Weisung und Sicherheit gibt, sondern vielmehr vom Zeitgefühl einer innerlich bangen und verfallenden Welt geführt an ihre Arbeit geht und dieses Zeitgefühl eigentlich nirgends durchbricht und überwindet.
Aufruf zu tragischer Existenz ist diese Philosophie, weil Aufruf zu einseitiger Existenz und deswegen Aufruf zu sterbender und untergehender und haltloser und so auch sinnloser Existenz. Aufruf zu einer Existenz, die sich als Wesen der Peripherie (»ek-statisch, d. h. exzentrisch«) in den Blick kommt, und die dabei doch übersieht, daß alle Peripherie nur von einer Mitte her möglich ist.
Wird es uns jemals wieder gelingen, diesem Gesetz der ewigen Tragik zu entkommen? Werden wir jemals wieder heimisch werden in den Bezirken der Mitte, der bewegten Ruhe, der wogenden Beständigkeit? In dieser Zeit ist Sehnsucht wach nach diesem Land der Mitte, dem Heimatlande aller Menschen. Und in dieser Zeit ist Sinn und Blick der Menschen offener als sonst für natürliche Geltungen und Satzungen. Die Maxime – zu den Sachen selbst! – muß befreit werden von allen Einengungen und Beschränkungen persönlicher Willkür oder zufälliger Fügung. Arbeit der Besten sollte es sein, diesen Sinn und diese Sehnsucht so zu führen, daß der Blick wieder frei wird für das ganze Sein mit all seinen Verweisungen und Bindungen und Komponenten.
Dann mag es wieder geschehen, daß wir uns durcharbeiten zu der Mitte und uns dort wieder ansiedeln, wo alle Untergänge und Ängste und Mühsale und Entschlossenheiten einen neuen Sinn finden. Wo die Existenz aus aller Tragik entbunden wird, weil dort, wer sein Leben verliert, es übervoll wiederfindet.

Christ und Gegenwart

Aufsatz in den »Stimmen der Zeit« 1939

Die beiden Begriffe: Christ und Gegenwart, meinen zwei Wirklichkeiten, die, historisch gesehen, irgendwo in einem gespannten Verhältnis zueinander standen. Immer hatten die Christen an ihrer jeweiligen Gegenwart etwas auszusetzen, und diese Unzufriedenheit steigerte sich bis zur Versuchung der Flucht und des Fluches. Und immer war auch die jeweils »gegenwärtige Zeit« mit den Christen unzufrieden und stand oft genug gegen sie in Feindschaft bis zum klaren Willen zur Vernichtung ...
Christus hat den Gang der Geschichte nicht aufgehoben, er hat ihn in sich aufgenommen und den Menschen aus seiner absoluten Angewiesenheit auf die Geschichte dadurch befreit, daß diese Geschichte selbst durch ihn zu etwas Zweitrangigem wurde und nun jedem an seinem Ort und in seiner Stunde die Aufgabe gegeben wurde, sich für oder gegen Christus zu entscheiden. Es gibt in jeder geschichtlichen Stunde Menschen, die sich selbst und das Anliegen ihrer Zeit gebrauchen zum Aufstand gegen Gott und seine Kirche. Aber von der Kirche her gibt es keine Zeit und keine geschichtliche Verfassung, auf die sie verzichten oder der sie sich entziehen dürfte. Sie ist allen verpflichtet ...
Flucht oder Emigration oder Reaktion sind nie die Haltung der Christen, weil sie dadurch in Widerspruch mit ihrer eigenen Wirklichkeit geraten, sondern nur der Wille zur Erfüllung, Meisterung, Erlösung. Alle echte Wirklichkeit soll einbezogen sein in das Geheimnis der Inkarnation, und jede geschichtliche Stunde ist echte Wirklichkeit, bevor sie Abfall und Zerrbild wird.
Die Frage: Christ und Gegenwart, muß also die Antwort finden, daß der Christ der erlöste Mensch seiner Zeit zu sein hat. Er hat

wohl ein Übergeschichtliches darzustellen, aber in der je fälligen Gestalt, getreu dem Gesetz der Menschwerdung. Wir sollen uns wissen als den Ort der Begegnung von Natur und Übernatur, als in der Übernatur unverborgen existierende Natur. Dieses Zueinander und Ineinander wird konkret ein immer anderes Gesicht haben. Die Menschen, die mit uns die Zeit gemeinsam haben, müssen bei der Begegnung spüren, daß wir sie verstanden haben, ja, daß wir ihnen überlegen sind, weil das, was in ihnen Wirklichkeit ist, in uns eine größere Erfüllung fand. Der Ort der Fruchtbarkeit der Kirche, ihrer missionarischen Ausstrahlung, ist ja doch immer der Mensch, und alles Institutionelle an ihr hat seinen Sinn doch darin, Menschen in die Verbindung mit dem menschgewordenen Sohn Gottes zu bringen. Historisch finden wir die Bestätigung dadurch, daß Christus und die Kirche in einem Volk immer so viel gelten, als die christlichen Menschen wert sind, als sie kraft ihrer christlichen Vitalität, ihres strahlenden und werbenden Daseins ihre Umwelt meistern und mit hereinziehen in den göttlichen Strom, in dem sie selbst existieren. Die Menschen, die uns begegnen, müssen spüren, daß wir erlöste Menschen von heute sind, sie müssen das auch dann spüren, wenn sie mit uns kämpfen. ...
Kurzschluß wäre es, die Möglichkeit von tatsächlichen Bedrohungen des Christlichen zu unterschätzen und in einer Art blinder Gefolgschaft sich jedem Anspruch des Tages zu verpflichten. Die gleiche kurzschlüssige Lösung von der anderen Seite wird dann versucht, wenn wir zu einseitig nur Gefahren sehen. Wo Konflikt ist, muß gefochten werden, ohne Kompromiß, ohne Verrat und ohne Feigheit. Aber dieses verteidigende Fechten ist nie das Hauptanliegen einer christlichen Generation. Hinter den Grenzsteinen, die wir verteidigen, muß immer die ganze Fülle echten Lebens sichtbar werden; der seinsmäßige Glanz des in uns existierenden Reiches unseres Herrn ist unser bester Anspruch, unsere beste Verteidigung ...
Der gegenwärtige Christ muß ein Christ des vollen Besitzes sein. Wir müssen in jeder Zeit stehen mit dem Bewußtsein, daß jede echte Wirklichkeit uns gehört, vom Herrn und Vater her, als Besitz und Auftrag. In einer Zeit gesteigerten Sinnes für die Wirklichkeit und gesteigerter Lebensfreudigkeit ist vom Christen her gesteigerte christliche Vitalität gefordert. Wenn schon die Erde so begeistern kann, warum sollten da die größeren Kräfte, die uns

über jene hinaus gegeben sind, uns weniger ergreifen und mitreißen zu letzter Willigkeit? Man muß bei der Begegnung mit uns spüren, daß wir zwar leiden, daß man uns auch einmal unrecht tut, daß wir uns aber weder überflüssig noch unterlegen wissen. Wir sind die Menschen, die die ganze Wirklichkeit bejahen, durch die die erhaltenden Kräfte in die Welt einströmen, und die auch für den Bestand des Ausschnittes, der überbetont wird, unentbehrlich sind. Und man muß auch spüren, daß wir in der Zeit Träger der Verheißungen und der Gnaden sind. Daß es uns gar nicht darauf ankommt, um jeden Preis ein paar Lebenstage länger da zu sein, daß es uns aber wohl darauf ankommt, um jeden Preis so zu sein, wie wir sind. Die Anwandlungen von Müdigkeit und Flucht oder Resignation, die uns manchmal überkommen, sind ein Verkennen der seinsmäßigen Lage und Vergessen, daß wir mit dem Herrgott, mit seiner Welt und seinen Gnaden zu tun haben.
Aus diesem Besitz des Ganzen muß dann aufstehen ein gar nicht unterlegener oder unebenbürtiger Wille zum Einsatz, zum Dienst. Wir werten die Dinge der Erde anders, aber wir entwerten sie nicht, und deshalb soll man unserer Haltung ihr gegenüber ansehen, daß wir uns in höherem Auftrag gesandt wissen. Es gibt auch eine christliche Positivität der Endlichkeit, und sie ist gerade darin begründet, daß Gott den Menschen schuf nach seinem Bild und Gleichnis, daß alles unter dem Segen des Schöpfer-Vaters steht und daß jeder Fortschritt, jede neue Leistung ein Sichtbarmachen dessen ist, was als Abglanz Gottes in die Welt hineingelegt ist.
Es soll nicht einem hohlen, nachgemachten Pathos das Wort gesprochen werden. Aber wir wissen doch, daß selbst die verzweifeltste irdische Situation, die zum Ende und zum Tode, noch geadelt und innerlich neu ausgerichtet ist durch die Teilnahme und die Aufnahme in das erlösende Sterben des Herrn, das er zum Gesetz der Geschichte gemacht hat. Bewußtsein hat nur dann Sinn und echten Wert, wenn es die Selbstaussprache der Wirklichkeit ist, und gerade darum geht es uns ja, daß wir unsere Wirklichkeit sprechen lassen als in die Menschwerdung Gottes aufgenommene weltliche Realität. Wenn das Christliche in einer vitalen Zeit ernst genommen werden soll, müssen wir eben die Kräfte und die seinsmäßige Überlegenheit, die uns zukommt, sichtbar machen. Die einzelne Treue und das einzelne Werk der Liebe darf nicht eine unter Aufbietung aller Kräfte gerade noch gelungene Leistung

sein, sie müssen als das selbstverständliche Überströmen eines großen Besitzes, eines wirklichen Seins geschehen ...

Daß wir zu Christus gehören, daß wir Kinder des Vaters sind, daß wir erlöste Menschen sind, daß wir Kirche sind und alles darauf ankommt, eine lebendige Begegnung zwischen gottgesetzten Wirklichkeiten und unserem eigenen Leben herbeizuführen: daraus sollten wir heute leben. Es gibt auch einen christlichen Rückweg zu den Heimgründen des Lebens, und was gemeint ist mit den »Bewegungen« im kirchlichen Raum – eucharistische Bewegung, liturgische Bewegung, Bibelbewegung, dogmatische Frömmigkeit usw. –, das hat über alle Vorläufigkeiten hinaus diesen Sinn der Rückkehr zum seinsmäßigen Mutterboden. Aber nicht eine Heimkehr in dem Sinn, um in trauter Geborgenheit daheim zu bleiben, sondern Stärkung für die Bewährung und den Auftrag zu erlangen. Wenn wir an diesen missionarischen Auftrag des Christentums glauben, dann ist eben nur der wirklich Christ, der missioniert, das heißt, so viel Wirklichkeit besitzt und so echt ist, daß er ausstrahlt und mitnimmt. Es gibt keine christliche Selbstverschließung im Heiligtum, sondern nur ein Starkwerden zu neuer Strahl- und Formkraft ... Die stolzeste Vergangenheit hilft gar nichts, wenn keine lebendige Wirklichkeit das Versunkene neu stellt und mit der adligen Wucht, die einer Wirklichkeit von langer Geschichte zukommt, sich immer neu setzt. Tradition hat Wert als gegenwärtige Wirklichkeit, nicht als reine Erinnerung. Erinnerung ist die Hoffnung der Greise, sagt mit Recht ein deutscher Dichter. Auch die Ansammlungen historischer Fehlleistungen, mit denen man uns da und dort müde zu machen versucht, haben dann ihre Schlagkraft verloren. Wer genug Vitalität besitzt, aus seiner Geschichtlichkeit zu leben, den wird keine historische Erinnerung hemmend belasten und den wird auch keine stolze Vergangenheit von dem wagenden Einsatz zu Neuprägungen entbinden. Wenn das Sein des Menschen ein geschichtliches ist, wird es sich eben nur als geschichtliches echt entfalten, auch im christlichen Raum und als Träger der christlichen Wirklichkeit.

Der Christ heute wird oft ein einsamer Mensch sein. Aber das war im Grunde immer so und wird heute nur lauter gesagt. Die letzten Entscheidungen, die einen zum Christen disponieren und in der Kraft Gottes zum Christen machen, sind doch eines jeden eigenste Angelegenheit immer gewesen ...

Die Frage »Christ und Gegenwart« ist eine Besinnung auf unsere Wirklichkeit und eine Verpflichtung, dieser Wirklichkeit in allen ihren Komponenten treu zu bleiben und sie zu bejahen. Nur wenn das Wirkliche bei sich selbst bleibt und seine inneren Gesetze wahrt, ist es lebendig. So ist die Gegenwart doch dem Christen anvertraut, und sie gehört ihm auch, sie gehört – seiner Treue.

Der kranke Held

Erschienen 1939 in den »Stimmen der Zeit«. Eine Büste des englischen Kartographen und späteren Oberst Thomas Eduard Lawrence wurde nach seinem Unfalltod in der Halle der englischen Helden, in der St.-Pauls-Kathedrale, zu London aufgestellt. Er konstruierte die ersten Schnellboote, führte im ersten Weltkrieg die Araber zum Sieg über die Türken und war dabei der »Erfinder« des Partisanenkrieges; stand mit 30 Jahren auf dem Gipfel des Ruhms. Lawrence war ein Mensch, der keinen Gott wollte und bewußt ohne Gott zu leben versuchte, ein Mann mit unglaublicher Härte gegen sich selbst. Wie sehr sein Leben eine große innere Katastrophe wurde, deutet er in seinem Bericht über den Aufstand in der Wüste an (»Die sieben Säulen der Weisheit«) : »... und dann war über uns ein Augenblick gekommen, da man eine Art körperlicher Scham über den Erfolg empfindet, eine Reaktion auf den Sieg, wenn es einmal zum Bewußtsein kommt, daß nichts sich lohnte zu tun und nichts wert war, getan zu sein.«

Zur Biographie des Obersten T. E. Lawrence

Die Botschaft versunkener Generationen erfüllt sich. Unsere Zeit ist ein Jahrhundert der Erde geworden und dies in einem doppelten Sinn. Der Mensch begibt sich immer ausschließlicher in den Bann der innerweltlichen Wirklichkeit und setzt sich ihre Bewältigung zur Aufgabe. Die Fülle der Dinge scheint diesem Beginnen jedoch in Abwehrstellung zu begegnen, und trotz aller Erfolge haben die Dinge und die Räume der Erde den Menschen selten mehr zu schaffen gemacht und von ihnen selten eine größere Hingabe verlangt als heute. Die Gegenwehr der endgültig zu bewältigenden Welt setzt sich fort bis in die Geister und Seelen der Menschen, denen man früher oft nachsagte, daß sie krank seien am Jenseits, und die heute verkümmern oder erdrückt werden unter dem Zuwenig oder Zuviel des Diesseits ...

Das Leben, das uns hier beschäftigt, war der Erde verschrieben. Gerade das macht den bannenden Zauber und die zu enthüllende Magie dieser Persönlichkeit aus, daß sie so restlos bis zur Preisgabe des eigenen Gewissens an die Welt verkauft war. Dieses Le-

ben empfing keine Imperative von außerhalb und anerkannte keine Pflichten und Bindungen über den Raum der innerweltlichen Gesetzlichkeit hinaus. Selbst vor der Tatsache des Scheiterns tat sich ihm kein anderer Ausweg auf als ein neuer und noch totalerer Versuch der Irdischkeit. War es ein gemeistertes und meisterliches Leben? ...
Ist ihm das große Leben gelungen, nach dem wir moderne Menschen immer wieder fragen? Ist er vorgedrungen in den Raum der großen Gesundheit, an dessen Erschließung all die kühnen Wagnisse der Geister und der Herzen in den letzten Jahrhunderten gearbeitet haben? ...
Worauf kommt es eigentlich an, wenn ein Mensch sich in den Dienst der Erde begibt? Ist das eine Sache des Herzens, ist es eine Sache des Erfolges, des Einsatzes? Wenn Meisterschaft des Lebens bedeutet, den Verhältnissen und Umständen stolze Erfolge abzutrotzen und mit dem Leben um einen hohen Einsatz zu spielen, um den Einsatz des eigenen Selbst, dann wurde hier ein Meisterstück versucht und geleistet. Selten nimmt ein Mensch ein gleich hartes Dasein auf sich, und selten gelingt es einem Mann, gleich viel an sichtbarem Erfolg und sichtbarer Achtung und Aufmerksamkeit zu erreichen. Es war da ein Geist am Werk, der in Zucht und herrscherlichem Willen sich dem Leben stellte. Schon die physische Möglichkeit, am Kampf um die Erde sich aussichtsreich zu beteiligen, mußte mühsam errungen werden. Nur durch Zähigkeit und oft beinahe brutale Vergewaltigung konnte der schwache, in der Reife gehemmte Körper dazu gebracht werden, fähiges und williges Werkzeug dieses hochfliegenden Geistes zu sein. Von früh an stellte Lawrence sich selbst unter das Gesetz »des Trainings zu einer gewaltigen Leistung«. Diesem Willen zur Größe wurde alles andere untergeordnet. Die 45 Stunden, die er einmal in Oxford ohne Unterbrechung und ohne Nahrung durcharbeitete, um die Tragfähigkeit seiner Kräfte auszuprüfen bis an ihre Grenzen, bedeuten ja nur ein kleines Vorspiel gegen die unglaublichen Anstrengungen, die er nachher im arabischen Aufstand im Dienst des Verrates auf sich nahm. Der Mann, dem seit »seiner Kindheit schon der geringste Schmerz Qual und Entsetzen bereitete«, gibt sich zu Beginn des arabischen Unternehmens den brutalen Befehl, »während unseres Aufstandes Schmerzen immer unbeachtet zu lassen«. Neun Verwundungen zwingen ihm keinen

Tag Urlaub ab, bis er erschöpft und »dem Irrsinn nahe« sein Unternehmen erfolgreich beendet und die Araber nach Damaskus geführt hat.
Dieses Leben stand unter Befehlen, aber nur unter solchen, die von der eigenen Einsicht und vom eigenen Entschluß gegeben sind ...
Das Ideal des modernen Lebens, in selbstverschlossener Eigenherrlichkeit nur aus sich Richtung und Tempo des Kurses zu bestimmen, versuchte in ihm eine radikale Verwirklichung. Irdische Freiheit, in Zucht und eigengesetzter Bindung, aber nur sich selbst verantwortlich, war die große Idee am Anfang seines Lebens; andere aus historischen Bindungen jeglicher Art in die Freiheit zu heben, sah er als höchste Kulturmission an. Die überkommenen Religionen bedeuten nur geschichtliche Ergebnisse früherer Menschheitsepochen. Er hat fast nie über seine Stellung zu ihnen gesprochen, eigentlich nur, als er sich gegen den für die Soldaten verpflichtenden amtlichen Kirchgang verwahrte. Die Idee der Offenbarung, die einen hörenden Menschen voraussetzt, soll abgelöst werden durch das Ideal der Freiheit.
Lawrence wollte sein Leben mit keinem Gott teilen, aber auch mit keinem Menschen. In seine verschlossene Einsamkeit sollte nur Zutritt haben, wen er rief. Es gab viele Menschen, die ihm vertrauten, wenige, denen er sich anvertraute. Die Werke der Kameradschaft und der Einsatz für andere, die er auf sich nahm, hätten äußerlich jedem Gebot der Nächstenliebe genügt. Er half oft und viel. Aber es war nicht die beglückende Begegnung von Mensch zu Mensch, die in ihnen geschah; es war immer das freie Schenken eines einsamen Geistes. Selbst die äußerste Sphäre seiner Wirklichkeit, seinen Körper, wollte er aus der Verflechtung in das Allgemeine heraushalten. Derselbe Mann, der in der Wüste die Verwundeten, denen nicht mehr zu helfen ist, die Meuterer und Verräter mit eigener Hand erschießt, fürchtet sich krankhaft vor jeder körperlichen Berührung. Die Welt der Frauen kannte er nicht und wollte er nicht kennen, nur aus dem Gedanken der freien Unabhängigkeit. Selten wurde der Gedanke des einsamen, eigenherrlichen Lebens so extrem verwirklicht, und dieser Geist war so besessen von der Kraft zur Höhe und Freiheit, die er sich zutraute, daß er seine Körperlichkeit am liebsten ausgelöscht hätte. Einsam, stolz, hart und mit einem großen Willen zum Schö-

nen und Edlen ging er an die Meisterung seines Lebens. Was wird übrigbleiben?
Es war ein herrlicher Geist, der da an die Arbeit ging. Und sein Griff ging auf das Ganze ...
Sein umspannender Blick wollte über das einzelne hinaus den Zusammenhang, die Herkunft und Zukunft entschleiern. Daher auch seine Vorliebe für Ausgrabungen, alte Kulturen und Geschichte. Er hatte eine instinktive Ahnung, daß das irdische Leben, das er meistern wollte, dem Gesetz der Geschichtlichkeit unterlag und nur von der Geschichtlichkeit her verstanden werden konnte ...
Kaum einer von den vielen, die mit einem technischen Gerät zu tun haben, hat die Technik so sehr begriffen als Instrument der Herrschaft und der Freiheit des Geistes über Zeit und Raum und Naturgewalt. Er war geradezu verfallen an die Idee einer immer gesteigerten Schnelligkeit, und das alles nur aus dem Erlebnis der Unabhängigkeit, das eine in hoher Geschwindigkeit ausgeführte Fahrt vermittelte. Dauernd experimentierte er an seinem Motorrad herum – er zog es wegen des unmittelbaren Erlebnisses dem geschlossenen Wagen vor – acht schwere Brough-Maschinen wurden ihm nach eigenen Vorschlägen gebaut. Sein letztes Werk an der Erde war die Konstruktion der Schnellboote für Marine und Luftwaffe, und sein letzter Gang war eine Fahrt auf dem Motorrad, auf der er einem Unglück zum Opfer fiel.
Die zähe Absicht, den Dingen seinen Willen aufzuzwingen, machte ihn den Verhältnissen und den Menschen überlegen. Er begegnete den Dingen und den andern Menschen von innen heraus. Geradezu gefürchtet war seine Fähigkeit, den stillsten Gedanken des Partners auf die Spur zu kommen. Er schaute die Dinge von innen – verlegte gleichsam seinen eigenen Schwerpunkt in sie hinein – und hier begann denn auch sein Verhängnis. Die Dinge, die er meistern wollte, begannen ihn aufzulösen. Er durchschaute die Dinge, und so ging ihm das Relativ-Gültige aller Wirklichkeiten auf. So ernst er jede Aufgabe auch anpackte, keine vermochte ihn mit einer letzten Verpflichtung zu binden. In einer Ruhepause nach einem harten Kampf überfällt ihn die Erkenntnis: »daß nichts sich lohnte zu tun, und nichts wert war getan zu sein«. Die erlebte Kontingenz war eine Quelle seiner Meisterschaft, sie war aber auch der Anfang seines Unheils. Es gelang ihm so, aus jeder Situation auch leichten Herzens wieder herauszu-

kommen. Leben und sterben für den Tag und seinen wechselnden Sinn war seine Losung. Die Gelassenheit und Ruhe, mit der er auf Geld und Besitz verzichtete, die Fähigkeit, sich zu verlieren an eine Sache, eine Aufgabe, an andere Menschen, diese formale Freiheit allem gegenüber ist das Geheimnis seiner Erfolge.

Aus dieser Haltung heraus war dieser Mensch so großer Erfolge kein Mann der Tat. Er begegnete dem Leben nicht mit einem Programm, dem alles einzuordnen war. Seine Haltung war das federnde, elastische Warten des formalen Ernstes dem gegenüber, was der Strom des Lebens ihm zutrieb. »Viele Dinge hatte ich aufgegriffen, mit ihnen gespielt, sie betrachtet und wieder weggeworfen. ... Ich beherrschte immer die Dinge, in die ich hineingeweht wurde, aber in keines davon ließ ich mich freiwillig ein.« Hier findet bereits die Idee der Freiheit ihre Korrektur und das einsame, verschlossene Ich seine Auflösung in den Ernst und das Spiel der tausend Dinge, so daß am Ende wirklich alles verspielt und vertan ist und nichts bleibt.

Der arabische Feldzug, der ihn auf die Bühne der großen Welt hob, ist nur eines dieser vielen Dinge aus dem flutenden Strom. Er bedeutet nicht einen gewollten Einsatz, sondern nur das Fertigwerden mit einer Situation, in die er »hineingeweht« wurde. Dann aber setzte er seine ganze formale Meisterschaft an dessen Vollendung. Zum Schrecken und Staunen der Berufssoldaten denkt dieser durch und durch unsoldatische Mensch dieses Unternehmen auf eine der Eigenart der Wüste entsprechende Weise um und durch und führt es eigenartig unmilitärisch, ungebunden, aber erfolgreich zu Ende. Daß gerade dieses Unternehmen, das ihm vom Leben angeboten wurde, die innere Verkehrung der Meisterschaft in Knechtschaft und Sklavendienst offenbar machte, daß es ihn Ehre und Sauberkeit und auch die körperliche Unversehrtheit kosten sollte, damit rechnete er nicht; aber es war dies alles das notwendige Ergebnis seiner Lebenslinie, die letzte Offenbarung seines metaphysischen Irrtums.

Meister des Lebens? Er selbst glaubte nicht daran. Als ihm die Tore zum großen Leben aufgingen, jede Stelle und Einflußmöglichkeit ihm zur Verfügung stand, als die Menschen anfingen, schon wie gläubig zu ihm aufzuschauen und Weisung und Botschaft von ihm zu erfragen, da begab sich das Sonderbare, daß er auf Höhe und Größe verzichtete und dieser freie und stolze

Geist sich in die Erniedrigung des Anonymen und des Kollektivs begab... Es geschieht die »Konversion« dieses Geistes aus einem Irrweg in eine noch totalere Irdischkeit. Lawrence erlebte den Sturz seiner Götter, die Idee der Größe und der selbstgetragenen Freiheit befreit ihn nicht, er sucht die Ruhe der Tiefe und der Erniedrigung...

Lawrence stand vor dem Leben als ein fordernder Mensch, er stand vor ihm als ein Siegender, der ihm viele Erfolge abrang, und er stand vor dem Leben als ein Schuldiger. Man kann geradezu von einem existentiellen Scham- und Schuldgefühl sprechen, das ihn durch alle Stunden und Tage begleitete. Er fühlte eine Unwahrhaftigkeit, Unechtheit seines Lebens, ohne den grundsätzlichen falschen Ansatz greifen zu können. Man muß nur einmal den rechnerischen Überschlag über sein Leben lesen, den er an seinem dreißigsten Geburtstag anstellte, um einfach ergriffen zu sein von der klaren Erkenntnis, mit der hier die Verwirrung und Unehrlichkeit eines großangelegten Lebens festgestellt wird. Und wie dieser Geist sich einfach windet unter der Erkenntnis, daß all dies nicht von ungefähr in sein Leben kam, sondern das notwendige Ergebnis seiner Haltungen darstellt. Diese Ausweglosigkeit treibt ihn dann zur Umkehr und zum Versuch eines andern Weges irdischer Innerweltlichkeit.

Die größte Tat seines Lebens, das arabische Unternehmen, hat alle Komponenten auf ein Höchstmaß gesteigert. Seinem Siegeswillen, seiner Meisterkraft stellten sich ungeheure Aufgaben. Aber auch die Schuld und das Versagen und die Scham wuchsen und stellten sich mit eindringlicher Schärfe dem Bewußtsein. Die Erkenntnis, daß er sich zu einem jämmerlichen Verrat mißbrauchen ließ und daß die Möglichkeit dieses Mißbrauchs tief in seinem eigenen Wesen gegründet war, verdarb ihm die Lebensfreude und vergällte ihm die Erinnerung an seine Siege für alle Zeit. Von der arabischen Sache wollte er nichts mehr hören; Gespräche, die diese Angelegenheit berührten, brach er schroff ab. Die Menschen und die staatlichen Behörden sahen nur den sichtbaren Erfolg; sie hielten ihn aller Anerkennung und aller Ehren würdig. Er weist den britischen Orden zurück und sagt dies dem König selbst. Er hängt das Band der Ehrenlegion seinem Hund um den Hals und jagt ihn so durch die Straßen Oxfords. Damals habe er sein Leben endgültig verpfuscht.

Das ganze arabische Unternehmen nannte er einen »Seelendiebstahl«...

»Im Osten schenkt man Personen mehr Vertrauen als Institutionen. So verlangten die Araber von mir, die meine Freundschaft und Aufrichtigkeit im Kampfe erprobt hatten, daß ich als unabhängiger Vertreter die Versprechungen der englischen Regierung bestätigen sollte. ... Da ich kein Tor war, konnte ich ohne weiteres erkennen, daß im Falle unseres Sieges die den Arabern gemachten Zusagen nicht viel mehr als ein Fetzen Papier sein würden. Wäre ich ein ehrlicher Ratgeber gewesen, so hätte ich den Leuten sagen müssen, nach Hause zu gehen und nicht länger ihr Leben für eine solche Gaukelei aufs Spiel zu setzen. Aber die arabische Bewegung war eines unserer Hauptwerkzeuge, um den Krieg im Osten zu gewinnen. Daher gab ich ihnen die Versicherung, daß England sein Wort dem Sinn und Buchstaben gemäß halten würde. Im Vertrauen darauf brachten die Araber ihre großen Leistungen zustande; aber anstatt stolz zu sein auf unsere gemeinsamen Taten, nagte an mir, begreiflicherweise dauernd eine bittere Scham.« Lawrence bereute schon bald die Teilnahme an dem Unternehmen, hatte aber nicht genug Kraft, sich davon zu lösen. Mit »befleckter Ehre« kehrte er aus dem Feldzug heim. »Hier, in den Kriegsnöten Arabiens, verkaufte ich meine Ehrlichkeit, um England zu erhalten.« Am bittersten aber trifft die Erkenntnis, »da ich natürlich zum Betrug neigen und dazu fähig sein mußte, denn sonst hätte ich nicht die Menschen so gut getäuscht und es zwei Jahre lang ausgehalten, einen Betrug zum Erfolg zu führen...«.

...Das Ergebnis war dann jene abgrundtiefe Bitterkeit und Scham, die eine tiefere Erkenntnis war als nur die Einsicht in einen konkreten Irrtum und Verrat. »Möge genügen, daß ich seit dem Marsch auf Akaba bitter bereute, mich in diese Bewegung eingelassen zu haben, mit einer Bitterkeit, die groß genug war, mir meine Mußestunden zu vergällen, obwohl wieder nicht groß genug, um mich zu veranlassen, daß ich mich von ihrem Schlepptau löste. Daher auch das Hin und Her meines Willens und diese meine endlosen, schalen Klagen.«

...Das arabische Unternehmen ist bezeichnend für des Obersten Haltung und Einstellung zum meisterlichen Dienst an der Erde. Und was Arabien ihm einbrachte, ist ebenso bezeichnend für die

Antwort, die die Welt auf einen solchen Dienst gibt: es ist eine zerstörerische Antwort. Lawrence verfiel der Welt; er meisterte sie nicht, sondern wurde ihr Opfer. Er verlor die Ruhe seines Herzens, er verlor die Sauberkeit seiner Ehre, und es ist wie eine bittere Bestätigung, daß ihm auch die Unversehrtheit seines behüteten Leibes geraubt wurde. Bei einem Erkundungsgang durch türkisches Gebiet ließ ihn ein perverser türkischer Offizier festnehmen, steckte ihn in die türkische Truppe, ließ ihn wehrlos prügeln, um ihn zu mißbrauchen. Es blieb nichts übrig von der Meisterschaft des Lebens. Am Ende war alles vergeudet, die Ehre, das Glück, der Leib, alles war geschändet. Die Erde hat sich gewehrt, und sie hat gewonnen...

Was diesem Leben zum Verhängnis wurde, war nicht der großgewollte Einsatz für den Dienst an der Welt, sondern die fehlende Mystik der Erde. Man muß den Dingen auf den letzten Grund gehen, sonst sind sie falsch und mörderisch, und man muß sich selbst bis auf den letzten Grund durchschauen, sonst ist das Ergebnis eben jener »vollendete Schauspieler« und »Dilettant«, als den Lawrence sich selbst entlarvte. Lawrence hat an das Geheimnis vieler Leben gerührt, als er schrieb: »Es gehört zum Bittersten im Leben, gewahr zu werden, daß man gerade nicht gut genug ist. Vielleicht ist man besser als einige, als die vielen. Aber mir ist das Relative gleichgültig, und der Vergleich mit andern kann nichts Tröstliches haben. Irgendwo gibt es einen idealen Maßstab, und nur nach dem muß man sich richten, und ich kann ihn nicht finden...«

Der Mann war zu gescheit, um sich von der Erde etwas Endgültiges vormachen zu lassen. Er hat die Kontingenz erlebt, wie sie schärfer und eindringlicher noch kein Philosoph bewiesen hat. Aber er war zu stolz, aus der freigewählten Selbstverschlossenheit herauszugehen und sich zu beugen dem Gesetz der Geschöpflichkeit. Er wollte sein Leben behalten und hat es verloren. Er mußte ein Dasein auf sich nehmen, in dem all die dunklen Sätze und harten Möglichkeiten etwa der Heideggerschen Philosophie wirklich wurden, die Not, die Sorge, die Einsamkeit, der Tod, die Schuld. Wer den Dingen nicht mit dem größeren Ernst des Absoluten begegnet, dem sind sie gefährlich. Nur wer so sein Leben verliert, wird der Erde die hundertfältige Frucht abringen.

Weltgeschichte
und Heilsgeschichte

1941 in den »Stimmen der Zeit« veröffentlicht (im vorletzten Heft vor dem endgültigen Erscheinungsverbot); Delp referierte in jenen Jahren oft über dieses Thema; gleichzeitig liefen seine Überlegungen und Arbeiten zum Buch »Der Mensch und die Geschichte«. In diesem Buch, 1943 erschienen, verzichtet Delp auf die ausführliche Behandlung der Frage nach dem übernatürlichen Heil in der Geschichte; er drängt – selbst mitten in der Arbeit und im Risiko des Kreisauer Kreises – zu geschichtlicher Verantwortung und Aktion.

Der Mensch hat immer mit Geschichte zu tun.

... Der Sinn der Geschichte ist ein doppelter: sie geht ihren eigenen Weg in der Verwirklichung der allgemeinen Ordnungen ihrem unbekannten Ziel zu: das Vollmaß der Wirklichkeit zu werden, das Gott der Herr als Darstellung seiner selbst ihr anvertraut hat. Einmal wird ihre Last vollendet sein, und dann wird die Geschichte mit ihrer Welt abstürzen: »Himmel und Erde werden vergehen.« Die Geschichte und ihre Welt werden verbrennen im Feuer der letzten Tage, bleiben wird nur, was der Mensch an ihr gewann oder verlor.

Der andere Sinn der Geschichte ist dann der Mensch. Vom Menschen her ist ihre Aufgabe, Ort der Bewährung zu sein: Bewährung der transzendenten Treue und Bewährung der sachlichen Hellsichtigkeit und Verantwortungsfreudigkeit. Daß um der Rühmung Gottes willen den Dingen die rechte Ordnung gewahrt wird: das ist der Sinn des geschichtlichen Einsatzes. Die Geschichte ist so für den Menschen immer »Situation«. Die ethisch-religiöse Treue liegt immer in seiner Gewalt, wenn er entschlossen ist, um dieser innersten Echtheit willen auch den geschichtlichen Untergang zu übernehmen. Die Bewährung innerhalb der Geschichte für die Geschichte verlangt den Einsatz, der sich unter Umständen gegen den andern Einsatz stellen muß, vor allem im Reich der wenigen, denen es anvertraut ist, die geschichtlichen Entscheidungen zu vollziehen. Der Sinn der Geschichte ist nicht zuerst das Heil des Menschen, sondern die Verwirklichung des

Seins, die Rühmung des Herrn im Vollzug seines Seinsauftrages. Hier ist der einzelne nur Beitrag, Dienstmann, manchmal möchte man sagen Funktion. Die Geschichte geht nicht auf die Vollendung des einzelnen, sie geht auf allgemeine Ordnungen. Sie gibt dem einzelnen die Gelegenheit, er selbst zu werden, um dann endgültig das zu bleiben, was er in der Geschichte geworden ist. Die innergeschichtliche Lage des Menschen ist kein Anzeichen für den Endwert. Die innergeschichtlichen Situationen haben ihre innergeschichtliche Bedingung und innergeschichtliche Überwindung. Und zur Bewährung, die die Geschichte anbietet, gehört unter Umständen auch der Mut zur Ohnmacht und zur Einsamkeit, sofern diese nicht das Ergebnis einer geschichtlichen Selbstverstümmelung und Dienstverweigerung oder Situationsverfehlung sind, sondern aus der aktiven Entscheidung für das Ganze und die rechte Ordnung der Dinge stammen.

Heil und Heilsgeschichte

... Was ist nun das Heil des Menschen, die Endvollendung, um die es ihm geht? Denn nur diese letzte, aus seinem Wesen erwachsende Vollendung darf es sein, die die Sorge des Menschen um sich selbst in Anspruch nimmt. Wenn die Spannung zwischen der Geschichte als der Verwirklichung der allgemeinen Ordnungen und dem einzelnen Leben einem vordergründigen Egoismus entstammt, bedeutet dies eine illegitime Emanzipation, und die Geschichte bricht mit Recht in diese angemaßten Privaträume ein. Es wurde schon gesagt, das Heil des Menschen liegt außerhalb der Geschichte. Der Mensch ist des Absoluten fähig und bedürftig, und nur in dessen Erreichung kann das Heil des Menschen bestehen. Eine dem Menschen mögliche und seinen Fähigkeiten entsprechende Begegnung mit dem Absoluten bedeutet sein Heil. Nach der ursprünglichen Seinsverfassung hat der Mensch zur Erreichung dieses Heiles zwei Ordnungen zu bestehen: die Ordnung der Geschichte und die Ordnung des Endes. Er muß die Geschichte verlassen, weil sein Heil außerhalb der Geschichte liegt. Das Verlassen der Geschichte aber und der Weg zum Heil geht durch das Tor des Todes. Das also ist die seinsmäßige Beziehung zwischen Geschichte und Heil: die Geschichte bindet den Menschen als dessen Daseinsweise in ihre Ordnungen und Aufgaben. Schließlich aber bleibt sie zurück und entläßt den Menschen in die

Begegnung mit dem Absoluten. Was er in der Geschichte wurde, das ist er dann endgültig, aber jenseits und außerhalb der Geschichte. Das Verhältnis zwischen Geschichte und Heil wäre dann das der Distanznähe, der gespannten Bindung, die immer schon um den Abschied weiß, der überlegenen Treue, die an die Geschichte gebunden ist um des übergeschichtlichen Sinnes der Geschichte und des außergeschichtlichen Heiles des Menschen willen.

So könnte es sein und so wäre es, wenn die Welt und der Mensch nur auf den ursprünglichen Seinsbestand beschränkt wäre. Nun aber erging an die Welt ein zweites Wort Gottes, das sie in die Ordnung der Gottunmittelbarkeit rief. Aus sich kennt die Welt und auch die Geschichte als deren Daseinsweise keine Gottunmittelbarkeit. Der Weg des Menschen zu Gott ging bis in die Vollendung hinein über die Vermittlung der Dinge. Selbst die Gottbegegnung des natürlichen Heils blieb eine vermittelte, nach der alten Sprache eine »cognitio Dei abstractiva mediata« (vermittelte, abstrakte Erkenntnis Gottes). So ist denn auch Gott nicht direkt in der Geschichte anzutreffen. Ebenso darf man in der Geschichte nicht überall den direkten Eingriff Gottes vermuten. Die Geschichte ist die natürliche Ordnung des Wirklichen; selbstverständlich bleibt Gott der Herr der Geschichte und sie seinem direkten Eingriff immer offen. Das setzt aber von seiten Gottes den Entschluß voraus, die natürliche (das heißt jetzt hier die mit dem Seinsbestand der Schöpfung gegebene) Ordnung zu durchbrechen und übernatürliche Wirksamkeit zu vollziehen oder Wirklichkeit zu setzen.

Gerade diese Tatsache des Übernatürlichen ist es, die die früheren Überlegungen über das Verhältnis Geschichte–Heil noch einmal in Frage stellt. Dem Menschen ist von Gott her, aus seiner freien Setzung, ein neues Heil bestimmt, die Gottesbegegnung der Gottunmittelbarkeit. Die nähere Ausführung dieses neuen Zieles kann hier unterbleiben. Es muß nur gesagt werden, daß mit dieser neuen Ordnung dem Menschen neues, erhöhtes Sein und schon jetzt verhüllt die gnadenhafte Lebensgemeinschaft mit Gott zugesprochen wurde. Das nun ist das Heil, um das es dem Menschen zu gehen hat, nicht aus eigener Einsicht oder eigenem Entschluß, der eine solche Vollendung sich zuerkannt hätte, sondern im Gehorsam gegen Gottes freie Setzung.

Die Frage dieser Überlegungen weitet sich nun aus und wechselt das Thema. Wie steht es mit dem Verhältnis zwischen der Geschichte und diesem Heil des Menschen? Ist die Geschichte nun nicht überholt? Ist die Vertiefung der Jenseitigkeit, die die neue Ordnung bedeutet, nicht das Recht und die Pflicht zum Abschied aus der Geschichte? Scheiden sich Geschichte und Heil nun nicht endgültig?

Gewiß ist die neue Ausrichtung des Menschen noch mehr übergeschichtlich, als es die aus dem reinen, unerhöhten Sein gewesen wäre. Gewiß ist die neue innere Ausrüstung des Menschen geistiges Sein und damit aus sich der Geschichte nicht fähig. Und trotzdem ist das Heil geschichtlich wirklich und wirksam, und trotzdem gibt es eine echte Heilsgeschichte.

Durch den Entschluß zur Übernatur hat Gott der Herr die Grenzen der in sich stehenden Geschichte grundsätzlich durchbrochen. Immer wieder ist sein unmittelbarer Eingriff innerhalb der Geschichte um dieses Heils willen zu spüren. Allerdings geschieht dies nicht, um irgendwelche, geschichtliche Spannungen direkt zu lösen oder gar das Gesetz der Geschichte grundsätzlich aufzuheben. Um der Vorbereitung dieser neuen Heilsordnung willen durchbricht Gott von Fall zu Fall die Grenzen der Geschichte. Das ist der erste Sinn von Heilsgeschichte: die Abfolge der innerhalb der Geschichte geschehenden besonderen Eingriffe Gottes zur Vorbereitung dieser neuen Heilsordnung. So lehrt das Christentum, daß Gott ein Volk über seine geschichtliche Funktion hinaus besonders erwählte und in ein unmittelbares Verhältnis zu ihm trat. So geschah es, daß immer wieder Propheten über die Erde gingen, deren Blick die Grenzen der Geschichte durchbrach, und befreit von den Gesetzen der Perspektive, der Tradition, des Dialogs, kommende Dinge sah und von außerhalb der Geschichte kommende Ereignisse ankündigte. Diese erste Heilsgeschichte bestand tatsächlich aus immer wiederholten übernatürlichen, das heißt also auch übergeschichtlichen Ereignissen innerhalb der Geschichte.

Die Träger und Objekte dieser göttlichen Sonderführung blieben außerhalb der Geschichte und ihr verhaftet. Was hier sich andeutete, wurde für die endgültige Heilsordnung Gesetz. Die Geschichte wurde nicht nur die Daseinsweise der jeweiligen Träger besonderer Anrufe, sie wurde die Daseinsweise der Heilsordnung selbst. Die Heilsbegründung geschah innerhalb der Geschichte und als geschichtliches Ereignis. Die Heilsverkündung geschieht innerhalb der Geschichte und als geschichtlicher Vorgang. Die Heilsvermittlung und Heilsentscheidung geschieht innerhalb der Geschichte als geschichtliches Geschehen und in geschichtlichen Kategorien.

Die neue Heilsordnung ist die Ordnung Jesu Christi. Damit ist das Unfaßbare ausgesprochen, daß sie eine Ordnung der Gottunmittelbarkeit ist und doch eine geschichtliche Ordnung, da Gott in die Geschichte einging und geschichtliche Daseinsweise auf sich nahm. Heilsgeschichte bedeutet jetzt die durch Christus begründete Zusammenhangsordnung, die sich als echte Geschichte verwirklicht. Geschichte geschieht, soweit sie Werk des Menschen ist, in Entscheidungen, die allgemein verbindliche Handlungen einzelner sind. Die Heilsbegründung geschah durch jene Entscheidung zur Erlösung und Erhöhung der Menschen, um derentwillen Christus Mensch wurde und den Gang zum Kreuz auf sich nahm. Bindung an die Tatsache Christus, an die Tatsachen seines Kreuzes, seiner damals gesprochenen Botschaft, seiner zur Heilsvermittlung und Ausbreitung gestifteten Satzungen (Kirche, Sakramente, Ämter usw.) erweist die neue Heilsgeschichte als echte Geschichte.

Aber immer noch bleibt die andere Frage: Wurde hier eine Geschichte in oder neben der Weltgeschichte gestiftet? Sind die beiden Geschichten nicht nur Fremdlinge, die sich zufällig treffen und zufällig das gleiche Kleid der geschichtlichen Daseinsweise tragen?

Es gibt nur eine Geschichte, die der Schöpfung. Die Grundtatsache der christlichen Heilsgeschichte ist die Menschwerdung Gottes, auf der die Heilsgeschichte gründet, wie die Weltgeschichte auf der Tatsache der Schöpfung beruht. Sie ist aber zugleich Anzeige und Stiftung einer Ordnung. Die ganze christliche Heilsgeschichte, die Zusammenhangsordnung mit Christus in all ihren Erscheinungsformen wird echte Geschichte sein als Incarnatio, als Einfügung in die Geschichte der geschaffenen Welt.

Ziel und Sinn des Menschenlebens ist, das Heil zu erreichen, den Anschluß an Christus zu gewinnen. Durch diese neue Ordnung sind neue Tatsachen in die Geschichte gekommen, aber die Geschichte selbst ist nicht aufgehoben worden ...

Weltgeschichte und Heilsgeschichte

Die Weltgeschichte bietet sich oft als wirres Durcheinander an. Echte Kraft und brutale Gewalt, saubere Wirklichkeit und widerliche Entartung geschehen nebeneinander und wirken Geschichte. Manche geschichtliche Situation erscheint derartig verfahren, daß die Versuchung, die Geschichte zu verlassen und sich in ein privates Dasein zurückzuziehen, gerade den aufrechten, den frommen, den sauberen Menschen immer wieder plagt. Was soll das Ganze? Sinn der Geschichte ist für den Menschen die Erreichung des Heiles, die Gottesbegegnung, und das ist eine Ausrichtung nach außerhalb der Geschichte.

Die Gewinnung des Heiles, der Anschluß an die Christusordnung unterliegt zwei Voraussetzungen: der seinsmäßigen Offenheit der Kreatur für weitere Anrufe und schöpferische Eingriffe Gottes und der Entscheidung der Kreatur zu Gott und seiner Ordnung...

Der Sinn der Geschichte ist also auch in der Ordnung des Heiles nicht das Heil, sondern die Herausbildung jeweils neuer Möglichkeiten, sich zum Heil zu bewähren, wie der Sinn der Schwangerschaft nicht die Taufe ist, sondern die Sendung eines neuen Menschen ins Dasein, das ihm die Gelegenheit zur Taufe bietet. Die Geschichte muß ehrlich bleiben und darf das Bewußtsein der Kreatürlichkeit und damit der Offenheit gegen Gott nicht verlieren. Aber so wenig wie ihre Absicht das irdische Glück des einzelnen ist, sondern die Verwirklichung allgemeiner Ordnungen, so wenig ist ihre Aufgabe an sich das Heil. Glück und Heil sind vom Menschen her auf seine Fertigkeit gestellt, die Geschichte zu begreifen, zu meistern und das ganze Sein zu sehen.

Damit sind diese Überlegungen am Ende. Der Christ als der Mensch, der in der Geschichte lebt und um das Heil weiß, steht oft erschüttert eben in der Geschichte als einer Ordnung seines Lebens. Es ist alles so ganz anders. Nüchternes und sachliches Verständnis seiner selbst und der geschichtlichen Wirklichkeit werden ihm weiterhelfen. Die Geschichte ist und bleibt der verworrene und vielfach durch der Menschen Irrtum und Bosheit behinderte Weg der Welt zu ihrem Ende im Sinn von Vollendung des mitgegebenen Seinsauftrages und im Sinne von Schluß, Absturz, Aufhören. Der Mensch aber ist der Hinnehmende, der das Sein vorfindet und sich an ihm messen soll; er ist der berufene Gestalter, und er ist in all dem der zu seinem Heil Gerufene und Verpflichtete. Er bleibt immer an die Geschichte gebunden, sie ist und bleibt echter Auftrag und echte Ordnung. Gerade der Christ ist um seiner größeren Nähe zu Gott willen verpflichtet, dem Sein den strahlenden Glanz der Gottesehre zu ermöglichen durch zähen Einsatz um die rechte Ordnung. Gewalt und Furcht hat die Geschichte dem Christen gegenüber verloren. Die Möglichkeit zum Heil steht ihm immer offen. Innerhalb der Geschichte kann dem Christen nichts Endgültiges geschehen außer seiner Untreue und seiner Kleinheit, die dem Ganzen nicht gewachsen wäre. Der Weg zum Heil ist aber niemals der Weg aus der Geschichte vor dem endgültigen Abruf im Tod, sondern die Bewährung innerhalb der Geschichte. Geschichte ist eine echte Kategorie des Wirklichen, und das ganze Wirkliche ist es, das dem Herrn begegnen soll, nicht eine verlassene oder verratene oder verstümmelte oder vergessene Wirklichkeit.

Von Gott her hat die Geschichte den Auftrag, seine Schöpfung zu vollenden. Von ihm her hat sie auch die Sendung, der Ort der Entscheidung zu werden. Nach dem Ausweis der heiligen Bücher wird dieses Heilsthema im Lauf der Geschichte immer härter herausgestellt werden, je näher die Geschichte ihrem Ende kommt. In diesem und keinem anderen Sinn ist das Heil das Thema und die Absicht der Geschichte, daß sie der Ort zur Entscheidung ist. Und diese Absicht kann in jeder Stunde und »Situation« geleistet werden, sie ist nicht ein Ergebnis der Geschichte als solcher, der Umstände, Ordnungen, Wirklichkeitsverfassungen, sondern ein Ergebnis der Menschen in der Geschichte. Geschichte wird so zur Frage an die Menschen, ob sie ihrem Heil gewachsen, ob sie den übergeschichtlichen Sinn der Geschichte und die innergeschichtliche Leistung des Heils begriffen haben, ob sie groß genug sind für das Ganze.

Der Mensch vor sich selbst

Aus dem Nachlaß 1953 veröffentlicht.

Vorwort
Diese Überlegungen über den »Menschen vor sich selbst« wollen als Einführungsgedanken verstanden werden. Wer von den wenigen Kapiteln eine ausgewogene thematische Abhandlung über den Menschen als solchen erwartet oder ein fertig ausgeführtes »Menschenbild« erhofft, wird die umrißhafte Skizze unbefriedigt aus der Hand legen.
Die Absicht dieser Gedanken geht wirklich nicht über einen Umriß, eine Skizze hinaus. Die thematische Ausführung der einzelnen angerührten oder im Zusammenhang fälligen Fragen soll selbständigen Bändchen gleichen Umfanges und ähnlicher Art überlassen bleiben. Der Verfasser muß dafür den Nachteil hinnehmen, daß eben vieles nur Andeutung und erster Hinweis bleibt.
Doch ist damit vielleicht gerade einer zweiten Absicht der Überlegungen gedient. Die Skizze wurde entworfen unter starker Berücksichtigung einer gegenwärtigen Verfassung des menschlichen Selbstbewußtseins und Selbstverständnisses, die es notwendig macht, den Menschen in eine ehrliche Selbstbegegnung zurückzurufen. Die knapp ausgeführten Umrisse sind dann ebensoviele Anrufe und Fragen, um deren Antwort der Mensch sich selbst mühen soll und deren Beantwortung ihn vor sich selbst und vor das Wirkliche überhaupt zurückbringen kann.

1. Selbsterlebnis des Menschen
Was weiß der Mensch von sich selbst? Er hat immer mit sich zu tun, er ist sich oft Plage und Rätsel und unverstandenes Geheim-

nis. Und selbst wenn er es unternimmt, vor sich zu fliehen zu den Dingen, zu anderen Menschen, in eine romantische Vergangenheit oder in verstiegene Träume: er wird sich nicht los und steht immer wieder vor sich selbst als der ersten und letzten Aufgabe, die ihm das Leben stellt. Und eben das Leben bietet dem Menschen auch die erste und drängendste Lehre über seine Wirklichkeit an. Alles andere wird verblassen und in Vergessenheit geraten vor der harten und ernsten Unterweisung, die das Leben vermittelt. Im Erlebnis seiner selbst findet der Mensch sein Leben, wie es ist, und dort findet er auch, so er nur offenen Auges und offenen Geistes den Dingen begegnet, seine Ordnungen und Ausrichtungen, an die er um seines Lebens willen gehalten ist.

Und es ist eigentlich gleich, ob der Mensch in das Erlebnis seiner selbst gerät mitten aus der Ahnungslosigkeit um das eigene Dasein, aus dem Alltag oder mit der Last und dem Vorteil eines breiten theoretischen Wissens um den Menschen als solchen. Er mag sich ruhig zunächst gegenüberstehen mit der vorgefaßten Meinung einer Lehre, einer überkommenen Auffassung, einer übernommenen Tradition. Das Leben selbst wird alles neu schreiben. Das Überkommene und Übernommene wird nur soweit bleiben und nur soweit lebendiger, gestaltender Besitz werden und sich zur treffenden Aussage formulieren, als es mit dem konkreten Erlebnis des Menschen selbst zusammentrifft, diesem Erlebnis gewachsen ist, von ihm bestätigt wird oder wenigstens fähig ist, in einen echten Sinnzusammenhang eingeordnet, gedeutet und gemeistert zu werden. Es ist doch meistens so, daß das Leben dem Menschen einen anderen Begriff seiner selbst gibt als die Lehren und die Lehrer. Und letztlich wird jeder nur soviel echtes Wissen um sich selbst haben, als er gewonnen hat aus dem blutlebendigen Leben selbst. Die klarsten Linien werden verbogen und die härtesten Thesen zerbrochen im Wetter der offenen Meere, wenn sie nicht von vorneherein auf die Begegnung mit dem Leben und auf die Bestätigung durch das Leben ausgerichtet sind.

Denn der Mensch im Erlebnis seiner selbst: das ist der Mensch in der buntesten Fülle der Wirklichkeit, der Ereignisse, der Schicksale. Das ist der Mensch der Gewohnheit und Gewöhnlichkeit ebenso wie der Mensch der ekstatischen Hingabe und der einzigartigen Leistung. Das alles mag sich ja in einem Leben zusammenfinden: das mühselige, alltägliche Dahingehen; die Zerteilung eines Daseins in die abgewogenen und abgezählten Stunden eines Dienstes; die quälende und erschöpfende Sorge um Raum und Mittel ebenso wie die entspannte Muße und schöpferische Ursprünglichkeit. Und vielleicht genügt das schon. Niemand weiß, wieviel Menschen damit genug haben und nie über die Gewöhnlichkeit der Möglichkeiten, Interessen, Leistungen und Anliegen hinauskommen vor der letzten Stunde, in der sie aus all dem hinausmüssen. Vielleicht aber ist dies alles nur Vorspiel, Sammlung, Prüfung, Bereitung auf die eine Stunde, in die der Sinn eines Lebens beschlossen sein mag, daß er in dieser Stunde das Wort sage, das ihm eingebrannt und zu dessen Kündung er auf seinen Lebensweg geschickt wurde, daß er die Tat leiste, die ihm aufgegeben wurde. Bunte Fülle: das ist der erste Eindruck, den der Mensch im Erlebnis seiner selbst gewinnt.

Das Selbsterlebnis des Menschen, das ist Liebe und Leid, Not und Freude, enger Raum und grenzenlose Sehnsucht, Versagen und Meisterschaft, Angst und hoher Mut, viel Kleinheit und doch immer ein Heimweh nach einer echten und fruchtbaren Größe.

Der Mensch im Erlebnis seiner selbst: das ist der Mensch im Ereignis seiner persönlichen Fährnisse und Schicksale. Und das ist der Mensch im Wirbel des allgemeinen Geschehens. Das Selbsterlebnis des Menschen im Strom des allgemeinen Lebens ist eigenartiger und geprägter, härter und ergebnisreicher und doch auch wieder verführerischer und gefährlicher. Der Mensch kann sich dort finden als den Träger größerer Bedeutung und Entscheidungsmacht; er kann sich im allgemeinen Raum aber auch entdecken als wertloses Glied, als Stück der Masse, als Mittel zu einem Zweck, als Nummer einer Kolonne, einer Apparatur, als Funktion der großen Maschine, als die das Leben sich manchmal maskiert und in die es entartet. An der Tatsächlichkeit und Gesetzlichkeit und Ausrichtung dieses allgemeinen Lebens, in das der Mensch sich einbezogen findet, vermag der einzelne normalerweise nichts zu ändern. Naturhafte Entwicklungen, Katastrophen, Ungeschicke zwingen ihn in ihren Bann. Technische, wirtschaftliche, kulturelle und politische Wenden und Fortschritte, zu deren Ermöglichung und Verwirklichung der einzelne selbst an der Stelle seines Dienstes beigetragen hat, entfalten und verdichten sich zu einem neuen Weltbild, zu einer die Gesamtkultur umgestaltenden Macht, der sich niemand zu entziehen vermag. Erkenntnisse, die in stiller Einsamkeit erwuchsen, erhalten im öffentlichen Raum und im allgemeinen Bewußtsein einen Sinn und eine Bedeutung, an die ihre schöpferischen Verkünder nicht dachten und die eine neue Haltung und neue Entscheidungen grundlegender Art fordern. In die Lebensordnungen der Gemeinschaft und Gesellschaft erlebt und findet sich der einzelne unlöslich verhaftet; er teilt ihr Schicksal, ihren Glanz und ihren Absturz, ihre Leistung und auch ihre Schuld.

Der Mensch im Erlebnis seiner selbst: das ist wirklich der Mensch im Wirbel, der Mensch des fremden Geschehens, das ihn mitnimmt, der Mensch der fremden Ordnungen, die ihn fordern, der Mensch der fremden Entscheidungen, die ihn für sich in Anspruch nehmen. Dieses Außer-sich kann sich in einem Leben so ausbreiten, daß es für lange Zeit die einzige Lebensart wird und der Mensch nur noch von außen her, von den Dingen her lebt und tätig ist. Der Mensch kann dann so sehr dem Lärm und dem Betrieb verfallen, wie nur je ein Süchtiger seinem Gift. Der Tag ist immer randvoll mit Dingen gefüllt, die sich von selbst zur Erledigung vordrängen und ihre Stunden verlangen. Das geistige Leben ist erschöpft mit dem »Man sagt«, durch das Schlagwort, durch die fertig herumgereichten Urteile und Meinungen, durch die Moden in Lebenshaltung, Kunst, Literatur, wenn Lärm und Hast des Geschäftes überhaupt noch Raum lassen für diese Karikaturen des Echten und der Stille. Wie rasch sind in dieser Weise Monate und Jahre verrieselt, vertan, tropfenweise vergeben, und der Mensch weiß dann oft wahrhaftig nicht, was er mit seiner Zeit – und das bedeutet mit sich selbst, denn seine Zeit ist jeder selbst – angefangen hat. Er war immer unterwegs, immer draußen, immer in Sorge und ist sich selbst trotz aller Mühe um seine Dinge und Anliegen wohl nie begegnet.

Diese Verschüttung des Lebens kann wachsen und endgültiger werden, wenn der Mensch auch dem allgemeinen Leben sich so, ohne eigenen Vorbehalt, ohne eigenes Urteil und eigenes Wort ergibt, wenn er sich mitnehmen läßt von den allgemeinen Ereignissen, geschichtlichen Entwicklungen, modehaften Stimmungen. Wenn der Mensch sich solcherart vom festen Boden eigener Wirklichkeit wegspülen läßt, vermag er für lange Zeit keinen eigenen Standpunkt mehr zu finden und verlernt, die Dinge von sich her zu prüfen, zu beurteilen, zu werten. Er verfällt der Herrschaft der großen, unpersönlichen Mächte: der Masse, der Stimmung, der Organisation, dem Tempo, der Maschine, der Präzision, kurz, all den namenlosen Formen, in denen das harte und unmenschliche Es den Menschen sich untertan macht und ihn von sich wegreißt. Das soll nicht heißen, daß all diese Dinge in sich vom Übel sind oder gar vom Teufel. Nur das eine ist ausgesagt: daß der Mensch, der ohne die eigene Mitte sich in den Raum und die Machtsphäre dieser Wirklichkeit begibt, ihrer Übermacht erliegt; das Ergebnis ist dann der müde und ausgeplünderte Mensch, der dem Rhythmus und dem Lärm und den praktischen Tagesbedürfnissen verfallen ist bis in die letzten Kammern seines Daseins.

Daß dies alles geschieht und stets als verhängnisvolle Möglichkeit auf den Menschen wartet und so oft auch als tatsächliche Wirklichkeit seines Lebens gilt, das weiß der Mensch eben aus der Geschichte, aus dem Erlebnis seines Lebens. In jedem Leben stehen die Tage und Wochen der Verlorenheit, in denen der Mensch an das Außen so gebunden war, daß er sich vor jeder Rückkehr aus dieser Welt in einen anderen Raum beinahe fürchtet. Es mag dann sein, daß er Angst empfindet vor der Stille und Einsamkeit, daß er beginnt, vor sich selbst zu fliehen. Er füllt dann die stillen Stunden, die immer wieder bleiben, mit künstlichem Lärm und gemachtem Betrieb, weil er nicht mehr die Kraft und die Fertigkeit besitzt, all diesem innerlich und meisterlich gewachsen und überlegen zu sein.

Der Mensch im Wirbel: das ist eine Tatsache unseres Selbsterlebnisses. Nur wer selbst einmal so hineingerissen wurde in die Müdigkeit vor der Übermacht der Verhältnisse und Aufgaben und Fügungen, wer selbst einmal davorstand, den Halt zu verlieren eben an den Betrieb, an das viele und Interessante, wird wissen, was diese Möglichkeit für den Menschen bedeutet. Nur der wird aber auch das andere wissen, daß da immer wieder eine stille Abwehr, eine heimliche Sehnsucht des Menschen nach sich selbst am Werke ist. Irgendwie spürt der Mensch, solange er nicht von einer gewissen Höhe seiner selbst herausgerissen wurde oder auf sie verzichtet hat, auch im lautesten Lärm und der ungebundensten Auslieferung an das allgemeine Leben, daß er mehr ist als dieses Außen, diese Anrufe, diese hastigen Läufe durch ein Tagewerk. Irgendwo ist immer ein stilles Heimweh wach, eben nach Stille, nach Heimat, nach sich selbst.

Und das ist dann das andere, köstlichere Ergebnis, das der Mensch aus dem Erlebnis seiner selbst mitbringt: daß er auch im tollsten Wirbel unterwegs ist zu sich selbst. Solange er noch nicht endgültig krank und verdorben ist, hört er immer wieder jenes gleichsam unterirdische Pochen, durch das eine verschüttete Wirklichkeit sich anmeldet und nach Befreiung ruft. Und dann wird sich immer wieder jene köstliche Stunde im Leben ereignen, die der Mensch festhalten und immer wieder vollziehen, ja feiern sollte: daß all das abfällt vom Menschen wie ein fremdes Gewand und er vor sich selbst steht. Daß er in einen Raum des Wirklichen gerät, der den Lärm des werktäglichen Betriebes nur wie ein fernes, abgedichtetes Rauschen und Raunen zuläßt und in dem das Leben zu sich selbst kommt. Der Mensch entdeckt dann, daß dieses Eigentliche, als das er sich findet und erkennt, immer schon da war als jene leise Unruhe und Sehnsucht, als Unsicherheit und Heimweh, wie eben verschüttetes und vergewaltigtes Leben nach dem freien und offenen Tor drängt. Immer wieder taucht ja im Ablauf der Geschichte als Programm, im Ablauf des einzelnen Lebens als Vermutung und Ahnung, als Wille und Erinnerung, als Frage und Vorwurf dieses andere auf: und du selbst, der Mensch unter all diesem?

Und dann entdeckt der Mensch, daß er sich eine Stunde hat verschütten lassen, die als leuchtende Wirklichkeit immer wieder in der Mitte seines Bewußtseins bleiben sollte: jene Stunde, jener Augenblick, in dem der Mensch zum erstenmal vor sich selbst stand, in der er zum erstenmal Ich sagte, nicht das Wort, sondern die Wirklichkeit Ich. Diese Entdeckung des Ich bewirkte eine Wandlung des Weltbildes, und es bedeutet einen unersetzlichen Verlust, wenn der Mensch sich aus jener erlebten Mitte abdrängen läßt, und es bedeutet eine dauernde Kraft und innere Lebendigkeit, wenn es dem Menschen gelingt, sich jene Tatsache dauernd gegenwärtig zu halten.

In der Erfahrung des Ich hebt der Mensch sich aus dem Gefüge und Vielerlei der Dinge, dem Strömen der Ereignisse und Ordnungen heraus und grenzt sich ab: als ein Eigenes, als den Quellpunkt neuer Setzungen, als die Heimat eigener Erlebnisse, als die Mitte eigener Zuständigkeiten und Rechte. Mit der Entdeckung des Ich hörte und hört der Mensch auf, reines »Objekt« von Erziehungs- und sonstigen Maßnahmen zu sein. Der junge Mensch

wandelt sich durch das Erwachen des Ichbewußtseins wirklich von der besorgten »Sache« zur lebendigen Eigenständigkeit, zur Person. Er hat aufgehört, gleichsam Sache unter Sachen zu sein, Sammelpunkt besonderer Bedürfnisse, die von anderen besorgt und geleistet werden, damit diese »Sache Mensch« sich wohlfühle. Durch die Entdeckung des Ich weiß der junge Mensch, daß er mehr ist als der schreiende Anwalt seiner Bedürfnisse, und weiß der erwachsene Mensch, daß er mehr ist als der folgsame Untertan von Gesetzen und Ordnungen, die ihm von außen zukommen. Ein Neues wacht da plötzlich auf, und all das andere hat einen Sinn und einen Bezug auf diese Mitte hin, die Ich sagt und Ich ist.
Den Uranfang seines Selbstbewußtseins kennt wohl kein Mensch. Die Stunde des Erwachens ist organisch eingefügt in den stetigen Aufbau des Lebens, der auch das Bewußtsein und seine wachsende Helligkeit nur allmählich zur vollen Kraft entläßt; ruhig und stetig wie die aufgehende Sonne in unseren Breiten wächst das junge Leben, und niemand vermag zu sagen, wann nun genau der Morgen endete und der hohe Mittag begann. Und das ist denn auch das weitere Schicksal der intimsten und kostbarsten Wirklichkeit des Menschen, daß sie immer irgendwie verschleiert ist und so von sich aus die Gefahr der Verschüttung, von der gesprochen wurde, mitbringt. Verhangen und verborgen dämmert das Ich als Mitte des Menschen in der umsorgten Geborgenheit und Verhaltenheit des jugendlichen Morgens; verschüttet und vergraben später unter der Last und der Hast und dem Lärm und Betrieb des Alltags. Die Geschichte eines Menschenlebens kann man fast gleichsetzen mit der Geschichte der Helligkeit seines Ichbewußtseins.
Und damit steht der Mensch vor einem dritten Inhalt seines Selbsterlebnisses. Wirbel und Ahnung des Ich waren die ersten Ergebnisse. Dazu kommen die Stürme, die den Baum des Lebens wieder entblättern und ihn vor seine nackte Wirklichkeit zurückrufen. Immer wieder bricht in jedes Leben ein Unvorhergesehenes ein. Das mag die Grausamkeit und Härte des Lebens sein oder auch sein Glanz und sein Glück. Vor den stürzenden Trümmern einer Existenz entdeckt der Mensch, daß er mehr ist als sein Besitz und sein Geschäft und seine Beziehungen. Im schmerzlichen Erlebnis von Verlust und Abschied findet der Mensch sich selbst, blutend aus Wunden, geschlagen von den Fährnissen, nackt und einsam.

Aber er selbst steht in seiner Lebendigkeit und Einzigkeit vor sich und weiß, daß dieses zuckende Herz und dieser wunde Geist und diese suchende Seele und deren Vollendung der eigentliche und tiefere Sinn seines Lebens sind. Er weiß, nicht mehr gelernt und nachgesagt, daß es ihm im Grunde gar nicht zuerst und zunächst um all dies andere ging und gehen darf, daß es ihm um sich selbst geht. In der Verzauberung und Erfüllung einer echten Liebe erwacht das Ich am Du, und der Mensch weiß sich erfüllt und durchströmt von Kräften und Mächten, die über den Alltag hinaus erheben und verweisen und ihm eine neue Ahnung auch der eigenen Wirklichkeit vermitteln. Die aufrüttelnden, die harten und zerstörerischen und die beglückenden Ereignisse des Lebens sind es, die den Menschen vor sich selbst rufen und ihm sich selbst zur Frage stellen. So geht dem Menschen auf, daß das Erste und Eigenste, das er besitzt, er selbst ist. Und auch das Letzte, das ihm bleibt, durch alle Höhenfahrten und alle Abstürze hindurch, ist wieder er selbst. Ob ein Leben gelingt, hängt zum größten Teil von diesen zwei Tatsachen ab: ob es dem Menschen gelingt, dem Erlebnis seines Lebens sich unbefangen zu stellen, die ganze Wirklichkeit zu Wort kommen zu lassen. Und ob es ihm gelingt, mit dem Erlebnis seiner selbst fertig zu werden, ihm den richtigen Sinn abzugewinnen und es in die rechten Zusammenhänge und Gesamtordnungen einzufügen.

Denn von der Wiederfindung des Ich, der Mitte her, klärt sich der wirbelhafte Eindruck des menschlichen Selbsterlebnisses zu einem aus sich geschehenden oder die meisterliche Hand des Menschen rufenden Ordnungszusammenhang. Die erste Ordnung, die dem Menschen erschreckend deutlich und nüchtern ins Bewußtsein einbricht und ihre Geltung erzwingt, ist die Ordnung der Grenze. Daß der Mensch seine Mitte verlieren kann, daß die schlagende und tragende Mitte seines Lebens verschüttet werden kann, schon das stellt ihm seine Wirklichkeit als begrenzte und beschränkte vor. Dieses Bewußtsein der Grenze vertieft sich noch durch das Erlebnis der Gefährdung und Bedrohung, denen das Leben ausgesetzt ist, durch die Entdeckung lebensfeindlicher Mächte in der Welt und zutiefst und erschrecklich ernst im Erlebnis des Endes. Von allen Seiten her, in jedem Moment seiner Wirklichkeit findet sich der Mensch als verwundbar und so oft als – verwundet. Die physischen Schwächen und Krankheiten, die Irrwege des Geistes, die Fehlentscheidungen des Herzens, die Wirklichkeit von Schuld und Sünde: das alles gehört zum Erlebnis des Lebens, und dies alles muß der Mensch als Hemmung und Belastung eines großen Lebenswillens, als Störung eines gelungenen Lebensbildes empfinden. Und nicht nur die eigene Wirklichkeit versagt: auch das Leben um den Menschen herum scheint ihm feindlich gesinnt und auf seine Hemmung oder Zerstörung bedacht. Die untermenschliche Natur bleibt zäh und hartnäckig verfangen in den Ablauf ihrer Gesetze, und sie liegt oft wie eine dumpfe, erdrückende Last auf dem Geist und dem Willen des Menschen. Die Kultur, des Menschen eigenstes Werk, überfeinert ihn, macht ihn lebensuntüchtig, verführt ihn zu Nebensächlichkeiten und falschen Wertungen. Der Mensch erkennt so seine Berufung zu Kampf und Einsatz. Die schwere, eigengesetzliche Natur muß gebändigt und gemeistert, die Mißgunst der Verhältnisse und der Menschen muß überwunden werden. Jeder Platz im Leben ergibt sich nur der Eroberung und fordert Verteidigung. Das Leben verschenkt nichts. Wenn eines, so weiß der Mensch dieses aus dem Erlebnis seiner selbst. Immer bleibt das Ringen um die Ordnung der auseinanderstrebenden oder auseinanderbrechenden eigenen Wirklichkeit, soll das Leben nicht zerfallen und zersplittern. Das Leben spürt sich auf Entscheidungen verwiesen, auf den Kampf gestellt, in die Gefahr gerufen – und dem Ende überantwortet.

Und das ist vielleicht das Unverständlichste am ursprünglichen Selbsterlebnis des Menschen: daß seine letzte Stunde schlägt. Daß der Mensch angebunden ist an ein notvolles, ernstes Ringen um sich selbst und daß er dann schließlich erfahren muß, das ganze Ringen und die errungene Wirklichkeit werden abstürzen in die graue und grauenvolle Tiefe dieser letzten Stunde. Denn auch dieses ist eines der Grunderlebnisse, wenn der Mensch zum erstenmal den Tod entdeckt und um seinen eigenen Tod zu wissen beginnt. Ein unheimliches Moment kommt dadurch in das Selbstverständnis des Menschen, daß er sein Leben sich entgleiten spürt, daß er den Mangel einer letzten Beständigkeit entdeckt und nun dauernd den rieselnden Sand der brüchigen Mauern im Ohr trägt. Zumindest von diesem Erlebnis her gerät der Mensch an die Grenze und vor das Geheimnisvolle und Rätselhafte seines Daseins, auch wenn sein übriges Leben sich nicht über den Staub des Alltags zum reflexen Selbstbewußtsein erheben sollte.

Und so hat der Wirbel der Geschehnisse und Ereignisse, als die der Mensch sich zunächst findet, sich gewandelt zu Rätsel und Geheimnis und Frage. Dieses Zugleich von Glück und Leid, von Leistung und Mißerfolg, von Wunden und Ehrenzeichen, von Aufstieg, Höhenweg und Absturz, als das der Mensch sein Leben erlebt; dieser Wechsel von Klarheit und Dunkel, von Plan und Unordnung, von Schuld und Sauberkeit; dieses Widerspiel von Freiheit und Zwang, von Sorge, Einerlei, Alltag und festlichen Freuden, von jubelnder Lebenslust und müder Verzweiflung; dieses Nebeneinander der verschiedensten Möglichkeiten, der selbstsicheren Herrschaft und Berufung zur Meisterung des Ganzen und des erschreckenden Erlebnisses des Zu-Ende: all das steht vor dem Menschen und drängt sich zusammen in die eine Frage und pochende Unruhe nach Sinn und Ziel und Weg und Ordnung dessen, was er sein Leben nennt, seine einzige und letzte Wirklichkeit, sich selbst.

2. Die Frage

Es ist viel gewonnen, wenn der Mensch aus dem Erlebnis seiner selbst die echte Frage mitbringt. Denn die Frage, nicht als theoretisches Problem, sondern als existentielles Anliegen, ist die Voraussetzung und der Wurzelgrund der Antwort. Wenn der Mensch das begriffen hat, daß er einer ist, der fragen kann und fragen muß, hat er ein gut Stück Selbstverständnis geleistet, eine gewisse Sicherheit gewonnen gegen den Untergang in der Masse und die Auslieferung an Trieb und Stimmung und ein gut Stück eigener Wirklichkeit gelichtet.

Denn es ist schwierig, überhaupt bis zur Tatsächlichkeit und Notwendigkeit des fragenden Lebens vorzudringen. Stil und Rhythmus und Haltung, wie sie als Ergebnis der geschichtlichen Entwicklung der letzten Epochen geworden sind, nehmen dem Leben scheinbar so viele Fragen ab, halten so viele Lösungen bereit und entheben den Menschen seiner schönsten Pein, des sorgenvollen und bedrängenden Suchens und Findens. Wo das Leben allzusehr in den eiligen Betrieb des Es gerät, wo es der Despotie des überspannten Wir verfällt, wo es dem Schwergewicht des stofflichen Partners erliegt, da stirbt die Frage und mit ihr die Antwort und mit ihr das Suchen und das Wachsen, die Entscheidung und der Geist und am Ende das Leben selbst. Eine Zeit, deren Menschen

nicht mehr fragen, den Dingen und sich selbst nicht mehr nachspüren und den letzten Möglichkeiten des Lebens sich nicht mehr stellen, eine solche Zeit ist keine Zeit ursprünglichen Schaffens und schöpferischer Kraft.
Freilich kann die Frage zur Feindin des Menschen werden. Das geschieht dann, wenn die Frage nicht aus dem Willen zur Antwort und nicht aus dem kämpferischen Streben nach letzter Sinndeutung erwächst, wenn sie nicht an die Sachen in ihrer ganzen Härte und Kantigkeit und Gefährlichkeit herangeht, sondern müdes Spiel, untüchtiges Tun und quälerische Selbstzersetzung bleibt. Diese Frage ist die Karikatur des echten Suchens, und sie ist ebenso verderblich und zerstörerisch wie die echte Frage groß, gefährlich, aber fruchtbar und lebendig-schöpferisch ist.
Wer den Menschen dazu bringt, daß er wieder nach sich fragt, hat ihn vor sich selbst gebracht und auf den guten Weg, sich selbst gerecht zu werden. Allerdings hat er ihm damit auch gesagt, daß seine Wirklichkeit in jeder Hinsicht frag-würdig ist. Fragwürdig, das heißt einmal, daß es da um Dinge geht, die gefragt werden müssen, um die es sich wirklich lohnt, einen letzten Ernst und eine letzte Liebe einzusetzen. Der Mensch, der in diesem Sinn die Frag-Würdigkeit seiner selbst entdeckt, hat einen ersten Schimmer der Würdigkeit des Menschen geahnt; und er wird durch alle Verschüttung hindurch und über alles Vergessen hinaus ein altes Menschenbild endgültiger Prägung und Gültigkeit wiederfinden, mag er auch in eine Zeit geraten sein, in der das Menschenleben billig ist wie ein Massenartikel und der eigenen Würde vergessend wie ein Stern, der aus der ewigen Bahn am Firmament herausstürzte und in einen Sumpf fiel.
Aber die Erkenntnis des Zwanges zur Frage nach sich selbst setzt den Menschen nicht nur auf eine richtige und verheißungsvolle Fährte, sie bringt ihm zugleich eine erste sachliche Einsicht ein über seine Wirklichkeit und seine Ordnungen. Es geht ihm auf, daß er gar nicht ein undiskutierbares Ereignis darstellt, das einfach durch sein Dasein ist und steht und gilt, sondern er begreift, daß er eben fragwürdig ist. Das Leben, wie der Mensch es lebt, ist eine gleitende und ungeklärte Wirklichkeit, ein Geschehen in Unfertigkeit, ein Absturz- und Untergangsfähiges. Das Leben reicht in Geheimnisse und verstrickt sich in unlösliche Beziehungen und Verwirrungen. Der Mensch ist nicht ein Letztes, das durch sein

Dasein gilt, ein Höchstes, das durch seinen Glanz jede Neugier überbietet, er ist nicht der hohe Gipfel der Wirklichkeit, von dessen Scheitel aus alle Sichten geöffnet sind und vor dessen strahlender Größe jede Frage verstummt.

Ja, und es ist nicht nur so, daß die Wirklichkeit des Menschen Fragen ihrer Erkenntnis offenläßt oder herausfordert und aufzwingt. Diese Wirklichkeit selbst steht in Frage. Ihr eigener Bestand ist unsicher und gefährdet. Der äußere Raum und der sichtbare Stil und die gefügte Art sind dauernder Wechsel. Die gesellschaftliche und wirtschaftliche »Existenz« – die Wahl dieses Wortes für diese Beziehungen deutet mehr an, als die alltägliche Abgegriffenheit zunächst ahnen läßt – sind dauernd bedroht und stürzen durch die lächerlichsten Kleinigkeiten. Den inneren Kosmos, den ein um geistige Zucht und Kultur sich mühender Mensch aufbaut, zerschlägt ein Erlebnis, eine Fehlentscheidung. All dies sind aber nur Vorzeichen, Ahnungen und Andeutungen einer letzten Fragwürdigkeit. Im Metaphysischen, im Raum des Allerwirklichsten, trifft der Mensch seine Grenze, die Verwandtschaft mit dem moralischen Nichts der Schuld und damit des Herausfallens aus der Ordnung und der Garantie des echten Bestandes und die Verwandtschaft mit dem physischen Nichts des Vergehens, des Gewordenseins und damit die Möglichkeit eines letzten Verlöschens und einer letzten Haltlosigkeit. Wenn der Mensch vor die Notwendigkeit der Frage nach sich selbst gelangt ist, hat er seinem Selbsterlebnis zugleich eine erste Deutung gegeben und ihm ein erstes Verständnis abgerungen.

Abgerungen: das ist mit Bedacht gesagt. Nur dem Wagenden und Ringenden öffnet sich die Wirklichkeit. Wer die Frage nach sich selbst stellt, der muß manche Sicherheit und Geborgenheit und manche schützende Hülle darangeben. Er muß vor allem die harte Last der eigenen Fragwürdigkeit auf sich nehmen und die Tatsache der eigenen Unfertigkeit und Ungelichtetheit ertragen. Die Frage an sich selbst kann der Mensch nicht mit der Interessenlosigkeit einer mathematischen Zählung unternehmen; es geht dabei um das eigene Schicksal, und gerade das macht die Feststellung und das Aushalten des ungelösten Zustandes und der aller Bedrohung und jeder Möglichkeit offenen Wirklichkeit so bitter und bedrängend. Das mag manchen verführen, die ganze Frage wieder wegzuschieben und sie untergehen zu lassen im Lärm des Geschäftes, im Staub der Straße, in der Gewöhnlichkeit des Durchschnittlichen und in der Flachheit und verlogenen Sicherheit des Menschen der herumgereichten Antworten und des billigen Genusses. Wer die Frage wegschiebt und der Fragwürdigkeit des Daseins entgehen möchte, der beraubt sich selbst einer der köstlichsten Möglichkeiten des Lebens: des Lebens aus Echtheit und Ernst; der verzichtet auf die eigene Größe, die in der von Einsicht und Durchblick getragenen Entscheidung liegt; der verzichtet auf den kämpferischen Einsatz um sich selbst, der hart, herb, verletzend und schmerzlich ist, der aber auch die Möglichkeit bietet, die Dokumente des Lebens mit dem eigenen Herzblut zu unterschreiben und so mit dem letzten und innersten Selbst sich selbst zu bejahen und zu besitzen. Wenn der Mensch der Frage ausweicht, betrügt er sich und täuscht er sich. Denn die letzten Tatsachen lassen sich nicht verdrängen und nicht vernichten. Sie haben ihr eigenes Gewicht und ihre eigene Ordnung, und wenn dem Ahnungslosen oder dem Flachen und Leichtzufriedenen eines Tages eine Welt über dem Kopf zusammenstürzt, wenn sein Lebensraum zerbricht, seine Gesundheit zerflattert, sein Vermögen zerstiebt, wenn solche Ereignisse ihn ernüchtern und erschlagen bis zum Zerbrechen, dann ist es eben die vergewaltigte und verschwiegene Ungeborgenheit des Lebens, der eigenen Wirklichkeit, die auf diese Weise von sich selbst Zeugnis gibt und ihre Anerkennung erzwingt. So erschließt die Wirklichkeit dem Menschen bei der ersten und äußerlichsten Begegnung mit sich selbst, bei der Anerkennung und dem Ernstnehmen der notwendigen Frage an sich und nach sich, vor allem Eintritt in die sachhaften Räume des eigenen Seins, sich selbst ein Grundgesetz und eine Grundordnung des eigenen Lebens. Ein Gesetz, das die ganze Wirklichkeit durchherrscht und eigentlich den Rahmen, die Grenze umreißt, innerhalb deren der Mensch möglich und wirklich ist. So fruchtbar ist der Mut zu sich selbst, und dieser ist denn auch die Voraussetzung aller richtigen Selbstverständnisse und aller Selbstverwirklichung.

Es ist auch anderes in der Welt, nach dem die Menschen fragen oder fragen müssen. Nicht für alles Wirkliche hat die Tatsache der Frage und ihre Notwendigkeit die gleiche erschließende Bedeutung. Die untermenschliche Welt liegt oft in einem ähnlichen Dunkel; der Mensch wird soviel daraus lichten, als er selbst gelichtet und von sich selbst verstanden ist. Die transzendente Welt

Gottes ist hinter tausend Schleiern verborgen, die keine Menschenhand je restlos und endgültig wegschieben wird. Daß der Mensch hier als Fragender und Suchender steht, beweist nichts für die ungeborgene Fragwürdigkeit und Seinsunsicherheit dieses erfragten Lebens. Unsicher und fragwürdig in dieser Hinsicht ist dem Menschen oft nur die Beziehung und Bindung nach dort, die Kenntnis jener Welt, und dies alles stammt aus der großen Distanz und Seinsüberlegenheit jenes Lebens gegenüber dem menschlichen Dasein. Nur für eine Wirklichkeit, die sich selbst besitzt und doch dauernd vor neuen Rätseln steht, ist die Frage eine Offenbarung des Sachverhaltes und der Beschränkung. Keine Wirklichkeit ist dem Menschen näher als er selbst. Daß er sich trotzdem nicht besitzt und sich nicht dauernd durchschaut, daß er sich trotzdem immer wieder entgleitet in Dunkel und Unverständnis und Fehlentscheidung und Versagen, daß er sich trotzdem als Aufgabe, oft bis zu Not und Last, auferlegt ist, daß er eben nach sich selbst fragen muß, das eben beweist seine Fragwürdigkeit, das kündet eine letzte, außermenschliche Bedingtheit an und verweist den Menschen an endgültige Grenzen.

Deswegen kann der Mensch auf vieles verzichten, nur nicht auf die Frage nach sich selbst. Solange er suchend und sachwillig sich durchforscht, ist er auf dem Weg zu sich selbst, zu seiner Echtheit und auch zur Erfüllung und Leistung seiner selbst; solange lebt er aus eigener Entscheidung und auf eigene Verantwortung. Der Verzicht auf die Frage ist der Verzicht auf die erste Quelle bewußten, das heißt menschenwürdigen Lebens. Er drängt den Menschen ab von seiner Höhe, er ermöglicht die unmenschliche Erscheinung der Masse, der Herde, des getriebenen und verführten Menschen, des ewigen Objektes fremder Entscheidungen und Vergewaltigungen. Es bleibt der Mensch, der von sich und seinen Weiten und Größen keine Ahnung hat und schließlich doch nur eine Karikatur, einen kläglichen Restbestand des eigentlichen Menschen darstellt.

Der erste Schritt zu sich selbst ist die Frage an sich, in aller Strenge und Nüchternheit, mit allem Ernst und aller harten Zucht, die das Fragen mit sich bringt. Aber auch mit aller Aussicht, wirklich einmal endgültig zu sich selbst zu kommen.

3. In der Welt

Die reflexe Frage an sich selbst und nach sich selbst ist eine der letzten Fragen, die der Mensch stellt. Es gehört eine gewisse Reife und eine gewisse Erfahrenheit dazu, bevor der Mensch fähig ist, vor sein eigenes Angesicht zu treten. Der Mensch fragt immer, eigentlich vom ersten Augenblick seines eigenständigen Daseins an. Lange bevor seine Zunge das erste Warum formt, fragen die Augen und die tastenden Hände und die ganze junge Wirklichkeit des Menschen nach den Dingen, die an sie herankommen.

Daß die erste Frage hinausgeht in die »Welt« und nicht hinein in das eigene Dasein des Menschen, ist von Bedeutung für die Wirklichkeit des Menschen selbst. Bevor er um sich weiß, weiß er um die Dinge. Im Zusammenstoß mit ihnen kommt er eigentlich zu sich und entdeckt sich als jenen gleichgeartet und gleichberechtigt und überlegen, grenzt sich gegen sie ab, mag es auch in der Reaktion des staunenden oder empörten Schmerzes sein, und ordnet jene Dinge seinem wachsenden Bewußtsein und Weltbild ein und unter, wenn auch oft noch ohne jede Ahnung der sachlichen Gültigkeit, in willkürlich-spielerischer Setzung und Bestimmung.

Der Mensch findet sich zuerst als »Ding unter Dingen«, als Glied und Stück der sichtbaren Welt, und er hat damit einen Ort seiner Wirklichkeit entdeckt, dem er unlöslich verbunden bleibt. Er ist und bleibt durch und durch »weltlich«, das heißt dem Stoff, der Materie verhaftet, selbst Stoff, den Gesetzen des Stoffes, der Chemie, der Physik usw. unterworfen.

Es ist von großer Bedeutung für das Selbstverständnis des Menschen, daß er diese Wirklichkeitsschicht seiner selbst, diese Bindung und Ordnung, richtig erkennt und auswertet. Bis in seinen letzten Gedanken und sein geistigstes Erlebnis dringt die Gültigkeit und Wertigkeit des Materiellen mit vor, da der Mensch alle Erkenntnisse zunächst mit sinnlichen Organen gewinnt und sie alle ursprünglich den materiellen Dingen abgerungen sind. Solange der Mensch in der Welt lebt, gehört er zu ihr, und jeder Versuch, sich ihrer zu entledigen, ist zugleich ein Anschlag auf die eigene Existenz.

Welt und Stoff: das heißt aber nicht eine allgemeine, unverbindliche Aussage, sondern das bedeutet die verpflichtende Bindung an konkrete und oft harte und peinliche Ordnungen. Das bedeutet zunächst die Einschließung des Menschen in die ursprünglichen

Gesetzmäßigkeiten des Stoffes, in Zeit und Raum. Zeit und Raum gibt es nur für materielle Wirklichkeiten, für diese aber notwendig und verbindlich. Das heißt aber für den Menschen, daß die Zeit-Raum-Ordnung für ihn selbst konkret und unausweichlich und ursprünglich ist und gilt. Sein Leben ereignet sich nicht irgendwie in einer »Zeit«, die es als solche allgemein nicht gibt; er selbst ist seine Zeit, ein stetiges Werden und Strömen, das sich immer nur in einem Punkt besitzt und von diesem Punkt aus die Wirklichkeit sieht und begreift. Der Geist, von dem nachher zu sprechen ist, übersteigt diesen Punkt in seinem Sein, in seinen Fähigkeiten und in seinen Ergebnissen; er gewinnt den Blick auf das Ganze. Aber auch dieser Blick ist gehalten und gebunden durch den zeitlichen Standort, von dem aus er die Wirklichkeit sieht und sichtet. Diese zeitliche Verfassung des Menschendaseins ermöglicht die Geschichte; die Bindung des gesamten Lebens an diese Ordnung bedeutet seine Geschichtlichkeit, das heißt die Tatsache, daß die durch die Geschöpflichkeit gegebene Beschränkung des Menschen durch die Form der materiell-zeitlichen Geschöpflichkeit auf einige Möglichkeiten und Sichten gesteigert und perspektivisch verengt wird.

Die Bedeutung der zeitlichen Bindung und Verengung sollte dem Menschen zwei Tatsachen zur Beachtung vorstellen: einmal, er wird diese Zeitlichkeit nie übersteigen, er wird immer zeitlich sein; die Versuche totaler Überzeitlichkeit sind Wahnversuche und aussichtslos. Die großen dauernden Werke in allen Arten menschlichen Schaffens und auf allen Gebieten menschlicher Leistung wurden als echte Werke ihrer Zeit geformt; sie sprach in ihnen sich aus, freilich mit ihrem ganzen Bewußtsein, aus dem ihr gegenwärtig ist, nur momentane Verwirklichung und Darstellung des Größeren, Dauernden zu sein. Die direkt beabsichtigte Zeitlosigkeit oder Überzeitlichkeit schafft den Zwitter, der seine Geburtsstunde nicht verleugnen kann und sich doch nicht zu ihr bekennt. Das echte Verständnis der Zeit als menschlicher Existenzordnung hält sodann im Menschen das Bewußtsein der geschöpflichen Echtheit und Ehrfurcht wach; es bewahrt ihn davor, sich selbst, seine Einsichten und die gesamte Leistung seiner »Zeit« als absolut zu setzen, als endgültigen Höhepunkt zu werten, der nicht mehr überboten werden kann. Die Zeit enthüllt eindringlicher als der reine Gedanke der Geschöpflichkeit die notwendig nur beitragsweise Leistung und Möglichkeit der einzelnen, der Epochen und Generationen.

Durch diese zeitgerechten Haltungen werden zwei Grundformen menschlichen Lebens sichtbar: Dialog und Tradition. Beide wurzeln in der Tatsache, daß der einzelne, das Geschlecht, die Gruppe das Ganze nicht in seiner gesamten Fülle greifen, sondern nur stückweise, aus bestimmten, beschränkten Sichten.

Die erste Grundform, der Dialog, bedeutet, daß das Leben auch ohne die Verweisung über sich hinaus, rein auf die »Welt« beschränkt, an das Gesetz der Partnerschaft gebunden ist, an die Notwendigkeit des Austausches, der Anregung, des Gespräches, des Widerspruchs und des Kampfes. Nur dem Zusammen der Kräfte stellt sich das Ganze; auch aus der kämpferischen Begegnung wird das Ganze unversehrter hervorgehen als aus der monologischen Einseitigkeit, die auf die Dauer doch der Gefahr der Blicküberschätzung und der Vergewaltigung unterliegt.

Die andere Grundform, die Tradition, besagt, daß es innerhalb des zeitlichen Lebens keine urneuen Anfänge gibt, sondern daß das Gesetz der Dialektik eine tiefere Einheit und Einsinnigkeit des Lebens voraussetzt, die gerade durch die Dialektik verwirklicht wird und diese ihrerseits wieder ermöglicht. Jeder Anfang steht in Beziehung zur vorigen Stunde, und er ist nur fruchtbar und wirkfähig, wenn er aus der bewußten Begegnung mit dieser vorigen Stunde und durch sie mit dem vollen bisher vergangenen Tag des menschlichen Lebens entlassen wird. Ohne diese Beziehung zum Gesamten der Leistung und Wirklichkeit entartet die Zeit zum Eintag, die geschichtliche Leistung zum Schlagwort, zur Mode und damit zur Karikatur des Echten. Tradition kann allerdings nur dann dieser fruchtbare Einheitsgrund sein, wenn sie auf sich selbst verzichtet und jeweils echte Zeit, neuen Ansatz, neue Gestalt und neue Sicht aus sich entläßt.

Die zweite Grundordnung des weltlich-materiellen Lebens, der Raum und die Räumlichkeit, bestimmt nicht weniger einschneidend die Gesetzlichkeiten und Möglichkeiten des menschlichen Daseins. Der Mensch ist räumlich und braucht deshalb den Raum zu seiner Erhaltung und Entfaltung, steht aber seinerseits auch wieder dauernd unter der formenden und einschließenden Gewalt der räumlichen Verhältnisse. Für alle wichtigen Lebensvollzüge und Lebensäußerungen schafft der Mensch sich den entsprechenden Raum. Der Tempel für den Gottesdienst, der Saal für das Fest und die Versammlung, die Halle für die Feierstunde geben Zeugnis. Noch mehr aber der tägliche Raum des Menschen, seine Wohnung, die, je stärker und echter ein Mensch oder eine Gemeinschaft gewachsen ist, um so mehr den persönlichen oder gemeinschaftlichen Eigenheiten und Bedürfnissen angepaßt und nachgestaltet wird.

Aber der vom Menschen selbst geschaffene und nur indirekt, gleichsam als vermittelte Selbsterziehung auf ihn rückwirkende Raum ist nicht das erste Raumerlebnis des Menschen. Seine erste Wohnung war nicht das Haus, sondern die Höhle; sein erster Kultraum nicht der Tempel, sondern der stille Hain oder die einsame Höhe. Seine ursprüngliche Raumbeziehung ist die zwischen der eigenen Körperlichkeit, das heißt Räumlichkeit, und dem körperlichen, das heißt räumlichen Kosmos geltende heimliche Einheit und Eintracht. Das kosmische Raumerlebnis, die Helligkeit oder Düsterheit des Landes, in dem der Mensch aufwächst, seine Sonne und seine Nebel, seine schroffen Felsen oder seine fruchtbaren Fluren, die Sanftmut seiner Hügel, die Weite seiner Ebenen, der Glanz seiner Ströme, der jähe Aufstieg und Absturz seiner Berge, sein naturhafter Reichtum und sein unberührter Boden ebenso wie die rauchenden Schlote seiner Industrie und die steinernen Meere seiner Städte: dies alles trägt und gestaltet das Raumerlebnis des Menschen, prägt und formt über dieses das gesamte Bewußtsein bis weit hinein in den Bezirk der schöpferischen Ursprünge und Entwürfe.

Die Wirkung des Raumes auf den Menschen reicht weiter als bis in sein Bewußtsein. Der Kosmos ist in seiner jeweiligen regionalen Gliederung eine Einheit, und die gleichen Kräfte erfüllen das Ganze und formen an allem, was in ihm ist, auch am Menschen. Der eine große Unterschied besteht, daß beim Menschen diese Einwirkung schließlich auf einen freien, schöpferischen Geist trifft, der zwar von ihr beeinflußt wird und sich ihr nicht entziehen kann, aber innerhalb ihres Einflusses frei und ursprünglich bleibt. Diese Kräfte des kosmischen Raumes dürfen in ihrer Bedeutung für das Selbstverständnis des Menschen nicht übersehen werden. Das Antlitz des Menschen, das geistige und das körperliche, trägt die Züge des Landes, in dem er aufwächst. Der Boden, das Klima, die Strahlung, Höhe oder Tiefe der Lage, sie alle graben ihre Spuren ein in die Körperlichkeit und über diese in das persönliche Gesamtgefüge des Menschen. Der Mensch wiederholt dauernd seine erste Erfahrung, daß er nicht eine isolierte Wirklichkeit absoluter Eigenständigkeit ist, sondern einem Ganzen eingefügt bleibt. Er ist kosmischen Wesens und lebt in kosmischen Dimensionen, auch seiner Körperlichkeit, dem Zeit- und Raumgesetz, nach.

Die räumliche, das heißt materielle Bindung des Menschen geht aber tiefer als auf einen reinen Wirkungszusammenhang innerhalb des kosmischen Ganzen. Bis an die Quellen seines Lebens ist der Mensch der Erde verbunden. Leben tritt innerhalb der Welt nur als stoffgebundenes Leben auf, und die Weitergabe des Lebens geht über die Materie. Stoff, das heißt ja nicht nur irgendein Aggregat chemisch-physikalisch bestimmter Quanten. Die Menschensprache ist manchmal grob und ungefüg, und so hat sie für den toten Stein und das schlagende, drängende Blut das gleiche Wort in Gebrauch. Es ist ein Gleiches gemeint und doch wieder ein Grundverschiedenes. Vom Blut und seinen geheimnisvollen Kräften her werden weithin Stil und Art und Rhythmus des menschlichen Lebens bestimmt.

Durch das Blut ist es dem Menschen in jedes Glied geschrieben, daß er nur als Teilwirklichkeit, als Beitrag in größeren Zusammenhängen existiert, daß er immer Erbe ist und nicht Anfang. Daß er ein Erbe zu tragen hat mit allen Vorzügen gehäuften Reichtums und allen Nachteilen verbrauchter Kraft und gehemmter Lebendigkeit. Durch dieses Erbe ist er mehr als durch die übrigen kosmischen Kräfte bestimmten Gruppen und Einheiten eingefügt und zugeordnet, aus denen ihn kein Entschluß und kein Urteil ausgliedern kann. Das Leben ist mehr als das Blut, ist mehr als das biologische Erbe, aber der Geist tötet sich selbst, wenn er sich vom Blute scheiden oder es entwerten wollte. Das Leben beginnt mit Zeugung und Geburt, und dem Gesetz, das es dort empfängt, bleibt es untertan. Alle Lebensgestaltung, die das übersehen wollte, würde überboten und weggeschoben durch die lebendige Wirklichkeit selbst, die sich nicht wegdenken und nicht wegverordnen läßt.

Dreifach ist so die Erde in die Wirklichkeit des Menschen eingefügt: als tragender Grund, als bindendes Gesetz und als fordernde Aufgabe. Die Erde, die Welt ist nicht das ganze Leben, und der würde genau so verderblich und noch schlimmer das Leben zerstören, der den Stoff, die Dinge, den Raum, die Zeit, das Blut zum einzigen Sinn und Wert erklärte. Aber diese Größen sind gesetzte Tatsachen und als solche Ordnungen, da sie das Menschenleben erst ermöglichen und behüten, trotz aller Brutalität, in die der Mensch durch sie hineingezogen ist. Wenn man den Begriff Natur auf diese formal noch untermenschlichen Ordnungen des erdhaften Lebens beschränkt, so ist durch diese Tatsachen und ihre Beziehungen zum Menschenleben der Mensch an diese Naturordnung gebunden durch die Wirklichkeit selbst und durch den herrscherlichen Willen, der dies alles gefügt hat. (Als Gott sichtbar in die Welt eingehen wollte, wurde er Mensch und stellte sich unter diese Gesetzlichkeiten und Ordnungen, nicht neben sie.)

… Da die »weltlichen« Beziehungen und Ordnungen, da Zeit und Raum, Blut und Erbe, da Land und materieller Besitz nun einmal zum Leben des Menschen gehören, fordern diese Wirklichkeiten, daß sie da seien und nicht übersehen würden. Es ist also die Aufgabe gestellt, daß der Mensch Zeit habe und daß überhaupt echte Zeit sei, stetige Dauer, neue Formulierung und neuer Ansatz aus dem Alten und aus dem Ganzen. Es ist gefordert, daß der Mensch Zeit habe, das heißt nicht ganz verschlungen werde von Dingen und Anliegen und Sorgen, von Befehlen und Vereinen, die außerhalb seiner selbst liegen und ihm keine Möglichkeit mehr lassen, seine eigene Zeit, er selbst zu sein. Und es ist gefordert, daß der Mensch Raum habe, in dem sein raumhaftes Dasein zur vollen Wirklichkeit und Wirksamkeit sich entfalten kann. Diese zunächst banal und metaphysisch belanglos erscheinende Folgerung ist von Bedeutung bis in die konkreten Probleme einer Wohn- und Baupolitik, einer Bodenordnung und Landverteilung und einer politischen Raumordnung, die Völkern und Reichen den Lebensraum – ein Begriff, mehr als ein Tageswort, voll metaphysischen Gehaltes und Ernstes – verbürgt und zuspricht. Menschen und Völker ohne Raum, ohne den gemäßen Raum, sterben, und wer sich am Raum vergreift, vergreift sich an einer der ersten Voraussetzungen des Lebens selbst.

Von der tatsächlichen Weltlichkeit und Räumlichkeit des Lebens bis zu den gigantischen Bemühungen heutiger Technik und Wirtschaft, die räumlichen und materiellen Möglichkeiten des Daseins zu steigern und zu sichern, geht eine gerade und organische Ent-

wicklung und Beziehung. Nur muß dabei eine Voraussetzung gemacht werden: der Sinn dieser Anstrengung und Leistung muß wirklich eine allgemeine Steigerung und Sicherung der Lebensmöglichkeiten sein. Der materielle Fortschritt muß den Ordnungswert der Materie überhaupt behalten, und der ist eben der eines Dienstes, einer Ermöglichung des Lebensganzen, nicht aber eine Vergewaltigung und Erstickung des Menschen.
Noch ein letztes Mal versteht sich der Mensch vom Stoff, von der greifbaren Sache, vom Irdischen her. Und diesmal erscheint ihm das Irdische, das bisher als Lebensgrund und Lebensraum sich darstellte, als die äußerste und radikalste Bedrohung des Lebens. Es soll hier nicht die Rede sein von der Perversion des Daseins, die darin liegt, daß die Materie so oft den Geist verschüttet und vergewaltigt. Daß ihr Schwergewicht den Ausschlag gibt und sich durchsetzt und nicht mehr zu bändigen ist. Davon ist bei anderen Gelegenheiten zu sprechen. Es soll die Bedrohung des Lebens erscheinen, die aus den natürlichen Gesetzen und den erfüllten Ordnungen der sachgerechten, unverletzten Materie sich ergibt. Diese Bedrohung ist eine dreifache:
Die Gesetze des Stoffes sind ehern und hart und unbeugsam. Sie wirken sich aus, unbezwingbar unter den Willen des Menschen, und wo der Geist mit ihnen zusammenstößt, da findet er eine Aufgabe, einen Kampf, viel öfter aber eine Grenze, die nicht zu überwinden ist. Der Stoff ist dumpf und schweigsam und übermächtig. Es hat ihn noch niemand durchschaut, und seine letzten Geheimnisse behält er für sich. Das Bedrängende für den Menschen liegt darin, daß auch der Mensch an diese Geheimnisse gebunden ist. Der gewöhnliche Lauf der Dinge bindet ihn; mehr noch treffen ihn die gewaltsamen Ausbrüche und Zusammenstöße im Raum der Natur; sie zerstören den Menschen, vernichten seine Pläne, zwingen ihn oft zur Änderung seiner gesamten Lebensweise. Die Kälte vernichtet, die Hitze erschlägt, der stürzende Berg verschüttet. Das Gesetz der Materie ist hart und brutal, und diese Härte und Brutalität bricht auch in das Leben des Menschen ein und greift ihn grausam an.
Das Gesetz der Materie ist das Aus-Einander und das Nach-Einander, der Zusammenstoß und der Zerfall. Der Stoff wird erschöpft, verbraucht, abgenutzt. Auch dieses Gesetz zwingt den Menschen unter seinen Gehorsam. Der müde Mensch, der kranke

Mensch, der leidende Mensch, der zerschlagene und verwundete Mensch: das ist der Mensch in der Welt, unter dem Gesetz des Stoffes. Es sind tiefe Wunden, die das Leben schlägt, aber sie gehören dazu, und es ist gut, sie von vornehrein in Rechnung zu setzen. Das Bitterste daran ist, daß diese Einbrüche ihre Auswirkung finden bis in das innerste Herz des Menschen, seinen schöpferischen Geist, seinen großen Glückshunger und seinen ewigen Glückswillen.

Das letzte Gesetz des Stoffes aber ist, daß er vergeht. Nicht daß er endlich ist, das gilt von aller Kreatur; aber daß er verfällt und auseinanderbricht. Der Mensch zerbricht mit ihm und an ihm. Von der Materie her versteht der Mensch sich in seiner letzten irdischen Möglichkeit, im Tod. Daß er stirbt, das ist für den Menschen vielleicht das Unbegreiflichste, denn er spürt und weiß, daß er ein Ewiges in sich trägt, dem Ewigen entstammt und ihm zuwandert. Und doch muß der Mensch auch dies sich vertraut machen, daß der Tod, das Ende genauso natürlich und selbstverständlich zu seiner Wirklichkeit gehört wie die Freude und Fülle und Bereicherung, die ihm von der Erde her zukommt. Gerade weil der Mensch ein Stück Welt ist, sollte er immer wissen, daß er die Welt nicht überwunden, nicht überstiegen hat, daß er aus ihr nicht auszuwandern vermag, sondern sie ihn einschließt in alle ihre Ordnungen, auch in die des Endes. Es gibt noch andere und tiefere Sichten des Endes, von denen noch zu sprechen ist. Aber der Zugang zu ihnen liegt in diesem ersten Verständnis, daß der Tod kein Fremdling und kein Unsinn ist, sondern ein natürliches Ereignis im Menschenleben. Er gehört immer dazu, und nur wer sich selbst betrog, ist von seiner Verwirklichung erschüttert und enttäuscht und steht erbittert und entmutigt vor seiner Möglichkeit.

Was das Erlebnis ungeschieden darbot und die Frage erstmalig sichtbar machte, das bestätigt die Durchsicht der untersten und äußersten Wirklichkeitsschicht des Lebens: der Mensch als Wesen der Fülle, dem der beglückende Glanz und Reichtum der Welt zur Verfügung steht, und zugleich als Wesen der Grenze, der aus der gleichen Fülle sein Leid und sein Ende erfährt; der Mensch als Wesen der Mitte und des eigenen Lebens und zugleich als Wesen starrer Ordnungen und Gesetzlichkeiten, die ihn unerbittlich einbeziehen in ihre Geltung und Härte. Das aber ist erst der Eingang, der Beginn. Hinter all dem scheint verheißungsvoll der innere

Raum und die größere Welt des Menschen auf, die über die Horizonte und über die Sterne hinausreicht.

4. Schöpferischer Geist

... Wann der Mensch zum erstenmal seine Überlegenheit bewußt entdeckt, ist ebenso unbestimmbar wie die übrigen Ersterlebnisse. Ja, gerade dieses Bewußtsein der Überlegenheit und herrschaftlichen Würde über Stoff und Ding scheint ihm von Anfang an mitgegeben zu sein; der junge Mensch, das Kind, geht zunächst mit spielerischer Sicherheit an alle ihm begegnende Wirklichkeit heran, und erst die erlebte Gefahr und Bedrängnis machen ihm klar, daß er seine Herrschaft durchsetzen muß. (Vielleicht liegt in diesem Verhalten des Kindes eine letzte Ahnung von einem versunkenen Zustand der unbeschränkten und unbedrohten Herrschaft des Menschen.)
Und so sollte es eigentlich überflüssig sein, Apologien für den Geist und seinen Primat schreiben zu müssen. Der Mensch, der sich selbst ernst nimmt, weiß um seine Geistigkeit und weiß, daß er durch sie trotz aller Bindungen und Übermächtigkeiten dem Stoff überlegen ist. Der Mensch weiß, daß er Tatsachen feststellt, zur Kenntniss nimmt, sie anerkennt oder ablehnt. Er weiß um seine Pläne und Berechnungen mit ihnen, und durch all dies ist er ihnen überlegen. Er verfügt über sie, er bringt sie in Zusammenhänge, die ihnen ursprünglich fremd sind, er übt tatsächlich Herrschaft über sie aus.
Der Mensch ist **mehr** als der Stoff, das weiß er, und dieser Blick in seine Wirklichkeit ist von großer Bedeutung für sein Selbstbewußtsein und seine Selbststeuerung. Zunächst gilt es, die Eigenart dieses Neuen und Überlegenen zu erfassen. In mehrfacher Hinsicht bringt diese höhere Wirklichkeit im Menschen sich zur Geltung und Wirkung und stellt sich so dem Selbstbewußtsein des Menschen. Zunächst ist, wie schon gesagt, der Geist das Prinzip des menschlichen Schauens, der Erkenntnis. Er übersteigt das einzelne durch die Feststellung seiner Zusammenhänge und Verbindungen, er sieht das Ganze, den Kosmos, in dem das einzelne seinen Ort und seine Funktion hat. Der Geist sieht mehr an den Dingen als das Auge, obwohl er das Auge braucht, um überhaupt etwas zu Gesicht zu bekommen. Er findet auch im Stoff die Spur des Geistes, der diesen Stoff einmal erdacht und ihm seinen schöpfe-

rischen Gedanken als Gesetz, Struktur und Formel mitgegeben hat. Der Geist sichtet nicht nur mehr als das Auge, er sieht auch mehr, als im einzelnen Ding vorhanden ist, wenn man seine Wirklichkeit auf die realphysische Menge und Masse beschränkt. Der Geist entdeckt auf dem Umweg über die Weltbegegnung und Welterfassung das Reich der übersinnlichen und überweltlichen Wesenheiten, die allgemeinen Prinzipien, die tragenden und formenden Grundsätze, die überall gelten und doch nur im Einzelding wirklich sind. Darüber hinaus erst beginnt dann die letzte und unbegreiflichste Sphäre des Geistes: seine Schöpferischkeit. An der Weltbegegnung entzündet sich die eigenartige Fähigkeit des Entwurfs, der ursprünglichen Schau eines Neuen, die Kraft der Planung und Gestaltung. Die tiefen metaphysischen Einsichten ebenso wie die Gestaltung der Meisterwerke der Kunst und Technik und die Entstehung der großen politischen und rechtlichen Konzeptionen haben hier ihre Heimat.

Über das Schauen und Finden des Neuen hinaus ist der Geist das Prinzip der formenden Kraft, des explosiven Strebens und Wollens, der drängenden Verwirklichung. Vom Geist her werden die grandiosen Angriffe gegen den Stoff vorgetragen, um ihm neuen Raum abzuringen, um seine bedrohliche Dumpfheit aufzuhellen, um ihm ein höheres Gesetz, eben das der Herrschaft und Führerschaft des Geistes aufzuzwingen. Wer spürte nicht diesen Herzschlag des drängenden und gestaltenden Geistes bei einem Blick durch die Geschichte, wer stände nicht staunend vor seiner findigen und harten Energie bei einem Gang durch unsere Industriewerke oder durch ein Laboratorium, in dem oft tausend Versuche ohne Ergebnis bleiben, bis dann beim tausendundersten der hartnäckige Geist das vermutete und gesuchte Tor zu einem neuen Raum aufstößt!

Der Geist, seine höhere Fähigkeit und größere Kraft sind ein natürliches Ergebnis des Menschenlebens, das ebenso ursprünglich zu ihm gehört wie der Leib, wie der Stoff. Aus dem Zusammen und Ineinander beider ergibt sich erst das verwunderliche und köstliche Gesamtbild des menschlichen Lebens.

Das ganze höhere Leben des Menschen, das, was ihn eigentlich zum Menschen macht und zur Mitte der Welt, existiert vom Geiste her. Das Selbstverständnis des Menschen, der reflexe Selbstbesitz, der ihn von der stückhaften Einordnung in die Summe der Güter abhebt und abgrenzt, ist eine Leistung des Geistes. Das Köstlichste aber ist, daß der Mensch sich im Geist und als Geist frei empfindet und weiß den Dingen und Situationen gegenüber, daß er ein letztes Jawort zu vergeben hat, von dem ihn niemand dispensieren kann. Durch den Geist weiß sich der der gefügten Welt eingeordnete Mensch dieser Welt doch überlegen, weiß sich als freier Gestalter wohl an sie verpflichtend überwiesen und gebunden, weiß er sich aber auch ihr gegenüberstehend als selbständiger Partner, der ihrem dumpfen Gang überlegen ist und von ihr nicht niedergezwungen werden kann, außer er ergibt sich selbst. Durch den Geist ist der Mensch mehr als ein Stück Welt, durch den Geist ist er das verschlossene und verschwiegene Ganze, das wir Persönlichkeit nennen, das seine eigene Mitte darstellt, in der eine eigene Welt sich sammelt und eine Quelle neuer Ursprünge, neuer Wirklichkeiten und Wirksamkeiten entspringt.

Die Tatsache des Geistes weist dem Menschen einen ganz neuen Ort im Kosmos an. Er bleibt ihm verbunden, wie er es früher feststellte, aber er überragt ihn. Sein Raum ist nun nicht mehr der vierfach dimensionierte, sein Raum ist die Wirklichkeit als solche und kennt in vieler Hinsicht keine Grenze. Er ist in eine neue Gesetzlichkeit einbezogen. Die Materie folgt dem Gesetz der Beharrung, der Schwere, des dumpfen Dranges, des Aus-Einander; der Geist aber ist hell, einfach, gesammelte Wirklichkeit, geballte Kraft. Der Geist ist Tiefe und Weite, er greift das Ganze und das All, er durchbricht die Grenzen, die dem Menschen gesetzt sind, wenn er sie auch nicht aufheben und wegdenken kann. Er ist der schöpferische Ort neuer Ideen, neuer Sichten, neuen Drängens, und von ihm erhält die Welt neue Gesichter und neue Formen.

Die Gesetze des Geistes sind die Ideen, das Allgemeine, das Ewige und Unendliche, die Freiheit und die ursprüngliche Schöpferischkeit. Die Gesetze des Stoffes, das heißt für den Menschen zunächst die Gesetze des Leibes, sind die anderen, die diesen entgegenstehen. Der Ort und die Art des Menschenlebens ist die Partnerschaft zwischen diesen beiden Ordnungen, die in ein Leben gebunden sind. Ihrem eigensten formalen Gesetz folgend, stehen die beiden oft gegeneinander und bedrängen einander. Die Materie zieht den Geist hinunter in ihre Schwere, macht ihn zum Mittel der raffinierteren Stofflichkeit, vertiert und verstumpft ihn, bis er schließlich matt und müde den Menschen gerade noch an der

Grenze des menschlichen Daseins festhält. Der Geist versucht immer wieder, den Stoff zu »vergeistigen«, und entzieht sich dadurch die Grundlage seines Daseins. So ist in einer neuen Sicht das Gesetz des Menschen das der Dialektik, das der kämpferischen Einheit, die sich zu bejahen hat gegen den Radikalismus ihrer Pole. Den schweren Stand und härteren Kampf hat dabei der Geist zu bestehen. Die Erde bietet ihre Werte blutvoller, lebendiger, drängender an, und sie verheißt die greifbareren und kurzfristigeren Vorteile und Ergebnisse. Der Geist muß den weiteren Weg verlangen, das längere Warten und muß den geübten Blick für das Endgültige und Bleibende voraussetzen. Er muß Zucht und Wahl verlangen und eine Hierarchie der Werte vertreten, die oft in Widerspruch gerät mit der anderen Hierarchie der Nützlichkeiten, der Vorteile, der Lüste.

Denn durch die Tatsache des Geistes ist das Weltbild des Menschen ebenso umgeschaffen wie das Selbstverständnis des Menschen. Die Welt ist nun nicht mehr ein einfach hinzunehmendes, mehr oder weniger geordnetes Geschehen, das wie eine Flut des Schicksals den Menschen überkommt. Die Dinge dürfen nun nicht mehr nach ihrem Schwergewicht ernst genommen werden und für jeden Anruf an den Menschen bedingungslose Gefolgschaft verlangen. Der Lebensraum des Menschen ist nun nicht mehr das Gefüge von Zeit und Raum, eingerichtet nach den Gesetzen der Zeitlichkeit und Räumlichkeit des Körperlichen. Der Geist will als wirkliche und führende und verantwortliche Größe ernst genommen werden. Die Entwicklung wird zur Geschichte, in der die Freiheit des Menschen zu stehen und zu bestehen hat. Der Wertanruf der Dinge wird zur Existenzfrage nach dem Bestand oder der Bedrohung der Würde und Höhe und des Stolzes des ganzen Menschen, die Wahl und Entscheidung verlangt, die drängt, eher die irdisch-physische Existenz dranzugeben als die personale Würde und den geistigen Stolz. Die politische und soziale Ordnung des Raumes wird zur Kultur, zur Gestaltung nicht für das irdische Wohlbefinden, die körperliche Entfaltungsmöglichkeit, sondern dies alles muß auch auf die Erfordernisse und Bedürfnisse des Geistes hin geprüft und entschieden werden, so daß ein Mensch in Freiheit und Recht und Sitte und geistigem Selbstbesitz darinnen zu existieren vermag. Der brutale Zusammenstoß, der das Reich der Materie durchherrscht und von da das ganze Menschenleben infiziert, muß unter die Form des Geistes und in die Gestalt des Rechtes gezwungen werden. Mit dem Auftauchen des Geistes ist die Welt in einem höheren Sinn ein Ort des Kampfes geworden, des Kampfes für das Ganze gegen die Teile, des Kampfes für die Hierarchie und den Kosmos gegen den chaotischen Trieb und das vermassende Schwergewicht, gegen die Gewalt und die Rechtlosigkeit und die Plünderung des Daseins im Namen des Nutzens und der greifbaren Selbstverständlichkeit.

Es ist aber eigentlich der Kampf des Menschen um sich selbst, seine Würde und seine Größe, zu dem er im Angesicht seiner selbst gerufen ist. Wer sich so begriffen hat, als Geist im Leib, als Ewiges in Zeit, als Ordnung im Wirbel, der wird sein Letztes daransetzen, daß Geist in Leib bleibt, Ewiges in der Zeit wird, die Ordnung den Wirbel meistert; der wird eher zerbrechen, als sich selbst und das Hochbild seiner Wirklichkeit daranzugeben. Es ist die Frage nach dem Wert einer Generation, ob sie Menschen dieses hohen Mutes geboren hat oder ob ihre Menschen den Weg der nächstliegenden, kurzfristigen Augenblicksbefriedigung und der bequemen Lösungen gehen. Bluten wird der Mensch immer, entweder aus den Wunden des ritterlichen und harten Kampfes um das Ganze oder aber an der Auszehrung des Abfalls und der falschen Lösungen und der Sehnsucht nach dem entschwundenen und vergeudeten Hochbild des Ganzen und Geistigen.

Das Leben des Menschen ist härter geworden durch den Geist, aber es ist auch reicher und bewußter und größer geworden. Was vorher mechanischer Vorgang, vital-dumpfe Kontakthandlung, einfacher materialer Impuls und Repuls war, wird zur freien Entscheidung, zum bewußten Vollzug, zur seiner selbst sich erfreuenden würdigen Tat. Das Leben bleibt weiterhin der Erde und dem Blute verhaftet, und wehe ihm, wenn es sie verleugnet. Aber ebenso wehe ihm, wenn es ihnen sich ausliefert. Für die zentralen Ereignisse des Lebens bedeutet das Aushalten oder Nichtaushalten dieser Spannung nicht mehr und nicht weniger als die Erfüllung oder die Verfehlung ihres Sinnes. Religion z. B. stellt die Kreatur in Ehrfurcht und anbetendem Gehorsam vor ihren Herrn und Schöpfer. Eine Religiosität nur des »Geistes« entläßt die Fülle der Dinge aus dem kreatürlichen Gehorsam und Gesetz und überliefert sie dem eigenen Schwergewicht, der eigenen Brutalität, der materialen Rechtlosigkeit und Gewalt und bringt schließlich dadurch den Menschen in solche Verwirrung, daß auch die Religiosität des Geistes zusammenbricht. Eine Religiosität aber nur der »Dinge« und der wägbaren »Werke« ist ein Leib ohne Seele und entartet zu Magie, Fetischismus, Paragraphendienst und zahlenbesessenem Materialismus. Beide aneinander gebunden und ineinander verhaftet leisten die ganze Anbetung und geben Gott die ganze Ehre. Oder das oft zentralste und erschütterndste Ereignis im Menschenleben, das Ereignis der Liebe, in dem zwei Menschen zusammentreffen und beieinander bleiben und das Leben miteinander wagen in einer Einheit, die den ganzen Menschen restlos ergreift und zusammenbindet und sie zur Heimat neuen Lebens, zur Quelle neuer Kraft und Menschlichkeit beruft. Eine Liebe reiner Geistigkeit zwischen Mann und Frau erfüllt in normalen Verhältnissen eben das nicht, was der ganze Mensch aus der Liebe braucht und erwartet. Eine Liebe reiner Vitalität und Körperlichkeit aber zerstört die Liebe selbst, indem sie zur reinen Begegnung von Leib zu Leib entartet, die überall sich ereignen kann und die damit die geschlossene Heimat des Lebens zerreißt und den Geist zum Handlanger und Bewußtseinsträger der wechselnden Begegnungen und Erlebnisse degradiert. Das Reichere und Größere und Ganze ist eben doch nur die Begegnung zweier Geister, die so zusammentreffen und sich so endgültig zusammenbinden, daß die Einheit des Leibes nicht das Hauptanliegen ist, sondern das bestätigende Siegel, der letzte, bindende Handschlag. Nur diese Liebe vom Geiste her bis in den Leib wird das Ganze leisten, wird herrscherlich stark sein, die Wechselfälle des Lebens und auch die Schicksale des Leibes (auch die versagenden Schicksale des Leibes!) auszuhalten und zu bestehen. Und das ist dann die schwerere, die reichere und größere Liebe zwischen den Menschen, denen das Leben anvertraut ist.

Es ist Aufgabe des Geistes, zu herrschen, zu meistern. Es wurde bereits gesagt, daß schon die Erkenntnisleistung des Geistes die Ausübung eines Herrscheramtes ist. Der erkennende Geist bestätigt die Wirklichkeit, er anerkennt sie und spricht ihr die sachgerechte Bedeutung und Wirkung für das erkennende Leben zu. Noch mehr ist die strebende Gestaltung und die entscheidende Formung des Geistes Herrscheramt und Herrscherdienst. Dadurch ist der Mensch wirklich ein Verfügender, ein Freier, ein Berufener, den Dingen eine letzte Form und Ordnung zu geben. Die Gesetze und Normen dieser Ordnung aber trägt der Geist in sich selbst, er ist sich selbst Tafel und Gesetz, und dadurch reicht er wirklich bis weit über die Sterne, daß er die ewigen Gesetze trägt und hütet und verwirklicht.

So dringt vom Geiste her die Idee und die bildende Macht der Sittlichkeit in die Welt, die veredelnde und adelnde Kraft eines ewigen Glanzes kommt von ihm her in unser Dasein, und er eröffnet uns auch, daß hinter dem Leben ein gebieterischer und bindender Wille steht mit dem blanken Schwert der Pflicht und der ehrlichen Waage des Urteils. Gerade dadurch sichert der Geist das Leben vor dem wogenden Chaos des entbundenen Triebes und vor dem machtgierigen Zusammenstoß der reinen Gewalt. Er leistet noch Größeres im Dienst des Lebens. Er konkretisiert in bestimmten Fällen die Sittlichkeit zum strengen Recht, weil er die Dinge in ihrer ehrlichen Sachlichkeit sieht und bestimmen kann, was kraft der urtümlichen Setzung jedem zugehört und ihm gewahrt werden muß. So ist durch den Geist dem Leben der wogende Drang nach vorwärts belassen und zugleich das Ganze eingefaßt in die ordnende Kraft von Sitte und Recht, von Bindung und Pflicht.

Durch die Ausweitung und Vertiefung des Selbstverständnisses bis zu diesen Ergebnissen ist der Mensch in Berührung geraten mit endgültigen Ordnungen und Setzungen. Er hat das Absolute entdeckt, Werte und Ordnungen, die unverrückbar und undiskutierbar über dem Leben stehen. Damit ist der Mensch in einen Raum geraten, in dem ihm eine letzte Höhe und Würde gesichert ist und von dem aus er ein ganz anderes Verhältnis, eine ganz andere Sicherheit dem Lebensganzen gegenüber hat als vorher nur von der Welt her. Was der Mensch immer schon ahnte, als sich in ihm etwas auflehnte gegen die totale Einbeziehung in die Ordnungen und Gesetze der Materie, der Entwicklungen, der Katastrophen und Brutalitäten, das ist ihm jetzt sicher verbürgt. Er steht über diesem Getriebe, auch wenn er ihm noch so restlos ausgeliefert scheint. Sein Herrschaftsanspruch hat eine letzte Weihe erfahren, und der kämpferische Einsatz und die kämpferische Selbstbehauptung geschehen von einem letzten Standpunkt aus.

Und gerade hier, da der Geist dem Menschen seine letzten Möglichkeiten ins Bewußtsein hebt, stellt er ihn, endgültiger und härter als das Welterlebnis, vor seine Grenzen. Der Geist ist ursprünglicher Entwurf, schöpferische Gestaltungskraft, ins Unendliche gerecktes Streben. Und doch bleibt er an Raum und Zeit, an Sinn und Stoff gebunden, und doch bedarf seine Schöpferischkeit immer der Entzündung am Gegenstand, am Widerstand, in der kämpferischen Dialektik mit der Materie und mit den Geheimnissen der Dinge und Sachverhalte, deren Zugang er sich erst erobern muß. Als Geist erlebt der Mensch seine Ausweitung ins Allgemeine, Unendliche, Absolute. Und doch entdeckt er gerade hier seine eigene Endlichkeit, nicht im Sinn und in der Möglichkeit des Zerbrechens wie der Stoff, sondern als beschränkte Fassungskraft, als möglichen und wirklichen Irrtum, als versagende Entscheidung. Der Geist erlebt die Höhe seines Seins als seine Freiheit, und doch gerät er gerade hier vor die Möglichkeit des Abgrundes: seine Freiheit ist eine ungeborgene und ungesicherte, er kann mit ihr zerstörerisch in die Ordnung des Ganzen eingreifen und sich selbst und andere in Unordnung und Versagen stürzen. Der Geist erhebt den Menschen bis über die Sterne, er rührt an das Absolute, und doch ist das Absolute kein gesichertes Eigentum für ihn; es bleibt Aufgabe, Gesetz und Norm und die große heimliche Sehnsucht all der lauten und leisen Schläge seines Herzens.

Das ist vielleicht ein Erlebnis, das den geistigen Menschen viel tiefer bedrückt als die Brutalitäten und Härten, die mit der Stoffgebundenheit gegeben sind: das Erlebnis der doppelten Ohnmacht des Geistes bei all seiner Mächtigkeit. Der Geist ist es, der die Welt führt, immer wieder wird er sich durchsetzen. Aber zugleich wird der Geist immer wieder verraten, niedergeschrien, mißbraucht und entwürdigt. Und dann: der Geist reicht weit und muß hoch greifen, wenn er sich selbst treu bleiben will. Aber dadurch ist er immer in Spannung zwischen Wirklichkeit und Möglichkeit, zwischen Sein und Können und Müssen, zwischen Vollendung und Absturz gehalten. Und immer bleibt der offene Bogen zwischen der Fähigkeit und Bedürftigkeit zum Absoluten und Endgültigen und der eigenen Beschränktheit und Labilität. Dieses Erlebnis der Grenze hat schon manches Bewußtsein mit einem Schleier der Wehmut verhängt und den rauschhaften Optimismus... gebrochen. Gerade vom Erlebnis des Geistes her wird der Mensch, der ehrlich vor sich selbst steht, sich als Rätsel empfinden, als große Wirklichkeit, die noch Größeres braucht, um echt und recht sein zu können. Der Geist sagt dem Menschen, daß er sich nicht selbst genügt, um wirklich und unverkürzt er selbst sein zu können.

5. Persönlichkeit und Gewissen

Das Icherlebnis, das die Mitte des Selbsterlebnisses bildet, die Überlegenheit, die der Mensch trotz aller Bindung der Welt gegenüber empfindet, die Begegnung mit dem Absoluten, die die Höchstleistung des Geistes darstellt, alle diese Momente machen auf eine Tatsache aufmerksam: es ist mit dem Menschen etwas Einmaliges gegeben, eine eigene Mitte, die nicht aufgelöst und nicht verdrängt werden kann, soll der Mensch Mensch bleiben. Dieses Einmalige und diese Mitte bestehen gerade darin, daß der Mensch sich als Ich findet und behauptet, daß seine Urteile und Entscheidungen von diesem Ich verantwortlich vollzogen und getragen werden.

Auf mancherlei Weise sind diese Zentralwirklichkeiten und Zentralwerte in Gefahr, verschüttet und verdrängt zu werden. Es geht hier nicht um die krankhaften Belastungen, durch die das Ich geschwächt oder gespalten oder gar aus dem Bewußtsein verdrängt wird. Es geht um die Schicksale, die den Menschen kraft eigener Entscheidung und Ordnung in der Geschichte, im täglichen Leben, im Beruf, in der Liebe überkommen.

Der Mensch, der ehrlich sich selbst durchforscht und kennt, weiß, daß eine erste Bedrohung seiner verantwortlichen Eigenführung von der Welt, vom Materialen und von seiner Antwort auf diese Anrufe ausgeht. Stoff drängt zu Stoff, und das Eigengewicht des Materialen kann so schwer werden und so ausschließlich sich durchsetzen, daß die Führung des Ganzen dem Geiste entgleitet und er gleichsam als Zuschauer oder mehr noch als Opfer mit hineingerissen wird in das chaotische Spiel der Triebe, der beinahe rein physischen Anziehungen und Abstoßungen. Dem Leben ist jeder Halt entzogen, jedem Wertanruf von der materialen Seite aus ergibt es sich ganz. Es gerät unter das Gesetz der Materie, und dieses Gesetz heißt Aus-Einander, zerstreute Wirklichkeit, dumpfe Getriebenheit, Verfall und Zersplitterung. Es bleibt kein Ansatzpunkt mehr für eine gesammelte Geistigkeit, für die klaren Entschlüsse des Geistes und seine harten Verwirklichungen. Höchstens überläßt das Leben sich noch instinktgeladenen Stimmungen, die einen letzten Rest geistiger Realität bergen, meistens verfällt es aber einfach dem Schwergewicht des Stoffes und seinen primitiven Äußerungen und Befriedigungen.

Neben dieser ersten und häufigen Form der Zerstörung der Persönlichkeit erlebt der moderne Mensch von der Materie her eine zweite, eigentlich noch zerstörerischere Bedrohung, indem er nicht nur unter den beherrschenden Einfluß, sondern unter den durchdachten Zwang des Stoffes gerät. Dies gilt dann, wenn der Mensch über seine Kraft, über seine Freiheit, über das Mindestmaß von Ruhe und Stille, das der Geist braucht, um den Menschen als Menschen zu erhalten, wenn über all dies hinaus der Mensch dem Dienst der Materie verpflichtet ist. Es mag dies aus eigener Entschließung geschehen, aus einer innersten Liebe zur Bewältigung des Stoffes, der sich dann durch eine neue und tiefere Herrschaft rächt; es mag dies geschehen innerhalb einer Arbeits- und Lebensordnung, die in diesem Dienst den einzigen Sinn des Daseins anerkennt und das Leben ganz auf die meß- und wäg- und zählbare Leistung stellt. Auch hier verfällt der Mensch dem Gesetz des Stoffes, aber jetzt der harten Regelmäßigkeit, der undurchdringlichen Notwendigkeit, der quantitativen Steigerung. Das Ergebnis für den Menschen bleibt dann nicht die oben besprochene Sucht nach dem Stoff. Aus dieser Sucht gibt es immer noch die Möglichkeit einer Ernüchterung und Erschütterung, da der Geist nur verschüttet und vergewaltigt ist. Hier aber ereignet sich eine Verlagerung der geistigen Eigenart selbst. Der Mensch als solcher wird wertblind für die anderen Äußerungen und Gestaltungen des Wirklichen. Der Geist selbst verfällt dem Gesetz von Zahl und Maß, das in der logischen Fähigkeit des Geistes sein Fundament und seinen Ursprung hat und das sich nun zum Alleingesetz des geistigen Lebens ausweitet. Die Organe des Menschen erblinden für andere Tatsachen und Beziehungen, der Geist vermag nur noch in die Welt zu schauen, nicht mehr über sie hinaus oder durch sie hindurch. Eine Erschöpfung des Menschen ist das Ergebnis, eine Erschöpfung der körperlichen Kräfte und der geistigen Fähigkeiten, die die primitivsten Reizmittel verlangt, um zu neuem Einsatz fähig zu sein. Der freie Raum des Geistes ist entleert, die schöpferische Kraft verstummt; die Menschen singen keine Lieder mehr, sie haben keine Gesichte und kennen keine tieferen Gestaltungen mehr. Ihre Künstler schweigen oder kopieren frühere Zeiten oder photographieren die Natur. Das alles sind nicht nur Ausfälle auf Nebengebieten des Lebens, es sind Anzeichen für das Schwinden zentraler Kräfte. Hinter dem Leben warten keine Geheimnisse mehr, und es kennt nicht mehr den ehrwürdigen

Schauer, mit dem der Mensch Schritt für Schritt dem Größeren begegnet, durch diesen ewigen Advent dauernd über sich hinausgehoben und gesegnet. Alle Äußerungen des Lebens werden dem Gesetz der Zweck-Mittel-Beziehung zur Steigerung der materialen Tüchtigkeit und Nützlichkeit untergeordnet. Die Liebe ist nicht mehr ein wandelndes Ereignis, sondern sinkt auf das primitivste Niveau der sexuellen Befriedigung und Bedarfsdeckung herab. Kultur, Kunst sind nicht mehr die spontane, schöpferische Selbstentfaltung des Menschen, sie dienen als Mittel neuer Kraftaufspeicherung für den nächsten Werktag. Mit der Religion vermag solches Leben überhaupt nichts mehr anzufangen. Man kann sie weder in meßbaren Energien noch in nützliche Maschinen umsetzen; sie wird als störend empfunden, da sie den Menschen von der restlosen Verschwörung in die Welt hinein abhalte und so dem ganzen und ungeteilten Dienst wertvolle Kraft entziehe.

Ein solches Leben wird mechanisiert und maschinisiert. Es liebt den Gleichklang und den Gleichtakt. Der gelöste Rhythmus schwindet. Die Sprache, dieses untrügliche Symbol der Ordnung des Geistes, geht auf Stelzen und klingt kalt, hart, zurechtgeklügelt, herzlos. Auch sie ist mechanisiert. Ihre Bilder und Begriffe stammen aus der Maschine, nicht mehr aus dem Lebendigen. Sie hat ebenso wie das sie zeugende Denken kein Organ mehr für das Feine, Differenzierte, Heimliche und Geistige. Alles ist grob, banal, handgreiflich gedacht und auf allgemeine Formeln gebracht. Das Weltbild ist das eines Arbeitsplatzes, einer Maschinenhalle, eines Laboratoriums oder eines in Koordinaten, in Zahlen und Linien eingefangenen Denkschemas. Es ist selbstverständlich, daß die Welt und ihre Fülle, ihr schöpferisches Leben und ihre zauberische Schönheit nur noch mit der Kategorie des Zeugs gefaßt werden. In dieser Welt stirbt der Mensch, mag auch, was von ihm übrigbleibt, sich noch so laut gebärden und noch so viele Dinge in Bewegung bringen. Die Herzen geraten nicht mehr in Bewegung, im Grunde der Seele überfällt den Menschen eine letzte Schwermut, eine Kühle und Einsamkeit, aus der er in die Masse oder zur Materie flüchtet. Das Ich schweigt, die schöpferische Entscheidungskraft schwindet, die Freude versiegt oder existiert nur noch als billiger Ersatz; der Mensch geht unter im Gesetz der Sachen und Sachlichkeiten, der Pläne und Ordnungen. Er gilt nicht mehr als Mensch, nur noch als Funktion, und diese unmögliche Ideologie der reinen Werkzeuglichkeit des Lebens drängt sich selbst in die Gebiete der innersten Kultur, der Religion vor. Es umgibt den Menschen keine letzte Ehrfurcht mehr, keine letzte Grenze, die Maschine und ihr Weltbild hat ihn restlos eingefügt in den kalten Mechanismus ihrer Prozesse.

Es ist eigentlich selbstverständlich, daß diese beiden Bedrohungen des Menschen von der Sache her immer auch die dritte Gefahr, die vom Menschen her, im Gefolge haben. Der Anfangspunkt der allgemeinen Zerstörung des Menschen kann auch vom Menschen her gesetzt werden und dann als Ergebnis die Knechtschaft unter die Dinge zeitigen. Irgendwie sind die beiden immer verbunden, ja, eigentlich sind sie identisch, denn der entpersönlichte Mensch hat sich selbst zum Gegenstand, zur Sache gemacht und unterliegt den Gesetzen der Dinge. Es ist hier, wenn von der Bedrohung des Menschen durch den Menschen gesprochen wird, nicht die persönliche Despotie gemeint, die tyrannische Herrschaft, die einen Menschen zum willenlosen Sklaven des anderen macht bis zur krankhaften Selbstlosigkeit und verbrecherischen Werkzeuglichkeit. Dies sind Einzelereignisse, für den einzelnen schmählich und schmerzlich, aber in einer gesunden Menschheit vermag der einzelne wieder frei und gesund zu werden durch den Schutz und die Kraft und die Sorge der übrigen. Es geht hier um die allgemeine Entpersönlichkeit des vermassten Menschen. Das ist dann der Mensch, der die Einsamkeit, das Alleinsein nicht mehr aushält, der keine Ruhe und keine Stille mehr erträgt, der immer Unruhe und Betrieb braucht und der vor allem immer Menschen braucht. Nicht Kameraden einer schönen Stunde, nicht Freunde eines gemeinsamen Erlebnisses, nicht verschworene Brüder eines gemeinsamen Wagnisses, auch nicht die Partner und Gefährten eines gemeinsamen Werkes, sondern einfach Menschen ohne Namen, ohne Gesicht, ohne Willen und Urteil, ohne Geschmack und Stil. Menschen, die einfach den Raum ausfüllen und die Stille und die einander eine Geborgenheit und Fülle vortäuschen. Das ist dann der Verfall des Menschen in das Herdendasein, das in keiner historischen Stunde die dem Menschen gemäße Lebensform war.

Die Frage nach den Ursachen der Vermassung ist weniger wichtig. Es wäre da zu sprechen vom Schwinden des natürlichen Lebensraumes, der natürlichen Entfaltungs- und Daseinsmöglichkeiten, von der ihren Einseitigkeiten ausgelieferten städtischen Lebensweise, von der gleichmacherischen Wirkung mancher Berufe, wenn nicht ein ausgleichendes Gegengewicht eingesetzt wird, vom Abbau der persönlichen Haftung und Verantwortlichkeit, vom Schwinden des Bedürfnisses und der Fähigkeit nach echter Kultur in manchen Volksschichten, von der Übermüdung und der durch sie bedingten Erschöpfung der geistigen Rezeptions- und Produktionsorgane, von der beinahe unumgänglichen Notwendigkeit, der geschrumpften Vitalität durch primitive und oberflächliche Reizmittel wieder aufzuhelfen, von der falsch verstandenen Geborgenheit in der »Gemeinschaft« und der dadurch bedingten Abstumpfung des kämpferischen Willens zur Erhaltung, Gestaltung und Entfaltung des Lebens aus eigener Kraft, vom Versiegen der metaphysischen und religiösen Quellen, vom Verblassen des kreatürlichen Bewußtseins, das sich vor einem letzten Herrn in einer letzten Verantwortung verpflichtet weiß; von all dem und noch manchem anderen Sachverhalt wäre zu sprechen. Das alles ist aber gar nicht so wichtig. Viel wichtiger und drängender ist die andere Frage nach der Möglichkeit und den Mitteln der Befreiung des Menschen aus der Masse und den sonstigen entpersönlichenden Entartungen.

Denn das ist einsichtig: den Menschen solcher Lebensart fehlt etwas wesentlich Menschliches. Diese Menschen sind nicht bei sich, sie sind außer sich geraten, ihre eigene Mitte wurde entmachtet und ihre Wirklichkeit dadurch zersplittert. Ein Wirkliches ist um so wirklicher, je mehr es sich selbst besitzt. Das macht ja die Größe Gottes aus, daß er unwandelbar und unverlierbar ist, seiner selbst mächtig, immer bei sich selbst und immer vor sich selbst. Die ganze Aufgabe und die ganze Schwierigkeit wird sein, diese Menschen wieder vor sich selbst zu bringen, in der eigenen Mitte zu verwurzeln. Der Mensch muß zum rechten Selbstbewußtsein zurückfinden. Der Mensch, der aus der Masse und aus der Materie zurück zu sich selbst kommen will, muß zunächst und zuerst seinen Geist und seine Geistigkeit wieder entdecken. Die Mittel und Wege der konkreten Führung und Bemühung mögen oft vorläufig dieser Absicht fremd scheinen und scheinbar ein anderes Ziel anstreben. Ihr letzter Wille muß doch immer die Rückführung des Menschen in die eigene Gegenwart sein. Der Mensch, der sich als Geist begreift, begreift damit zugleich seine Mächtigkeit, seine Einzigkeit und seine Fähigkeit und Berufung zur Selbststeuerung. Er begreift seine seinsmäßige Überlegenheit über die Ordnungen, in denen er unpersönlich und entpersönlicht existiert. Es wird ihm aufgehen, daß seine Größe und Würde im Geiste liegt, daß da auch eine ganz andere Kraftentfaltung und Zuständigkeit grundgelegt ist; daß er eben das Recht und die Pflicht hat, Mensch zu sein. Und daß es ihm zunächst und zuerst – so mißverständlich das auch klingen mag – darum zu tun ist und sein muß, eben Mensch zu sein und zu bleiben. Was sein Menschentum schädigt und zerstört, das ist kein Raum und kein Tun für ihn. Hier ist der Ort, an dem der moderne Begriff der Existenz zuständig wird: es geht dem Menschen, von ihm aus gesehen, immer um ihn selbst, er ist in all seinen Lebensvollzügen immer sein erstes Anliegen; nicht das kleine verfressene Ego, das sich mästen möchte auf Kosten anderer und seiner selbst, sondern eben der Mensch der ganzen Wirklichkeit mit all ihren Verweisungen und Bezügen. Der Mensch muß tatsächlich in all seinen Handlungen immer über sich selbst mitentscheiden und damit von sich her entscheiden und damit von seiner Wirklichkeit, von seiner ganzen, unverkürzten Wirklichkeit her Maß und Norm nehmen. Das ist dann der wirkliche, der existente Mensch: der um sich weiß, ehrlich, nüchtern und sachlich, und dem es um sich selbst geht in sauberen, klaren, blutvollen Entscheidungen.

Aus dieser Sicht und diesem Willen zu sich selbst werden dem Menschen zwei Sachverhalte aufgehen. Zunächst wird er die Hierarchie der Werte und Güter entdecken. Es ist nicht alles dem Menschen gleich zukömmlich für die Erhaltung und Entfaltung seiner Existenz. Er wird wählen und unterscheiden lernen. Und das ist der erste Schritt aus der Dumpfheit des Materialismus und der Öde der Vermassung: Prüfen, Werten, Unterscheiden. Und dies bedingt zugleich die Erkenntnis des anderen Sachverhaltes und den Vollzug des zweiten, endgültigen Schrittes aus dem Raum der Verlorenheit: die in der Prüfung und Unterscheidung aufleuchtende Kraft des Urteils und der Entscheidung. Der Mensch erkennt seine Zuständigkeit, zu befinden, festzustellen, was ist und wozu etwas ist; er erkennt seine Zuständigkeit und Verpflichtung, Stellung zu nehmen, nicht nur theoretisch, der Einsicht nach, sondern auch und gerade der Lebenswichtigkeit und dem echten Lebensvollzug entsprechend. Der von seiner ganzen Wirklichkeit her prüfende, wertende und entscheidende Mensch ist bei sich selbst, er besitzt sich oder hat sich wiedergefunden.

Dies alles setzt aber wieder zwei Sachverhalte voraus oder besser, es hebt sie zugleich mit diesen Vollzügen und in ihnen ins Bewußtsein: der Mensch trägt und entdeckt in sich, in seiner Wirklichkeit die Tafeln der Werte, nach denen er prüft und unterscheidet; und der Mensch erkennt sich als zuständig, als er selbst von sich her zu unterscheiden und zu entscheiden. Diese Rückkehr des Menschen zu sich selbst darf nicht wieder eine Zerstörung des Seinskosmos bedeuten, sie muß als mit dem Seinsganzen in Einklang stehend, ja, als von ihm gefordert und bedingt, sich ereignen.

Und hier erfährt der Mensch eine vertiefte Einsicht seiner selbst, eine letzte Konsequenz seiner Wirklichkeit und besonders seiner Geistigkeit. Er ist mehr als er selbst. Er ist nicht nur ein der und jener, der das und jenes bedeutet. Die Wirklichkeit ist letztlich nicht aufgespalten in eine Unmenge von Sonderfällen. Alles, was wirklich ist, ist dies durch die wenn auch abgestufte und innerlich gespannte Gemeinsamkeit eben des Seins und trägt deshalb die Grundzüge und Grundgesetze des allgemeinen, allgültigen Seins an sich. Und ein Wirkliches, das Geist ist, das heißt Selbstverständnis und Offenheit für das Ganze besitzt, vermag die Gesetze des Wirklichen an sich und in sich zu lesen, vermag von sich aus, wenn es ehrlich und sachlich bei sich selbst ist, zu prüfen, zu werten, zu unterscheiden. Und eben weil Geist bedeutet Besitz seiner selbst und darin Besitz des Ganzen, und weil Geist zugleich Leben ist, Bewegung zu sich selbst, zur dichteren Verwirklichung und reicheren Entfaltung, und weil Leben Selbstbewegung, Bewegung aus eigener Kraft und Zuständigkeit bedeutet, und weil diese Kraft gesammelt ist in einem Punkt; in eine Heimat, das letzte Ich, die geschlossene Persönlichkeit: aus diesen Sachverhalten kann und muß der Mensch aus sich, aus seiner Wirklichkeit, zu der auch der jeweilige Grad der Einsicht gehört, urteilen und unterscheiden. Das heißt, der Lebensvollzug des Menschen ist auf die von der Wirklichkeit getragene und normierte Eigenentscheidung gestellt. Mit einem alten Wort heißt diese Tatsache das Gewissen. Die Wirklichkeit des Menschen gipfelt im Selbstbesitz des Selbstverständnisses und der von diesem getragenen Selbstentscheidung. Gemäß der Verfassung seiner Wirklichkeit garantiert dem Menschen sein Selbstverständnis die Sachlichkeit seiner Einsicht und damit die mögliche Seinsgerechtigkeit seiner Entscheidungen. Und da eben der Vollzug, die verwirklichende Selbstbewegung die

Höhe des Geistes darstellt, ist die Entscheidung die Vollendung des Menschen. Das heißt, der Mensch ist erst im Gewissen ganz bei sich selbst, und er ist letztlich allein und verantwortlich auf sein Gewissen gestellt.

Der Mensch ist auf sein Gewissen gestellt. Das ist eine grundlegende Tatsache, und es ist die einzige und letzte Tatsache, die den Menschen rettet, jetzt zu sich selbst und einmal vor dem Forum des Ganzen, vor dem er über seinen Beitrag zur Wahrung und Förderung des Seinskosmos Rede und Antwort zu stehen hat. Die Befreiung des Menschen aus den Formen untermenschlichen Daseins geschieht endgültig durch die Rückführung zu sich selbst im Gewissen. Über dieses Gewissen sei hier nur noch das eine angemerkt, daß, wer dem Menschen ans Gewissen geht, es verbildet oder vergewaltigt, ihm eben jenen Schaden zufügt, gegen den alle Schätze und Vorteile der Welt ein Nichts sind. Es kann keinen Grund geben, keine Nützlichkeit und keine leichtere Führungsmöglichkeit und auch keine noch so »fromme« Absicht und Ausrede, den Menschen des Gewissens zu entwöhnen oder seine Bildung zur vollen Tüchtigkeit des Gewissens zu versäumen und zu vernachlässigen. Menschen, die zu einer echten Fertigkeit und Tüchtigkeit des Gewissens gelangt sind, tragen ihre eigene Art, fällen ihr eigenes Urteil, sind unbequem für jedes Schema, lästig für jede, auch die fromme Vermassung und Entmündigung, aber sie sind bei sich, decken den Wechsel ihres Lebens mit ihrer eigenen Unterschrift und sind deshalb vollgültige Repräsentanten der Idee und vollwertige Träger der Wirklichkeit Mensch. In ihnen kommt das Sein zur Höhe und Dichtigkeit, die es im Menschen finden will: Selbstbesitz und Selbstbewegung nach den Gesetzen und Ordnungen eben des Seins, das im Geist seiner selbst bewußt ist und im Gewissen sich aus der Einsicht in das Wirklichkeitsganze zu sich selbst entscheidet. Diese Menschen kommen zu sich und kommen über sich hinaus vor die Fülle des Ganzen, in deren Gegenwart der Mensch erst ganz er selbst und ganz bei sich selbst ist. Von dieser letzten Vollendung des Selbstbesitzes in der Begegnung mit dem All und dem Absoluten ist noch zu sprechen.

Und noch eines sei beigefügt: der Mensch, der sich ans Gewissen gehen läßt, der sich Urteile (Befunde über die Wirklichkeit, die er selbst ist!) von seinsfremden und unlegitimierten Instanzen vorsagen und aufzwingen läßt, der sich Entscheidungen vorgeben läßt, für die er nicht mit dem letzten Blutstropfen einstehen kann, und sei es um den Preis der Ruhe und der Sicherheit und der innerweltlichen Wohlgeborgenheit, der ist ein Verräter seiner selbst im Letzten seiner Wirklichkeit und damit der Wirklichkeit überhaupt. Der hat von sich aus das Ganze verdorben, und so wird er das Ganze verlieren, weil er ihm seinsfremd geworden ist.

6. Über den Menschen hinaus

Das Leben ist auf das Gewissen gestellt: mit dieser These ist zwar der Mensch gesammelt in einem Punkte, in einer unverlierbaren Mitte; er ist in sich zurückgenommen und zurückgekehrt. Zugleich aber erscheint der Kosmos, das Ganze endgültig zersplittert, eben in die vielen einzelnen, in die Gewissen. Und um das Paradox zu vollenden, wurde in gleichem Zusammenhang von einer Wahrung des Ganzen gesprochen und die Rache des Ganzen für jede andere Haltung und Lösung in Aussicht gestellt. Wie soll da der Mensch vor sich selbst stehen, wenn er statt eines Spiegels zersplitterte Scherben findet, statt eines Maßbildes paradoxe Parabeln und Hyperbeln, die sich nie zu einem harmonischen Ganzen zusammenfinden können?

Auf der Ebene des Menschen und rein Menschlichen kommt der Mensch gerade hier nicht weiter. Das Frühere konnte ihm einsichtig sein; es war wirklich eine Prüfung an sich selbst, eine Feststellung der Tatsachen, der Entartungen, des Sollens, wie es von der Gesundheit des Menschen gefordert wird. Jetzt aber reicht die eigene Wirklichkeit nicht mehr aus zum Selbstverständnis, wie überhaupt die eigene Wirklichkeit, wie sie sich vordergründig gibt, nicht ausreicht, um echter Mensch zu sein. Der Mensch muß über sich hinaus, wenn er er selbst sein und bleiben und nicht unter sich hinabsinken und zersplittern will.

Ja, eigentlich ist der Mensch immer schon über sich hinaus, und es bedeutet bereits eine Vergewaltigung und Verstümmelung, wenn man ihn um des »rein Menschlichen« willen in sich selbst verschließen möchte. Es wurde schon gesagt, daß der Mensch durch seine Wirklichkeit die Gesetze und Ordnungen des Ganzen, des Allgemeinen besitzt und trägt und diese so aus sich wissen und erkennen kann. Wo immer Wirklichkeit existent ist, vermag sie das Ganze zu repräsentieren und zu offenbaren, sofern sie einem verstehenden Blick begegnet. Beim Menschen aber fallen Sein und

Verstehen zusammen. Es ist das Wesen des Geistes, um sich selbst zu wissen, und zwar nicht nur um die konkreten Besonderungen, die der jeweilige Geist ist, sondern um sich als Sein und so um das Sein als Ganzes. Der Geist ist immer offen für das Ganze und immer auf das Ganze aus. Das ist die Erklärung dafür, daß er sich als Erkennender nicht im einzelnen verfängt und befriedigt, sondern unter dem Gesichtspunkt des Ganzen, des Allgemeinen, der letzten Gültigkeit, des einfachhin Seienden erkennt. Und das ist die Begründung dafür, daß der Geist als Strebender nicht auf Einzelgut aus ist, sondern eine letzte, endgültige, absolute Güte sucht. Aus sich weiß der Geist und also der Mensch, daß es ein Ganzes gibt, daß er selbst die Ordnungen und Bestimmungen des Ganzen an sich trägt und daß er das Ganze – nicht ist. Daß er dem Ganzen wohl verbunden und verpflichtet, daß er aber das Ganze nicht selbst ist.

Denn der Mensch weiß zugleich um seine Besonderung, um sein Ich, das nicht nur vom Weltganzen, sondern auch vom Seinsganzen abgehoben ist. In den früheren Überlegungen wurde betont, wie bei jeder Stufe des Selbstverständnisses und Selbsterlebnisses der Mensch seine Wirklichkeit fand und seine – Grenze. Das gleiche wiederholt sich hier. Daß der Mensch dieses Doppelantlitz trägt: persönliche Spitze und Verschlossenheit und zugleich Repräsentant der Wirklichkeit als Ganzer, stellt ihn vor die letzte Grenze und verweist ihn über sich selbst hinaus. Er erkennt als Bedingung seines Ich-Seins, seiner Persönlichkeit, eben die Bindung an die Ordnungen des Ganzen und ihre Wahrung. Deshalb kann er ja auf sich selbst gestellt und seinem Gewissen überlassen bleiben, weil ihn dieses als letzte Rückkehr zu seiner innersten Wirklichkeit vor das Ganze stellt und an das Ganze bindet.

Der Mensch ist also über sich hinaus, weil er an eine überragende und umfassende Ordnung gebunden ist. Und dieses Über-sich-Hinaus, diese Transzendenz ist für ihn ein natürlicher Sachverhalt seines Lebens. Genauso natürlich und eigentlich noch natürlicher als seine Weltlichkeit, seine Endlichkeit, sein auf ihn zukommender Tod.

Es ist von dieser Stufe des Selbstverständnisses aus nur noch ein kleiner Schritt zu der Einsicht, daß das Ganze, von dem bisher die Rede war, in seiner vagen Undifferenziertheit noch nicht das Letzte ist. Denn der Grund des Gesamten und der Mutterboden des Wirklichen muß ein Wirklich-Existentes sein, da es die letzte Ermöglichung aller Existenz ist. Es ist als Ganzes zunächst eine Ordnung, ein Gesetz, das alles durchherrscht, das aber danach verlangt, irgendwo mehr als ein Abstraktivum zu sein, irgendwo echt und ohne Grenze wirklich zu existieren, da es sonst nicht das zwar echt, aber begrenzt Wirkliche an das Allgemeine und Unbegrenzte binden könnte, wie es nach dem Zeugnis des Gewissens geschieht. Und es muß in seiner letzten Verwirklichung freier Geist und freie verschlossene Person sein, da es sonst niemals freie Geister und verschlossene Persönlichkeiten ermöglichen, tragen und binden könnte.

Das heißt aber nichts anderes denn dieses, daß der Mensch aus dem Ernstnehmen seiner Wirklichkeit, aus seinem Selbstverständnis heraus schließlich vor – Gott steht. Daß die Offenheit und Transzendenz seiner Wirklichkeit ihm Gott als natürliche Tatsache seines Lebens enthüllen. Dadurch ist dem Paradox, von dem eingangs die Rede ging, der quälende Stachel genommen. Die Wirklichkeit zersplittert nun nicht mehr in die einzelnen Persönlichkeiten und Gewissen, weil das Ganze, die Fülle in höchster Dichtigkeit und Absolutheit selbst als Persönlichkeit existent ist und als ermöglichender Grund ebenso wie als bergender Schoß das einzelne hegt und umschließt.

Mit der Entdeckung, daß Gott eine natürliche Tatsache des Lebens ist, daß er also schlicht und einfach zum Menschenleben dazugehört, wird das Dasein des Menschen einmal wirklich ins Unendliche ausgeweitet, andererseits aber zugleich in Zucht und Bindung genommen. Die Ordnungen des Seins, die der Mensch in sich findet und zu denen er sich im Gewissen entscheidet und nicht nur reine Zukömmlichkeiten und Gehörigkeiten, also eine Art ontologischer Anstand, sie sind mit der Wirklichkeit selbst gesetzt, und hinter ihnen steht die bindende Kraft jenes persönlichen Absoluten. In das Weltbild des Menschen kommt eine neue Atmosphäre; was bisher den Charakter des Tatsächlichen, des ursprünglich Sprudelnden, des vital sich Entfaltenden hatte, das alles gerät jetzt unter die Kategorien Setzung, Aufgabe, Leistung und Bewährung.

Denn zugleich mit seiner Endlichkeit und der Unendlichkeit des Absoluten konstatiert der Mensch endgültig seine eigene Unvergänglichkeit, soweit er Geist und vergeistigt ist. Wie der Stoff ihm

das Erlebnis und die Erkenntnis des Endes anbietet, des zerfallenden Todes, so liefert ihm der Geist die Einsicht in seine Unzerstörbarkeit und Dauerhaftigkeit. Die eigene Existenz treibt so ihr Interessengebiet vor über Zeit und Raum hinaus in das endgültige Reich des Geistes. Das Gegenwärtige versinkt trotz aller Wertigkeit auf die untere Stufe des Vorläufigen, Einstweiligen, das ernst genommen sein will und an dem man sich zu bewähren hat.
Die Wandlung, die durch die Entdeckung des Jenseitigen als natürlicher Vollendung des Diesseitigen in Weltbild und Bewußtsein des Menschen sich ereignet, ist doppelschichtig. Einmal gewinnt die Welt wirklich an Weite und Würde, sie ist durchleuchtet und durchglüht von dauernden Strömen, in ihren chaotischen Wirbeln zeichnen sich die Umrisse einer endgültigen Ordnung ab, und der helle Schein einer endgültigen Vergeistigung und Verklärung hebt leise an. Zugleich aber wird die Welt in ihrer Eigentlichkeit entzaubert, nüchterner und sachlicher und kälter. Sie hat eine letzte Zuständigkeit verloren, und ihre große Inbrunst wirkt da und dort schon unecht und pathetisch, weil sie nicht aus dem Willen stammt, endgültig zu sich zu kommen in der Form und im Dienst des Geistes, sondern aus dem Trotz, aus dem Außer-sich einer Ek-Stase aus der Mitte hinweg in das Vorläufige und Vergängliche.
Durch die Ausweitung über sich selbst hinaus ist der Mensch mehr zu sich selbst gekommen als durch den ganzen eiligen Lauf durch die unruhige Welt. Das Letzte, Eigentlichste in ihm, die Persönlichkeit, die Zuständigkeit zu Freiheit und Urteil, die verbindliche Kraft des Gewissens sind mit einer letzten Garantie versehen. Der Mensch weiß sich nun endgültig beheimatet im Reich des Wirklichen. Und die Vielfalt des Wirklichen erschließt und verkündet sich ihm aus einer neuen Erschlossenheit und Offenheit, da ihm das Ganze zugänglich ist und offensteht.

7. *Mensch unter Menschen*
Der Mensch, der sich in seine eigene Gegenwart ruft, findet sich eigentlich nie allein. Immer ist er an etwas gebunden, eine Sache, ein Interesse, eine Pflicht, einen Beruf, und immer auch an die anderen Menschen. Manchmal sind diese anderen Menschen eine Gefahr für ihn, immer dann, wenn sie ihn bis in die letzte Mitte hinein für sich in Beschlag nehmen wollen oder wenn sie ihn auf-

lösen und zersplittern und zu einem Verzicht auf eigenes Urteil und eigenes Gewissen verführen. Manchmal kommen sie ihm wie Feinde vor, gegen die er sich verteidigen und abschließen muß in die Einsamkeit seiner Persönlichkeit, seines Gewissens, seines innersten Ich. Bis er eines Tages in einer Stunde vertieften Selbstverständnisses entdeckt, daß die Dinge und die Menschen in sein Leben gehören, anders und endgültiger, als es der alltägliche Umgang und die tägliche Erfahrung zunächst vermuten ließen: notwendig, natürlich, selbstverständlich. Der Mensch versteht dann, daß die Begegnung und die Gemeinsamkeit mit dem anderen Menschen genauso zum Über-sich-Hinaus und dadurch zum eigentlichen Zu-sich-Selbst seines Lebens gehört wie die Begegnung mit dem Absoluten. Ja, die beiden Bindungen des Lebens gehören irgendwie geheimnisvoll zusammen. Sie bedingen und bewahren einander. Jede ohne die andere wird gefährlich und verderblich.

Denn der Mensch entdeckt zunächst, daß eines der Grundworte des Lebens das Du ist. Erst am Du wird das Ich ganz wach und wirklich. Erst in der Du-Begegnung werden die letzten Quellen entsiegelt und die letzten Stürme entbunden. Das ist die lebendigste Offenbarung der Grenze und Verweisung des Menschen an eine allgemeine Ordnung, die ihn transzendiert, daß er das Du braucht, um ganz Ich zu werden. Daß der Mann die Frau braucht, die Mutter das Kind, der Freund den Freund, der Wagende den Gefährten, der Führer die Gefolgschaft, der Kämpfer den Kameraden, der Denker den Gesprächspartner, daß das Leben eben in allen seinen Wirklichkeitsformen das Grundgesetz des Dialogs aufrecht erhält und durchführt. Das gilt nicht einmal zunächst und zuerst für die mögliche Bedarfsdeckung der physischen Notwendigkeiten, für den gemeinsamen Kampf um Raum und Brot gegen die Übermacht und die Starre der Natur; das gilt viel tiefer und ursprünglicher für die Ermöglichung des Gedankens, der Entschlüsse, der großen Bewegungen und Schöpfungen der Herzen und Geister. Das Herz gerät nur an einem Herzen und für ein Herz in den stürmischen Schlag, den die Welt immer wieder braucht, um nicht vorzeitig kalt und müde zu werden. Der schöpferische Funke entzündet sich nur an der Anregung und am Widerspruch aus dem kongenialen Geist oder an der tauben Trägheit, die man aufrütteln und in Bewegung geraten lassen möchte. Das

Leben ist auf das Ich gestellt, das Urteil, den Entschluß, das Gewissen. Ja, aber dies alles wird erst lebendig und voll wirkkräftig und schöpferisch in der Bewegung, am Du, das Grenze und Erfüllung zugleich ist. Grenze und Erfüllung: das ist das Gesetz, aus dessen Geltung und Zwang der Mensch unter Menschen ist, das aber ist auch das Gesetz, das für die Begegnung des Menschen mit dem Menschen selbst gelten muß, soll diese Begegnung nicht zum zerstörerischen Abgrund werden, in dessen chaotischer Tiefe das Menschentum haltlos abstürzt und zerschellt, als deformierter Restbestand in den Schluchten des Daseins mühsam weitervegetierend.

Der Mensch braucht den Menschen, sonst verbrennt er im Eis seiner Einsamkeit, unterliegt der Wucht der Aufgaben, erstickt unter der Monodie (einstimmiger Gesang) seiner Instinkte, unter dem Monolog seiner Gedanken, der Monotonie seiner Einfälle und Tagesläufe; sonst verkommt er an der Dicke seines unerlösten Blutes ebenso wie am gefräßigen, raubtierischen Hunger seines Egoismus. Und der Mensch muß zum Menschen, er ist an ihn gebunden durch eine ewige Gemeinsamkeit der schöpferischen Idee, durch den gleichen Rhythmus der Seinsgesetze und der Seinsgedichte der menschlichen Existenz; durch die Verteilung der Partnerschaften und Aufgaben an einem Werk; durch das Gesetz der Natur ebenso wie durch die positive Ordnung Gottes und den Glückswillen und die Notdurft des einzelnen Lebens. Durch seine eigene Grenze wird der Mensch an diese Erfüllung verwiesen, und wer sich ihr entzieht, weil sie zugleich Dienst und Pflicht und Leistung und Verantwortung einträgt, verstümmelt sich selbst.

Aber die Erfüllung steht, um Erfüllung sein zu können, selbst unter dem Gesetz der Grenze. Wo der Drang zum Du diese Grenze durchbricht, das Wir die grenzenden Dämme sprengt, da wird Erfüllung eben zu Entartung und gefräßigem Abgrund. Wo die Menschen zueinander stürzen nur aus der Furcht, die sie an der Grenze des eigenen Seins überkam, nur aus dem Heißhunger nach Erfüllung, da bringen sie nicht den Willen zum Du, sondern nur den gesteigerten Willen zum Ich, zum Ego mit. Und dann verschlingen die Menschen einander, dann sind sie einander eben – Abgrund. Unter der Herrschaft der gesprengten Grenze ergänzen sich Mann und Frau nicht zur höheren Einheit Mensch, der der schöpferische Quell des Lebens ebenso wie die Heimat der Kultur anvertraut ist, sondern sie fallen in Gier und Heißhunger übereinander her, egoistische Erfüllung ohne Grenze, ohne Gesetz, ohne Ordnung an sich raffend, egoistische Erfüllung ohne Segen und Fruchtbarkeit vollziehend. In solcher Zeit gehen Mann und Frau aneinander zugrunde. In solcher Haltung vereinen sich die Partner am Werk nicht zur gemeinsamen Leistung, sondern die Gemeinschaft des Werks entartet zur Beutegier, zum Machtkampf, zur Ausbeutung. Ohne das Gesetz der Grenze wird die Führung zur Tyrannei, die Gefolgschaft bläht sich auf zur Pöbelherrschaft, zum despotischen Druck der Masse, die Gemeinschaft entartet zum verschlingenden Moloch: immer wird eine letzte Hingabe an das Du oder das Wir verlangt, die auch den letzten Raum des Intimsten prostituiert, das Gewissen verschlingt, das Urteil vergewaltigt und schließlich den Geist blendet und erstickt.

Das eben ist die Grenze des Du und des Wir, das seine Erfüllung einschränkt und dadurch verbürgt: die persönliche Intimsphäre, der Raum, in dem der Mensch die Sterne überragt und das Ewige berührt, die Freiheit des Gewissens. Diese aber besitzt der Mensch nicht aus eigener Macht, diese ist Setzung von urher, diese ist Ordnung und Gesetz Gottes und deshalb vom Ewigen, vom Absoluten her garantiert. Deshalb bedeutet dies alles auch undiskutierbare Tatsache ebenso wie Aufgabe, anvertrautes Gut und Verantwortung.

So ist verständlich, daß der Aufbau und die Führung des Lebens ebenso wie die Gestaltung des Raumes und die Verwaltung der Zeit dem Menschen erst gelingen kann und ihm die seinsnotwendigen Umrisse erst aufgehen, nachdem er seine Wirklichkeit bis in die letzten Spitzen des Über-sich-Hinaus, bis vor den Absoluten verfolgt hat. Von dorther ist das Sein gesetzt, von dorther ist das Leben entlassen, von dorther ist es vorentworfen und dadurch garantiert.

Wo das Leben sich nur von unten gründet, auf seine Erlebnisse, seine Bedürfnisse, seine Einfälle oder auch seine genialen Ideen, ohne Prüfung und Normung vom Letzten her, da vermag es manchmal das augenblicklich Richtige zu treffen. Aufs Ganze gesehen, mißlingt gerade das Leben des Menschen unter Menschen immer wieder und zerbricht in seine polaren Möglichkeiten. Entweder entartet das Ich zum Ego, zum einsamen Selbstgenügsamen, der dann schließlich doch aus der selbstgesetzten Grenze ausbricht und eine grenzenlose Erfüllung sucht, der das Ganze als Beute betrachtet, die seinem Zugriff offenliegt, wenn er nur stark und listig genug ist; oder aber das Wir rächt sich durch die Entartung ins Kollektiv, zur Masse, zu Zwang, Gewalt und Härte. Nur wo der Mensch sich wirklich vor sich ruft und wo er die überweltliche Transzendenz ebenso als natürliches Faktum seiner Wirklichkeit begreift wie die innerweltliche Transzendenz zum Du und Wir, ja wo er die letztere als erste Verwirklichung der notwendigen Offenheit und Gebundenheit des Menschen an die ganze Wirklichkeit begreift und damit unter das Gesetz und die Dynamik jener stellt, nur da ist der Mensch der Rhythmik der Entartung entzogen. Nur da ist der Mensch dem Menschen wirklich Bruder und Gefährte: Bruder, weil existent aus dem gleichen Sein; und Gefährte, weil unterwegs auf dem gleichen Weg und im gleichen Wagnis des Lebens.

Die letzte Deutung und das letzte Verständnis dieser innersten Grenze der Begegnung mit dem Du, der Gesellung in das Wir wird ermöglicht durch das staunenswerte Faktum, vor dem die Liebenden und die Hassenden, die Gewalttätigen und die Werbenden immer wieder erschüttert oder verbittert stehen: secretum meum mihi; (mein Geheimnis bleibt mir) ein letztes Geheimnis behält der Mensch für sich. Eben jenen Ort, an dem der Mensch als jenseitiges Wesen, oft verschwiegen bis zum eigenen Nichtwissen und darum eigenen Unverständnis, immer im Gespräch ist mit dem absoluten Partner des Lebens. Die Worte, die der Mensch zu Gott spricht, seien es Gebete oder trotzige Flüche, Liebe oder Haß, sind ja nichts anderes als die bewußte Stellungnahme, Bejahung oder Verneinung der metaphysischen Situation, in der sich die Kreatur immer schon befindet. Die Wirklichkeit des Menschen ist ja nicht starres Eis, gefügte Mechanik, totes Gleichgewicht; sie ist gespanntes Leben, und durch seine Transzendenz zum Letzten hin ist sie nur die äußerste Verwirklichung dieser Spannung und damit die äußerste Dynamik, äußerste Bewegung und Strebung zum Letzten hin. Wo der Mensch seine Wirklichkeit ihren Gesetzen überläßt – das heißt überläßt ist nicht der richtige Ausdruck, da das Leben auf bewußte Bejahung seiner selbst, auf Selbstführung angewiesen ist –, wo der Mensch also die Linien seiner Wirklichkeit seinsgerecht nachvollzieht, da führt ihn seine Wirklichkeit auf den Strömen der Transzendenz in die Welt, zu den Menschen, ja, aber zugleich über all das hinaus zur letzten Begegnung, wo im Zusammenstoß mit der höchsten Lebendigkeit sein eigenes Leben sich zu ungeahnter Fülle und Wucht entzündet.

Das heißt aber, um es zu wiederholen und eine der Unbegreiflichkeiten des erlebten Lebens verständlich zu machen, daß, von der Welt her und vom Menschen her gesehen, immer eine letzte Einsamkeit im Leben sein wird und sein – muß, eben jener Ort, der dem Eintritt Gottes vorbehalten bleibt. In der Begegnung auch mit dem gelichtetsten und erkanntesten Du wird diese Schranke, oft schmerzlich beklagt, spürbar. Und im heißhungrigsten Sturz in die Welt und zum Menschen bleibt dieser Raum leer, oft den Menschen gerade durch seine Leere aufstachelnd zu einem rasenden Wirbel durch das Leben und ihn am Ende doch wieder vor die Leere und das Ungenügen stellend. Eine letzte Einsamkeit und Unzugänglichkeit bleibt, bis der Mensch vor das letzte Du vorgedrungen ist oder vorgetrieben wurde.

Der Mensch aber, der seine ganze Wirklichkeit durchschaut und sie als echtes Maß und Gesetz anerkannt hat, wird aus dieser Einsicht ein doppeltes Wissen mitnehmen. Er wird wissen zu prüfen. Seine Fähigkeit, zu unterscheiden, wird die Ordnungen seines Lebens, einer Gemeinschaft, einer Kultur daran messen, ob sie diesen letzten Raum kennen und anerkennen oder ob sie seine Stille und Verschwiegenheit erbrechen wollen. Er wird aus diesem Wissen prüfen und unterscheiden und entscheiden, so er einen ernsten Willen zu sich selbst hat. Und er wird zweitens wissen, daß eine Gemeinsamkeit, eine Gemeinschaft, eine Ordnung nur dann den Menschen ganz besitzt und bindet und erschließt, wenn sie auch diesen Raum, durch den der Mensch ein Tempel der Anbetung und Heimsuchung ist, mit einbeschließt. Dies bedeutet, daß echte und beständige Gemeinschaft und Ordnung nur möglich sind, wo Gott mit im Bunde ist, wo die Begegnung über das Absolute geht. Das wird ihm eine eigene Auffassung von den Gemeinschaften des Lebens, von der Ehe, der Kameradschaft, der Freundschaft, selbst der praktischen Mitarbeiterschaft geben. Die Gemeinschaften des Blutes, des Werkes, des Gesetzes, die erst im Geist ratifiziert und erst im Heiligen Geiste verewigt werden, sind so endgültig den zerfallenden und auseinanderdrängenden Gesetzlichkeiten, dem Schwergewicht der Materie entzogen und in die Beständigkeit des Allgemeinen einbezogen. Auf den ewigen Tafeln seiner eigenen Wirklichkeit liest der Mensch, daß er Mensch unter Menschen nur sein kann, wo die Menschen aus Gott und mit Gott zusammenkommen.

8. Durch die Welt

Der Mensch ist er selbst und kommt zu sich selbst, auch zum Verständnis seines letzten Rätsels, der großen Unruhe und des großen Unfriedens, die ihn zuzeiten überfallen und die sich endgültig nie verschütten lassen, wenn er sich in seine letzten Beziehungen stellt und dem Letzten, dem Absoluten sich begegnend stellt. Das schreibt und liest sich einfach, obwohl das beteiligte Herz dabei in Bewegung gerät und der Geist versucht ist, in raschem, kurzfristigem Zugriff sich das Endgültige zu sichern. Und dieser rasche Zugriff und sein Scheitern ist der erste Widerspruch, den das Leben gegen diese Einsicht stellt.

Härter noch und blutvoller ist der zweite Widerspruch des Lebens, der dem Welterlebnis und dem Selbsterlebnis des Menschen entstammt. Die Welt scheint nun doch endgültig entzaubert und ernüchtert zu sein. Das ganze selig-schöne Bunterlei des Lebens, seine Abenteuer in der Welt, sein Zusammenstoß mit den Kräften und Mächten der Natur, seine Wagnisse, daß der Mensch oft den letzten Herzschlag und den letzten Blutstropfen an eine Erfindung, eine Eroberung, eine Neuordnung, an eine Liebe und eine Treue setzt, das alles ist dann eigentlich unwichtig, vorläufig, nebensächlich. So viel Leben vertan für einen Umweg, an ein Minderwertiges, wer möchte ruhigen Sinnes und kalten Blutes dies denken oder gar verkünden?

Die beiden Widersprüche treffen sich zu einem: der rasche Zugriff des Geistes scheitert – an der Welt, in die er sich immer wieder gebunden und verschlossen findet. Und damit hat das Welterlebnis recht, daß der Geist und also der Mensch immer an die Übernahme und Leistung der Welt gebunden bleibt und ihre Bewältigung nicht kurzerhand als minderwertige Kraft- und Seinsvergeudung abtun darf. Das In-der-Welt bleibt ein Lebensgesetz des Menschen, nur muß es sich wandeln zum ernsten Durch-die-Welt-Hindurch als Meisterung und Bewältigung ihrer.

Der Mensch wird die Welt nicht los. Und so darf er nicht in einer falschen Vergeistigung oder Schwärmerei mit kurzer Hand die

Welt wegschieben und verachten wollen. Diese Haltungen führen doch immer wieder zum Absturz gerade des Geistes, weil sie seine Seinsgrundlagen als Menschengeist verkennen.
Was früher gesagt wurde über die Weltlichkeit des Menschen, auch des Menschengeistes, muß in neuem Zusammenhang wiederholt werden. Der Mensch gelangt zum Selbstbewußtsein, zum Icherlebnis nur durch den Zusammenstoß mit der materialen Wirklichkeit. Sein Geist bliebe ewig stumm und blind, dessen Feuer unentfacht, dessen schöpferische Kraft unerlöst und unentbunden ohne die Begegnung mit Welt. Die feinsten Analysen und die höchsten und geistigsten Einsichten behalten immer die Spuren der Erde an sich, der ihre Elemente entstammen. Das Icherlebnis, das Seinserlebnis, das Transzendenzerlebnis, selbst die Entdeckung des Absoluten gewinnt der Mensch nur in der Begegnung mit der Welt. Gott ist dem Menschen vom Menschen her nur gegeben als der die Welt und den Menschen und alles geschöpfliche Dasein ermöglichende schöpferische »Hintergrund«, er läßt sich nur finden als der auf Welt bezogene Gott.
Durch diese Wiederholung vom Ganzen her umfängt die Welt den Menschen mit gesteigerter Dringlichkeit und Zuständigkeit. Das heißt jetzt, der Mensch ist in der Welt, ist weltlich, nicht nur, weil es z. B. Gott in einer herrscherlichen Laune gefallen hat, den Menschen in Welt zu stellen, wobei er ihn genau so gut in den luftleeren Raum oder in ein sonst noch ausklügelbares System der Bezüglichkeiten hätte setzen können. So daß es jetzt gleichsam doch im Belieben des Menschen stünde, aus der Welt auszuwandern, oder ihm erlaubt sei, von seinem Gott eine Dispens von dem positiven Gesetz, das ihn an Welt bände, zu erhandeln. Der Mensch weiß nur, was ist. Und solange er so ist, wie er sich in ehrlicher Selbstprüfung findet, gehört er unabdingbar in Welt und Welt zu ihm. Er ist durch und durch weltlich.
Das bedeutet, daß die Gesetze und Ordnungen der Welt Gesetze und Ordnungen seines Lebens sind. (Es bleibt natürlich bestehen, was früher gesagt wurde über die Hierarchie der Werte, über das Schwergewicht und den dumpfen Herrschaftsdrang der Materie usw. Aber Welt ist ja in dieser Gesamtsicht immer mehr als Stoff, sie ist immer Stoff unter dem Gesetz, dem Auftrag, der formenden Herrschaft des Geistes.) Der Mensch ist weltlich.
Gesetz und Ordnung der Welt ist aber zunächst einmal, was wir

die Natur und ihre Gesetze nennen. Natur mag hier stehen für jegliche innerweltliche Wirklichkeit, soweit sie Prinzip, entlassender Grund eines Bestandes, einer Bewegung, einer Entwicklung, eines Lebens ist. Diese Naturordnungen sind dann nichts anderes als die Ansprüche, die eine bestimmte Wirklichkeit gemäß ihrem Sein und ihren Erhaltungs- und Entfaltungsbedingungen stellt und auch durchsetzt. Soweit der Mensch in diese Naturbereiche einbezogen ist, und soweit er gemäß seinem wechselnden Beruf und Stand in der Welt damit zu tun hat, sind diese Naturordnungen Ordnungen seines Lebens, nicht aus reinen Nützlichkeits- oder Zweckmäßigkeitserwägungen, sondern aus dem Ganzen der letzten Zusammenhänge her, im Sinne einer eigentlichen Bindung und Verantwortung, im Sinn einer geforderten Bejahung des eigenen Seins. Daß damit nicht jeder Drang und Trieb legitimiert ist, seine brutale Selbstbefriedigung zu fordern und zu finden, ist erledigt durch die Hierarchie der Werte, die der Mensch an seiner Wirklichkeit entdeckt, und durch die Unterscheidung der naturhaften Forderungen in unabdingbare, deren Vernachlässigung das Leben selbst zerstörte, und in abdingbare, die einem entsprechend qualifizierten Wert geopfert werden dürfen, auch unter Hinnahme gewisser Hemmungen und Beschränkungen, die der Mensch sich dadurch zuzieht. Die Idee des Opfers ist eine natürliche Idee, von der Natur getragen, gefordert, begründet. Im äußersten Falle, in dem infolge einer Rebellion der Werte oder der für ihre Realisierung Verantwortlichen die letzte Würde des Menschen, die Freiheit des Menschen zu Gott und zum Gewissen in Frage steht, muß sogar das primitivste und grundlegendste Naturgesetz, der Wille zum Leben und zur Erhaltung des Lebens, geopfert werden: wieder rein als Vollzug der Ordnung, die die Tafel der Werte der eigenen Wirklichkeit verkündet.

Es ist aber zugleich eine Bestätigung des Grundgesetzes, daß dann die äußerste Konsequenz sichtbar wird: die Zerstörung des physischen Menschenlebens. Die Bindung an Welt ist eine Lebensbedingung des Menschen, und wo er aus seinen gesunden Kräften und Instinkten lebt, da ist er eben Mensch, Geistträger aus Erde und im Dienst an der Erde. Von Zeit zu Zeit überkommt den Menschen immer wieder die Schwärmerei, die Gnosis, der Spiritualismus, oft im Namen der Menschenwürde, oft im Namen des Geistes, oft im Namen der Ästhetik, oft auch im Namen der

Frömmigkeit. Die Gründe mögen den verschiedensten Ursachen entstammen, ob sich der Mensch vorher an die Welt verlor oder ob er sie plötzlich nicht mehr verstand und nicht mehr stark genug war, sie auszuhalten und zu meistern, das Ergebnis ist immer das gleiche: eben Schwärmerei, Zerstörung des Lebens, Unfruchtbarkeit und Ermüdung. Die großen Zeiten der Menschheit in all ihren Gruppen und Schichten waren nie die Zeiten der Flucht aus dem Lebensraum, der Verflüchtigung in Idole, der Verfluchung eines Teiles der Wirklichkeit.

Gesetz und Ordnung der Welt ist dann die Zeit als Daseinsweise der innerweltlichen Dinge. Es tut hier nichts zur Sache, daß die »allgemeine Zeit« nur eine Abstraktion ist. Daß Zeit nur wirklich ist als die konkrete werdende Dauer der einzelnen. Wo alle werden und zeitlich sind, da ist das Ganze, das aus den einzelnen sich auferbaut und zusammenfügt, den Gesetzen der Zeit unterworfen. Die Zeit stellt den Menschen in die Geschichte, sie macht ihn geschichtlich. Er ist hineingewachsen in die naturhaften Entwicklungen, in die Phasen des eigenen Daseins, in die durch freie Entscheidung bewirkten, das Leben des einzelnen miteinbeziehenden allgemeinen Ordnungen und Zustände. Durch Zeit und Geschichte ist der Mensch dem Wandel und Wechsel des weltlichen Lebens ausgeliefert, und das bedeutet, daß er innerhalb der Welt keinen Punkt und keinen Ort absolut setzen kann als Maß und Norm; daß die Zeit, die Geschichte ihm jeweils den Ort der Berufung und Bewährung vorgibt. Gewiß, er soll aus dem Ganzen leben und entscheiden, – und das ist der eigentliche Sinn von Tradition innerhalb einer geschichtlichen Welt: einen geschichtlichen Punkt, an dem man steht, so durchschauen und begreifen, daß er das Ganze sichtbar werden läßt und als gültige Repräsentation des Ganzen wirksam wird, das ist Tradition und nicht das tote und mechanische und dem Quantum verfallene Anhäufen von Aussagen und Daten und Erinnerungen des Gewesenen. Dieser starre Begriff von Tradition ist zugleich Romantik des immer besseren Gestern und Mechanisierung in einem und damit doppelte, gesteigerte Irrung und doppeltes, gesteigertes Verhängnis. Durch das Grundgesetz der Geschichtlichkeit ist vieles, fast alles im Menschenleben wandelbar und gewandelt, fast alles, außer dem Ganzen, das immer da und mitgegeben ist. Der Typ des historischen Shylock (Shakespeare zeichnete in seinem Schauspiel »Der

Kaufmann von Venedig« die Gestalt dieses jüdischen Geldverleihers, der unnachgiebig auf der Erfüllung des ihm schriftlich zugesicherten Anspruchs besteht.), der auf seinem Schein, seinem Dokument, seinem Datum besteht, ist ebenso unfruchtbar und schädlich wie leider wirklich.
Gesetz und Ordnung der Welt ist schließlich die Materialität, der Stoff, der dem Geist als Gegenspieler und Partner zugewiesen ist. Damit ist das Leben des Menschengeistes undispensierbar an die Begegnung und Auseinandersetzung mit dem Stoff gebunden. Am Stoff kommt der Geist zu sich, an ihm entdeckt er das Ganze und das Letzte, aber eben nur, weil er sich verarbeitend und gestaltend und überwindend an ihn heranmacht. Das heißt, von urher ist die Welt dem Geist als Aufgabe gestellt, und der Mensch hat innerhalb dieser Aufgabe einen Platz zu beziehen. Da der Mensch Leben ist, schöpferisches Leben, offenbart ihm diese Zuweisung der Materie als zu bewältigende Aufgabe die Arbeit als Grundordnung des Daseins. Die Arbeit ist so mehr als Fluch und Strafe oder Notdurft, sie ist ein einfaches und selbstverständliches Gesetz der Selbstverwirklichung und Selbsterhaltung des Menschen im metaphysischen Sinn. Sie ist das einfache Ergebnis der Tatsache, daß der Mensch nur in der Bewältigung des Stoffes zu sich kommt, und das ist eben Arbeit. Vom Ganzen her trägt so die Arbeit in allen ihren Arten und Möglichkeiten eine urtümliche Notwendigkeit und einen urtümlichen Adel in sich, sofern sie unter ihrem Grundgesetz bleibt: Bewältigung, Meisterung der Welt durch den herrscherlichen Geist.
Damit sind die Phänomene des innerweltlichen Lebens, die Technik, die Industrie, die ganze Kultur usw. in eine letzte Beziehung zum Wesen des Menschen und zur Ordnung des Ganzen gebracht. Sie gehören dazu, und der Dienst an ihnen ist echt und recht, sofern er in der Richtung der Vergeistigung und Bewältigung bleibt. Von immer neuen Sichten und Ansätzen aus muß dieser Einsatz unternommen werden, nicht nur, um dem Menschen zu seinem physischen Bedarf und Lebensraum und Wohlsein zu verhelfen, sondern um seine metaphysische Wirklichkeit zu entdecken und zu realisieren.
Dies alles hat also einen tiefen Sinn: die ganze Geschäftigkeit, die Einsätze und die Wagnisse, die Opfer und Risiken, die Abenteuer und die Mühsale; es ist kein Leben vergeudet, aber der Sinn hängt

davon ab, daß die ganze Bewegung und Aktivität des Lebens in den Zusammenhängen bleibt, aus denen sie erwächst: daß dies alles unternommen wird zur Entdeckung und Verwirklichung des Ganzen und als Herrschaft des freien Geistes.

Diese letzten begründeten Zusammenhänge stellen noch einmal das weltliche Leben des Menschen unter die beiden formalen Gesetze, von denen schon die Rede war: Zucht und Dienst. Denn es bleibt immer die Möglichkeit, daß der Stoff sich emanzipiert und den Menschen unter sein Gesetz zwingt, unter das Gesetz der dumpfen Schwere oder unter das der totalen Mechanik und Quantität. Dieser Einsatz ist sinnvoll als Dienst zum Ganzen, nicht nur des Ganzen der gerade bestehenden konkreten Lebensordnung, sondern des metaphysischen Ganzen, das die Ordnungen und Gültigkeiten und Wertigkeiten stehen läßt, wie sie gestellt sind. Und dieser Einsatz, dieser Gang durch die Welt wird nur gelingen als Zucht und in Zucht, in der gesammelten und bewußt geleisteten Unterordnung unter die Ordnungen und die Hierarchie der Werte, eben als Herrschaft und nicht als Knechtschaft des Geistes.

Das Leben des Menschen ist Weltleben, weltliches Leben, aber nicht als endgültiger Ort hinter Schloß und Riegel, sondern als dauernder Durchgang. Das ist das Paradoxe, das Schwierige und zugleich das einzig Schöne und Gespannte im Dasein des Menschen; es ist ein köstliches Ineinander von Transzendenz und Immanenz. Es ist immer nur wirklich als dieser Wirklichkeitspunkt an diesem Ort und zu dieser Zeit, und es ist immer unterwegs zum Ganzen und Letzten. Es ist nur echt als dauernder Durchgang durch die Welt, dauernder Einsatz, dauerndes Wagnis, dauernde Hingabe. Es ist immer hingegeben an Welt, aber nur echt und gesund und fruchtbar als dauernder Überstieg, als dauerndes Darüber-Hinaus. Die Welt ist nicht ein Kerker und nicht ein großes Sklaven- und Arbeitshaus, sondern ein Transparent des Überirdischen gerade in und durch ihre echte Irdischkeit. In jeder Blume blüht mehr als eine Pflanze, unter jedem wagenden Schritt klingt mehr als die erschütterte Erde. Die Welt ist ein Haus, dauernd im Aufbau, dauernd als Auftrag; durch tausend Fenster flutet die ewige Sonne, und jedes echte Werk, jeder echte Dienst an ihr stößt ein neues Tor auf über die Welt hinaus und zugleich tiefer und wirklicher in sie hinein.

9. Der dunkle Weg

Der Mensch findet seinen Sinn in sich selbst. Nicht als ob er diesen Sinn aus sich selbst hätte, kraft eigener Setzung und Zuständigkeit, und ihn also auch nach eigenem Gutdünken verwerfen und neu setzen könnte. Der Mensch hat den Sinn seines Daseins in sich gefunden, weil er, vor seine eigene Gegenwart gerufen, sich selbst als Ort der Sammlung und Offenbarung des Seinsganzen erkannte. Er ist ausgespannt in äußerste Transzendenz zum Letzten und eingebannt in innerste Immanenz zur Erde. Beide Tendenzen sind nur im Zugleich beider möglich und wirklich. Der Mensch ist so, wenn er wirklich ernst und ehrlich sich selbst will, vor beiden verstiegenen Möglichkeiten der Entartung bewahrt. Da der Überstieg ins Allgemeine und Absolute ihm nur zugänglich wird und gelingt durch die Einkehr in die Welt, fällt die idealistische Lösung des Progressus infinitus (Weiterführung ins Unendliche) und der optimistischen Vergeistigung. Und da die Einkehr in die Welt nur hergibt, was sie verspricht, wenn sie zugleich beginnende Auskehr über die Welt hinaus ist, fällt der dumpfe Materialismus und die totale Immanenz. Der Mensch kommt zu sich nur als Einkehrender und Übersteigender; nur in diesem doppelten Verlassen seiner selbst findet er sich und besitzt er sich, Beweis, wie tief und ursprünglich er dem Seinsganzen verwurzelt ist.

Aber ist diese Sinngebung nicht doch noch zu klar und einlinig und zuverlässig? Ist das alles nicht doch eine mehr oder weniger gut zusammengedachte Lösung, gegen die das Selbsterlebnis des Menschen recht behält, wenn es das Leben als Wirbel und Chaos und oft als sinnlose Grausamkeit erfährt? Liegt nicht die Geschichte, ja der nächste Umkreis eines jeden Lebens voll von Trümmern, gleichen die Ufer des Lebens nicht dem Strand, an dem nach einem Sturm allerlei grausige Reste gescheiterter Existenzen angetrieben werden? Stehen nicht unzählige Menschen klagend und fragend vor sich und suchen vergebens nach einer Spur und Andeutung von Sinn in all dem, was ihnen widerfahren ist?

Auch diese Fragen muß der Mensch sich stellen, wenn er sich vor sich selbst ruft. Denn was in einem fremden Leben groß und grausam sich ereignen mag, das verschont kein einziges Dasein und ist wenigstens stückhaft und kleinweis überall aufgegeben: das Scheitern, die Not, das Unheil, Krankheit und Ende, Schuld, Sünde und Tragik. Die Tragik wenigstens als letzte Deutung, die viele Menschen dem Gesetz und den Ereignissen ihres Lebens geben. Es ist natürlich, daß diese Ereignisse, die an Fleisch und Blut, an Ehre und Existenz rühren, die in jedem Leben stehen, daß diese Ereignisse in der Frage des Menschen nach sich selbst ihr eigenes und schweres Gewicht haben. Ja, jede Sinndeutung des Lebens findet ihre Probe darin, inwieweit es ihr gelingt, auch und gerade diesen dunklen Tatsachen des Lebens einen verständlichen Sinn abzugewinnen. Denn das Schwerste an diesen Zusammenbrüchen ist ja oft gerade das völlig Sinnlose, das dadurch allem Anschein nach in ein Leben einbricht.

Der Mensch darf nun wirklich nicht versuchen, diesen Geschehnissen, die an das Letzte der Wirklichkeit rühren, einen banalen, billigen Sinn aufzureden. Im Gegenteil, diese Aspekte des Wirklichen bringen den Menschen mehr als alle anderen vor seine Grenze und stellen ihn in eine Situation, in der er erkennt, daß dem Menschen oft nur eines bleibt: das Leben auszuhalten, ihm gewachsen zu sein, ohne Frage, ohne Antwort, weil er erfährt, daß er in größere Ordnungen und Zusammenhänge einbezogen ist, denen seine Frage nicht mehr gewachsen und vor denen sein Recht auf Antwort nicht mehr zuständig ist. Der Mensch entdeckt, daß er trotz aller Einsichtigkeit und trotz allem Selbstverständnis aus Geheimnissen lebt.

Das Geheimnis tauchte am Horizont des Menschen auf, als er das Seinsganze und dessen letzten Grund, das Absolute, entdeckte. Das Absolute, besser und richtiger der Absolute – das einen freien, persönlichen Menschen aus sich entlassende Letzte muß selbst frei und Persönlichkeit sein –, ist dem Menschen in jeder Hinsicht überlegen. Der Mensch bekommt gerade die Tatsächlichkeit Gottes noch in den Blick und seine einfachsten, grundlegendsten Beziehungen zum Menschen, zur Welt. Sein letzter Grund bleibt verschlossen und undurchsichtig, der Grund seiner schöpferischen Freiheit, seiner planenden Führung und Fügung; ist dem Menschen doch oft die eigene Freiheit undurchsichtig und der innerste Raum des ihm seinsmäßig gleich hoch stehenden Mitmenschen völlig unzugänglich. Es bleibt nur eine Einsicht: daß die Wirklichkeit, die aus jenem absoluten Grund entlassen wird, von dort einen absoluten Sinn mitbringt, der aber gerade durch seine ursprüngliche Beziehung zum Absoluten dem Menschen in vielem uneinsichtig bleibt. Welcher Stellenwert dem einzelnen Menschen im Seinsganzen zugewiesen ist, was ihm als konkrete Aufgabe mitgegeben wurde, das ist oft erst am Ende eines Lebens zu vermuten, und das zu enthüllen bleibt oft überhaupt dem endgültigen Eingang in das letzte Licht vorbehalten.

Und das ist ein zweiter Anlaß, die Dinge und Ereignisse des Lebens anzunehmen und zu meistern, wie sie sich fügen: die Ordnung des Daseins ist die Spannung Immanenz-Transzendenz. Die letzte Absicht ist aber doch der endgültige Überstieg in das Jenseitige, die endgültige Verwirklichung der Transzendenz. Damit sind zwei Einsichten gegeben: einmal ist es von dieser Absicht her eigentlich zweitrangig, in welcher Weltsituation der Mensch den Transzendenten sichtet und sich zu ihm durchhält. Jede Weltbegegnung ist geeignet, dem Menschen das Ganze aufzuschließen und ihm die Treue zum Ganzen, die echte Unterscheidung und Entscheidung abzufordern. Es bleibt bei dem: jedem Kommenden und Geschehenden gewachsen sein und ihm das Ganze abringen!

Dazu kommt das andere: das menschliche Leben entzündet sich immer wieder und nur an der Weltbegegnung. In ihr leuchtet ihm das Letzte, Absolute auf, als letztes Ziel und letzte Heimat. Der letzte und endgültige Überstieg gelingt dem Menschen nur im Durchbrechen der jetzigen Ordnung, durch einen endgültigen Ausstieg aus dem Lebensraum. Die Bindung an die Welt muß gelöst werden, um in ein direktes Gespräch mit dem Absoluten zu kommen. Das aber bedeutet eben die Auswanderung aus einer Grundordnung, das Zerbrechen eines Natürlichen, das bedeutet den – Tod. Zum zweitenmal begegnet er dem Menschen als natürliches Ereignis des Lebens, jetzt als das natürliche, wenn auch deswegen nicht weniger harte und schmerzliche Brechen der Schranken, als Tor zum Leben. Das heißt aber, zum Menschendasein gehört, um seiner Vollendung willen, der gewaltsam-plötzliche oder allmähliche Abbau der Weltlichkeit. Dieser abstrakte Satz bedeutet konkret nichts anderes als eine Unsumme von Leid und Not, das heißt Krankheit und Siechtum, Heldentod und Schlaganfall, eben die tausend dunklen Vielfältigkeiten, unter denen das Menschenleben erzittert und die es doch, sie in aller Härte stehenlassend, als sinnvolles Geschehen begreifen soll, wenn es sich recht versteht. Es ist ein Dasein zum Ende, aber zum

Ende des Vorläufigen, zum Anfang der Teilhabe und der direkten Begegnung mit dem Ganzen, dem persönlichen Gott.
Gerade in der Begegnung mit dem Transzendenten und Absoluten erfährt der Mensch grundsätzlich, was ihm tatsächlich jede seiner Fähigkeiten und jedes seiner Erlebnisse offenbarte: die Grenze. Daß der Mensch ein endliches Wesen ist, der Unendlichkeit fähig, aber nur in Beschränkung auf eine Sicht, auf einen Ausschnitt, auf eine Möglichkeit unter vielen, die ihm offenstehen, von denen er die meisten sich versagen und opfern muß. Schon dieses Erlebnis der Grenze – ohne den direkten Bezug auf das Zu-Ende-Gehen des Lebens –, diese Spannung zwischen dem Wissen um das Mehr und dem Können und Sein des Wenig kann für ehrliche Geister eine Quelle tiefer Schwermut und eigentlichen Leidens sein. Dieses Erlebnis der Endlichkeit infiziert jegliches Werk und jegliches Glück, es hält alles irgendwie in der Schwebe und bewahrt den Menschen davor, Endgültigkeiten zu suchen und zu finden, wo keine sind.
Diese Beschränktheit des Menschen hat über die erlebte und dadurch belastende Tatsächlichkeit hinaus ihre Bedeutung für die konkrete Lebensgestaltung des Menschen, die eben unter dem Gesetz der Grenze wieder ein Anlaß zu Not und Sorge und Leid sein kann. Der Mensch kann irren, weil seine Einsichts- und Urteilsfähigkeit eben beschränkt ist: eine banale Feststellung! Aber wieviel Unglück und Leid stammt aus dem Irrtum! Eheirrtum, Berufsirrtum, Geschäftsirrtum, Verwaltungsirrtum usw.: jedesmal umschließt die angeführte Tatsache Unglück oder Katastrophe über ein Leben, oft über eine Familie und noch größere Gemeinschaften. Und so oft ein Irrtum, der auf eigene Rechnung geht, auf Oberflächlichkeit, Hast, Leichtsinn, auf mangelnde Prüfung und Unterscheidung! Und dann der dunkle Strom, der aus den falschen Entscheidungen zusammenfließt! Die Schuld! Auch die Freiheit des Menschen steht unter dem Gesetz der Endlichkeit. Nicht als ob ihre Echtheit als Freiheit herabgemindert sei, aber die Echtheit ihrer Übung ist in Frage gestellt und ist oft mehr als das, ist mißlungen. Der Mensch kann sich gegen das Ganze, gegen die Seinsordnungen und gegen die herrscherliche Hoheit des Absoluten stellen. Allerdings, was gestörte Ordnung bedeutet, das weiß der moderne technische Mensch aus seiner Maschine und aus seinem Funktionsbegriff. Daß das Ganze gleichsam zurück-

schlägt, daß die gestörte Ordnung nicht mehr einen Raum für ein ungestörtes Dasein bietet, ist selbstverständlich. Die falsche Unterscheidung und die falsche Entscheidung haben viel beigetragen zur Verwirrung des Lebens, und der Mensch darf dies nicht übersehen, wenn er nach dem Sinn seiner Trübsale fragt.

Schließlich muß noch ein früherer Gedanke in diesem Zusammenhang wiederholt werden: der Mensch ist Glied der Natur, der untermenschlichen Welt, und damit Gesetzlichkeiten unterworfen, die seinem Willen und seiner Entscheidung entzogen sind. Er ist in die Entwicklungen, die aufbauenden und die katastrophalen, der Materie mit einbezogen. Er teilt ihre Schwere, ihre Brutalität und Härte, ihren Zerfall und ihre Verletzlichkeit. Er ist an ihre Bedürfnisse gebunden und an ihre grausame Dialektik. Auch dies bedeutet für den Menschen die Möglichkeit und die Tatsächlichkeit von Leid und Unheil. Daß er krank sein, daß er sterben kann, ist das notwendige Ergebnis seiner physischen Materialität.

Sind durch all diese Überlegungen Leid und Not und Schuld leichter geworden? Geben sie ihren letzten Sinn her? Vielleicht tragen solche Versuche dazu bei, es nicht allzu unsinnig zu finden, daß der Mensch den dunklen Weg gehen muß. Aber seinen letzten Sinn behält das harte Schicksal für sich. Es steht da, wie der Mensch überhaupt sich zunächst einmal als reines Da begreifen muß, gesetzt und gestellt, ohne Frage und ohne Flucht, sondern mit der Aufgabe, fertig zu werden mit sich, und zwar echt und sachlich treu fertig zu werden. Die Not ist da, und in der beredten Stille ihres Da liegt vielleicht ihr tiefster Sinn: daß sie den Menschen blutig ernst und spürbar vor die Grenze stellt, ihm den alten, versucherischen Göttertraum aus den Augen wischt und ein dauernder Anruf an seine Kraft ist, eine dauernde Mahnung an seinen Weg und sein Ziel. Der hat das Leid am wenigsten verstanden, der an ihm zerbricht. Es bringt den Menschen mehr als alles andere vor sich selbst, bringt ihn zur Prüfung seiner Haltungen, zur Frage nach der Schuld, zur Einsicht in die Einstweiligkeit und Vorläufigkeit des Jetzt. Es schreibt ihm ins Blut und in die Seele, daß das Leben ein harter Gang ist um die eigene Existenz und um ein ewiges Leben. Mensch-Sein ist eine harte, eine ernste und eine riskante Sache. All die Proklamationen der Menschheitsbeglücker von einem Paradies auf Erden ist müßiges und törichtes Gerede.

Aus den Bedingungen und Möglichkeiten und Grenzen des Seins

in der Welt holt den Menschen niemand heraus; nur der letzte Gang befreit ihn, und der ist zugleich Zerbrechen und Abschied der Innerweltlichkeit. Höchstens verdirbt man dem Menschen Sinn und Geschmack an sich selbst und betrügt ihn so um eines der echtesten Glücke, die die Erde geben kann: das ehrliche Wagnis und die harte Treue. Der Mensch, vor sich selbst gerufen und sich selbst prüfend, wird einsehen, daß sein Dasein hart ist und daß Not, Kampf, Wagnis, Risiko und Opfer zu seinen Selbstverständlichkeiten gehören. Wer sich so versteht, wird etwas von dem harten und herben Glück verspüren, das ehrliches Ringen und zähe Treue zu einer Aufgabe hergeben. Und dieses Glück wird wachsen dadurch, daß der Mensch sich selbst als Aufgabe erlebt und sich wachsen spürt unter den harten Schlägen des Lebens, die er aus seinem härteren Willen zu sich selbst und zu seinen Ordnungen trägt und aushält. Meisterschaft und Meisterwerk: sie werden beide aus Not und Mühe, sie sind beide die Form des Daseins, denen der Mensch entgegenstrebt – auch über den dunklen Weg.

10. Der Mensch vor sich selbst

Hat es einen Sinn, den Menschen vor sich selbst zu rufen? Soll der Mensch nicht viel mehr loskommen von sich, hinaus in die Sachlichkeit des Dienstes und der Ordnungen, hinein in die Ehrfurcht und Anbetung des souveränen Herrn aller Wirklichkeit? Ist es nicht ein Zeichen von dekadenter Müdigkeit, wenn der Mensch so viel um sich selbst fragt und besorgt ist? Es wird sich zeigen, daß diese Bedenken ihren Grund haben und daß es eine Gegenwart des Menschen zu sich selbst gibt, die keine Befreiung, sondern eine Knechtung des Menschen unter die kleinen und kleinlichen Sorgen seiner Existenzsicherung bedeutet. Damit ist aber noch gar nichts gesagt gegen das Anliegen dieser Überlegungen. Es geht hier gar nicht um eine Verkrampfung des Menschen in sich, es geht um seine Entlassung in den echten Raum des Wirklichen und um seinen Mut, der ganzen Wirklichkeit sich zu stellen und ihr gewachsen zu sein. Der gegenwärtige Mensch hat weithin die innere Fühlung mit dem Sein, mit dem alten Wahren und Echten verloren. Er hat diese Fühlung verloren, nicht weil er das Wirkliche nicht mehr wollte, weil er sich einem buddhistischen Nirwana entgegensehnte. Selten griffen wohl die Menschen hungriger und eifriger und hastiger nach dem Wirklichen, selten haben sie sich intensiver und härter dem Dienst und der Arbeit verschrieben oder wurden diesen Einsätzen ausgeliefert. Und doch fehlt irgendwie das Ganze. Der Mensch versteht sich selbst nicht mehr. Das greifende Organ ist irgendwie geschwächt, das suchende Herz stumm und müde geworden. Die Entscheidungen, die fällig sind, werden zuerst nicht draußen im Bereich der Dinge fallen, sie werden und müssen geschehen im inneren Raum des Menschen. Wo immer sich der Mensch aus einem falschen Verständnis seiner selbst an ein Werk begibt, wird er es nicht recht leisten, wo immer er mit einem Irrtum über das eigene Sein die Wirklichkeit anrührt, wird er sie verfehlen oder vergewaltigen. Seine eigene Ordnung entscheidet über das Gelingen der Ordnungsaufgabe, die der Mensch dem Gesamten gegenüber hat. In ihm soll die Welt mündig und vollendet werden, Idee und Tat; und seine Mängel werden die Mängel der Ordnung und der Leistungen, der Gemeinschaften und der Kulturen sein. Deshalb soll und muß der Mensch sich selbst verstehen und immer wieder vor sich selbst stehen. In sich, als er selbst, ist ihm das Wirkliche unausweichlich nahe und offen. Und daß der Mensch die alte Frage nach dem Sein und Sinn nicht loswird, daß ihn alles Tun und alles Leid immer wieder auf sich selbst zurückwirft, macht deutlich, wie unerbittlich ernst die Wirklichkeit daran festhält, im Menschen den Ort ihres Verständnisses und ihrer Entscheidung zu erwarten und zu finden.

Es bleibt bei der alten Frage: Was ist der Mensch? Nicht grüblerische Verfangenheit stellt diese Frage und auch nicht müßige Spielerei und ichsüchtige Wichtigtuerei. Der Sinn des Ganzen ist mit dieser Frage gemeint, und um des Ganzen willen muß der Mensch sich finden und verstehen.

Ja, was ist der Mensch? Man hat ihn das große Rätsel genannt, das Gott dem Menschen aufgegeben habe. Der Sinn eines Lebens wäre dann, diesem Rätsel, das es selbst ist, eine brauchbare und tragbare Deutung abzuringen. Und man hat den Menschen ebenso aphoristisch das große Experiment genannt, das Gott unternommen habe, um die Grenzen seiner Allmacht auszuwägen. Es wurden Wirklichkeitsmomente zusammengefügt, die ihrem innersten Gesetz nach nicht zusammengehören und deren Einheit nur unter Aufbietung aller kreatürlichen Kraft und unter dauernder göttlicher Nachhilfe gewahrt werden kann. Die Möglichkeit des Menschen ist nur durch seine Tatsächlichkeit erwiesen. Wobei dann diese menschliche Tatsächlichkeit oft genug durch die Brüchigkeit und Labilität des menschlichen Daseins Argumente beistellt gegen die Möglichkeit einer vollen Verwirklichung dessen, was mit der Idee Mensch gemeint wurde.

Mensch als Rätsel, Mensch als Experiment? Das mögen ganz gescheite Einfälle sein, aber das Leben des Menschen und der Sinn, um den es dem einzelnen spürbar geht, sind zu ernst, als daß die letzte Aussage über sie ein paar kurzatmigen Aphorismen anvertraut werden dürfte. Gewiß ist der Mensch keine eindeutige Wirklichkeit wie die Dinge unterhalb seiner Seinsdichte. Geistigkeit und Freiheit ebenso wie seine Bindung an die arationalen und irrationalen Mächte des Wirklichen entziehen das konkrete Leben und den konkreten Menschen weithin einer Berechnung und Fixierung. Das Leben läßt sich nicht in starre Formeln und mechanisch-kontrollierbare Abläufe zwingen. Es bricht immer wieder aus und findet neue Wege und neue Möglichkeiten. Gesteigert wird diese Unergründlichkeit des Menschen noch durch seine Beziehungen zum Absoluten. Er trägt die Züge Gottes – secundum imaginem suam! (Er schuf ihn »nach seinem Bilde«.) –, er trägt das Siegel Gottes, er ist Gottes bedürftig und Gottes mächtig. Der Mensch umspannt und umgreift das Ganze als solches und alle seine einzelnen Besonderungen. Er ist Abgrund und Höhe, Klarheit und Finsternis, Kraft und Ohnmacht, Geist und Leib, Liebe und Gewalt. Man soll sein Unergründliches nicht in das spielerische Wort Rätsel einsperren und auch nicht in das unernste und unfertige Experiment verbannen. Der Mensch ist größer als der eigene Blick, weil er Räume birgt, die er selbst mehr ahnt als besitzt, weil er über sich hinausragt und erst von draußen, vom größeren Ganzen her begriffen werden kann. In den Begriff des Menschen gehört nicht nur der Mensch, zu ihm gehört die Welt und das Sein als solches und das Ganze und Gott, die Heimat alles Wirklichen. Weil der Mensch in die letzten Hintergründe des Wirklichen hineinreicht und an den letzten Unbegreiflichkeiten teilhat, soll man seine Verschlossenheit und Undurchsichtigkeit Mysterium nennen, Geheimnis. Er stammt aus dem Geheimnis Gottes und wird dorthin zurückkehren, mit Augen, die durch die Bewährung des Lebens kräftiger und fähiger geworden sind, die Geheimnisse auszuhalten. Wenn der Mensch sich selbst begegnet mit der Ahnung, daß er Geheimnisse trägt, echte Geheimnisse, Sachverhalte, die wirklich und groß sind und aus Gott stammen, dann wird er die billige Leichtfertigkeit verlernen, mit der er sich manchmal weggibt und verschenkt an Instanzen, die seiner nicht wert sind; dann wird er eine letzte Ehrfurcht vor sich selbst haben, und er wird die Selbstbegegnung mit dem Ernst vollziehen, der ihr allein ihre ergiebige Fruchtbarkeit sichert. Er wird immer, durch alle Erlebnisse und Schicksale hindurch, unter dem Eindruck der großen Würde stehen, die ihm eignet, die er zu hüten hat und ohne die er sich mißversteht.

Denn das nur darf gemeint sein, wenn es darum geht, den Menschen vor sich selbst zu rufen: daß er der Wirklichkeit sich stellt in Ehrfurcht, Ernst und sachwilliger Offenheit. Der eigenen Wirklichkeit zu begegnen und von ihr sich zu sich selbst führen zu lassen: das darf die einzige und letzte Absicht dieser Selbstbegegnung sein. Wo der Mensch anders vor sich gerät, erschließt ihm seine Gegenwart nicht die unverkürzte Wirklichkeit, sie bedeutet dann nicht Unterweisung, Führung und Berufung zum Selbstvollzug des Lebens, sondern mißrät in Krampf und Erstarrung und Egoismus.

Das wäre dann die andere Art einer Gegenwart des Menschen vor sich selbst, die nicht aus dem gelösten und ehrfürchtigen Nachvollzug der vorgefundenen Wirklichkeit stammt, sondern aus einem aprioristischen, gewaltsamen Willen zu sich selbst als diesem konkreten und einzelnen Ich. Auch in dieser Selbstbegegnung weiß der Mensch dauernd von sich selbst, er ist gleichsam gefesselt und fasziniert von sich, und doch handelt es sich um nichts anderes als um ein überwaches und übereifriges und überempfindliches Selbstbewußtsein. Menschen solcher Art sind eingesperrt und eingekrampft in eine überzüchtete Reflexion. Sie kommen deshalb gar nicht zu den sachhaften Wirklichkeiten, auch nicht zu denen des eigenen Seins, sondern immer nur zur eigenen Geltung-Bewertung. Ihre Urteile und Entscheidungen geschehen fast ausschließlich unter der Rücksicht der Geltung und Sicherung und des Rechthabens. In einem sehr sublimen und bis zur Tarnung und Täuschung unter der Maske der Sachlichkeit versteckten Stil und Rhythmus tanzen diese Menschen um sich selbst. Sie haben sich selbst nie bis zu den Grenzen entdeckt oder ernst genommen, an denen man sich loslassen muß, um sich selbst und das andere Sein besitzen zu können und behalten zu dürfen. Die Art dieser Menschen ist die Setzung, die Behauptung, nicht die Begründung aus den Zusammenhängen, ihre Erkenntnis ist die Konstruktion, nicht der Nachvollzug, ihr Stil ist die eigenwillige, harte, despotische Linie, nicht die sanfte oder stürmische Bewegung des Windes, der Wetter, der Meere, eben des Lebens. Dieser in seine Allgegenwart verfangene Mensch ist nicht offen, gesellungsfähig, ursprünglich sprudelnd, wagend und meisternd, sondern eigenwillig bis zum Eigensinn, verschlossen, einsam und immer in Abwehr. Seine Sprache liebt die Ichform, von sich aus mißt er die Wirklichkeit, das heißt er ist dauernd am Korrigieren, und deshalb wird das Wirkliche selbst verfehlt. Es hat keinen Sinn, hier über die Genesis und die Heilung dieses Ichbewußtseins zu sprechen. Es sei nur gesagt, daß dies nicht die Gegenwart des Menschen zu sich selbst ist, von der in diesen Überlegungen die Rede war. Und ebenso sei gleich hinzugefügt, daß die andere, härtere und brutalere Form der Ichverfangenheit, der banale und gewalttätige Egoismus, heiße er nun Willen zur Macht oder zum Genuß oder gesteigerte Selbstbehauptung oder Durchsetzung der Lebensrechte, hier nicht gemeint sein darf.

Die Gegenwart des Menschen zu sich selbst und vor sich selbst, um die es sich hier handelt, ist eine andere und meint etwas anderes. Ihre Absicht geht gerade darauf, den Menschen aus allem Unechten und Trügerischen zurückzurufen vor das Sein, vor die unverkürzte Wirklichkeit. Die Mißergebnisse des Menschentums stammen ja immer aus einer willkürlichen, bewußt-gewaltsam vollzogenen oder stillschweigend übernommenen Verkürzung der Wirklichkeit. Der Mensch soll die richtigen Schwerpunkte wieder finden und die richtigen Perspektiven wieder entdecken, die ihm die rechte Ordnung und Gestaltung des Lebens ermöglichen. Deshalb soll und muß das erste Ergebnis dieser Rückkehr zu sich die Kunst der richtigen Sicht sein. Die ganze Wirklichkeit soll vor dem Menschen wieder erstehen. In einer schlichten Unvoreingenommenheit und Offenheit soll der Mensch die eigene, vielschichtige und gespannte Wirklichkeit in den Blick bekommen. Schon die Entdeckung der innersten Räume des Menschen – Geistigkeit, Freiheit, Transzendenz, Gewissen – wird seinen Geschmack ändern und seine Ansprüche an das Leben steigern und veredeln. Geschmack, Stil, Diskretion, ein ehrliches Bewußtsein eigener

Würde und Höhe sichern dem Menschen die innere Überlegenheit, die ihn vor dem Verfall an die Situationen, in die er gerät und durch die er gehen muß, bewahrt. Diese Sicherung vor dem Verfall, die gar nichts zu tun hat mit der rentnerhaften Erstickung des Wagnisses, dieses im Gegenteil erst ermöglicht, weil es ihm die tragfähige Substanz verbürgt, ist der erste Damm gegen den Strudel der Vermassung, des verlorenen Urteils, der materialen Knechtschaft.

Wie weit entfernt diese sachwillige und sachgerechte Einkehr bei sich von jeder Verengung und Verkümmerung des Menschen ist, zeigt die Tatsache, daß gerade sie den Menschen in die ganz großen Räume und Dimensionen der Wirklichkeit verweist und so seinen Einsichten die endgültige Perspektive und seinen Einsätzen die endgültige Wucht vermittelt. Denn die Rückkehr zu sich selbst führt den Menschen in der einzig legitimen Weise von sich weg, verlangt gerade als Ermöglichung ihrer eine Auskehr des Menschen aus sich und hebt ihm so die ganze innere Bewegtheit und Gespanntheit seines Daseins ins Bewußtsein.

In dreifacher Stufung und Schichtung erkennt der Mensch der ehrlichen Begegnung und der offenen Sichtung die eigene Wirklichkeit. Er findet das Ich als unantastbare und undiskutierbare Mitte seines leibgeistigen Wesens, als Träger seines Lebens und Ort seiner Eigentlichkeit. Er entdeckt die Weltlichkeit als Ordnung und Bindung und einzigen Weg zur aufgegebenen Selbstverwirklichung, und zwar eine vorgegebene und zugleich dauernd aus der Mitte zu vollziehende Weltlichkeit. Beruf, Arbeit, geschichtliche Verantwortung und dienstbare Verpflichtung an die Epochen der Welt (in ihrem Vollsinn als Zusammen von Natur, Kultur und Geschichte) besitzen von daher eine letzte, von keiner Vergötzung zu überbietende Dringlichkeit für die Selbstbehauptung und Selbstentfaltung des Menschen und besitzen ebenso eine ursprüngliche und urtümliche Kraft und Berechtigung, den Menschen an sich zu binden. Und schließlich geht dem Menschen gerade im Weg-von-sich-selbst in die Welt das Seinsganze auf, der innerweltliche Kosmos als Ordnung und Fügung und die Transzendenz, der Überstieg ins Absolute. Nur wenn die Welt von diesem letzten Feuer durchglüht ist, vermag sie ihre ganze Würde zu betonen und die ganze Wucht, eine undiskutierbare Wucht, die Verpflichtung auf den Mensch zu legen. Und nur wenn der Mensch in diese

Räume des Endgültigen sich begibt, vermag er die Tiefe des eigenen Atems und die Weite der eigenen Wirklichkeit und Kraft zu ahnen und die sachlich-verhaltene Glut und Härte eines echten Weltdienstes zu leisten. Zweifach muß der Mensch von sich weg: in die Welt, aber vollziehend, entscheidend, aus der eigenen Mitte; und in die Transzendenz, den endgültigen Raum, aber wieder nachvollziehend, bewußt bejahend und entscheidend; und nur in diesem doppelten Abschied findet er sich selbst echt und unverkürzt. Nur aus dem Willen zu diesem Ganzen, zu diesem Ineinander von Ich, Welt und Seinsganzem wird er dem Ganzen und damit jedem Moment der Wirklichkeit gerecht; wird er auch die Welt richtig nehmen, sie nicht verkürzen und berauben. Denn auch die Überschätzung und Verabsolutierung ist eine Verkürzung und Vergewaltigung der betreffenden Wirklichkeit.

Damit ist als zweites Ergebnis der Einkehr zu sich neben der Sicht des Ganzen und von ihr getragen und gefordert schon die Entscheidung als Möglichkeit und Pflicht gesichert. Der bewußte Vollzug des gesichteten und gelichteten Daseins ist die einzig menschentümliche und so menschenwürdige Form des Lebens. Urteil, Gewissen, Selbständigkeit und Verantwortungskraft sind damit gefordert; und diese Haltungen und Vollzüge sind es auch, die den Menschen bewahren vor und ihn herausholen aus dem breiigen Zustand der Vermassung, der willenlosen Hörigkeit, der würdelosen Preisgabe des Intimen und Persönlichen. Der Mensch soll wieder lernen, auf eigene Rechnung zu leben, in allen Schichten und Formen menschlichen Daseins. Er wird dann mit dem Absoluten sich ebenso selbständig, persönlich und seinsgerecht auseinanderzusetzen wissen, wie mit der Welt und ihren Ordnungen.

Und damit ist schließlich als reife Frucht der Heimkehr zu sich die große und überlegene Lebenssicherheit verheißen. Dies aber gar nicht in der Bedeutung von Versicherung und Geborgenheit und traulicher Heimeligkeit des Daseins. Gerade wo der Mensch der ganzen, unverhüllten Wirklichkeit sich stellt, reißt er dem Leben die trügerische Maske der falschen Sicherungen und Verheißungen vom Gesicht und sieht es, wie es ist: als Aufgabe, hart, grausam, gefährlich. Er durchschaut die falschen Idole von beständigem Glück und irdischer Sättigung und behüteten Gärten. Der offene Wind, die ungedeckte Straße, das ungeborgene Meer: das sind die Bilder, in denen das Leben seinen wirklichen Inhalt anbietet. Und ganz weit am Horizont und durch ihn, der erst durchbrochen werden muß, hindurch leuchtet die Verheißung einer Ankunft und letzten Heimkehr auf. Der Mensch der ganzen Wirklichkeitssicht und des ehrlichen Selbstbesitzes begegnet diesem Leben als ein Wissender und als Wollender und deswegen als ein Überlegener. Wenn einmal alle Sterne erlöschen und alle Bücher verbrennen und alle Verantwortlichen verstummen sollten, der Mensch der eigenen Gegenwart trägt das Buch des Wirklichen, die Tafeln der Werte, den Plan der Ordnungen und den Willen zur Behauptung und Verwirklichung als seine eigene Wirklichkeit. Dem Einsatz dieser Möglichkeiten wird ein letzter Segen und eine letzte Weihe nicht fehlen.

Vor dieser Klarheit über die Möglichkeiten des Daseins, immer neu erworben aus der Begegnung mit sich selbst, zerstiebt die kosmische und metaphysische Wehleidigkeit, die überall Tragik und Schicksal klagt und jammert und wimmert, wo Kampf und Auftrag und Opfer abverlangt sind, ebenso wie die geblendete Verfallenheit an Trieb, Wirbel, Meinung, Straße und Daseinskitsch. Des Menschen Dienst an der Erde ist noch nicht zu Ende; ungeheure Räume warten noch auf die Eroberung und Meisterung durch den Geist; der herrscherliche und schöpferische Gang des Geistes durch die Geschichte hat noch einen weiten Weg vor sich; immer wieder wird vom Menschen neue Ordnung, neue Kultur, neue Form der Selbstdarstellung und Selbstentfaltung erwartet und geleistet werden. Aber immer nur von dem Menschen, der sich selbst begründet hat und an seiner eigenen Wirklichkeit erwacht ist zur Würde und Höhe und Freiheit des selbstverantwortlichen Lebens.

Immer ist der Mensch verlangt, der ein fähiger Partner des Gesprächs, des Dialogs sein kann, als der das Leben und die Geschichte sich ereignen: Dialog des Menschen mit dem Menschen, des Menschen mit den Dingen, des Menschen mit Gott; Dialog als stille Partnerschaft und Treue, Dialog als Beitrag und Förderung; Dialog auch als harter Kampf und Einsatz. Aber dies alles setzt den Menschen voraus, der sich selbst besitzt, der vor sich selbst gerufen und im Durchblick durch die eigene Wirklichkeit das Ganze gewinnt; wissend, entscheidend, kampfes- und opferkundig, willens, er selbst zu sein, alle Möglichkeiten des Lebens auszuhalten und durchzustehen und alle Handlungen und Einsätze mit der eigenen, persönlichen Unterschrift zu decken. Diesem Menschen wird das Ganze sich eröffnen und sich ergeben, weil er verstand zu sehen, zu prüfen, zu entscheiden und zu wagen. Das heilige Wort: wer sein Leben behalten will, wird es verlieren, wer es aber drangibt, der wird es gewinnen, ist mehr als nur ein positives Gesetz innerhalb des religiösen Raumes, in dem es gesprochen wurde. Es ist ein Wort und ein Gesetz der Wirklichkeit als solcher, und wer es vollzieht, wird sich und das Ganze besitzen. Gerade um diese Gegenwart des Menschen vor sich selbst geht es aber, gewonnen aus der mutigen Übernahme und Leistung der ganzen Wirklichkeit.

3

Aus Delps
Predigten

Unschuldige
Kinder

> In dieser Predigt aus der Kriegszeit gibt
> Delp seine Antwort auf die Frage, warum
> trotz der Menschwerdung Gottes das Leid
> geblieben und wegen der Menschwerdung
> neues Leid auf die Welt gekommen sei.

Rachel weint um ihre Kinder
und läßt sich nicht trösten; denn sie
sind nicht mehr (Mt 2, 18)
Schon der Stephanstag hat uns gesagt, daß Weihnachten kein Idyll ist. Nicht umsonst haben die Alten dieses Weihnachtsgeheimnis unter die großen Mysterien gezählt, unter die Geheimnisse, bei deren Anblick die Kreatur aufschreien sollte vor Staunen und Schrecken, daß Gott in solche Daseinsformen geraten ist. Die Alten hatten noch mehr Weistum als wir, und sie ahnten noch und wußten noch, daß die Gegenwart des Großen und Allergrößten in der Welt, in unserer Nähe nicht nur eine segnende, nicht nur eine beglückende und gleichsam zum Glück vergewaltigende ist, daß die Gegenwart des Größten immer auch eine fordernde und verlangende Gegenwart ist. Und daß genau so, wie das Krippengeheimnis herausgewachsen ist aus einem Ratschluß, einem Entschluß des Herrgotts, von diesem Krippengeheimnis her nach einem Entschluß, einer Bereitschaft, einer Hingabe des Menschen gefragt ist. Darum ist Weihnachten mehr als ein kinderseliges Fest: Es ist das Fest der Menschwerdung. Und seitdem ist unser Leben reich und gesegnet, und wohl nie hatte die Welt mehr Glanz und die Erde mehr Wirklichkeit als in dem Moment, da Gott in sie einging; und nie ist die Welt innerlich schöner und gesegneter als in Augenblicken, da Menschenherzen sich öffnen und dieses Geheimnis in sich wiederholend geschehen lassen. Und doch bleibt es eben die Welt und bleibt es der Mensch und ist Gott Mensch geworden und nicht der Mensch Gott, und bleibt die alte Ordnung und die ungeheure Spannung, daß das Licht leuchtet,

aber immer wieder in der Finsternis. Und die beiden werden zusammengehören und sind zusammengezwungen bis zum Ende, bis die Finsternis abstürzen wird in ihre Abgründe und bis das Licht uns heimführen wird an die seligen Quellen im Herzen der Gottheit. Und dazwischen liegt eben unser Leben, und in dieser Spannung geschieht unser Dasein.

Nehmen wir doch das Geheimnis – wirklich ein Geheimnis –, das wir heute in der Messe feiern. Da haben wir noch vor Tagen gesungen von der Mutter mit dem Kinde und diese Mutter mit diesem Kinde begrüßt als den großen Jubel und den großen Segen der Erde und die Erde aufgefordert, froh zu sein und ihrer selbst sicher zu sein, weil dieses Kind gekommen ist und diese Mutter es auf ihren Händen trägt. Und jetzt weinen, weinen Mütter um ihre Kinder, um dieser Mutter und um dieses Kindes willen. So sind die Dinge ineinander verwoben. Jetzt lesen wir im Evangelium: Rachel weint um ihre Kinder und läßt sich nicht trösten; denn sie sind nicht mehr (Mt 2, 18). Ja, wo ist da noch Weihnachten? Was ist denn geschehen? Geschehen ist zunächst dreierlei und in diesem Dreierlei liegen fast alle die Fragen beschlossen, die uns quälen, fast alle die Fragen, die uns angehen und um die wir Sorge haben.

Geschehen ist einmal, daß da eine Macht existierte, eine Gewalt, die sich bedroht fühlte, bedroht durch das schweigende Kind, das schweigende Kommen des Herrn. Und geschehen ist zugleich, daß diese Macht sich absolut setzte, sich undiskutierbar setzte; es kam gar nicht in Frage, über die eigene Gültigkeit oder Ungültigkeit nachzudenken und sie irgendwie in Frage zu stellen. Und geschehen ist dann, daß diese Macht zu den gewöhnlichen Mitteln der Macht und der Gewalt griff, mit der eben Brutalität sich notwendig macht und sich hält und sich absolutsetzt; zur Vernichtung. Dies war das erste.

Und geschehen ist dann das zweite: Gestorben sind nicht irgendwelche Menschen, die diese Macht tatsächlich bedroht haben, gestorben sind Unschuldige, die gar nichts damit zu tun hatten. Und gestorben sind nicht nur etwa unbeteiligte Menschen, gestorben sind Kinder, gar keiner Entscheidung, gar keiner Stellungnahme fähig.

Und geschehen ist dieses dritte, daß diese Kinder gestorben sind wegen dieses andern Kindes aus dem Weihnachtsgeheimnis, daß dieses Leid in die Welt kam und diese Mütter weinten und diese Kinder starben, weil Gott ein Kind geworden ist.

Und in diesen drei Dingen, die geschehen sind, sind einfach alle die Fragen enthalten, die das Leben immer plagen und die uns heute plagen, und die vielleicht an so stillen und verheißungsvollen Tagen wie Weihnachten verstummen und zurücktreten, oder aber vielleicht noch härter und intensiver und blutvoller nach Antwort fragen. Ist das nicht die erste Frage: Wie kann es nach dem Aufgehen des Sterns von Bethlehem immer noch brutale Gewalt auf der Erde geben, die um keine Ordnung und kein Recht sich kümmert, sondern nur schlägt und nimmt und sich selbst behauptet und kein anderes Maß und Ziel kennt als die eigene Sicherheit? Da ist die zweite Frage: Wie kommt es, daß nach dem Aufgehen des Sterns von Bethlehem die Unschuld noch leidet und immer mehr leidet? Und die dritte Frage: Wie kommt es, daß durch das Weihnachtsgeheimnis nicht nur alles das nicht aus der Welt hinausgenommen ist, daß eigentlich durch das Kommen Christi noch mehr Leid und noch mehr Not und noch mehr Sorge in diese Welt gekommen ist? Die Mütter von Bethlehem hätten nicht geweint und brauchten nicht zu weinen ohne den Herrn und ohne sein Kommen. Und die Tausenden und Abertausenden, die schon erschlagen wurden um des Herrn willen, die brauchten nicht zu sterben, so er nicht kam, und die Abertausenden und Millionen, die in inneren Konflikten stehen um des Bekenntnisses willen – ja, wieviel Tränen des Geistes, wieviel Zähren der Seele sind da schon geflossen um dessentwillen, daß er gekommen ist! Was ist nun eigentlich der Sinn der Weihnacht, wenn man das alles so ansieht und einmal wegnimmt den vordergründigen Jubel und die Hintergründe anschaut? Warum ist das alles noch so und kann noch so sein und darf noch so sein, wenn der Stern von Bethlehem aufgegangen ist als der Stern der großen Erlösung, wie wir ihn verehren und verkünden?

Die Antwort auf diese Fragen ist nur eine einzige und die heißt: Weil Gott Mensch geworden ist. Gott ist nicht als Gott in seiner Majestät, in seiner unverhüllten Herrlichkeit in die Welt gesprungen. Gott steht auch nicht in der Welt und in der Geschichte als einer von den vielen Messiassen, die aufgetreten sind und die den Menschen immer nur eines versprochen haben: ein tausendjähriges Reich, ein Paradies auf Erden, ein Freisein von allen Sorgen.

Nein, vom ersten Moment seines Daseins an hat der Herr gezeigt, vom Herrn her ist das anders beschlossen und anders gemeint. Er ist Mensch geworden und hat die Menschenordnung und das Menschenschicksal bestehen lassen und sich hineingefügt und deswegen all dem, was da in der Welt sich begibt, was in der Welt schlägt und zuschlägt und herumbraust und herumwirbelt, einen anderen Sinn gegeben. Seitdem ist auf dem Untergrund aller Dinge Gott, der Herr, zu finden. Seitdem gibt es Menschen, Menschen mit allen menschlichen Nöten und Sorgen, die doch das Geheimnis Gottes nicht nur in ihrem Wesen, sondern auch in ihrem Leben, ihrem Dasein tragen. Und seitdem braust die Geschichte immer wieder wie vorher hart und brutal und grausam und gesetzmäßig durch unser Dasein, und doch liegt ein anderer Sinn dahinter; denn jetzt ist wirklich Gott Mensch geworden, und der Mensch kann seinem Gott begegnen, nicht in weiten Fernen, sondern indem er sich gerade in das hineinbegibt, was das Irdische ist und was das Menschliche ist. Das alles hat jetzt einen anderen Sinn bekommen. Das alles hat nicht mehr den Sinn, daß man die Dinge um ihrer selbst willen so ernst und hart und blutig nehmen muß, nein, um des andern willen, daß ihnen anvertraut ist, weil sie das Geheimnis des Herrn tragen. Und seitdem ist es eben wirklich so, daß gerade wir aus dem Wissen um das Kommen des Herrn viel härter spüren, daß es ein Geheimnis Gottes in der Welt gibt und im Schicksal der Welt liegt. Und wo immer wir vor diesen Fragen stehen, auf die der natürliche Mensch keine Antwort weiß und auf die wir uns auch keine Antwort wissen, da stehen wir vor dem Geheimnis Gottes, da sollen wir bedenken, daß jetzt die unbegreifliche Majestät des Herrn innerhalb der Welt wirklich ist, daß die ganze sakramentale Ordnung des Lebens mehr ist als Gelegenheit zu irgendeiner frommen oder unfrommen Andacht, sondern wirklich eine Ordnung des Lebens, und daß man deswegen die Geheimnisse spüren wird. Das ist das eine, was gesagt werden muß: Gott ist Mensch geworden und hat den Menschen bestehen lassen, er hat ihn geweiht und gesegnet und innerlich erfüllt, aber bestehen lassen.

Und so ist das eigentliche Menschsein erfüllter und köstlicher geworden und ist zugleich dringender und ernster geworden, weil man jetzt gerade in diesem Menschsein seinen Gott verfehlen kann und seinem Gott begegnen kann. Gott ist Mensch geworden und hat den Menschen bestehen lassen. Das Reich Gottes, das in dem Kommen des Weihnachtskindes anhebt, bleibt weiterhin gestellt auf diese beiden Größen: die Oberhoheit des Herrn, die verlangt und Ordnungen gibt und über das Leben verfügen kann, und die sittliche Freiheit des Menschen. Als Gott den Menschen zum erstenmal aus seiner Schöpferhand entließ, da schuf er ihn nach seinem Bild und Gleichnis, wie es heißt, und die Würde, die er ihm gab, war, daß der Mensch freier Geist war. Und Gott wollte diese Freiheit nicht antasten, selbst nicht um der Gefahr willen, daß der Mensch rebelliert. Und als Gott Mensch ward und sich in die allerinnerste Intimität des Menschen begab, auch da ließ er dieses Menschenleben auf der inneren Freiheit beruhen; er wollte den Menschen auch von der Gnade her nicht innerlich uniformieren, ihn nicht innerlich gleichrichten und ausrichten. Es sollte wirklich jedes Stück Reich Gottes, das da wurde und das da geschah, aus einem freien Entschluß, aus einer sittlichen Freiheit des Menschen kommen. Und so bleibt in der Welt auch unter der Weihnachtskerze und dem Weihnachtsstern diese Dialektik des Menschen der sittlichen Freiheit und des Menschen der sittlichen Pflicht, und so bleiben auch unter dem Weihnachtsstern die Gewalt und das Unrecht und das brutale Zuschlagen und das Vernichten. Es bleibt für die, die es trifft, ein anderer Sinn: Sie tragen das Geheimnis Gottes. Und es bleibt für die, die es geschehen lassen, eine andere Verantwortung, weil die Würde des Menschen von Weihnachten her noch eine ganz andere ist als nur die von seinem Geist und von seiner Unsterblichkeit her; weil die Würde des Menschen von Weihnachten her eine göttliche ist und deswegen der Mensch eine göttliche Pflicht hat, sich zu bewähren gegen alle Vergewaltigung und Entwürdigung und Schändung seiner selbst, eine göttliche Pflicht und ein göttliches Recht. Und es bleibt bestehen, daß die Gewalt immer die Hand auf die Unschuld legen und da zerbrechen wird, wo gar keine Gefahr ist, nur weil sie sich bedroht glaubt. Diese Unschuld ist gerufen zum Zeugnis, daß solche Gewalt Verbrechen ist, und brandmarkt sie in der Geschichte. Wehe aber denen, die schweigen und im Wissen um Gott diese Unschuld zertreten lassen. Und es bleibt das Dritte, daß die sittliche Freiheit des Menschen, auf die das Reich Gottes gestellt ist, vom Weihnachtsgeheimnis her gewachsen ist, eine stärkere ist, aber auch stärker belastet ist und mehr von ihr verlangt ist und sie um mehr Antwort und mehr Leistung und mehr Bewährung wirklich gefragt ist.

Ich habe gesagt, daß Gott Mensch geworden ist. Das hat das Menschenleben köstlicher gemacht und erfüllter und gesegneter. Es hat es aber auch gefährlicher gemacht: Man kann nun nämlich leichter als Karikatur herumlaufen und die großen Worte im Munde führen, große Geheimnisse wissen und – sich benehmen wie ein kleiner Jämmerling, der von all dem nichts weiß, an dem von all dem nichts passiert ist. Wenn es heißt, die Frauen von Bethlehem weinten um ihre Kinder, sie ließen sich nicht trösten, denn sie waren nicht mehr: es ist Mutterleid, und Mutterleid ist heilig, man soll kein Problem daraus machen. Aber wenn es heute von uns immer wieder heißt, wir schreien und schreien herum und lassen uns nicht trösten und finden keinen Ausweg und finden keine Lösung und keine Klärung: Ja, warum haben wir dann die Botschaft gehört von der Menschwerdung des Herrn? Warum haben wir die Botschaft gehört von der großen Weihung und Segnung des Menschen? Warum haben wir all das gehört, wenn wir nun genau so jämmerlich und kümmerlich zerbrechen, wenn sich das Dasein als Last und Geheimnis auf uns wirft und uns nicht weiter sehen läßt, wo wir doch wissen, seit Weihnachten trägt die Welt das Geheimnis des Herrn. Der Herr ist uns über und ist größer, und wir begreifen ihn nicht. Und wo wir doch wissen, das Ganze hat nun einen Sinn, es zu tragen aus dem Wissen um die große Segnung des Menschen und der Erde, die an Weihnachten geschehen ist. All das wird uns schmerzen, sorgen, aber nicht zerbrechen und müde machen, sonst haben wir unsere Feste nicht verstanden und unsere Geheimnisse verraten und sind dem Herrn nicht in seiner Menschwerdung begegnet.

Vierter Fastensonntag
(4.4.1943)

Tröstet, tröstet mein Volk! Menschen aus Ihnen haben mir gesagt: Was Sie uns predigen, ist nicht Tröstung, das ist Belastung und Erschütterung, weil die Härte auch im Namen Gottes stehen bleibt. Da ist etwas Richtiges und etwas Unrichtiges gesagt. Jeder Weg zum Leben, zu einer echten Gottesbegegnung muß durch eine echte Erschütterung gehen. Das ist ja gerade eine unserer Nöte, daß wir zu aller echten Erschütterung unfähig geworden sind. Daß wir uns an so vieles gewöhnt haben, durch das ein Mensch im Licht Gottes in Bewegung und Empörung gebracht würde. Unser Auge ist so geblendet, daß wir nur noch den einzelnen Fall sehen und nicht mehr die Zusammenhänge; daß wir erst anfangen, erschüttert zu werden, wenn unser persönlicher Kreis, unsere persönlichen Interessen berührt werden. Die Gnadenlosigkeit unserer Zeit tragen wir doch in einer erschreckenden Gewöhnung und Unempfindlichkeit und offenbaren so eine Verhärtung unserer Seelen, die wirklich eine Erkrankung unseres inneren Lebens anzeigt. Es gibt eben die echte und die unechte Erschütterung. Die echten Erschütterungen gehören zum Leben. Sie sollen und wollen uns aufwecken und auf den Weg bringen, auf dem die Macht Gottes wirksam werden kann. Das war die Absicht dessen, was Sie in den bisherigen Predigten als Erschütterung empfanden: Die Sicht auf die Macht des abwesenden Gottes, die dem Leben Gewißheit gibt, daß es ohne den Herrn in seine untermenschlichen Formen gerät, aus denen der Mensch nur durch die große Leidenschaft zum Herrgott sich retten kann. Die Sicht auf das Leben, das in allen seinen Schicksalen sich lohnt, weil hinter allem eine Begegnung mit dem Herrgott wartet.

Wer all diesen Wirklichkeiten sich stellt, wird zwar nicht eine Verharmlosung seines Daseins erfahren. Aber wer je in eine echte Wirrnis geraten war, der weiß, wie allein schon die sachliche Betrachtung der Dinge einen Menschen trösten und ihm den ersten Blick auf den Ausweg zu geben vermag. So steckt in diesen Erschütterungen wirklich eine Tröstung. Wenn wir nur das Leben groß genug meinen und groß genug wollen.
Aber es gibt auch diese andere, die unechte Erschütterung, die uns heute immer wieder überfällt, in der der Mensch nur eines lernt und erfährt, eben die Gefährdung dessen, was ihm lieb war, dessen, was er sich selbst als Sinn seines Daseins geschaffen hat. Billig und oberflächlich wird diese unechte Erschütterung empfunden als Störung der Ruhe, als Beunruhigung unseres Eigensinnes, als aufgescheuchte Trägheit unseres innern Schwergewichtes. Zu allertiefst aber trägt diese unechte Erschütterung nur einen Namen: Angst. Das ist eine unserer tiefsten Wunden, daß wir in die Angst geraten sind. Das ist eine der tiefsten Tröstungen, deren wir bedürfen, daß Gott unsere Angst heilt. So ist dies die Frage, die wir heute stellen: Ist der Herrgott auch noch mächtiger als unsere Angst, oder hängen wir hilflos zwischen Himmel und Erde?

Die Angst unseres Lebens
Wir leben heute alle in der Angst. Man braucht, bevor wir das Leben selber anschauen, nur unsere Literaten zu fragen: Ich erinnere an Rilke, der in betörender Sprache den Dingen der Welt den Mantel der Herrlichkeit Gottes verlieh. Lesen Sie die Briefe und Tagebücher dieses Mannes. Wie war sein Leben geplagt von der Angst, von Jugend auf, wie erschrak er vor jeder Krankheit, wie ergriff er die Flucht vor den vielen echten Dingen des Daseins, denen er sich nicht gewachsen fühlte. Erschütternd ist in der neuesten Veröffentlichung von Rilkebriefen zu lesen, wie er vor der einen echten großen Liebe seines Lebens floh, weil er nicht stark genug war, sein Dasein zu teilen und dadurch zu verdoppeln. Wie werden am Ende seines Lebens alle diese schönen Melodien zu Disharmonien und zu häßlichen Schreien, als der Mensch Rilke zu der Erkenntnis kam: ich sterbe auch nur den Tod eines Menschen. Oder wir sprachen schon von der modernen Existenzphilosophie, die den Menschen hinauswirft in ein Chaos der Angst und ihn von daher jedem Befehl und jedem Anruf ausliefert, weil man

ihn innerlich in die Ohnmacht gestürzt und der eigenen Kraft beraubt hat. Oder lesen Sie in Sprangers Büchlein von der Weltfrömmigkeit, wie der moderne Mensch sich in seiner Welt endgültig ansiedeln möchte und wie ihn immer wieder das dreifache Gespenst der erlebten Heimatlosigkeit, des erfahrenen Todes und der wirkenden Verzweiflung aus aller Geborgenheit hinausjagt. Wir haben alle Angst: Wir brauchen nur unser tägliches Leben zu fragen. Was ist das: unsere Angst? Nicht die Sorge um anvertrautes Leben, die Sorge der Mutter etwa am Krankenbett des Kindes, nicht die Unruhe des Vaters um den Sohn an der Front, nicht das Gefühl der Vergänglichkeit der irdischen Dinge und der Übermacht feindlicher Lebensmächte. Dies alles ist nicht die Angst, die uns plagt, aber dies alles kann mit der Angst zusammenhängen, von der wir hier sprechen. Dies alles kann ein Eingangstor sein, durch das jene innere Ermächtigung des Lebens in uns eindringt. Angst ist die Kapitulation des Menschen vor der Gefahr, vor den Dingen, wie sie sind, die Lähmung des Menschen vor Wirklichkeiten, die anders sind, als wir sie erwarten. Wir sind alle in Angst. Wie ist die Menschheit heute gelähmt durch die Macht. Wie hat sie vergessen, daß es größere Dinge gibt als die Macht. So hängt sie an den paar Lebensstunden und so steht sie da, erschreckt und erschüttert und innerlich zerquält von der Not und von dem Schicksal und von der Unsicherheit des Bodens, auf den wir geraten sind. Auch wir Christen sind in die Angst geraten. Unser Schweigen, unsere Tarnung, unsere Flucht in die Einsamkeit oder die Vermassung sind nur Ergebnisse der Angst, in der wir uns fürchten, so zu sein, wie wir sind. Wir haben den Öffentlichkeitscharakter des Herrenanspruches ernst zu nehmen und verniedlichen unsere Religion in die kleine Privatandacht. Wir haben Angst voreinander. Wir sprechen nicht mehr miteinander über die Dinge unseres Glaubens und unseres gläubigen Friedens. Und wir haben Angst, vor dem Herrgott auf eigene Rechnung zu leben. Wir sind froh, jede Tat auf einen fremden Befehl hin tun zu dürfen. Wir sind darauf aus, für jede Entscheidung einen andern zu suchen, der sie übernimmt. Auch wir Christen sind in die Angst geraten. Wer uns gesund machen will, muß uns innerlich eine echte Zuversicht geben.

Die Masken der Angst

Die Angst macht das Leben zur Lüge. Schauen Sie die Masken an, hinter denen das geängstigte Leben sich versteckt. Die Maske der Geschäftigkeit des Menschen, der die einsamen Minuten, die einsamen Stunden nicht mehr verträgt. Oder die andere Maske des energischen, des harten Menschen, des Menschen des großen Pathos. Man muß nur die Gesichter schauen können, oder mit diesen Menschen allein sein, um plötzlich zu entdecken, wie ihnen alles fehlt, was Geborgenheit und Sicherheit heißen mag, wie gerade dieses gestraffte Dasein oft leer und hohl ist. Oder diese andere Maske der Brüderlichkeit und Gemeinschaft, die deshalb oft eine Maske ist, weil sie die Flucht in die Masse bedeutet, wo der einzelne nicht mehr gefragt wird, weil er zuerst nicht mehr gefragt werden wollte. Noch eine Maske, die diese Angst sich umtut, die Rigorosität, die alles in Paragraphen einfängt, weil sie sich und dem anderen Menschen kein wagendes Leben mehr zutraut. Man gängelt und man will gegängelt sein. Man verordnet und man will Verordnungen haben, als ob niemals das Wort des Herrn vom brausenden Geist diese Welt innerlich erregt hätte. Draußen und drinnen wird dieses Netz der Feinmaschigkeit geworfen, weil man Angst hat vor dem Menschen, der es unternehmen könnte, auf eigene Rechnung zu leben und aus eigener Sicht den Dingen zu begegnen. Solange wir diese Angst nicht ausräumen, ist unser Dasein nicht neu zu gründen, weil sein innerster Atem nicht die Sehnsucht nach dem großen und gelungenen Leben ist, sondern der kleine Hunger nach ein wenig bürgerlicher Sicherheit.

Die Quellen der Angst

Wie konnte das Leben so geängstigt werden, im Grunde so uninteressiert an sich selbst? Es sind hundert Tore, durch die das Verderben eindringt und die zu schließen sind. Da ist gleich die erste Erschütterung, die die Zuversicht des Lebens zerstört: Der Mensch wird nicht fertig mit sich und erliegt den Erfahrungen des Lebens, in denen er sich als brüchiges und vergängliches Wesen entdeckt. Er erschrickt vor dem innersten Gesetz seiner Wirklichkeit. Am Anfang unserer Zeit wurde das Bild geschaffen, von dem ich Ihnen schon einmal sprach. Der »Ritter zwischen Tod und Teufel« von Dürer. Welche Würde und Kraft und Zuversicht des menschlichen Bewußtseins steckt doch darin, dem Menschen zuzutrauen, die abgründigsten Möglichkeiten seines Daseins in nachbarlicher Nähe zu wissen und doch aufrecht weiterzureiten. Diese Kunst hat der Mensch verloren. Weiterzugehen und weiterzuleben, auch wenn er weiß von der Möglichkeit, daß sein Dasein scheitern kann. Der Mensch wird nicht mehr fertig mit den Erlebnissen seiner selbst, mit dem Erlebnis von Irrtum und Täuschung, der eigenen und fremden Schwäche, mit dem Erlebnis der zerbrochenen Liebe und Treue. Er läßt sich so in ein Leben der Unsicherheit hineintreiben, hinter dem er keinen Sinn mehr sieht, in dem er keine Schönheit mehr findet und für das er keine Kraft mehr einzusetzen hat.

Dieser Mensch wird oft auch nicht mehr fertig mit dem Erlebnis der größeren Sicherheit. Wenn ihnen einmal ein Wort gesagt wird von der Größe und Majestät des Herrgotts, dann genügen ihnen auch diese letzten Tatsachen nicht mehr zur Begründung einer echten Zuversicht. Es haben gelebt und leben doch unter uns die Menschen, die an der Größe Gottes sich nicht aufrichten, sondern durch diese hohe Wirklichkeit erschlagen und erdrückt werden und nur noch aus dieser primitiven Angst leben, diesem Herrgott begegnen zu müssen. Wie wäre doch das Leben Luthers und die Geschichte unseres Volkes anders verlaufen, wenn eine echte Bekehrung ihn in die Räume des Klosters getrieben und nicht diese geheime Heilsangst sich in ihn eingefressen hätte. Was er tat gegen wirkliche und vermeintliche Mißstände, was er unternahm zur Verlebendigung des religiösen Gefühls, all das ging doch schließlich hervor aus der Furcht über sein Schicksal in der Hand Gottes. Diese Angst, daß die Wucht Gottes ihn erschlagen könnte, trieb ihn in seine extremsten Haltungen, verdarb ihm den Blick für die echten Zusammenhänge und machte seine Hand tödlich unsicher in der Auswahl der Möglichkeiten und Mittel.

Eine letzte Quelle ergießt die Bitterwasser der Angst und der Untröstlichkeit und der Haltlosigkeit in die schmal gewordenen Ströme unseres Lebens: Wir sind müde Menschen und müde Zeit geworden. Irgendwo wird es spürbar, daß der Herrgott oft nur noch die Mächtigkeit des Abwesenden einsetzen kann. Daß unsere Taten nicht freie Taten des echten Dienstmannes waren. So haben unsere Hände den herrscherlichen Griff verlernt und unser Geist hat sich des hohen Fingers entwöhnt. Müde Menschen stecken zutiefst in der Insuffizienz verbrauchter Herzen und ver-

brauchter Nerven. Unser Leben ist eine billige Beute der Not und der Unsicherheit geworden.
Das sind die Wege des Menschen in die Angst, die uns allen offenstehen und die wir alle stückweise gegangen sind. Die innere Überwindung der Verängstigung des Daseins ist ein Stück der Verantwortung für das Ganze, in die wir gestellt sind. Wenn es nicht gelingt, das Leben zuversichtlich zu machen, dann wird das Leben auch nicht mehr hereinzuholen sein in die große Ehrung Gottes. Es wird den Marsch nicht aushalten und das Ziel nicht finden, wenn die Kraft des Willens innerlich gelähmt ist, die es braucht, um die ungeheure Metanoia (Umkehr, innere Umwandlung) zu vollziehen. Es scheint so, als ob die übermächtigen Dinge, die übermächtigen Schicksale, der übermächtige Gott das Leben erschreckten und erwürgten. Die Ehrlichkeit und Unbestechlichkeit, die bei allen Krankheiten die Voraussetzung zur Heilung ist, verlangt, daß wir auch von dem Beitrag sprechen, durch den der Mensch selbst seine Auslieferung an die Angst ermöglicht, eingeleitet und vollendet hat. Das Leben ist dem Menschen deswegen so feindlich geworden und schlägt ihn deswegen so oft mit harter Rücksichtslosigkeit, weil wir Menschen das Leben verdorben haben. Wir haben ungeheure Wertverschiebungen vorgenommen und durch diese willkürliche Unsachlichkeit dem Dasein die Ordnung, die Gesetze, den inneren Stil und den gesunden Rhythmus genommen. Die alten Werte drängen an ihren Platz zurück, die neuen Werte stehen in falschen und unechten Zusammenhängen. Von daher stammt der chaotische Eindruck, den das Leben heute oft bietet und so hat der Mensch diese würgende Lähmung der Angst, die alle seine lebenswichtigen Kräfte und Organe bedroht, selbst gerufen. Er selbst ist die bitterste Quelle seiner Angst.

Überwundene Angst
Tröstet Gott unsere Angst? Wie sollen wir wieder zuversichtlich werden? Von drei Wegen aus der Angst will ich Ihnen kurz sprechen:
Sachlichkeit und Nüchternheit
Wir wollen das Leben wieder nehmen, wie es liegt, und wollen stehen lassen, was steht. Man darf das Dasein nicht träumen, nicht verharmlosen und nicht vergöttern. Sonst ist man an dem Tage erschlagen, an dem man entdeckt, daß es nur ein Leben der

Not und des Todes ist; sonst gerät man an dem Tag in die tödlichste Angst, an dem einem die Augen aufgehen für die Wirklichkeit selbst. Der Sinn dessen, was über die Menschen hinwegbraust, stammt aus einem Ratschluß des Herrn, stammt aber oft auch aus dem Übersehen einer Bindung, die über der Welt stehen und gelten soll. So wird die echte Bewährung, die uns aufgegeben ist, zu einer ersten Begegnung mit unserem Gott. Sehen Sie, die Angst als Spiel der Nerven, die werden wir nicht abschaffen. Wir werden immer wieder vor Dingen, die undurchsichtig sind, ins Beben geraten. Aber die Frage geht ja gar nicht darum, ob solches geschieht. Die Frage ist doch die, was ein Mensch damit anfängt. Hören Sie das Wort eines Offiziers, der die Dinge klar sah und der zu einem protzenden Kameraden sagte: Hätten Sie nur ein Bruchteil von der Angst, die ich habe, dann wären Sie nicht hier vorne an der Front. Was dem Menschen in der Angst geschieht, ist ein mühseliger Marsch an die eigene Grenze und zugleich der Erhalt des Befehles, über die eigene Physis hinauszukommen. Der Mensch soll wissen, vom Geist und vom Heiligen Geist her ist mit all dem fertigzuwerden.

Minderung der Quellen: Es liegt nicht in der Macht eines Volkes oder einer Zeit oder eines Menschen, die eigene Müdigkeit und Dekadenz hinwegzuverordnen. Es gibt Quellen der Angst, die dem mächtigen Willen sich nicht beugen und die deswegen einfach auszuhalten sind. Aber wo immer die Angst aus der Schuld des Menschen stammt, aus den Wertverschiebungen, die wir vorgenommen haben, da bleibt nur eines übrig, diese Schuld zu widerrufen, diese Wertverschiebungen aufzuheben, in die echte Sachlichkeit zurückzukehren. Wir müssen ihn wieder ernst nehmen, diesen Satz von der Kreatürlichkeit der Kreatur. Wir müssen aufhören mit dem Weihrauch und der Anbetung von Wirklichkeiten, die selbst gehalten sind, anzubeten und zu dienen. So ist auch diese Bemühung um die Meisterung der Angst eine Begegnung mit dem Herrgott. Da steht er auf, der Verantwortung heischende Gott, der eine persönliche Entscheidung will und absolut nicht willens ist, den Entscheidungscharakter des Daseins aufzuheben.

Begegnung mit Gott: Die letzte Überwindung der Angst muß in der Gründung und Wiedergewinnung einer großen Zuversicht bestehen, die den Menschen in der Begegnung mit dem Herrgott widerfährt. In diese Gottesbegegnung, in der auch die früheren Versuche zur Meisterung der Angst immer wieder münden, müssen wir uns hineinbeten und hineinringen. In ihr kommt uns die echte Einsicht, was dem Leben für Aussichten gegeben sind. Vier Sätze wollen die Zuversicht sichtbar machen, die von Gott her die Angst des Menschen überwindet.

Und dies ist der erste Satz, ein altes Wort des Glaubens und des Gebetes: Facienti, quod est in se, Deus non denegat gratiam (Tut jemand, was er aus sich heraus kann, dann verweigert ihm Gott seine Gnadenhilfe nicht.). Das heißt, der Mensch soll vor die ganze Größe und Wirklichkeit Gottes geraten und soll sich von dieser ganzen Größe her ernst nehmen und wichtig nehmen. Der Mensch soll wissen: wir stammen aus der schöpferischen Liebe Gottes. Die ganze Liebe Gottes ist eingefangen in die Bereitschaft, uns heimzuholen. Der Mensch, der von sich aus tut, was er vermag, der seinen Geist ausgreifen läßt nach der Wirklichkeit Gottes, dem wird irgendwann die Herrlichkeit und Sicherheit Gottes aufgehen. Von Gott her gibt es keinen Verzicht auf den Menschen. Wenn ein Mensch sich aufreckt und Gott entgegenfiebert, dann mag dies in der verlorensten Ecke des Kosmos geschehen, dann mag dies in der erbärmlichsten Angst geschehen: die Ozeane Gottes werden in ein solches Leben einbrausen und ihm die Dämme und Wälle menschlicher Enge und Dürftigkeit wegreißen und wegschwemmen. Gott verzichtet auf kein Leben, das nicht von sich aus auf den Herrn verzichtet und von ihm sich scheidet.

Dies war der erste Satz, ein Satz voll Ernst und Gehalt. Und der zweite Satz ist nur eine neue Betonung und eine dichtere Verbindlichkeit des ersten. Wir sollen die Namen und Worte Gottes ernst nehmen. Gott macht keine Sprüche. Und Gott hat sich nicht nur den Herrn genannt, er nennt sich und ist der Vatergott. Wenn Gott sagt, in ihm ist die Vaterschaft der Menschen, dann kann der Mensch sich darauf verlassen, und dann muß er von daher eine große Zuversicht haben. Tun wir endlich das langbärtige Onkelgesicht weg und lassen wir diesen glanzvoll majestätischen Gott als Vater in unser Bewußtsein kommen und in unserem Herzen siegen. Wie soll der Mensch noch erbeben vor irgendeiner Macht, der weiß, daß der Herr der Herren sich bewähren will und muß als sorgender Vater. Lassen wir Gott seine Geheimnisse; wenn wir an dem festhalten, daß er der Vater ist, dann wird uns kein schwerer Weg schrecken.

Als dritter Satz soll hier stehen ein Bild und ein Wort aus dem Leben des Herrn. Vor dem Auge des Herrn steht Jerusalem, in dem der Galgen auf ihn wartet. Um ihn herum zagen und zaudern die Jünger und wollen sich zwischen den Herrn und Jerusalem stellen. Er aber zog gen Jerusalem. Und was er hier tat, faßte er in der Ölbergnacht in das Wort: »Lasset uns gehen« (Mk 14, 42). Was hiermit gesagt ist, ist mehr als eine historische Erinnerung. Was hier geschah und gesagt wurde, ist das Bekenntnis des Herrgotts in die Nachbarschaft aller Schicksale des Menschen. Auch vor dem Herrn stand das übermächtige Leben und die übermächtige Gewalt; auch der Herr ging durch die Schluchten der Angst. Und der Herr, der sich so unserem Schicksal verbündet hat, kommt auf dem siebenfachen Weg der Sakramente in unser Leben und wandelt es innerlich um in seine Bereitschaft und in seine Berufung zum Opfergang. Kann ein Mensch erschrecken, der sich hineingerufen weiß in die opferkundige Gemeinschaft mit Gott?

Als vierte Tröstung, die von Gott, dem Herrn, uns zukommt, erinnere ich an die Tatsache, daß das Wort vom Paraklet gesprochen wurde (Jo 16, 7–15) und daß diesem Wort eine Erfüllung folgte. Wir sollen daran glauben, daß die brausende Kraft Gottes unser innerster Besitz wurde. Wir brauchen nur unser Innerstes dem Herrgott aufzuschließen, und er wird unser Leben durchdringen und durchbluten und vergöttlichen. Dies sind keine Sprüche. Gottes Wort muß man ernst nehmen. Kann ein Mensch trostlos sein und innerlich Wunden tragen, die nicht heilen, der sich durchströmt weiß von der Glut des Herrn? In dieser persönlichen Beziehung muß der Mensch in der Leidenschaft zu Gott stehen; dann wird die Menschheit haben, was sie braucht: den zuversichtlichen Menschen, der um einen Sinn weiß, den man nicht streichen, und um eine Kraft, die man nicht brechen kann.

Wir müssen nur ernst nehmen, was gesagt ist. Die Verwirrung geht heute bis ins Theologische und Metaphysische hinein. Die Gesundung muß von der Wiederherstellung des Menschen in diesen Räumen ausgehen. Wir werden dann den Menschen haben, der das österliche Wort wahr macht: Tod, wo ist dein Stachel? Hölle, wo ist dein Sieg? (1 Kor 15, 54–55). Wir werden die Menschen sein, die unerschrocken sind, weil sie gerüstet und getröstet sind vom Herrn des Himmels und der Erden.

Heiliger Josef
(19.3.1943)

Mit dem Heiligen, den wir heute feiern, wissen manche von uns nichts Rechtes anzufangen. Der hl. Josef ist beheimatet in der Frömmigkeit des Volkes. Viele von uns wüßten auf die Frage nach der Beziehung zwischen diesem Mann und unserem Leben wenig zu sagen. Irgendwie gerät dieser Mann, diese aufrechte Gestalt in der Heiligengeschichte, an die Peripherie unseres christlichen Bewußtseins, wie er auf vielen Bildern gerade noch am Rand dabei ist. Und doch hat gerade unserer bewegten, hart bedrängten Zeit diese schweigende und schweigsame und doch so beredte Gestalt dieses Mannes mancherlei Botschaft und manches Wort zu sagen. Man muß eben diesem Mann einmal begegnen, ihn sich einmal persönlich zum Bewußtsein führen und das Schicksal, das Leben und die Leistung dieses Mannes mit persönlichen Augen und Empfindungen prüfen und überprüfen. Dieser Mann war herausgerufen aus dem Dasein um des Reiches Gottes willen. Was hätte sich die Welt des Herodes jemals gekümmert um den Zimmermann von Nazareth, wenn er nicht in die Nähe Jesu gerückt worden wäre. Er hat auswandern müssen um des Reiches Gottes willen, um einer höheren Rolle willen.

Im Lobgesang sind drei Worte gesagt, die Botschaft in unser Leben heut sein können. Da wird gesprochen vom »vir justus«, vom gerechten Menschen, vom richtigen Menschen, der noch das richtige Maß hat, der weiß, wo die Norm liegt und die Quelle und die Zuständigkeit. Der vir justus, ist das nicht der Mensch, den wir heute suchen und den wir so selten finden? Der Mensch des geraden Maßes, des absoluten Standpunktes, der in die Welt Gottes geraten und gerufen ist und der weiß: Was in diesem ewigen Auge nicht standhält, gilt nicht! Der richtige Mann, der gerechte Mann, der fähig ist, wirklich als Fels hineingestellt zu werden; der fähig ist, als Ansatzpunkt neuer Siedlungen der Menschen zu gelten, die innerlich heimatlos geworden sind, die in einen Strom hineingerissen wurden. Es ist doch eine Wanderschaft um des Reiches Gottes willen, und nur die werden sie meistern, die gerade sind wie die Wege Gottes und die von daher Maßstab und Ordnung und Norm haben, die von innen heraus dauernd unterwegs sind nach dem gerechten Menschen. Dieser stille Zimmermann, der auch da, wo Gewalt drohend am Horizont aufstieg, noch wußte, wo Zuständigkeit ist, wo Treue zu halten ist und wo der erste Befehl gilt.

Und ein zweites Wort steht da: »fidelis servus ac prudens«, der Knecht, treu und klug. Schon dieses eine, der dienende Mensch, der weiß: ein Leben ist verpfuscht und hohl, wenn sein innerster Raum nicht ein Tempel ist, in dem Gott, dem Herrn, gedient wird, der weiß, daß der Gottesdienst allein einem Leben innere Weihe und Würde gibt. Wir haben keine Diener mehr, wir haben nur noch Herren. Darum sind wir so arm geworden an Menschen. Das Innerste, was den Menschen zum Menschen macht, ist, daß wir das Innere beugen und uns dann bemühen, alle Stunden unseres Daseins und alle Werke unserer Pflicht in die große Anbetung einzubeziehen. Erst von daher wird der Mensch des rechten Menschentums fähig und wird fähig zu erkennen und zu wissen, was dem Menschen an innerer Lebendigkeit möglich wäre. Und nur von daher kann die echte fruchtbare Trauer kommen, nicht die bittere Resignation, sondern die ehrliche Schwermut, die sich nachher aufmacht nach dem andern, daß wir dem heiligen Berg wieder zuwandern wollen.

Dieser Mensch, in Dienst genommen vom Herrgott, der nur noch zwei Hände hat: Treue und Weisheit, den echten Blick für die Sachen, der Mensch mit den klaren Augen, der einfach die Zusammenhänge spürt, dem man nicht Vorträge halten muß, der die Dinge von innen heraus anrührt, der den echten Instinkt des Heiligen Geistes hat, der sieht und Bescheid weiß und der deswegen über den Sachen steht, nicht weil er mühselig und krampfhaft am Vergangenen hängt, sondern weil er sich im Besitz der echten Dinge weiß und deswegen der Zuverlässigkeit und Treue fähig geworden ist.

Und dieser »vir justus, fidelis ac prudens« – von dem heißt es ein

Drittes, das wie eine ungeheure Verantwortung über uns kommt: daß er nach Vater-Art, in väterlicher Verantwortung die Wache bezieht. Wie diesem Mann Josef die Verantwortung über das Schicksal des Herrn überantwortet war, so soll der Mensch sich wirklich fühlen als in Dienst genommen in Verantwortung für das Heiligste, was die Menschheit hat, für das Wort Gottes. Wenn uns das heute nicht anrührt, diese Wache am heiligen Erbe und an echter Tradition und an dem Zusammenhang zwischen dem, was war, und dem, was sein wird, dieses Hüten-Müssen, was gegeben ist, dann hilft uns alles nichts. Wir haben die Hauptsache verloren in einer Zeit, die innerlich dazu geneigt ist und in Gefahr ist, von den Quellen sich abzuwenden und die echten Zusammenhänge zu verlieren. Da wird nicht der gefragt, der um sich selber sorgt, sondern der, der sich herausrufen läßt aus seiner privaten Frömmigkeit in die Verantwortung für das Ganze, der mit lebendigem Herzen und unermüdlicher Seele bestrebt ist, daß ein neues Geschlecht heranwächst in die alten Räume und Wirklichkeiten und Gültigkeiten.

So steht dieser Mann vor uns, der echte und kluge Dienstmann, der Hüter des Erbes. Drei Eigenschaften, die ein Menschenleben innerlich groß und stolz machen, die zugleich Anrufe an uns selber sein sollen. Drei Eigenschaften, auf die jeder von uns durch sein Wort und Werk und durch seine Haltung Gott dem Herrn eine Antwort schuldig ist.

Ostern
(25.4.1943)

Das ist der Tag, den der
Herrgott gemacht hat (Ps 117, 24)
Wenn wir ehrlich sind und das, was in uns lebt, wirklich zu Wort kommen lassen, dann werden wir dieses Jahr Ostern wacher und verantwortungsbewußter feiern als sonst, irgendwie werden die Dinge zum mindesten intensiver erlebt und gespürt. Das, was den Menschen sonst an Ostern innerlich erfreut und erhob, wird ihn dieses Jahr mehr ergreifen aus der Not der Tage und der Not der Zeit heraus. Aber das genügt eigentlich nicht. Wenn wir ehrlich sind und wach, werden wir das, was in uns lebt und heute fragt, wirklich zu Wort kommen lassen und aussprechen. Die Frage ist doch die: Wie könnt ihr es wagen, in dieser Zeit und mitten in diesem Raum ein Alleluja anzustimmen?
Wie könnt ihr es wagen, in einer Zeit, da der Tod durch die Lande reitet und reiche Ernte hält, etwas zu sagen von diesem wunderbaren Zweikampf, den Tod und Leben miteinander austrugen und in dem das Leben gewonnen hat? Wie können wir es wagen, in einer Zeit, die den Menschen in Ohnmacht und Bedrängnis bringt, zu sprechen von dieser ungeheuren Befreiung, dieser ungeheuren inneren Sicherung und Festigung, die der Mensch erfahren haben soll durch diese österlichen Geheimnisse?
Das ist die Frage, die wir uns selber stellen müssen. Verfallen wir da irgendeiner frommen Spekulation, hält der alte Frühlingsmythos in irgendeiner Form neue Auferstehung, verfallen wir diesem alten Frühlingstraum des Lebens, das immer ab und zu neu sich gründen und sich neu vertrauen will und neu nach endgültigen Dingen ausgreifen will? Ist das alles Wunsch und Traum und

Sehnsucht des Menschenherzens? Wir stehen doch mit Worten und Gesten, Gebärden und Haltungen und Botschaften vor den Menschen heute und vor uns selber, die dem, was wir leben und erleben, eigentlich widersprechen. Geht es um fromme Meinung und Tröstung, daß den Menschen über schwere Stunden hinweggeholfen werden soll, oder um was geht es? Wir müssen heute mehr als sonst die Wucht dieser Frage, auch der Frage nach dem Gehalt unserer Feste, nach dem, was mit Ostertag eigentlich gemeint und geschehen ist, an uns selber wach werden lassen, Frage und Antwort werden lassen, damit unsere Osterfreude frei wird und damit wir nicht zu erröten brauchen vor der Not, der purpurroten Not einer Zeit und eines Volkes, das unter harten Lasten und Bedrohungen geht. Wie ist denn das? Wir feiern nicht Projektionen irgendwelcher psychologischer Kurzschlüsse, nicht den Hunger eines Menschen nach endgültigen Dingen, der eines Tages sich selber die Erfüllung vorzaubert. Bevor unser österliches Geheimnis in uns Haltung, psychologisches Ereignis werden kann, lange vorher muß es vor uns stehen als ganz nüchterne Tatsache, als Tatsache, die geschehen ist, und noch einmal als Ordnung, die gestiftet wurde, und dann erst wird unser Herz und unsere Seele und unser Gemüt das Recht haben und bekommen, daran wach zu werden, sich daran zu entzünden, von daher neuen Lebensmut zu haben und neue Kraft und Zuversicht. Denn das ist das erste: Wir besingen heute keinen Traum, im Gegenteil, wir wollen und sollen die Sprache immerhin verhalten, damit die Tatsache in ihrer ganzen nüchternen Realität vor uns stehe. Das ist das erste, was wir uns heute selber sichern müssen. Auch unser Jubel, auch unsere Siegeszuversicht, auch da, wo wir über alle Not hinausjubeln und tanzen, auch da sind wir nüchterne Tatsachenmenschen.

Über diesem Tag, den wir heute feiern, steht ein Wort, das sonst selten über einem Tag steht, dieses Wort: Das ist der Tag, den der Herr gemacht hat (Ps 117, 24) – für den der Herrgott selbst die Garantie und innere Verantwortung übernommen hat. Es standen schon viele leuchtende Tage im Lauf der Geschichte, es stehen viele leuchtende Tage und Stunden im Lauf eines Lebens. Manchmal glaubte der Mensch, Endgültiges gebaut zu haben und geborgen weitergehen zu können, bis er merkte, es war nur ein Erdrutsch. Alle diese Sonnen sind verblaßt, es kamen doch wieder die

Dämmerung und die Nacht und das Grauen; es wurde immer wieder notwendig, von vorne zu beginnen. Dieser alte Tantalus-Gang, dieser alte Drang nach endgültigen und festen und bleibenden Dingen! Es waren Tage, die Menschen gemacht haben, oft aus ganz großer Sauberkeit, aus ganz großer Ehrlichkeit und ganz großem Können und Wollen; aber es waren Menschentage. Es war selten gesagt worden: Dies ist ein Tag, den Gott gemacht hat. Es hat sich der Herrgott am Anfang der Geschichte zu sieben Tagen bekannt. In diesen sieben Tagen ist die Welt geworden. Seitdem geht die Sonne ihren Lauf, die Sterne gehen nie mehr unter, es wechseln Tag und Nacht, es rauschen die Meere, es singt und jubelt und weint das Menschenherz. Seitdem gilt über Gottes Welt von Anfang her das Wort: Es war gut, und sie wird ihren Weg gehen bis zum Ende. Seitdem hat niemand, niemand diese Welt bis in die Grundfesten erschüttern können. Dieser andere Tag, dieser herrliche Ostertag, der Tag, den Gott gemacht hat, bedeutet eine Neuschöpfung, eine Neuordnung, die seitdem gilt und steht. Aber lassen wir ruhig die Frage noch einmal wach werden: Es ist doch zu billig, vor die Menschen von heute zu kommen und zu sagen: Gut, wir haben ein Wort Gottes, wir haben die Botschaft des Herrn, der diesen Tag mit allem, was drin steckt, selber garantiert und dafür gerade steht. Aber was heißt dem Menschen in seiner Not und Verzweiflung schon »Wort Gottes«. Was heißt ihm in seiner Verlaufenheit und Verlorenheit »Botschaft des Herrn«? Wenn ihm das Wort gefällt und ihn anregt, ist er bereit, es anzunehmen; aber so es ihm unfaßbar scheint, über seine Horizonte hinausgeht, ist er sehr leicht geneigt, seiner Skepsis zu glauben, der Not und den harten Dingen mehr zu glauben als dem Wort, das ihn treffen soll. Wir müssen noch einmal feststellen, daß wir auf Tatsachen stehen, auf Dingen, die passiert sind damals mitten im Leben: daß einer starb und erschlagen wurde, hinausgestoßen wurde in Gericht, Unrecht und Schandpfahl, ins Grab gelegt wurde und nachher wieder da war: daß dies geschehen ist im Licht der Geschichte: vor Menschen, die gar nicht geneigt waren, dies anzunehmen, denen alle Träume endgültig verhagelt waren, denen der Herr nachgehen mußte und sagen: Greif hin, ich bin's wirklich, rühr mich an, überzeuge dich. Das Grab war kein Raum für diese Kraft, der Tod war kein Gegner eines endgültigen Wortes und einer endgültigen Kraft. Dies ist geschehen und steht da im Zeugnis der Geschichte. Es sollten alle unsere Gebildeten in diesen Ostertagen sich hinsetzen und ruhig und nüchtern geschichtlich die Tatsache anschauen und feststellen: wenn irgend etwas geschichtliches Ereignis ist, dann ist es diese Botschaft vom Ostermorgen, geschichtlich mehr durchforscht und angezweifelt und bekämpft als irgendwann das Leben eines Tacitus oder eines alten Kaisers. Es ist immer wieder als Tatsache stehengeblieben: Das ist geschehen. Sie müssen das innerlich vernehmen und sich zum Bewußtsein bringen, daß wir es hier mit Dingen zu tun haben, die passiert sind in unserem Raum, in unserer Geschichte, die genau so wirklich sind als wir selber hier stehen. Damit wir wissen, wir taumeln nicht in irgendeine Himmelsbläue hinein. Damit wir uns innerlich entzünden an dem, was allein Freude und Haltung und Ordnung und Zuversicht des Daseins begründen kann: an Wirklichkeiten. Das ist geschehen.

Die nächste Frage ist dann: Ja, was ist denn geschehen in dieser historischen Wirklichkeit? Was trifft uns von daher so ungeheuer an Botschaft und Verwunderung? Es wäre schon ungemein viel geschehen, wenn nur dies eine wäre, daß man sagen müßte: es war einer tot, und er stand nachher vor den anderen wieder und sagte ihnen, hier bin ich. Es wäre ungeheuer viel geschehen, es wäre dem Menschen einmal vor Augen geführt, daß der schrecklichste der Henkersknechte, die ihn plagen, der Tod, keine unüberwindbare Sache sei, daß er grundsätzlich überwindbar sei. Aber es ist viel mehr geschehen. Es ging wirklich nicht bloß darum, daß dieses eine Leben erhalten wurde, noch einmal siegte, noch einmal da war, es ging um viel Grundsätzlicheres. Da sind die drei Würgeengel des Menschen, die uns immer wieder anfallen, innerlich plagen und äußerlich würgen – der Tod, die Schuld und die Ohnmacht – überwunden worden. Der Tod, der alles Leben in den Abgrund rufen wird. Die Schuld: daß die Menschheit sich irren, sich vergreifen kann an den Tafeln der Werte und sie zerschlagen und sie nicht mehr wieder flicken kann. Das haben wir alle schon erfahren. Die Dinge zerschlagen ist nicht schwer; aber sie wieder hinstellen und aufrichten, das Zerrissene wieder ganz zu machen, da ist des Menschen Kraft und Kunst sehr bald am Ende. Und das Dritte: Die Ohnmacht, daß der Mensch dauernd erleben muß den schwankenden Grund, den wankenden Boden, daß die Hände versagen und das Herz und Gemüt, daß das Dasein mißlingt, daß

das Leben seine Grenzen hat und Wunden, die ihm niemand stillt und heilt. Das war doch die Botschaft und die Anstrengung des Herrn, gegen diese Würgeengel des Daseins grundsätzlich zu stehen: daß der Tod überwunden sein und keinen Stachel mehr haben soll, daß die Schuld innerlich entmachtet und die Ohnmacht des Menschen innerlich wirklich in Macht gewandelt sein soll. Das war seine Botschaft und das war der Anspruch und das war der Grund, warum sie ihn verlacht haben. Und er hat erklärt: Als Siegel darauf wird stehen der Ostertag, daß dies alles an meinem Leben und an meinem Leib und in meinem Dasein sichtbarlich überwunden wird. Das ist geschehen, daß die Würgeengel des Daseins entmachtet sind. Habt keine Angst mehr, ich habe die Welt überwunden. Das ist über allem äußeren Jubel hinweg die innere und entsprechende und tröstende Botschaft, die uns innerlich ergreifen soll. Diese Neuordnung des Daseins ist gestiftet, damit durch das Kommen des Herrgotts in die Welt, durch das Überwinden der Dinge, die geschehen sind, der Mensch grundsätzlich über die Enge und Grenzen des menschlichen Raumes und der menschlichen Kraft hinausgehoben ist; daß der Mensch vor dem Absturz nicht mehr als vor einem Endgültigen steht; daß er nicht mehr vor der Schuld, vor dem eigenen Versagen steht als vor einem Käfig und Gitter, die ihn nicht mehr auslassen; daß er nicht mehr grau und zitternd im Dasein hängen soll wie am reißenden Seil, sondern festen Fuß fassen kann und fest und zuversichtlich anpacken und auftreten und das Leben wagen kann.
Jetzt erst, wenn diese Tatsachen vernommen sind, wenn das Ostergeheimnis für uns seelisches Ereignis ist, kann der Mensch sich ehrlich den Dingen ergeben und an den Dingen und Wirklichkeiten wach werden, und jetzt erst entzünden sich diese Osterhaltungen, die wir in uns wach werden lassen und gerade in diesen grauen Zeiten bewußt pflegen sollen. Der Mensch braucht heute nichts nötiger als die Gewißheit, daß es ihm den Atem nicht verschlägt, daß sein Herz und seine Lungen all diesen Dingen gewachsen sind und sie aushalten; jetzt erst kommt dieses eine zum Bewußtsein, daß der Mensch festen Grund unter den Füßen hat, daß seit Christus das Dasein neu gegründet ist, daß der Tod nur noch das Tor zu neuem Leben ist. Was wäre das Leben heute ohne diese Gewißheit, daß dies nichts Endgültiges ist, was da an zerschlagenem Menschentum landauf und -ab die Welt erfüllt mit

Trauer und Wehmut, wenn wir dem als einer endgültigen Ordnung gegenüberstehen müßten! Wie wäre das Leben erwürgt und der Gewalt verfallen, wenn wir nicht die Gewißheit hätten, daß die Schuld, die eigene Not und die Schuld, die wie eine Lawine die Menschheit anfallen und zerreißen kann, daß das Dinge sind, die grundsätzlich bereits behoben sind und die man tatsächlich immer wieder beheben kann; daß das Ohnmachtsgefühl des Menschen etwas ist, das nicht mehr am Platze ist. »Ich kann alles in dem, der mich stärkt.« Das ist die Botschaft der inneren Stärkung, daß man in der wandelnden Gnade des Herrgotts, in diesem wunderbaren Ostergeschenk des siebenfachen Stromes wachsen kann über die eigene Dimension hinaus. Wenn wir heute nichts mehr einzusetzen hätten als uns selber, dann stünden wir bald verbraucht da und am Ende; denn die Dinge sind stärker geworden als wir, das Dasein geht seine eigenen Gesetze auch in seiner Not und Abgründigkeit. Dies das eine: Mensch der großen Zuversicht. Als solcher Mensch müssen wir aus dieser Osternacht und diesen Ostertagen herauskommen und von diesen Tatsachen her aufgerichtet werden. Dazu das andere, wie es in der Epistel heißt: expurgate vetus fermentum (Fegt den alten Sauerteig fort!). Weg mit den alten Dingen: dieser ungeheure Mut zur ewigen sittlichen Erneuerung, zum ewigen Hochstreben, zur Wanderung: daß der Mensch das Recht und die Kraft und die Pflicht hat zu neuem Ausgreifen, niemals in seinem Leben etwas als endgültig anzusehen hat, bevor die letzte Stunde schlägt und bevor der Mensch Aug in Auge vor diesem Herrgott steht. Der Mensch, der sich selbst etwas zutraut und innerlich lebendig ist und innerlich immer am Wandern und Wandeln ist. Weg mit dem, was müde geworden! Ad Deum, qui laetificat juventutem meam. (Zu Gott, der meine Jugend froh macht.) Von daher, von diesem Ostertag her sind wir verschwistert mit dieser ewigen Jugend, sind wir Erfüller dessen, was die Menschheit geträumt hat vom Jubel des Menschen, der steht, der sich selber hat, der Ordnung und Kraft hat und dem Leben sich gewachsen weiß.

Nehmen Sie diese Botschaft und das, was darin an echter Haltung wach werden soll und kann, hinaus in unser Leben, wie es heute uns geschieht. Sie werden das eine begreifen: Das Dasein heute ist kein Leben für einen lauten Jubel, für irgendwelches Geschrei, auch nicht innerhalb der Kirche. Es gibt da heute Äußerungen der Freude, die Lärm sind, an dieser Zeit gemessen; aber das andere, diese verhaltene Ruhe und Sicherheit, die einen überkommt, wenn man weiß, man hat harte Wege vor sich, steile Höhen, aber man spürt in seinen Pulsen und Muskeln die Kraft und die Sicherheit, daß man den Dingen gewachsen ist. Es ist nicht mehr des Menschen Traum und Kraft, die uns sicher sein heißt in den ungeheuren inneren Umwälzungen des Daseins. Es ist die einzige echte Umwälzung, die den Menschen je gelungen ist, weil sie ein Gottmensch ausgeführt hat; die uns Zuversicht gibt, daß die Dinge in ihrer Ordnung bleiben und dieses »Ich habe die Welt überwunden« das Wort eines Gottes ist. Und für diesen Tag trägt die Garantie der Herrgott, der ihm das Stigma der Endgültigkeit gibt und uns diesen inneren Auftrag erteilt: Ich heiße euch hoffen und wandern, ich heiße euch kämpfen. Ihr sollt dies eine wissen: ihr mögt Wunden tragen und in Nacht sein – es wird Morgen sein, es wird der Stein weg sein, es wird die Sonne aufgehen, es wird Sieg sein, weil alle Siege nur dann Siege sind, wenn sie Siege des Herrgotts werden.

Priesterweihe

> Vierte Predigt eines Predigtzyklusses im Laufe einer Woche im Jahre 1941; dieser Zyklus, besonders aber diese Predigt hat als Hintergrund den »Klostersturm«, die Vernichtung der katholischen Zeitschriften und eine massiv geführte Propaganda gegen Kirche, Priester und Ordensleute.

Laß doch die Gnade,
die durch die Handauflegung in dir ist,
wieder aufleben (2 Tim 1, 6)

Als ich die Gedanken, die ich Ihnen vorlegen wollte, überdachte, da hatte ich wirklich mit Bedenken zu tun, ob das, was ich Ihnen heute abend sagen möchte, noch Antwort auf eine Not, auf eine Frage ist, noch Erfüllung, Erlösung ist. Denn ich wollte zu Ihnen sprechen von den Priestern, von der Tatsache, daß wir in der Kirche die Weihe haben, das Amt und die geweihten Menschen. Kann man da noch von einer Not sprechen, einem Bedürfnis der Welt nach dem Priester, wenn der Priester für gefährlich gehalten wird, für einen Menschen, der fremde Gedanken verkündet und fremde Ordnungen aufrecht hält und fremde Satzungen durchführen muß und fremde Autorität vertritt? Wenn man den Priester für bedenklich und gefährlich hält und ihn in eine Reihe stellt mit Schamanen und Zauberern und Medizinmännern! Kann man da noch von einer Not, einem Bedürfnis der Welt nach dem Priester sprechen, da doch unser eigener Raum, der christliche Raum erfüllt ist allmählich von dem Gerede über das Versagen der Priester; da man landauf, landab einen Teil des christlichen Eifers darin sieht, auf unsere Schwächen aufmerksam zu machen und uns dauernd daran zu erinnern, daß wir auch nur Menschen sind. Vielleicht vergißt man dabei, daß wir Menschen sind und bleiben und daß unsere Schwäche niemals eine Entschuldigung sein darf für die eigene Dürftigkeit. Es lebt jeder sein Christentum, und es wird jeder geprüft und besprochen nicht nach seinem Pfarrer, sondern nach seinem Gewissen. Aber wir wollen hier nicht streiten. Wir wollen auch keinen Hymnus singen auf die Weihe und Größe und Würde des Priesters, des priesterlichen Menschen. Wir wollen einfach fragen: Ist diese Tatsache, daß in der Kirche, in der Christenheit geweihte Menschen leben, daß da ein Amt besteht, das aus Weihe und Sendung kommt, eine Antwort, Erfüllung einer Not? Und wir werden darüber hinaus sehen, daß in dieser Sendung und in dieser Weihe ein Anliegen sich zeigt, das nicht nur uns priesterliche Menschen angeht, sondern Sie alle, die den christlichen Namen tragen und die christliche Wirklichkeit darstellen sollen.

Der Mensch lebt unter Menschen. Er lebt nicht allein, und er kann nicht allein leben. Am Anfang unserer Geschichte steht: Es ist nicht gut, daß der Mensch allein sei (Gen 2, 18). Er braucht den anderen. Und das gilt nicht nur für die zweisame Gesellung, von der wir noch sprechen müssen; das gilt überhaupt. Wir brauchen den Menschen. Zählen Sie einmal schlicht und ehrlich zusammen, wieviel Stunden Ihres Tages eigentlich der fremde Mensch, der andere Mensch es ist, der Ihnen hilft, Ihnen dient, von dem Sie leben, mit dem Sie arbeiten. Wie Ihre eigene Existenz nur möglich ist, weil andere Menschen da sind.

Aber der Mensch braucht nicht nur den Menschen gemeinhin, der mit ihm dahinlebt, der mit ihm das Leben teilt und die Sorge teilt, er braucht irgendwie besondere Kameradschaft und besondere Hilfe. Da klingt immer wieder auf die alte Klage aus dem Evangelium: hominem non habeo. Ich habe keinen Menschen, der sich um mich kümmert (Jo 5, 7). Und da wird gesucht und gefragt und innerlich wirklich verlangt der Mensch, der bereit ist, der da ist, wo der andere in Not ist und Hilflosigkeit, wo der andere Mensch nicht mehr weiterkommt. Ja, da wird nicht nur gefragt der Mensch, der bereit ist, wenn man ihn angeht, zu helfen, da wird gefragt und verlangt: der Mensch des anderen Herrenwortes: misereor super turbam. Mich erbarmt des Volkes (Mk 8, 2). Der von sich aus suchen geht, der von sich aus helfen geht und, wo er Wunden findet, bereit ist zu heilen; und wo er Not sieht, bereit ist zu helfen, und wo er Nacht findet, bereit ist, Licht zu bringen. Dieser Mensch wird immer wieder gesucht. Und wo immer Menschen unter Menschen standen und großes Vertrauen hatten und große Gefolgschaft hatten, da haben die Menschen in ihnen – mit Recht oder Unrecht, sei immer dahingestellt – einen von diesen vermutet, die von sich aus auf dem Wege sind zu suchen und zu segnen und zu helfen.

Aber der Mensch verlangt nicht nur den Menschen, der bereit ist, nicht nur den Menschen, der da ist, er verlangt den ausgesonderten, den besonderen Menschen. Fünf Zeichnungen sollen Ihnen kurz zeigen, wie der Mensch wirklich den besonderen, den ausgesonderten Menschen sucht und ihn fordert.

1. Als vor ein paar Jahren in Berlin der unvergessene und unvergeßliche Carl Sonnenschein (1876–1929; katholischer Sozialethiker, Großstadtseelsorger in Berlin) starb, da schrieb eine sonst wirklich nicht christliche, im Gegenteil religionsfeindliche Zeitung: »Wenn dieser Priester gestern begraben wurde wie ein König, dann ist uns das ganz gleich, daß er ein Priester war. Er war ein Mensch, der für alle da war, zu dem jeder kommen konnte, dessen Tür für niemand verschlossen war und der bis zur Ausplünderung der eigenen Kraft und der eigenen Existenz auch jedem gegeben hat.« Der Mensch sucht den Menschen der großen Bereitschaft, der wirklich nicht bloß willig ist, sondern sich selber darangibt für den anderen. Da sucht er Erfüllung, da sucht er Antwort auf die alte Klage: Hominem non habeo.

2. Und eine zweite Zeichnung: Der Mensch sucht den Menschen, in dem er das Große, das Endgültige spürt, wenigstens den Willen und den Ansatz und die Verwandtschaft zu dem Außergewöhnlichen, Überalltäglichen, zu dem was ihn über den gewöhnlichen Werktag und die gewöhnliche Sorge und Not hinaushebt. In Nietzsches Zarathustra steht ein Kapitel von den Priestern. Das ist ein großer Lästergesang auf den Priester. Und doch stehen in diesen lästerlichen Worten Anerkennungen des priesterlichen Menschen, die wieder Anerkennung des Menschen sind, dem man folgen könnte. Da steht: »Und einstmals gab Zarathustra seinen Jüngern das Zeichen und sprach diese Worte zu ihnen: Hier sind Priester: und wenn es auch meine Feinde sind, geht mir still an ihnen vorüber und mit schlafendem Schwerte. Auch unter ihnen sind Helden; viele von ihnen litten zu viel... Aber mein Blut ist mit dem ihren verwandt: und ich will mein Blut auch noch in dem ihren geehrt wissen... Ich leide und litt mit ihnen: Gefangene sind es mir und Abgezeichnete. Der, welchen sie Erlöser nennen, schlug sie in Banden.« Was sonst noch dasteht, ist nicht wert, in einem heiligen Raum gelesen zu werden. Aber das eine sollen Sie

spüren, daß selbst in diesem Lästergesang auf den Priester das eine noch geahnt wird, daß »ihr Blut meinem Blut verwandt ist«, daß da etwas schlägt, was dem Willen zum Großen, zum Übermenschlichen, zum Endgültigen, von dem Nietzsches kranke Seele brannte, verwandt ist. Der Mensch sucht den großen, überlegenen Menschen.

3. Und der Mensch sucht den Menschen, der nicht bloß bereit ist, sich zu vergeuden, sondern der sich wirklich wegschenkt. Vor ein paar Jahren fuhr über den Ozean ein Schiff, geschmückt mit tausend bunten Wimpeln und Fahnen. Und am Mast war die Fahne auf Halbmast gesenkt. Das Schiff trug einen Sarg und fuhr unter dem Donner der Kanonen in die Häfen ein. Und als es schließlich landete und man den Sarg in die Hauptstadt Belgiens brachte, stand ein Volk still und stumm vor dem Sarg, beugte sich ein König, paradierte eine Wehrmacht, grüßten Menschen, schweigend, aus allen Klassen. Man grüßte einen Menschen, der verfault war, der verkommen war irgendwo auf einer Insel draußen: Man grüßte einen Aussätzigen, der aussätzig geworden war, weil es ihn hinaustrieb an die Grenzen der Kultur, an die Grenzen des Lebens, zu den Allerärmsten und Verlassensten und Vergessensten, einen Menschen, der gezeigt hatte, es gibt das, daß man sich selber hingeben kann für andere Menschen. (Damian Deveuster SSCC; 1840–1889. 1936 wurde sein Leib in die Heimat überführt. Sein Seligsprechungsprozeß ist eingeleitet. – der Hrsg.)

4. Und der Mensch sucht den Menschen und folgt ihm, der an die Grenzen des Daseins geraten ist, der an Pflichten und Ordnungen geraten ist, die ihn über das Alltägliche an Sicherheit, an Sorge für sich selbst hinausheben und ihn binden, binden selbst zum Untergang. Wenn Sie Schiller kennen, wissen Sie eines: es ging eigentlich diesem Klassiker wie kaum einem anderen Dichter immer wieder um das Thema »Mensch«. Und in allen seinen Dramen wird versucht, eine Hochform, eine Höchstform des Menschen darzustellen, die endgültig sein könnte. In dem Fragment »Die Malteser« hat Schiller versucht, sein klassisches Ideal, sein antikes Ideal mit dem christlichen zu vereinen. Da schildert er diesen Menschen der restlosen Ausgeliefertheit an die Grenzen des Daseins. Er schildert den Orden der Johanniter auf Malta, die Szene, wo das Fort St. Elmo beschossen ist und die Ritter nichts mehr haben, um die Breschen zu stopfen als ihren eigenen Leib, keinen

Schild als ihre eigene Brust. Dann kommt die Frage: »Die Wälle sind zerstört! Wohinter sollen wir stehen?« So fragt eine kampfmüde gewordene Mannschaft den Großmeister und will kapitulieren. Da kommt die Antwort: »Hinter eurer Pflicht! Euer Gelübde ist euer Wall. Der Johanniter braucht keinen anderen.« »Wir sind Menschen!« »Ihr sollt mehr sein.« – Diesen Menschen sucht der Mensch, damit er ihm helfe, der aus einer Bindung an die letzten und äußersten Situationen des Lebens heraus mehr ist, auch wenn er daran verbrennt und untergeht.

5. Aber all das langt noch nicht, all das ist noch nicht genug für das, was der Mensch von dem Menschen erwartet, bei dem er seine letzten Fragen anbringen will. Er erwartet da einen Menschen, der ihm das Endgültige gibt, der ihm das Heilige gibt, der ihm Gott geben kann. Ich schlage noch einmal das schon erwähnte siebente Kapitel in Goethes »Dichtung und Wahrheit« auf. Da schildert Goethe ein Erlebnis mit seinem eigenen Pastor, Pastor Gellert; schildert, wie er eigentlich nichts von ihm bekam, wie alles das, was der jugendliche Mensch, als er Gott noch suchte, erwartete, von diesem Menschen her unerfüllt und ohne Antwort blieb. Er geht dann weiter und sagt: damit hängt wohl zusammen, daß überhaupt Religion heute schwindet. Dann sucht er Gründe und fährt fort: »Es kommt daher, daß in dieser meiner Kirche, in der protestantischen Kirche, im ganzen zuwenig Fülle ist und im einzelnen; der Protestant hat zuwenig Sakramente, ja, er hat nur eines, bei dem er sich tätig erweist, das Abendmahl.« Dann schildert er die katholischen Sakramente und kommt dann zum letzten, zur Garantie, daß das Heilige immer in der Welt bleiben würde: »Aber alle diese geistigen Wunder entsprießen nicht wie andere Früchte dem natürlichen Boden. Da können sie nicht gesät, nicht gepflanzt und nicht gepflegt werden. Aus einer anderen Religion muß man sie herüberflehen. Und hier begegnet uns nun das höchste der Symbole aus alter, frommer Überlieferung. Wir hören, daß ein Mensch vor dem anderen von oben begünstigt, gesegnet und geheiligt werden könne. Damit aber dies nicht als Naturgabe erscheine, so muß diese große, mit einer schweren Pflicht verbundene Gunst von einem Berechtigten auf den anderen übertragen und das größte Gut, was ein Mensch erlangen kann, durch geistige Erbschaft auf Erden erhalten und verewigt werden. Ja, in der Weihe des Priesters ist alles zusammengefaßt, was nötig ist, um

diejenigen heiligen Handlungen wirksam zu begehen, wodurch das Volk gesegnet wird, ohne daß sie irgendwie andere Tätigkeit dabei nötig hätten als die des Glaubens und des Vertrauens. Und so kommt der Priester in der Reihe seiner Vorfahren und Nachfahren, in dem Kreise seiner Mitgesalbten, den höchsten Segnenden darstellend, um so herrlicher auf, als nicht er es ist, den wir verehren, sondern sein Amt, nicht sein Wink, vor dem wir die Knie beugen, sondern der Segen, den er erteilt und der desto heiliger und unmittelbarer vom Himmel zu kommen scheint, weil ihn das irdische Werkzeug nicht einmal durch sündhaftes, ja lasterhaftes Wesen schwächen oder entkräften könnte.« Das ist der Mensch, den der Mensch sucht, wenn er irgendwo endgültige Hilfe, endgültige Antwort sucht, endgültig einen Raum, in den er seine Fragen sprechen kann, einen Ort, in dem er geborgen stehen kann.

Der Mensch der großen Bereitschaft, des großen Willens, der großen Hingabe, der letzten äußersten Bindung und aber dann des großen Besitzes. Und jetzt fängt eigentlich die Predigt an, für mich schwer oder beinahe unmöglich zu werden; denn jetzt muß ich zeigen und muß ich sagen, daß das der Mensch ist, den wir Priester darstellen sollen und den wir darstellen müssen und den wir, wenn Sie uns helfen, auch darstellen können. Wir Priester stammen aus Ihren Familien, und doch als Priester kommen wir aus einer Weihe, kommen aus einer Sendung. Und wenn ich Ihnen jetzt die fünf Zeichen, die fünf Segnungen und Symbole unserer Weihe zeige und Ihnen sage, wie da die Umrisse eines priesterlichen Menschen und eines priesterlichen Lebens sichtbar werden, dann werden Sie spüren, daß da Erfüllung und Antwort ist. Und dann werden Sie genausogut merken wie ich, daß wir so oft diesen großen Umrissen nicht gewachsen sind, und Sie werden vielleicht die Bereitschaft finden zu dem, was ich als Letztes heute sagen will, daß Sie uns helfen so zu sein, wie wir sein sollen und müssen.

1. Wenn wir in die Weihe gehen, in die große Stunde unseres Lebens, dann knien wir vor dem Bischof und schweigend liegt seine Hand auf uns. Schweigend. Man fühlt die segnende und schöpferische Last dieser Hand durch den ganzen Menschen. Und die Gemeinde schweigt. Und diese Stille wird um den Priester sein. Dieses Schweigen, diese ruhende Hand des schweigenden Bischofs ruft ihn heraus aus seiner bisherigen Heimat, ruft ihn heraus aus

seinen bisherigen Geborgenheiten und sondert ihn und umgibt ihn mit dieser Stille, mit diesem Schweigen, in dem er geweiht wurde, daß es ihn sein ganzes Leben begleite. Um uns muß dieses Schweigen sein. Schweigend hüten wir die Geheimnisse der Menschen. Schweigen heißen wir unser Herz, daß es nicht liebt, wo es nicht lieben darf. Schweigen muß unser Wille zur Macht, weil wir gesandt sind als die segnenden Hände des Herrn. Und schweigen muß unser Wille zu all dem andern, was sonst ein Leben in dieser Welt bergen und verankern und sichern könnte. Das Schweigen geht mit uns, weil es immer Anzeichen dafür ist, daß eine besondere Nähe des Herrgotts sich ereignet hat.

2. Und was nun der Sinn dieser Sendung ist, das sagt uns die zweite symbolische Handlung, die an uns geschah, als man uns die Hände in Kreuzesform salbte. Salbung ist Zeichen von Sendung und Zuständigkeit, von Beständigkeit und von Macht. Aber unsere Salbung ist geschehen als die Kreuzsalbung. Sie ist zunächst eine Salbung wie die des Leibes des Herrn zur passio, zur innersten Teilnahme an seinem Erlöserberuf. Von daher sind wir gehalten und sind wir gebunden, uns daranzugeben, uns wirklich aufzureiben und restlos wegzugeben. Das Schweigen muß auch ein Schweigen werden vor sich selbst und vor dem eigenen Lebenswillen, hinein in den Dienst, in die Anbetung und in das Opfer.

3. Und dann gibt man uns Kelch und Patene. Und damit sind wir bestellt einmal zum Hüter des Heiligsten, was die Menschheit besitzt, das ist der Leib des Herrn und der heilige Kelch des Herrn, seines gegenwärtigen Opfers. Damit sind wir bestellt und geschickt, den gefüllten Kelch nicht für uns zu behalten, sondern ihn weiterzutragen, auszuteilen, wegzugeben. Damit sind wir bestellt und gesandt, das, was in der Welt an Leid, an Opfer, an Not liegt, einzusammeln in diesen Kelch, es gleichsam wegzunehmen, soweit es uns möglich ist und hineinzuweihen in diesen Opferkelch des Herrn.

4. Dann legte man uns noch einmal die Hände auf und sagte uns, daß wir gehen sollen und die Sünde wegnehmen sollen, daß wir hineingestellt sind in diesen letzten Dialog, in das letzte Duell mit dem Dämonischen, mit dem Schuldhaften, mit dem Schwachen und mit dem Kranken, daß wir ein endloses Erbarmen haben müssen, da, wo Hilfe nötig ist, wo es wirklich heißt: Eure Pflicht und eure Gelübde sind euer Wall. Und mehr bleibt euch nicht. Wir ha-

ben uns wirklich in den äußersten Schanzen herumzutreiben, wo es gilt gegen das Dämonische zu stehen.

5. Und noch einmal wenden wir uns dem weihenden Bischof zu und reichen ihm unsere Hände und er nimmt unsere Hand in seine Hand und fragt uns: Versprichst du? Wir haben geantwortet: promitto (Ich verspreche.). Das war die letzte Bindung, daß wir mit unserer Existenz, unserem eigenen Heil, unserem ewigen Schicksal uns gebunden haben an die Erfüllung dieses Lebens; daß wir aus dieser Weihestunde heraus nun unterwegs sein müssen, solange unser Fuß uns noch trägt, um zu segnen und zu helfen und zu weihen und den Kelch des Herrn auszuteilen und Licht zu bringen und Nacht und Finsternis zu bannen.

Das ist das Bild und der Umriß und die Pflicht, die wir mitnahmen aus unserer Weihestunde. Und was wir fertigbringen, was uns gelingt, das wissen Sie selbst. Wissen Sie selbst oft besser als wir, wenn wir nicht ehrlich sind vor uns. Und man kann ruhig sagen, daß alle Problematik, die um das Priestertum geht, um das Verhältnis des christlichen Menschen zu seinem Priester und um das Mißverhältnis des unchristlichen Menschen zum katholischen Priester, zum großen Teil daher kommt, daß wir Menschen geblieben sind. Es ist nun einmal so des Herrgotts Gesetz, daß er seinen Heilswillen gebaut hat auf dieses Grundgesetz der Menschwerdung, auf diese Grundordnung, daß nun Menschen Göttliches tragen sollen und Menschen Göttliches weitergeben sollen. Und daß er uns nicht die Last und die Verantwortung des Menschlichen abgenommen hat. Gott hat sich dem Menschen ausgeliefert, und nun stehen wir da mit unseren gesalbten und doch oft zitternden Händen und hüten das Heiligtum. Aber vielleicht ist gerade auch das eine der großen Möglichkeiten unseres Amtes und unserer Würde und unserer Weihe, daß wir sie tragen mit einem Menschentum, das aus sich heraus genauso wie Sie alle Möglichkeiten und alle Fährnisse des Versagens kennt und sie nicht nur kennt, sondern spürt und mit ihnen zu tun hat und ihnen vielleicht unterliegt und oft unterliegt. Ich weiß nicht, ob Sie mit Ihrer eigenen Not genauso gern zu einem Wesen gingen, das Ihre eigene Sorge nicht kennte, das den Schlag des Herzens und den Schlag des Blutes, das Versagen des Willens nicht aus eigener schwacher Stunde und eigener Sorge kennte. Ich glaube, der Priester als menschlicher Träger des Göttlichen ist dem Menschen, der erlöst werden soll und der Antwort und Hilfe und Heimat sucht, gewachsener und gerechter als es ein Engel wäre, der nicht weiß, wie man als Mensch lebt.

Das ist nun unser Dienst, den wir zu leisten haben und den wir darzustellen haben, daß wir das Erbe Gottes hüten in unseren schwachen Händen und daß wir es weitertragen und Ihnen bringen und Ihnen nachgehen. Aber dies ist auch eine Sorge und auch eine Frage und auch ein Anliegen an Sie. Der Priester ist nicht irgendeine isolierte Wirklichkeit in der Kirche Gottes. Genauso wie sein Versagen eine Schmach und Schande und Not und Sorge für alle ist, denen das Ganze und das Echte am Herzen liegt, genauso ist sein Gelingen nicht nur eine Freude, sondern eine Sorge und eine Verantwortung für Sie selbst. Wir stehen da am Altar, auf der Kanzel, herausgehoben und herausgerufen durch Ruf und Sendung, und allen sichtbar und jedem Blick und jeder Beobachtung ausgesetzt. Und Sie sehen. Da wird die erste Bitte sein, die der Priester aus der Sorge um seine eigene Existenz an Sie richtet: Jawohl, sehen Sie, sehen Sie wirklich, was ist, und sehen Sie recht! Sie sollen gewiß nicht weiß nennen, was schwarz ist, und schwarz, was weiß ist, nur weil das ein geweihter Mensch ist. Sie sollen diesem Menschen helfen, immer besseres Gefäß seiner Weihe zu sein. Und darum sehen Sie!

Und sagen Sie! Aber nicht aus einer billigen Kritik, sondern gehen Sie hin aus der Verantwortung, die Sie selber tragen, die wir alle tragen für das Gelingen dieser Kirche, und sagen Sie dem priesterlichen Menschen in ehrlicher Offenheit und Geradheit, was Sie sehen und was Sie meinen und um was Sie bitten. Das wird manche Mißstimmung wegtun und manche Entfremdung. Sie werden in neunzig von hundert Fällen Bereitschaft und Dankbarkeit finden. Es ist einem Menschen immer unangenehm, wenn er Kritik hört; aber was der Mensch nachher damit anfängt, in einer stillen Gebetsstunde vor seinem Gott, das weiß man ja nicht. Selbst wenn vor Ihnen die Tür zugeht, haben Sie um des Ganzen willen, um der Herrlichkeit des Herrgotts willen, die durch unsere Kirche in der Welt sein soll, erst recht die Pflicht zu gehen, zu sagen und darauf zu drängen, daß auch der Glanz der Weihe, der Glanz des priesterlichen Amtes in dieser Welt steht, wirklich als mögliche und wirkliche Antwort und Erfüllung und Segnung der Welt. Es ist uns Priestern nicht geholfen, wenn Sie müde werden an unseren Schwächen und sich daran müde denken und müde reiben. Und es ist Ihnen nicht geholfen, wenn Sie das Vertrauen und Zutrauen verlieren und sich selber entfernen. Halten wir doch zusammen! Was hilft es uns, wenn wir zusammenstehen unter gemeinsamen Schlägen und nicht zusammenhalten im Innersten, im eigentlichen Herzen, da, wo das Sakrament quillt, und da, wo wir täglich segnen und weihen wollen und Sie vielleicht die Hand verabscheuen, die Ihnen das Sakrament reichen muß. Sorgen Sie, daß man diese Hand nicht verabscheuen muß, soweit es an Ihnen liegt, in ehrlicher Geradheit und Offenheit. Es hat keinen Sinn, durch eine Stadt zu gehen und die Fehler sämtlicher Pfarrer zu sammeln; es hat viel mehr Sinn, in ehrlicher, helfender Bescheidenheit zu dem einzelnen Menschen zu gehen und zu sagen: das ist es, was wir um der Kirche willen und um des Herrgotts willen von der segnenden Hand des Priesters erwarten. Sehen Sie! Und sagen Sie!

Und beten Sie für Ihre Priester! Sie spüren es, wenn ein Priester die Gemeinde hütet und für sie sorgt, der Sie auch mitnimmt vor seinen Herrgott und dort in seinen einsamen Gebetsstunden mit seiner Gemeinde vor Gott steht. Und vielleicht werden Sie einmal im ewigen Glanze Gottes entdecken, daß Sie das meiste an Segen und Kraft verdanken diesen stillen Seelsorgsstunden vor dem Tabernakel. Der Priester spürt genauso, wenn das Volk nicht nur erwartet und haben will – er wird geben und muß geben – nicht nur immer sieht und prüft und zurechtrückt, sondern auch seinen Priester mitnimmt in seine Gebetsstunden, in seine Einsamkeiten mit Gott und auch diesem Menschen, der mit seinem Schicksal brennt für ihr eigenes Wohl, einen Segen des Herrgotts verschafft. So wird es uns gemeinsam gelingen, das Priestertum zu hüten und die Weihe zu fördern und das alte Ansehen wieder herzustellen.

Und noch eine doppelte Verantwortung tragen Sie. Die nächste, die Sie tragen, die geht den jungen Menschen an, Ihre eigene Familie, Ihr eigenes Kind. Wenn Sie sich heute manchmal und oft ärgern an menschlichen Unzulänglichkeiten oder an frömmelnden Verengtheiten des Priesters, fragen Sie doch einmal, ob er das nicht aus den Familien heraus mitgebracht hat, aus denen er hervorgewachsen ist. Ob das nicht schuld ist, daß man den jungen Menschen, auf den sich der Schein des kommenden Berufes sichtbar herabsenkte, eingesperrt, eingeengt und ihn vor der Gefahr der Verkümmerung nicht bewahrt, sondern es ihm unmöglich gemacht hat, ein volles Menschentum dem Herrgott als Weihe und Opfergabe darzubieten.

Das zweite, was Sie noch leisten müssen, die zweite Sorge und das zweite Anliegen: Wenn Sie das Unglück haben sollten und müßten einen Priester des Versagens erleben, daß Sie dann genau wissen, wo die Grenzen des Versagens liegen. Daß Sie dann genau wissen, der Segen des Herrgotts ist diesem Menschen eingebrannt als sein eigenes Schicksal; er kann ihn innerlich nicht anrühren. Das Heilige, das uns anvertraut ist, ist unabhängig von unseren Händen. Das ist vielleicht das innerlich Erregendste, daß der Priester weiß, er kann das Heilige nicht sabotieren, er kann nur selbst daran zugrundegehen. Daß Sie sich nicht innerlich im Glauben anrühren lassen, wenn der Mensch im Priester einmal zusammenfällt und Sie erleben müßten, daß da eine geweihte Ruine steht.

Das war vielleicht schwer und war vielleicht zu ernst. Aber ich habe Ihnen gesagt, ich wollte keinen byzantinischen Hymnus singen über Würde und Glorie des Priesters. Um die geht es nicht, sondern einzig und allein darum, daß Würde und Glorie des Herrgotts sichtbar werden und daß durch den Priester die Glorie Gottes wirklich werde und wachse und ausstrahle. So besehen von dem her, was wir sollen und sein können, sind wir eine Antwort und ist der Priester eine Erlösung und ist er eine Erfüllung. Und schauen Sie, wo Sie wollen, wo immer Menschen dem Menschen folgen und ihm restlos folgen, schließlich und letztlich erwarten sie von ihm genau das, was der Priester ihnen sein soll und ihnen sein muß, wenn er sein Amt und seine Weihe nicht verraten will: das Beständige, das restlos Hilfreiche, das wirklich Im-Besitz-des-Endgültigen-Sein und dann das Ausspendenkönnen, das Mitteilenkönnen der großen Segnungen, der großen Weihungen, der großen Gnaden. So soll das Bewußtsein der Tatsache, daß es in unserer Gemeinschaft geweihte Menschen und gesegnete Menschen gibt, Ihnen helfen, innerlich sicher und aufrecht und ohne Befangenheit in diesem Leben zu stehen, wie es sich müht und wie es sich gibt. Es sind Menschen dahinter gestellt, deren einziger Daseinssinn und einziges Existenzrecht es ist, zur Verfügung zu stehen und zu geben, was sie haben – und mehr als sie selber haben zu geben: die ganze Fülle des Herrgotts, die ihnen anvertraut ist. Aus solchem Bewußtsein, daß das unter Ihnen ist, kann man wachsen und kann man sicher sein. Dann muß man aber auch immer das andere spüren, daß Sie uns helfen, daß das Feuer, das in uns ist durch die Handauflegung und die Weihe und Salbung, nicht erlischt, sondern glüht und leuchtet und brennt: damit die Suchenden wissen, wo Heimat ist, und die Irrenden wissen, wo Rat ist, und die Hilflosen wissen, wo Segen ist, und die Verlaufenen wissen, wo die Tore sind der Rückkehr, die auf sie warten aus der Freude des Herrn.

Hölderlin

> Abendvortrag am 7. Juni 1943; in der
> Begegnung mit Hölderlin stellt sich für
> Delp »das Problem unseres deutschen
> Lebens und unserer deutschen
> Christlichkeit«.

Wir wollen heute abend von einem Zeichen der Zeit sprechen, von dem Sie vielleicht behaupten: es ist keines für uns. Vielleicht sagen Sie: es sei eine rein heidnische Angelegenheit. Vielleicht auch, es sei eine Art Spinnerei. Es kann sein, daß man kein leichtes und sicheres Verhältnis dazu hat. Es wird sich zeigen. Es ist keine heidnische Angelegenheit und keine Phantasterei, sondern irgendwie ein drängendes Problem des Christenlebens.
Ich wollte über Fragen sprechen, die im Zusammenhang mit Hölderlin auftauchen. Es stellen sich da zwei Probleme, die uns angehen: das Problem unseres deutschen Lebens und unserer deutschen Christlichkeit. Die ganz eigenartige Spannung, die Hölderlin in seinem Leben zu Christus zeigt, ist nicht nur psychologisch interessant. Sie gibt uns eigenartige drängende Probleme unseres deutschen christlichen Lebens auf und macht uns auf Dinge aufmerksam, die zu leisten sind und die vielleicht grundsätzlich noch gar nicht geleistet wurden.
Als Hölderlin vor hundert Jahren starb, starb ein Mann nach 38jähriger geistiger Umnachtung. Es brauchte Zeit, bis die Menschheit spürte, daß da irgendein Anruf geschehen war; daß dieser Mann Hölderlin, dieser Dichter, Seher, Prophet, am zweifachen Leben zerbrochen ist, am Problem des Deutschen und des Christentums. Daß er innerlich zerbrach und sein Geist in Stücke fiel, war ein Ergebnis des Ungelösten, des Durchdringens der Risse, die er dauernd im Geist spürte. Es ist schon so: das Genie wird entweder katholisch oder es versinkt, schreibt einer. Entweder gelingt es ihm, die Harmonie zu finden, die Botschaft Gottes, wo die hundert Pfeiler sich wölben, oder es bleiben die hundert

Stücke stehen, an denen ein Geist zum Verzweifeln kommen kann.

Es waren die zwei Probleme, die Hölderlin bewegten: das deutsche Leben und das christliche Leben. Man nennt ihn oft den Jüngling in der deutschen Literatur. Er hat viel von ihm gesprochen. Aber es wäre falsch, in ihm ein Ideal der Jugend sehen zu wollen. Was er wollte, war zunächst, den deutschen Geist aus seiner Schwere herauszureißen. Dies ist das Herzthema seines Lebens. Er wollte das Leben in eine andere geistige Sphäre heben. Ich kann kein Volk mir denken, das zerrissener wäre als die Deutschen: das war das Erlebnis Hölderlins – und da wird nun seine Idee wach. Ich habe mich oft gefragt, wie kommt ein Geist wie Hölderlin, der mit Schelling und Hegel aufgewachsen ist, zu dem Schwärmen für die Antike? Wie kommt er in den Götterhimmel und dazu, daß von ihm die Götter in den deutschen Raum hereingerufen werden? Es ist der Schrei nach Harmonie, die Ausgewogenheit des Geistes und wieder der Griff, der Sturz zurück in die Antike, wo die Welt noch Kosmos ist.

Und dann das andere. Seine Götter sind keine Götter. Er will das Schwerfällige des Deutschen vergeistigen, er will ein Pneuma hineinbringen, aber er kennt den Heiligen Geist nicht mehr. In seiner Hymne »An den Dichter« ist gesagt, was er will. Im Leben und Erleben der Natur, wo ihm das Heilige begegnete, glaubt er den Vater selbst mit eigener Hand zu fassen und dem Volk die himmlische Gabe zu reichen. Was er will, ist irgendwie ein priesterlicher Dienst am deutschen Geist: den Geist aus seiner Ahnungslosigkeit zu wecken und für das Hintergründige die Augen zu öffnen.

Das zweite Hölderlin-Problem, das Problem des Christentums ist bei ihm nicht mehr zum Ausgleich gekommen. Hätte er ein rechtes Verhältnis zum Herrn gefunden, wäre vielleicht die gültige Gestalt unserer Offenbarung sichtbar geworden. So liegt über dem Leben eine Tragik, die nicht nur für ihn gilt, sondern für viele deutsche Menschen. Es gibt im Leben Hölderlins christliche Stadien. Das Elternhaus war von frommem Pietismus erfüllt. Er fängt das Theologiestudium an. Das Ganze ist, wie so oft, nur anerzogen, übersteigert, unecht. Und er zieht Konsequenzen: er wirft das Ganze von sich. Im zweiten Stadium Hölderlins ist schon von Christus und Christentum nichts mehr vorhanden. Im »Hyperion« beschränkt er sich auf die Natur, auf die Kräfte der Natur: das, was er als Geist spürt. Aber von Christus ist da absolut nichts. Es gibt von ihm einige christliche Gedichte, aber man merkt, wie er der Mutter eine Freude machen will, und man merkt, es ist kalt, es ist ein Nachsagen. Dann geschieht etwas. Man glaubt, plötzlich ist dieser Christus wieder da. Wer von Christus weiß, wird im »Empedokles« immer wieder christliche Züge finden. Da sind Texte und Szenen, die einfach aus der Bibel stammen. Im Empedokles: »Ich hab es einmal gesehen, was meine Seele suchte.« »Was von Anfang an war und was wir von Anfang geschaut«, heißt es bei Johannes (1 Joh 1, 1). Im Empedokles: »Der Geist geht ungefragt auf seinen Pfaden weiter.« Bei Johannes: »Der Geist weht, wo er will« (Joh 3, 8). Empedokles: »Auch wir sind Kinder des Hauses.« Bei Johannes: »Wir heißen Kinder Gottes und sind es« (1 Joh 3, 1). Bei Hölderlin: »Wir leben in der Familie wie im eigenen Haus.« Bei Paulus: »Wir haben hier keine bleibende Stätte« (Hebr 13, 14). So gehen diese Parallelen weiter. Man kann vermuten, daß Empedokles schon geschrieben ist aus dem geheimen Gespräch, das Hölderlin schon mit einem fernen Christus führte. Christus ist nicht mehr der Christus der Bibel. Der war verworfen. Aber es ist dieser kosmische Christus, der einfach da ist und um den er ringt. In einem späteren Hymnus klingt es versöhnend »... wohl erkenne ich ... das Hohe, das mir die Knie beugt.« Und nun beginnt das erschütternde Thema, wie dieser Mann bis zur geistigen Umnachtung mit diesem Christus ringt und nicht mit ihm fertig wird: »Mein Meister und Herr! Oh du mein Lehrer, was bist du ferne geblieben? ... Und jetzt ist voll Trauern meine Seele.« (Der Einzige – An die Madonna)

Man kann in vielen Texten noch feststellen, wie am Ende dieser Christus wieder auftaucht und in Rivalität gerät mit dieser anderen Welt, die er als Erlösung geschaut hat. Wie er ihn zusammenbringt mit Hellas. Und wie er irgendwie merkt: es ist das Hohe, der Geist, der Herr, an dem zu viel hängt – und wie er in Angst gerät, daß er das eine oder das andere lassen müßte. Noch in der reifen Schau des zerbrechenden Geistes. Es war, als ob die Dinge da zerfielen.

Das können wir als Ereignis bei Hölderlin feststellen. Das können wir aber auch als erzieherisches Problem und als Problem der beiden Haltungen in unserem ganzen deutschen Raum feststellen.

Daß viele sich abwenden vom Herrn, weil sie meinen: vieles von dem, was das Leben gibt und hat und ist, wegwerfen zu müssen, wenn sie zum Herrn kommen. Das liegt an einer Eigenart unseres deutschen Christentums, das ein Christentum der starken Abwehr ist, ein Christentum der Verschlossenheit, wie es bei Hölderlins Elternhaus die pietistische Religion war. Aber die Haltung des echten Lebens ist, daß der Mensch vor Gott die Knie beugt. Der kapitalistische Mensch dagegen geht in die Kirche und spannt nicht, daß eines auf das andere einwirkt. Ähnliches liegt überhaupt als Anliegen in unserer Bildung und Erziehung und geistigen Haltung. Ich habe mich zwei Jahre auf die Mission vorbereitet, und damals ging mir auf, wie ganz anders dieses Volk ist, wie der Durchschnittsmensch in Deutschland. Ich studierte die Kunst und Geschichte dieser Länder. Es ist reines Heidentum und doch echt gewachsenes Menschentum, das doch seiner innersten Sehnsucht nach zu Gott hinstrebt. Denn alles Wahre und Echte stammt doch aus der einen Heimat alles Irdischen. In unserem Raum stehen wir als zu sehr überlegen und nehmen das, was um uns herum gewachsen ist, vielleicht nicht recht ernst. Wenn ich bedenke, als ich katholisch wurde und ein Verhältnis fand zu Goethe und Kant, habe ich dies irgendwo gespürt, da ging mir Hölderlins Problematik auf.

Auf der einen Seite die Wahrheit, die zwingt, auf der anderen Seite das Leben, das da ist und strömt und sucht. Wenn die beiden nicht zusammenstimmen, bleibt Deutschland in dieser Zerrissenheit mit den äußeren Dingen, die mit innerlichen Dingen nichts zu tun hat. Wo immer wieder Chaos geboren wird, wenn wir nicht innerlich in uns den Kosmos schaffen und das von Natur Gewachsene und von der Gnade Gegebene sehen. Wie wenig gelingt es doch oft unseren Menschen mit dem, was an naturhaftem Leben in uns liegt, fertig zu werden. Viele meinen, es ist einfach zu erwürgen. Das gibt erwürgtes Leben, das vielleicht fromm ist, aber nicht wahres Leben. Daß es aber die wahre Mitte gibt, indem die Dinge organisch zu Gott hinfinden und organisch gelöst werden, das ist uns oft noch ein unverstandener Gedanke. Hat das etwas zu bedeuten? Denken Sie einmal an das jüdische Volk und an das Schicksal, das für Hölderlin grundgelegt wurde in seinem bigotten Elternhaus, und denken Sie an die Schwierigkeiten heute, an die echten Dinge heranzugehen und unsere Wirklichkeit an die Gestalt und Haltung Christi heranzubringen. Spüren Sie, daß da ein echtes Problem liegt? Daß aus unserem echt katholischen Haus echtes Leben herauskommen kann?

Viel Verantwortung liegt hier. Wir müssen wieder eine christlich-katholische Unbefangenheit herstellen all dem gegenüber, was die Welt birgt; denn die Welt ist des Herrgotts Werk, die den Geist Gottes in der Welt immer wieder einsammeln und heimholen soll. Eine große Geste und Gebärde ist nicht lebensecht und lebenstüchtig, wenn wir nicht in die Unbefangenheit und Sicherheit hineinbrechen, die eben Sicherheit von daher ist, daß unserem Herrgott alles gehört und er uns selber in dem Ganzen wieder spürbar werden soll. Wir müssen alles versuchen, um dem kommenden Geschlecht den Hölderlinkampf, an dem er und viele zerbrochen sind, spüren zu lassen: daß der Mensch weiß, es gibt Ordnung und Unordnung. Aber daß er dabei nicht unsicher wird und in Angst gerät. Wenn das Schöne, Wahre, Gute, Echte – gleich woher es kommt – plötzlich vor einem steht, daß er dann weiß: »Alles, was ist, gehört euch und ihr seid Christi« (1 Kor 3, 22). Die Dinge gehören zusammen. Der Raum der Sicherheit, diese Haltung, daß man weiß: es gibt in allem eine Begegnung mit Gott und alles strebt zur Wahrheit hin. Wenn wir das wieder haben, das Katholische als Bewußtsein, nicht nur als Passion, dann sind wir sicher. Dann und nur dann, wenn wir mit Selbstverständlichkeit im Dasein stehen, wird es gelingen, die chaotische Zerrissenheit, die Hölderlin in den Wahnsinn führte, zu überwinden und den deutschen Menschen ahnen zu lassen, daß Christus finden nicht nur ist ein Gehorsam gegen Gott, sondern heißt: einen Bruder finden und einen der eigenen Fülle finden.

Briefe und Texte aus dem Gefängnis

Briefe

> Delp hat fast alle Briefe und Texte aus dem Gefängnis in Fesseln geschrieben, dem »Zeichen der amtlichen Todeskandidatur«. Bis auf die beiden ersten Briefe Delps aus dem Gefängnis, die den offiziellen Weg durch die Gefängniszensur gingen, wurden sämtliche anderen Briefe und Texte aus dem Gefängnis herausgeschmuggelt. Delps Kassiber aus dem Gefängnis tragen folgende Unterschriften: Max, Georg, B, Bullus, Lotterer, Der Patient, »Blutenberg«, »Dein großes Sorgenkind«, G, Dp. Wir bringen aus diesen Briefen und Texten eine Auswahl.

An Luise Oestreicher[1]   Ende Oktober 1944

LL., ich schreibe Dir wieder ein paar Grüße. Ob sie Dich erreichen, weiß ich nicht. Wie ich überhaupt von niemand etwas weiß, außer von den Leuten hier im Eisen, die jeden Tag weniger werden. »unicus et pauper sum ego«, sehr allein und armselig bin ich geworden, heißt es in einem Psalm. Ich bin so dankbar um die Hostie, die ich seit 1. X. in der Zelle habe. Sie bricht die Einsamkeit, obwohl ich, zur Schande sei's gesagt, manchmal so müde und zerstört bin, daß ich diese Realität gar nicht mehr aufnehme. –
Augenblicklich brauche ich alle Kraft, um die Zahnschmerzen und die Schmerzen einer Kiefernhöhlen- und Stirnhöhlenentzündung zu verkraften. Hoffentlich kommt es nicht zu Eiterungen. Die werden ja bei mir immer bösartig.
Ich kann Dir heute nicht viel schreiben, es ist kein guter Tag. Manchmal drängt sich das ganze Schicksal in eine Last zusammen und legt sich einem auf das Herz und man weiß wirklich nicht, wie lange man dies alles diesem Herzen noch zumuten soll. –
Ich habe noch nichts von Dir gehört. Es ist ja auch sehr schwer jetzt. Wie das alles weitergehen soll?
Ich glaube an Gott und an das Leben. Und um was wir gläubig bitten, das wird uns. Der Glaube ist die Kunst. Und ich bin nicht der Meinung, daß Gott mich an einem (...) ersticken läßt. Um mehr handelt es sich gerade in dem Fall nicht. Gott hat mich

---
[1] *Oestreicher, Luise* – Delps Sekretärin in München.

gründlich gestellt, ob ich meine alten Worte einlöse: mit ihm allein läßt sich leben und das Schicksal durchstehen.
Wie geht es Dir? (...) Grüß die lieben Menschen. Dir Gottes Segen und alles Gute und ein erfülltes Herz.

Georg

Ich würde sehr bitten um ein paar Messen in der Georgskirche, wenn das möglich ist. Überhaupt muß ich mich jetzt sehr auf die Gemeinschaft der guten Menschen verlassen. Meine eigenen Kräfte sind hin. Dios solo basta (Allein Gott genügt): habe ich einst sehr selbstgewiß gesagt. Ja, und jetzt. Bis jetzt habe ich alles falsch gemacht, und es ist immer schlimmer geworden. Sag doch dem Tatt(enbach)[1] und dem Dold[2], sie sollen im Orden sehr beten. Mehr können sie ja auch nicht tun. Wenn ich ein Millionenobjekt wäre, wüßten einige Leute schon Wege nach ganz oben, so aber bin ich nur ein verprügelter und verunglückter Mensch. Sei der Weg über das Seil im Namen Gottes unternommen. Grüße Deine Leute und Johannes...

An Familie Kreuser[3]   Mitte November 1944

Liebe Freunde, die Namenstage im Laufe der Monate habe ich in meiner gegenwärtigen Lage nicht vergessen. Es waren Gedenktage an gute und liebe Menschen, an viel Treue und Güte, an manche Stunde der Geborgenheit und Heimat. Und sie waren Bittage um den Schutz und Segen Gottes für alles. Mit meinen gefesselten Händen habe ich jedesmal jedem einen guten Segen geschickt, wie oft...
Ja, das Leben hat sich gewandelt. Ich habe viel gelernt in diesen 12 Wochen der Bitternis, der Prüfung und Einsamkeit. Und der Not. So Gott gut ist, kann ich es noch einmal verwerten. Ich habe die Hoffnung auf seine Hilfe immer noch, obwohl rein menschlich die Sache ziemlich aussichtslos ist. Zwischen mir und dem Galgen

---
[1] *Tattenbach, Franz von* – (geb. 1910), Delps Freund im Jesuitenorden, nahm ihm die letzten Gelübde im Gefängnis ab.
[2] *Dold* – P. Johannes B. Dold SJ (1897–1967), ehemaliger Direktor des Jesuitenkollegs für Schüler in St. Blasien im Schwarzwald, mit Delp befreundet.
[3] *Kreuser* – mit Delp eng befreundete Familie in München.

muß das Wunder stehen, sonst hilft nichts mehr. Bitte mitbeten und mitausharren und die Kinder beten lassen.

Wenn ich mir vorstelle, es könnte wieder ein Tag kommen, an dem man seine Hände frei bewegen kann oder zur Tür hinausgehen oder sich rasieren, wenn es nötig ist, oder ein Stück Brot holen: was sind das so seltene Köstlichkeiten geworden. Und jede Woche werden wir weniger. Der Vernichtungswille ist hart und eindeutig. Auch für uns kommt allmählich die Stunde der Entscheidung näher. Nach jetziger Sachlage 7. oder 8. XII.

Ich habe noch etwas Wein und werde am 19., wie die letzten Jahre, die Messe lesen. Das war eine große Gnade und Hilfe Gottes seit dem 1. X. Seit dem Tag hab ich das Sakrament bei mir und kann ab und zu mit gefesselten Händen zelebrieren. Nachts, da wir immer beleuchtet sind.

Dank für alles. Die Kinder sollen gerade weiterwachsen. Besonderen Gruß an Karl-Adolf und Elisabeth. Von dem Zettel nichts herumerzählen. Bitte beten und hoffen. Gottes Schutz über alle lieben Menschen dort. A.

An Sr. Chrysolia[1] Mitte November 1944

L. S. Ch., einen herzlichen Gruß. Ob und wie er ankommt, weiß ich nicht. Wenn er ankommt, nicht viel davon weitersagen.

Ich wollte Ihnen nur danken für Ihre viele Arbeit, die Sie für mich getan haben. Danken Sie auch den anderen Schwestern. Und Sie um Verzeihung bitten für manchen Ärger, den wir zusammen erlebt haben. Ach, wie klein und eng war doch dies alles. Wie sieht die Welt nach diesen 10 Wochen großer Sorgen und Hunger und Schmerz und Aussichtslosigkeit ganz anders aus!

Ja, und jetzt brauch ich Ihr Gebet. Ich denke, wie wir uns im Keller zusammen hochgebetet haben, so halten wir auch jetzt zusammen. Ich bitte Sie sehr drum. Die Sache steht übel. Wenn der Herrgott nicht hilft, sehe ich keinen Ausweg mehr. Bitten Sie auch die anderen Schwestern um das Gebet. Grüßen Sie alle Leute im Haus. Mitte Dezember wird wohl über mein Schicksal entschieden

---

[1] *Chrysolia* – Ordensschwester, half Delp in der Pfarrei St. Georg in Bogenhausen.

sein. So viele meiner Freunde hier sind schon gestorben, aber der
»lange Baron«[1] lebt noch, wir kommen zusammen vor Gericht.
Grüßen Sie alle, ich danke allen und bitte alle ums Gebet.
Behüt Sie Gott   Ihr alter Patient

An Luise Oestreicher   17. November 1944

LL., allmählich wird wohl die Stunde der Entscheidung kommen.
Mit der Möglichkeit einer Verständigung ist es kurz vorher aus.
Nach jetziger Sachlage ist Termin am 7. oder 8. XII. Bis dahin
aber (...) muß Gott seine Wunder tun. (...)
Diese Woche war in vieler Hinsicht sehr bewegt. Drei von uns sind
den Weg gegangen, der als bittere Möglichkeit vor uns allen steht
und von dem uns nur Gottes Wunder trennen und bewahren können. Innerlich habe ich viel mit dem Herrgott zu tun und zu fragen
und dranzugeben. Das eine ist mir so klar und spürbar wie selten:
die Welt ist Gottes so voll. Aus allen Poren der Dinge quillt er
gleichsam uns entgegen. Wir aber sind oft blind. Wir bleiben in
den schönen und in den bösen Stunden hängen und erleben sie
nicht durch bis an den Brunnenpunkt, an dem sie aus Gott herausströmen. Das gilt für sehr (...), für alles Schöne und auch für das
Elend. In allem will Gott Begegnung feiern und fragt und will die
anbetende, hingebende Antwort. Die Kunst und der Auftrag ist
nur dieser, aus diesen Einsichten und Gnaden dauerndes Bewußtsein und dauernde Haltung zu machen, bzw. werden zu lassen.
Dann wird das Leben frei in der Freiheit, die wir oft gesucht haben. (...)
Gerade höre ich von den neuen Angriffen in München. Laß mir
bitte Bescheid zukommen, wie es Dir und den Freunden geht. Es
ist zuviel, auch diese Sorge und Unsicherheit zu all dem anderen. –
Heute ist wieder ein schwerer Tag. Gott meint es schon ganz intensiv mit mir, daß er mich so ausschließlich auf sich verweist. Ich
bin ja wieder ganz isoliert seit einiger Zeit. Ich soll lernen, was
glauben und vertrauen heißt. Das muß jede Stunde neu begonnen

---

[1] *»Baron«* (»der lange Baron«) – gemeint ist der großgewachsene Graf
Moltke.

werden. Es gibt auch gute Stunden der Fülle und Tröstung, aber im großen ganzen sind wir doch auf ein Seil gesetzt und sollen über einen Abgrund laufen und dazu schießen sie noch mit Scharfschützen auf uns. Und dauernd fallen welche herunter. –
Manchmal sage ich dem Herrgott, daß ich ein kleiner Bambs bin und ein Trösterl brauche. Er hat dann die kostbarsten Antworten. Neulich haben mir die beiden Mariannen an einem solchen Tag 20 Zigaretten und 5 Zigarren auf einmal herschaffen können. Und dazu das liebe graue Gebetbuch und ein paar Sachen, die so nach München schmeckten. Und manchmal bitte ich auch um ein Wort der Führung und Tröstung und schlag aufs Geratewohl die Schrift auf. Gerade habe ich aufgeschlagen: Jene, die glauben, werden folgende Wunder wirken usw. Mk 16, 16 ff. Ich habe das »Spiel« noch einmal gemacht und diesmal Mt 20 aufgeschlagen. Wieder ein Wort der Zuversicht.
Ach, wie begrenzt ist das Menschenherz in seinen eigensten Fähigkeiten, im Hoffen und Glauben. Es braucht Hilfe, um zu sich selbst zu kommen und nicht zu zerflattern wie ein paar scheue halbflügge Vögel, die aus dem Nest fallen. Der Glaube als Tugend ist das Jasagen Gottes zu sich selbst in der Freiheit des Menschen – habe ich einmal gepredigt. Darum geht es jetzt, genau darum. Bitt und hoff und glaube mit mir, daß der Herr uns arme Petrusse *bald* ans andere Ufer bringt und wieder auf festen Boden stellt. Wir wollen ihn aber nicht mehr für so fest ansehen, als wir es manchmal taten. –
Ich wollte so gerne etwas Zusammenhängendes schreiben. Aber die Lektüre und alles ist so zufällig. Ist das schon ein Segen. Die ersten 10 Wochen waren überhaupt »ohne«. Und dann ist mit diesen gebundenen Händen schreibmäßig nichts zu machen. Die paar Momente, in denen wir los sind, geben nichts aus. Ja, es ist gefährlich (...) Bilder mit gebundenen Händen auf den Tisch zu stellen! Aber es ist ja auch der Engel dort und die Madonna. – Und Gott ist in allen Dingen. (...)
Und nun behüt Dich Gott. Alles Gute. Grüß die Freunde. Ich verlaß mich schon auf Dich. Auf Wiedersehn und Gottes Schutz
Georg

An Marianne Hapig[1] /
Marianne Pünder[2]   22. November 1944

Ihr guten Leute, einmal muß ich doch auch versuchen, Ihnen ein paar Worte des Dankes zukommen zu lassen. Da die Zeit der Entscheidung näher kommt – nach der jetzigen Sachlage am 7. oder 8. Dezember – muß man ja mit allem rechnen. Ich tue das, obwohl ich immer noch an das Wunder glaube, das sich zwischen mich und den Galgen stellt. Das Herz der Urbi[3] hat nicht umsonst ein Jahr lang Todesangst gelitten. Sie hat ihr Angebot gemacht im Zusammenhang mit einer Sache, um die es jetzt geht. Das Datum des Briefes: 15. 2. 43 ist so tröstlich – und ihr Opfer wurde angenommen – ein paar Tage nach einer andern Sache, um die es jetzt geht. Ich habe den Brief da, das Sakrament liegt auf ihm.
Der gute Pastor Gerstenmaier[4] sagte mir neulich beim »Zirkus«-Laufen im Kreis, gefesselt – bewacht – aber es geht doch: »Eher hoffe ich mich zu Tode, als daß ich im Unglauben krepiere!«
Ecce...
Gott hat mich beim Wort genommen und aufs Äußerste gestellt. Auf jeden Fall muß ich ihm tausend Ja sagen. Das ist für das Herz manchmal schon rein physisch sehr anstrengend. Diese Tage nach dem Tode von Letterhaus[5] und anderen waren sehr schwer. Ich sehe die Sache für mich persönlich als eine intensive Erziehung Gottes zum Glauben an. Die ganze Art, wie das ganze kam; die Konsequenz, mit der er mir alle Trümpfe aus der Hand schlug und alle Selbstsicherheit in Scherben gehen ließ; die Grausamkeit, mit der schließlich die Aussage, die mich am sichersten an das Unheil bindet, ein Irrtum ist: das alles zeigt, daß ich hier auf eine besondere Frage Gottes Antwort geben muß. Diese Antwort ist

---

[1] *Hapig, Marianne* – Sozialfürsorgerin im katholischen Berliner St.-Hedwig-Krankenhaus, half Delp während seiner Gefangenschaft.
[2] *Pünder, Marianne* – Dozentin an der Sozialen Frauenschule des Katholischen Frauenbundes in Berlin (West); Freundin von M. Hapig, betreute zusammen mit ihr P. Delp während der Gefangenschaft.
[3] *Urbi* – Frau Maria Urban, Direktorin des Münchner Städt. Kindergartenseminars, Bekannte von Delp in Bogenhausen, bot ihr Leben Gott für Delp an, starb bei einem Bombenangriff auf München im Keller ihres Hauses.
[4] *Gerstenmaier, D. Dr. Eugen* – (geb. 1906), Konsistorialrat, evang. Pfarrer, Mitglied des Kreisauer Kreises, Delps Zellennachbar im Gefängnis Berlin Tegel.
[5] *Letterhaus, Bernhard* – (1894–1944), Verbandssekretär der westdeutschen Arbeitervereine, in Kontakt mit dem Kreisauer Kreis, hingerichtet 14. 11. 44.

schwer, weil sie einerseits dem Ausgang der Sache gegenüber frei sein soll und zugleich in der Hoffnung gegeben werden muß.
Ich gebe mir Mühe und entdecke immer neue Seiten Gottes; die Welt ist Gottes voll, auch das Elend ist Kommen Gottes, Begegnung, Entscheidung und auch Tröstung und Segnung. Sie haben mir soviel schon geholfen. Die Erfahrung, daß ein Stück Brot eine große Gnade sein kann, ist neu für mich. Aber überhaupt das Bewußtsein, daß es Menschen in der Nähe gibt, die Sorge und Sinn für einen haben, ist so oft ein guter Trost. Und wie oft kamen Sie gerade in Stunden der Depression. Ich werde nie vergessen, das erste Mal am 14. August. Ich hatte gerade der Urbi gesagt, ob sie kein Zeichen des Segens für mich wüßte. – Ich kam gerade von einer elenden Prügelei heim, zerschlagen, trostlos, hilflos: da kamen ganz unprogrammäßig Ihre guten Dinge. Es sind die Dinge selbst, die gute Botschaft sind, mehr noch aber die Dinge als Boten von Menschen, die in die Einsamkeit kommen.
Seit das Sanctissimum da ist, ist die Welt wieder viel schöner geworden, und so will ich mich weiter Gottes Freiheit und Gottes Güte überlassen und mir Mühe geben, ihm nichts zu versagen. Und doch in der Zuversicht bleiben, daß er uns über den See bringen wird, ohne daß wir untergehen.
Vergelt's Gott für alles und so oder so auf Wiedersehen. Und ein bissel Mitbeten und Mithoffen. Das Ganze aber soll geweihter und gesegneter Same sein. Die Stunden, bis jetzt getragen, waren reich und das, was Gottes Geheimnis will.

Ihr ergebener und dankbarer Max

An Luise Oestreicher					Ende November 1944

LL., herzlichen Dank für die Grüße. Ich hab mich so gefreut darüber. Wie geht es Dir in der Fabrik? Wo? Einigermaßen bombensicher?
Mir geht es gut. Die Entscheidung wird wohl zwischen 8. und 15. XII. sein oder Mitte Dezember. Wenn nicht, wie so oft, wieder etwas dazwischen kommt. Der Herrgott ist doch mit »im Spiel«. Auch wenn es noch so nach unentrinnbarer Logik aussieht. Ich vertraue darauf.
In einer Nacht, es war bald nach dem 15. August, bin ich beinahe

verzweifelt. Ich wurde wüst verprügelt in das Gefängnis zurückgefahren, abends spät. Die begleitenden SS-Männer lieferten mich ab mit den Worten: So, schlafen können Sie heute nacht nicht. Sie werden beten, und es wird kein Herrgott kommen und kein Engel, Sie herauszuholen. Wir aber werden gut schlafen und morgen früh Sie mit frischen Kräften weiterverhauen. Ich war wie erlöst, als Alarm kam, und erwartete die tötende oder die Flucht ermöglichende Bombe. Beide blieben aus. Und ich sah von dieser Nacht aus den ganzen verhängnisvollen Verlauf, wie er dann auch kam. Gott hat mich gestellt. Nun heißt es, dem gewachsen zu sein, so und so. Ich glaube immer noch fest und zuversichtlich an die Hand, die uns nehmen und geleiten wird. (...)
Ich werde allmählich ekelhaft und erzähle immer nur von mir. So egoistisch wird man als »Patient«. Ach, wie gerne wäre ich bei den Menschen in Not und gelte nun selbst nicht mehr als Mensch, nur noch als Nummer. Im Haus hier die Nummer 1442, die Zelle 8/313. Wann ich wohl wieder als P. D(elp) angesprochen werde?
Bete tapfer mit. (...) Bitte die Freunde um Gebet. Behüt Dich Gott. Danke.
                                                                    Georg

An Eltern Delp   Ende November 1944

Liebe Mutter, lieber Vater,
vielleicht gelingt es doch, daß irgendwie Nachricht zu Euch kommt. Ich kann mir vorstellen, in wie großer Sorge Ihr seid, zumal da Ihr nicht genau wißt, was los ist. Ich hätte Euch diese Sorge erspart, so gerne und noch lieber als ich mir diese Not erspart hätte. Meine Verhaftung steht im Zusammenhang mit den Juli-Ereignissen. Ich kannte von beteiligten Leuten einige, und man wirft mir vor, ich hätte vorher von den Plänen gewußt und sie nicht angezeigt. Das ist natürlich eine sehr schwere Anklage und die Sorge ist ernst. Aber wir wollen den Mut nicht verlieren, und auf den Herrgott, der uns immer noch geholfen hat, vertrauen.
Ich setze alles Vertrauen auf den Herrgott und bitte Euch sehr um Euer Gebet. Nach der jetzigen Sachlage wird die Verhandlung wohl Mitte Dezember sein, Ihr werdet ja dann gleich Bescheid bekommen.

Einstweilen alles Gute und des Herrgotts reichen Segen. Über Fritzens[1] Befinden habe ich ein gutes Gefühl. Jetzt aushalten, liebste Eltern, und stehen bleiben unter all der Härte und Last. Verzeiht mir die Sorge, die ich Euch mache, und habt Dank für all das ungezählte Gute, das ihr mir getan. Behüt Euch Gott. Grüßt die Geschwister, Alfred

An Marianne Hapig/ Marianne Pünder   1. Dezember 1944

Ihr guten Leute, herzlich vergelt's Gott für all die Güte und Sorge. Wie ich nur das gutmachen soll? Das ist überhaupt manchmal eine Kümmernis, die Sorge und die Erkenntnis, den Menschen vieles schuldig geblieben zu sein. Jetzt erst wird Gott die eigentliche und eigenste Kraft und schöpferische Unruhe. Halten wir ihm halt weiter die gefesselten Hände als Anerkennung der inneren Bindung hin und setzen wir weiterhin die ganze Existenz auf ihn. Daß sich das ganze Leben so in ein Wort der Anbetung und Übergabe sammeln kann! Und auch des Vertrauens! Haben Sie nicht die Aufforderung gespürt, die in dem den ganzen November hindurch gleichen sonntäglichen Kommunionvers lag? Man muß von Gott auch groß verlangen können.
Heute ist ein schöner Tag, Herz-Jesu-Tage waren in meinem Leben immer eigene Tage. Am Herz-Jesu-Fest hab ich den Opferbrief der Urbi bekommen. »Ut eruas a morte et alas eas in fame.« (Daß du sie vom Tode errettest und im Hunger nährst.) Diese schönen Worte im Introitus. Am Herz-Jesu-Freitag im Oktober habe ich mittags zelebriert und in diesem Gebet die ganze Not geklagt, die einen manchmal überkommt. Das ganze Geschick sammelt sich ja manchmal in die Last einer einzigen Stunde.
Ein paar Minuten nach der Messe kam Alarm, und dann fielen die Bomben, die eine so nahe vor der Zelle, daß ich lange nicht wußte, wie mir war. Ut eruas a morte ... und heute mittag konnte ich mir sogar einen festtäglichen Kaffee leisten! Danke! Am Sonntag werde ich die Messe für Sie und Ihre Sorgen lesen. Dies ist doch wunderbar, daß der Herr mit seinen Geheimnissen da ist und auch die gebundene Hand wirksam segnen und weihen darf ...

---

[1] *Fritz* – Fritz Delp, Alfred Delps jüngster Bruder.

Der Herrgott holt uns von allen Postamenten herunter, wenigstens mir ging und geht es so. Was ich sonst so elegant und selbstsicher unternahm, um auszukommen, ist zerbrochen. Er hat mich eingefangen und gestellt. Ich weiß noch die Stunde in der Lehrterstraße[1], in der ich ihm gesagt habe, von jetzt ab kümmere ich mich um die Sache nicht mehr, sie gehöre jetzt ihm. Wenn es gehe, möge er der Urbi schenken, daß es von jetzt ab ohne Prügel und ohne »Arena« (Gericht) und ohne Fragen gehe. Ohne Prügel ist es seit diesem Tag gegangen.
Und nun behüt Sie Gott. Und mehr und tiefer als sonst wissen wir ja diesmal, daß alles Leben Advent ist.   Ihr dankbarer Max
Ich versuche, die Betrachtung täglich über eine Anrufung der Herz-Jesu-Litanei kurz aufzuzeichnen. Schicken Sie die Blätter an Luise, die weiß, wo die Sachen hingehören. Danke. –
Heute, Samstag, heißt es plötzlich, es sei schon bald Termin, in den nächsten Tagen. Nichts Gewisses, aber doch wieder ein Blitzlicht auf die Situation auf dem Seil.
Bitte dem Pfarrer in Lampertheim[2] mitteilen, daß von den Briefen nicht gesprochen werden soll.
Eben Nachricht, daß nächste Woche noch nichts ist, wenn nicht Termin ganz plötzlich angesetzt wird, was ja auch möglich ist. Bitte deshalb, die Sache mit Sp(err)[3] so schnell wie möglich besorgen.
Bitte, wenn möglich, einen Bleistift und etwas Tinte hereingeben. Danke.

An Maria Delp   Anfang Dezember 1944

Liebe Mutter, recht herzlichen Dank für Deine guten Grüße und Wünsche. Es tut mir sehr leid, daß ich Dir solche Sorgen und solche Not bereite. Gott weiß, was er von uns will, und da wollen wir nicht nein sagen. –

---

[1] *Lehrterstraße* – Gestapogefängnis in Berlin in der Lehrterstraße; dorthin war Delp nach der Verhaftung gebracht worden.
[2] *Lampertheim* – Wohnort der Familie Delp.
[3] *Sperr, Franz* – (1878–1945), ehemaliger bayrischer Gesandter, Leiter eines bayrischen Widerstandskreises, des »Sperr-Kreises«, in Kontakt mit dem Kreisauer Kreis, hingerichtet 23. 1. 1945.

Liebe, gute Mutter, laß Dir einmal von Herzen danken für Deine Güte und Sorge und Treue, die Du immer für uns hattest. Wir sind solche Leute, die das wohl wissen und empfinden, die es aber meist nicht fertigbringen, es zu sagen. Ich weiß, was ich Dir verdanke. Alles, was gut ist und schön und recht in meinem Leben, das verdanke ich Dir. Wir hätten nur öfter von diesen Dingen sprechen sollen miteinander. Aber wenn ich wiederkomme, dann soll es vorbei sein mit diesem falschen Leben. Wenn wir uns wiedersehn, dann nimmt der große Bub seine Mutter in den Arm und gibt ihr einen herzhaften Kuß und dann sagen wir zusammen dem lieben Gott Dank, gelt, Du?
Grüß alle recht schön. Bis Du diese Zeilen bekommst, ist die Entscheidung wohl schon gefallen, und wir wissen mein Schicksal. Wie es auch immer sein mag, Mutterle, Gott nicht böse sein. Er hat es gut gemeint.
Beten wir füreinander und miteinander. Grüß alle recht herzlich. Dir alles Liebe und Gute. Alfred

An Luise Oestreicher 5. Dezember 1944

LL., verzeih, daß ich neulich so gebettelt habe um ein Wort des Glaubens. Ich wollte wirklich wissen, ob Du noch an mich und mein Wiederkommen glaubst, ganz ehrlich. Manchmal möchte ich das wirklich und so aus der Einsamkeit heraus. Ich glaube noch an mich, aber sonst gibt mich doch alles auf. Man hat mich sehr ernst ermahnt, den Tod doch ernster zu nehmen und die Sachlage nicht zu verkennen. Gute Freunde haben mir das geschrieben, usw.
Daß ich auf dem Seil bin, weiß ich. Daß ich ohne Gottes besondere Hilfe und besonderen Segen nicht rüberkomme, weiß ich auch. Aber ich glaube daran, daß er mir helfen wird, und ich sag ihm das jeden Tag. –
Wann nun die Entscheidung ist, ist wieder ganz offen. Gestern sah es so aus, als ob sich die Sache bis nach Weihnachten verzögerte. Heute heißt es wieder, bereits nächste Woche. Deus rovidebit (Gott wird sorgen). Auf jeden Fall weiß ich jetzt, was es ist, aus seiner Hand zu leben. Das hätten wir ja immer sollen, aber ich habe manchmal doch sehr auf eigene Faust und Sicherheit gelebt. Und ich bin dadurch so vielen Menschen so vieles schuldig

geblieben. Auch Dir (...) So aber wirst Du erfahren, daß ich ein Segen sein will und werde für Dich.
Behüt Dich Gott und allen Freunden gute Grüße.   Georg

An P. Franz von Tattenbach   9. Dezember 1944

L. T., Vergelts Gott und danke, danke. Verzeih, daß ich weich geworden bin. Es war so viel auf einmal. Und diese Erhörung! (Ablegung der letzten Gelübde) Die ganzen Tage der Novene auf den 8. habe ich um eine Botschaft des Erbarmens gebetet. Und dann diese Erfüllung. Calculo mundasti ignito (Du hast gereinigt mit glühender Kohle). Ich hoffe, daß meine Lippen waren rein und mein Sinn aufrichtig und ehrlich. Ich habe endgültig mein Leben weggesagt. Nun haben die äußeren Fesseln gar nichts mehr zu bedeuten, da mich der Herr der vincula amoris (Fesseln der Liebe) gewürdigt hat. Es war ein Schatten, daß es so aussah, als habe mir Gott den 15. Aug. nicht zugedacht. Er hat mich nur vorher bereiten lassen ...
Zur Sache: Ich weiß schon, daß es hart auf hart geht. Trotzdem nehme ich den Herrgott ernst, sehr ernst, wo er uns sagt, daß es ein Vertrauen gibt, das Gewalt über ihn hat. Es ist manchmal anstrengend, sich in der Freiheit zu halten und doch im Vertrauen zu bleiben.
Mit *Kreisau*[1] könnten wir vielleicht herauskommen. Die Wahl des neuen Anwalts finde ich günstig.
Für mich das Wichtigste ist, die letzten irrtümlichen Aussagen des Sperr wegzubringen. Der Anwalt muß versuchen, den Mann in die Verhandlung zu bringen und nicht nur seine Aussage. – Die andere Belastung aus Köln[2] ist weg, wenn es gelingt, den Mann zu bringen. Der ist bereit umzufallen. Er ist auch bereit, einen Brief zu schreiben, aber dazu versuche ich zunächst Sperr zu bringen.

---

[1] *Kreisau* – in Kreisau bei Schweidnitz in Schlesien hatte Moltke seinen Besitz, sein Schloß und den »Berghof«; dort fanden die großen Besprechungen des »Kreisauer Kreises« statt.
[2] *Köln* (Belastung »aus Köln«) – Gespräche Delps mit Vertretern der westdeutschen Arbeitervereine und Nikolaus Groß, dem Leiter der christlichen Gewerkschaften; Groß hatte nach seiner Verhaftung eine unrichtige, aber für Delp gefährliche Aussage gemacht; hingerichtet 23. 1. 1945.

Beides wäre zu auffallend. Außerdem hat Letterhaus über das gleiche Gespräch in meinem Sinn ausgesagt.
PS: Der Tag war noch sehr schön. Bald nach Mittag hab ich mich wieder verfangen. Lassen Sie viel beten für mich. Ich bin selbst erstaunt und beschämt, daß ich so weich wurde. Es war so viel auf einmal. Daß ich mich so gehen ließ, ist mir zum ersten Mal passiert. Ich muß also etwas achtgeben darauf. –
Abends die Messe war gnadenvoll. Beten Sie einmal mit meinem gestrigen Herzen den Introitus! Und dann aus meiner Lage das gestrige Abendgebet. Geschlafen hab ich nicht viel die Nacht. Lange saß ich da vor meinem Tabernakel und habe immer nur Suscipe gebetet. In allen Variationen, die einem so kommen jetzt. Spät in der Nacht hab ich zwischendrin aus der Politeia das 7. Buch gelesen: Platons berühmtes Höhlenbild und die (...) von den Schatten zur Wirklichkeit.
Die formula subscripta (von Delp unterschriebene Gelübdeformel) würde ich bombensicher aufheben. Es wäre für alle Beteiligten bedauerlich, wenn sie verlorenging. Ich sollte einen Brief schreiben, daß ich ex (aus dem Jesuitenorden ausgetreten)... Das als Antwort wäre begeisternd. (...)
Allen herzlichen Dank und gute Wünsche. Tatt, Sie sind ein guter Freund. Es tut sehr wohl, das nicht nur zu wissen, sondern gehört und gesehen zu haben. Seitdem die ganze schwierige Lage so fein gemeistert. Behüt Sie Gott. Ihr A.

An Marianne Hapig/
Marianne Pünder   10. Dezember 1944

Das war ein Segen. Ihr guten Leute. Das hätte ich mir nicht träumen lassen. Ich war die Tage vorher etwas herunter und hatte während der Novene zum 8. mir für diesen Tag ein Zeichen der Zuversicht und der Erbarmung erbettelt. Daß dies so reich und so gütig kommen würde: der Besuch dieses Mitbruders mit dieser Gabe! Soll noch ein Mensch sagen, der Himmel sei stumm und es gäbe dieses lebendige Hin und Her zwischen dort und uns nicht. Es ist aber immer gut und aufrichtend, wenn man es wieder einmal erfahren hat.
Ich danke Ihnen und allen, die mitgeholfen haben an diesem ge-

segneten Tag. Das Leben hat nun mal so seine gültige und endgültige Form bekommen. Das äußere Schicksal ist nur noch Gelegenheit zu Bewährung und Treue.
Der Tag hat mir viel Auftrieb gegeben. Zunächst war ich der Fülle nervenmäßig nicht gewachsen und bin leider weich geworden. Aber ich sitze jetzt die 20. Woche auf dem Seile und warte auf den Wink zum Start. Das gilt vielleicht auch ein wenig.
Ihnen herzlich Vergelts Gott! Ihre Sorge nehme ich mit zu meinen und am Montag die Messe (...) eigens für Sie. Die Verwirklichung vieler Dinge hängt vom Vertrauen ab, mit dem wir sie erwarten und erhoffen und erbeten. Daran soll es nicht fehlen. Bitte mithelfen, damit wir nicht müde werden.
An der S(perr)-Angelegenheit läge mir schon viel, weil viel von ihr abhängt. Läßt sich was tun?
Einen guten Sonntag im Advent wünsche ich Ihnen in der Gnade des kommenden Festes   Max

An Luise Oestreicher   vor 15. Dezember 1944

LL., wie ich erfahre, bist Du krank. Fahre bitte unter diesen Umständen nicht nach hier. Ich weiß schon, wie das ist bei Dir. Hast wieder zuviel Sorge und Not in Dein Herz genommen und nun bist Du wieder einmal an die Grenze der Belastungsfähigkeit geraten oder schon darüber hinaus. Schade, daß ich Dir nur auf der anderen Ebene helfen kann.
Trotz allem wünsche ich Dir gesegnete Weihnachten. Eine tiefe und beglückende Begegnung mit dem Geheimnis des Lichtes, das die Nacht überwindet, sei Dir geschenkt. Von Innen her muß man alles neu beginnen.
Heute nacht habe ich einen großen Teil des Evangeliums auf einen Zug durchgelesen. Dieses Buch liest man nie aus. Das Drängende und Einmalige und Sieghafte der Gestalt des Herrn findet immer neue Wege, die Seele anzurühren und aufzuwecken zur Erkenntnis und Bekenntnis und Nachfolge. Und die Aufforderung zu Glauben und Vertrauen steht doch auf jeder Seite. Diese Nacht war sehr schön, und ich glaube sehr fest daran, daß der Herr mich über das Seil bringen wird.
Nächste Woche (19./20.) scheint nun doch Termin zu sein. Wo

die Henne das Schlupfloch finden soll, weiß ich noch nicht. Deus providebit. – Habt Ihr von Gusti Nachricht? Bitte, sorge für Dich und pflege Dich ordentlich. Grüße Deine Leute und die Freunde. Behüt Dich Gott. Danke und auf Wiedersehn Georg

An Luise Oestreicher 16. Dezember 1944

LL., ob dies ein Abschiedsbrief ist oder nicht, ich weiß es nicht. Das wissen wir heute ja nie. Ich schreibe diese Zeilen, von denen ich nicht weiß, ob und wann sie Dich erreichen, nicht als »letzten Gruß«. Irgendwo glaube ich fest und sicher an das Leben und an eine neue Sendung, wobei ich genau so ehrlich bin zu sagen, daß ich mit Menschenaugen wenig Möglichkeit dafür sehe...
Was Eleganz und Selbstsicherheit hieß, das ist alles ganz und gründlich zerbrochen. Schmerzlich. Hab keine Sorge, ich bemühe mich, kein Kleinholz zu machen, auch wenn es an den Galgen gehen sollte. Gottes Kraft geht ja alle Wege mit. Aber es ist manchmal schon etwas schwer. Georg war in manchen Stunden nur mehr ein blutiges Wimmern. – Inzwischen ist Abend. Wir kommen heute wenig zum Schreiben, da wir die meiste Zeit, tags und auch nachts gefesselt sind. – Aber Georg hat immer wieder versucht, dieses Wimmern zu verwandeln in die beiden einzigen Wirklichkeiten, um derentwillen es sich lohnt, da zu sein: Anbetung und Liebe. Alles andere ist falsch. Glaub mir, diese Wochen sind wie ein bitteres und unerbittliches Gericht über das vergangene Leben. Es ist ja nicht vergangen. Es steht da als große Frage und will seine letzte Antwort, seine Prägung...
Ja, wenn und ob ich noch einmal darf! Gott hat mich einmal so ausweglos gestellt. Aber, was ich unternommen habe, ist mißlungen. Eine Tür um die andere ist zugefallen. Auch solche, die ich für endgültig offen hielt. Von außen kam keine Hilfe, konnte wohl auch nicht. Was innen passiert, darüber sei lieber geschwiegen aus Ehrfurcht vor dem Menschen. So bin ich jetzt gestellt, in eine enge Zelle gesperrt und gebunden: es gibt nur zwei Auswege: den über den Galgen in das Licht Gottes und den über das Wunder in eine neue Sendung. An welche ich glaube? Im »Kindergarten des Todes« – jeden Tag werden wir eine Stunde im Freien herumgeführt, stur im Kreis, gut bewacht, mit Gewehren etc. Alle

anderen Menschen werden vorher verscheucht. Da gehen wir dann im Kreis, alle gefesselt, Grafen und Beamte, Offiziere und Arbeiter, Diplomaten und Wirtschaftler. An manchen Ecken kann man gegen die Wand sprechen, dann hörts der Hintermann. So werden die Gespräche im »Kindergarten des Todes« geführt. Fragte ich gestern einen protestantischen Mitbruder, ob wir noch einmal Gottesdienst hielten? Aber sicher, sagte er. Eher hoff ich mich zu Tod, als daß ich im Unglauben krepiere. –
Ich habe in diesen Wochen für Jahre gelernt und nachgelernt...

An Marianne Hapig/
Marianne Pünder   22. Dezember 1944

... Und jetzt feiern wir Weihnachten. Jawohl, es werden trotz allem oder gerade deswegen schöne Weihnachten sein. Echt und unverstellt, die Kulissen sind weg, und der Mensch steht heute unmittelbar vor den letzten Wirklichkeiten. Die Idylle hat der Blitz verbrannt, der uns gezeichnet hat. Aber das sollte ja immer so sein. Ein Kirchenvater nennt Weihnachten: Das Geheimnis des großen Aufschreies, daß die Kreatur in Erschütterung gerät über dieses Bekenntnis Gottes zum Menschen. Da wir dieser Erschütterung nicht mehr fähig waren vor lauter Bürgerlichkeit, hat uns der Herrgott zunächst einmal wieder beigebracht, was Erschütterung – erschütterte, geschüttelte Welt – heißt! Ich glaube, aus all dem heraus werden wir wache und gesegnete Stunden beim Kinde haben. Diese Widerlegung all unserer Anmaßung, diese Pensionierung all unserer Wichtigkeit. Die Ohnmacht auf dem Seil ist eine Erziehung zum Verständnis des Kindes. Wenn ich genug begriffen habe, darf ich runter.
Vergelt's Gott für alles. Und bitte, im Gebet und Vertrauen nicht nachlassen. Die neue Tugend heißt Unermüdlichkeit. Gottes Schutz für Sie alle.   Max
1. Da Sie wissen, was Tatt für Pläne hat, überlegen Sie, ob Zettel hier bleibt oder nach München geht.
2. Hier sind zwei Männer, für die niemand sorgt. Der eine, Dr. Frank[1], Rechtsanwalt aus Karlsruhe, und Hermann aus dem

---

[1] *Frank, Dr. Reinhold* – Rechtsanwalt, hingerichtet 23. 1. 1945.

Fichtelgebirge. Überlegen Sie doch einmal mit dem Pf(arrer), wie man ihnen helfen kann.
3. Der eine, Frank, mein Zellennachbar rechts, kath. Anwalt, braucht unbedingt ein Paar Schuhriemen. Hat überhaupt keine (Ich bräuchte nur einen!)
4. Seife und Rasierseife hab ich hergeschenkt. In meinem großen Koffer in München ist eine weiße Schachtel. Dort Nachschub.
5. Ich hab in München noch von Luise Dosen Traubenzucker. Ob Val[1] nicht einmal eine Dose voll mitbringen kann für den Sohn des Wachtm(eisters), der (...) hat.
6. Coffein ist neulich dem mißtrauischen Alten in die Hände gefallen. Pech!...

An M.[2]   28. Dezember 1944

Das Leben ist so ungeheuer plastisch geworden in diesen langen Wochen. Vieles, was früher Fläche war, erhebt sich jetzt in die dritte Dimension. Die Dinge zeigen sich einfacher und doch figürlicher, kantiger. Vor allem aber ist der Herrgott so viel wirklicher geworden. Vieles, was ich früher gemeint habe zu wissen und zu glauben, das glaube und lebe ich jetzt.
So z. B.: Wie habe ich doch früher die Worte von der Hoffnung und vom Vertrauen im Munde geführt. Jetzt aber weiß ich aus Erfahrung, daß ich so dumm und töricht war wie ein Kind. Um wieviel Kraft und Tiefgang habe ich mein Leben, um wieviel Fruchtbarkeit meine Tätigkeit und um wieviel Segen meine Menschen betrogen, weil ich nicht genug fähig war, Gottes Wort vom Vertrauen, das ihn ruft, einfach und herzlich und ehrlich ernst zu nehmen. Der Glaubende, der Vertrauende, der Liebende: das erst ist der Mensch, der die Dimensionen des Menschentums ahnt und die Perspektiven Gottes sieht.

---

[1] Prof. Dr. Fritz Valjavec (1909–1960), vor 1939 Leiter des Außenministeriums Süd-Ost, dann Professor an der Berliner Humboldt-Universität. Mit Delp befreundet.
[2] *M.* – die mit »M.« gezeichneten Briefe gingen z. T. an Marianne Hapig und Marianne Pünder, z. T. an Luise Oestreicher, zuletzt auch an P. Franz von Tattenbach.

An M. 29. Dezember 1944

Mit dem Ordo (Ordnungsgefüge) und dem Universum des Mittelalters und der Vorzeit ist viel mehr zerbrochen als ein System oder eine fruchtbare Überlieferung. Der abendländische Mensch ist weithin heimatlos, nackt und ungeborgen. Und wo er einmal über den Durchschnitt hinausragt, da spürt er nicht nur die Einsamkeit, die ab und zu den Großen umgibt. Er spürt die Heimatlosigkeit und Ungeborgenheit. Und er begibt sich daran, sich selbst ein Haus zu bauen. Viel Not und Sorge und Weh wären unseren Großen erspart geblieben, und wir könnten viel mehr von ihnen empfangen an Botschaft und Läuterung. Gestalten wie Paracelsus und Böhme sind nur so zu erklären und verstehen, daß sie aus dieser unerträglichen Einsamkeit und Stillosigkeit des Daseins heraus sich selbst ein Haus bauten. Es wurde dann eigenwillig und verschroben und kantig. Es trägt die blutigen Spuren ernster Not und tiefer Sorge und das macht sie ehrwürdig. Goethe, in der gleichen Lage, hatte mehr Glück.
Sein guter Instinkt ahnte der Natur manchen wichtigen Entwurf ab. Außerdem hatte er einen guten, wenn auch nicht in allem sicheren heimlichen Meister, bei dem er seine Entwürfe zum großen Teil abschrieb.
Manchmal kommt dann einer und macht seinen Entwurf allgemeinverbindlich. Sei es, daß er weiß, er hat Allgemeines geahnt, sei es, daß er es meint und sich übernimmt. Immer wieder werden die Menschen ihm zufallen, weil sie das gemeinsame Vaterhaus entbehren und ersehnen. Immer wieder werden die gleichen Menschen entdecken, daß es nicht langt zum geschlossenen Raum, der Wind und Wetter abwehrt. Oder daß man ein Scharlatan war, vielleicht gutgläubig, der sich und andere betrog. (...)
Es ist eigenartig. Seit der mitternächtlichen Weihnachtsmesse bin ich fast leichtsinnig zuversichtlich, obwohl sich doch nach außen nichts geändert hat.
Die beiden Bitten: um die Liebe und um das Leben, haben irgendwo ein Eis gebrochen. In welcher Schicht, weiß ich nicht. Im Greifbaren und Spürbaren ist noch keine Wandlung, und doch bin ich sehr guter Dinge und ganz wo anders. Es werden schon auch die anderen Stunden wiederkommen, in denen Petrus sich vom Wind und den Wogen Angst machen läßt.

Ich habe eine große Sehnsucht nach einem Gespräch mit ein paar lieben Menschen. Wann?

An P. Franz von Tattenbach   31. Dezember 1944

LT., alles Gute und Gottes Schutz im neuen Jahr. Was es bringen wird, wer weiß es? In immer wechselnden Formen oder in seiner endgültigen Gestalt den Willen des Vaters. Fiat. –
Mir geht es relativ gut. Weihnachten hat eine schöne Ruhe gebracht, die noch dauert. Von daher bin ich guter Dinge und zuversichtlich.
Äußerlich plagt mich augenblicklich eine leichte Grippe. Nicht schlimm, nur blöde, weil man halt immer so blöd ist dabei. Die verschiedenen Pillen der Mariannen tun gut.
Zur Sache: Also immer wieder S(perr). Wenn die Gerüchte stimmen, daß die anderen wieder hierherkommen sollen, dann müßte S(perr) von dort aus eigentlich revozieren. Sonst sieht es zu schnell nach abgekartet aus. Obwohl ich ja als Reserve immer noch meine Isolierung habe. Überlege einmal, was möglich ist und was Du meinst. Ich traue dem perplexen Kerl einen Umfall in offener Verhandlung nicht recht zu.
Diesen letzten Tag des Jahres werde ich sehr »bei mir« verbringen. Die Messe habe ich noch vor mir und die Sammlung des ganzen Jahres in ein Gebet und in einen Akt der Hingabe auch noch. Es sind doch nur wenige rechte Worte, deren der Menschengeist fähig ist.
Alles Gute und Gottes Schutz. Hoffentlich brauch ich *diese* Treue und Sorge nie vergelten. In jeder anderen Form gern. Vergelt's Gott. In nomine Domini (Im Namen des Herrn).   Georg

An M.   31. Dezember 1944

Das Ergebnis dieser Zeit muß eine große innere Leidenschaft für Gott und seine Rühmung sein. In neuer, persönlicherer Weise muß ich ihm begegnen. Die Wände, die zwischen mir und ihm noch stehen, muß ich einschlagen. Die stillen Vorbehalte restlos ausräumen. Das Gebet des von der Flue muß gelebt werden. Das göttliche Leben in mir als Glaube, Hoffnung, Liebe muß wachsen, intensiver werden. Das alles muß sich mit meinem Leben, Temperament, Fähigkeiten, Fehlern, Verengungen ebenso wie mit den Dingen draußen zu einer neuen Sendung verdichten, zu einem neuen Ordnungsbild, an dessen Verwirklichung ich den Dienst leisten will, entwerfen.

In einer stillen Stunde heute nacht will ich das Jahr überdenken und seine persönlichen Ereignisse einsammeln in ein Gebet der Reue, des Dankes, der Hingabe, in ein Wort des Vertrauens und der Liebe.

Ich muß mich immer wieder fragen, ob ich kein Phantast bin und mich selbst täusche. Der Ernst der Lage ist unerbittlich, so unwirklich und traumhaft er mir auch oft vorkommt. Aber die Worte des Herrn sind gesprochen, und er hat uns selbst aufgefordert zu diesem Glauben, dem der Berg weicht, zu diesem Vertrauen, dem er sich nicht versagt. Das sind von ihm gesetzte Tatsachen, die man ernst nehmen kann und muß. Er war außer der Tempelreinigung ein einziges Mal bös: als die Jünger den fallsüchtigen Knaben nicht heilen konnten, weil sie es sich nicht zutrauten. Und den einen Punkt (die irrtümliche Aussage Sperrs), um den es geht, werden wir doch wegglauben und wegbeten können. Bisher war so viel Führung und Gnade spürbar trotz aller Härte und allen Scherben.

An M.   Neujahrsnacht 1944/45

Es ist schwer, das Jahr, das heute zu Ende geht, in ein paar kurze Worte zu fassen. Es war sehr vielgestaltig.
Und was seine eigentliche Frucht und Botschaft ist, weiß ich noch nicht.
Allgemein hat es die Entscheidung nicht gebracht. Die Not, die Härte, die Wucht der Ereignisse und Schicksale sind intensiver geworden, als es sich je ein Mensch einfallen ließ. Die Welt liegt voller Trümmer. Sie ist voll Neid und Feindschaft. Jeder hält verzweiflungsvoll den Fetzen fest, den er noch in Händen hat, weil er das Letzte ist, das der Mensch sein eigen nennt.
Geistig ist eine große Stille und Leere. Die letzte geistige Leistung des Menschen ist die Frage nach dem Sinn und dem Ziel des Gan-

zen. Und die bleibt ihm allmählich in der Kehle stecken. Die Zusammenhänge zwischen dem Trümmer- und Leichenfeld, in dem wir leben und dem zerfallenen und zerstörten geistigen Kosmos unserer Anschauungen und Meinungen, dem zertrümmerten und zerfetzten sittlichen und religiösen Kosmos unserer Haltungen ahnt kaum noch jemand. Und wenn, dann werden sie als Tatsache festgestellt, um registriert zu werden, nicht, um darüber zu erschrecken oder die heilsamen Konsequenzen des neuen Aufbruchs zu ziehen...
Der Anblick des Abendlandes an diesem Jahresabend ist bitter. Von zwei Seiten greifen raumfremde und ahnungslose Mächte in unser Leben hinein: Rußland und Amerika!
Bleiben Vatikan und Kirche zu bedenken. Was Beziehung und sichtbaren Einfluß angeht, so ist die Stellung des Vatikans gegen früher verändert. Das scheint uns nicht nur so, weil wir nichts erfahren. Gewiß wird man später einmal feststellen, daß der Papst seine Pflicht und mehr als das getan hat. Daß er Frieden anbot, Friedensmöglichkeiten suchte, geistige Voraussetzungen für die Ermöglichung des Friedens proklamierte, für Gefangene sorgte, Almosen spendete, nach Vermißten suchte usw. Das alles weiß man mehr oder weniger heute schon, es wird sich nur um eine Mehrung der Quantität handeln, die wir später aus den Archiven erfahren. Dies allein ist teils mehr oder weniger selbstverständlich, teils ergebnis- und aussichtslos. Hier zeigt sich die veränderte Stellung: unter den großen Partnern des blutigen Dialogs ist keiner, der grundsätzlich auf die Kirche hört. Wir haben die kirchenpolitische Apparatur überschätzt und sie noch laufen lassen zu einer Zeit, wo ihr schon der geistige Treibstoff fehlte. Für einen heilsamen Einfluß der Kirche bedeutet es gar nichts, ob ein Staat mit dem Vatikan diplomatische Beziehungen unterhält. Es kommt einzig und allein darauf an, welche innere Mächtigkeit die Kirche als Religion in dem betreffenden Raum besitzt.
Und hier geschah die große Täuschung. Die Religion starb an vielen Krankheiten und mit ihr der Mensch. Der Mensch starb an vielen Vermassungen, Entwicklungen, Tempos usw. und mit ihm die Religion. Auf jeden Fall wurden die abendländischen Räume geistig, menschlich und religiös leer. Wie soll das Wort oder die Aktion einer Kirche da noch Echo und Antwort finden? Die Kirche steht vor der gleichen Aufgabe wie die einzelnen Völker und

Staaten und das Abendland überhaupt. Zunächst muß dieser Krieg, den keiner mehr gewinnen zu können scheint, zu einem leidigen Ende gebracht werden. Die Problematik der Staaten sowohl wie des Kontinents ist, grob gesagt, dreimal der Mensch: wie man ihn unterbringt und ernährt; wie man ihn beschäftigt, so daß er sich selbst ernährt: die wirtschaftliche und soziale Erneuerung; und wie man ihn zu sich selbst bringt: die geistige und religiöse Erweckung.

Das sind die Probleme des Kontinents, das sind die Probleme der einzelnen Staaten und Nationen und das sind auch – und nicht irgendwelche Stilformen – die Probleme der Kirche. Wenn diese drei ohne oder gegen uns gelöst werden, dann ist dieser Raum für die Kirche verloren, auch wenn in allen Kirchen die Altäre umgedreht werden und in allen Gemeinden gregorianischer Choral gesungen wird. Die Übernatur setzt ein Minimum von natürlicher Lebensfähigkeit und Lebensmöglichkeit voraus, ohne die es nicht geht. Und die Kirche als Institution und als Autorität setzt ein Minimum lebendiger Religion voraus, sonst wird sie nur nach ihrer realen Macht gewertet oder museal.

So hinterläßt das scheidende Jahr ein reiches Erbe an Aufträgen, und wir müssen ernsthaft überlegen, was zu tun ist. Auf jeden Fall ist unter allem anderen dieses eine notwendig, daß der religiöse Mensch intensiv und extensiv wächst.

Und damit bin ich bei mir persönlich. Bin ich im letzten Jahr gewachsen, wertvoller geworden? Wie steht es denn? Äußerlich steht es so dürftig wie nie. Dies ist die erste Jahreswende, an der ich nicht einmal über ein Stück Brot verfüge. Über gar nichts. Als einziges Geschenk hat der Mann die Fessel so nachlässig geschlossen, daß ich mit der linken Hand herausschlüpfen kann. Nun hängt sie an der Rechten und ich kann wenigstens schreiben. Nur muß ich ein Ohr immer zur Tür hinaushängen; wehe, wenn sie mich so erwischen.

Rechtlich wohne ich auf dem Galgenberg. Wenn es mir nicht gelingt, die Anklage in dem einen Punkt umzustoßen, hänge ich. An das Hängen geglaubt habe ich noch nie, obwohl es sehr bittere Stunden gab. Die Fessel ist ja Zeichen der amtlichen Todeskandidatur.

Innerlich war viel Eitelkeit und Selbstsicherheit und Anmaßung und Unwahrhaftigkeit und Lüge in diesem Jahr. Mir ist das ein-

gefallen, als sie mich beim Schlagen einen Lügner nannten, weil sie wieder einmal entdeckt hatten, daß ich ihnen keine Namen sagte, die sie nicht schon wußten. Ich habe Gott gefragt, warum er mich so schlagen läßt. Für die Unklarheit und Unwahrhaftigkeit meines Wesens, das ging mir auf.
Und so ist vieles verbrannt auf diesem Berg der Blitze und vieles hat sich geläutert. Ein Segen und eine Bestätigung der inneren Existenz, daß der Herrgott mir die Gelübde so wunderbar ermöglichte. Er wird mir auch die äußere Existenz noch einmal bestätigen, sobald sie sich zur neuen Sendung befreit hat. Aus der äußeren Aufgabe und dem Wachstum des inneren Lichtes muß sich eine neue Leidenschaft entzünden. Die Leidenschaft des Zeugnisses für den lebendigen Gott; denn den habe ich kennengelernt und gespürt. Dios solo basta (Allein Gott genügt), das stimmt. Die Leidenschaft der Sendung zum Menschen, der lebensfähig und lebenswillig gemacht werden soll. Die drei Probleme sollen angepackt werden: in nomine Domini.

An M.   1. Januar 1945

Jesus. Diesen Namen des Herrn und meines Ordens will ich groß an den Anfang des neuen Jahres schreiben. Er besagt, was ich erbete, glaube und hoffe: die innere und äußere Erlösung. Die Lösung der egoistischen Krämpfe und Engen in den freien Dialog mit Gott, die freie Partnerschaft, die vorbehaltlose Hingabe. Und die baldige Erlösung aus diesem elenden Eisen. Die Situation ist lügenhaft. Das, was ich weder getan noch gewußt habe, hält mich hier fest.
Dieser Name besagt weiterhin, was ich in der Welt und bei den Menschen noch will. Erlösend, helfend beistehen. Den Menschen gut sein und Gutes tun. Ich bin manchen vieles schuldig geblieben.
Und schließlich ist damit mein Orden gemeint, der mich nun endlich an sich und in sich aufgenommen hat. Er soll in mir Gestalt werden. Ich will mich Jesus zugesellen als ein Treugeselle und Liebender.
Letztlich aber soll der Name eine Leidenschaft bezeichnen: des Glaubens, der Hingabe, des Strebens, des Dienstes.

An Luise Oestreicher   Zwischen 3. und 7. Januar 1945

LL., also es ist jetzt sicher, daß nächste Woche am Dienstag und Mittwoch die Entscheidung fällt. Das Wunder muß darin bestehen, das fertige Todesurteil, das die Herren in der Tasche mitbringen, umzustoßen. Wenn nicht, sind wir am Mittwoch vor den Augen und, so der Herr gnädig ist, im Licht Gottes (...).
Ich habe auch jetzt nicht das Gefühl, einen Abschiedsbrief zu schreiben. Immer, wenn die Entscheidung hart auf hart kommt, erscheint diese mutige Sicherheit. Ich hab die ganze Zeit nie das Gefühl gehabt, verloren zu sein, so oft man es mir auch triumphierend und quälend und prügelnd gesagt hat. Irgendwo war die ganze schemenhafte Angelegenheit eine unwirkliche Sache, die mich nichts anging. Es kamen dann auch wieder die Stunden, in denen Petrus den Wind ernst nahm und die Wellen und anfing zu zagen. Daß Gott sich so anstrengen müßte, um mir den Blick auf den Gipfel frei zu machen, hätte ich auch nicht gedacht.
Jetzt ist alles in Gottes Hand. Ich werde mich wehren, so gut es geht. Hoffentlich geht es physisch einigermaßen. Schade, daß wir vorher hier wegkommen. Drüben beginnt dann das Hungern wieder, und das ist etwas ganz Schuftiges, hungrig und müde in dieser Wucht und Wut der Angriffe zu stehen. Daß ein Stück Brot eine große Gnade ist, habe ich früher manchmal gesagt. Heute weiß ich es aus bitterer Erfahrung.
Wie es nun weitergeht, weiß ich nicht. Ich hab bis jetzt nur das Gefühl durchzukommen. Obwohl ich dafür noch keine reale Grundlage sehe. – Dank allen für ihre Treue im Gebet. Hoffentlich erfahrt Ihr den Termin rechtzeitig, so daß Ihr mir zur Seite seid...

An Marianne Hapig/Marianne Pünder   5. Januar 1945

Ihr guten Leute, herzlich Vergelt's Gott für Eure findige Güte. Hoffentlich finden wir auch bald die Ecke, wohin es hinausgeht. Jetzt kommt die Nagelprobe des Glaubens. Einerseits die volle Freiheit, Gott nichts zu verweigern. Andererseits seine Zusage, daß das gläubige Vertrauen Gewalt über ihn hat. Meinen Haftbefehl mit den schönen Sachen darauf hab ich seit Wochen nicht mehr angeschaut. Die ganze Angelegenheit gehört Gott. Und es sind nicht nur alte Geschichten, daß dem gläubigen Vertrauen sich Gott nicht verweigert. Trotz des Ernstes der Lage bin ich von daher immer wieder getröstet. Bitte mitglauben und mitbeten, immer wieder. Wir beten hier zu vieren, zwei Katholiken und zwei Protestanten, und glauben an die Wunder des Herrgotts.

Bitte die drei beiliegenden Briefe nach Lampertheim besorgen, und zwar an den Pfarrer Heinrich Schäfer[1], Römerstraße 43, da ich nicht weiß, inwieweit Post an die Angehörigen direkt eingesehen ist. Schreiben Sie dem Pfarrer, was los ist. Es ist auch ein kurzer Brief für ihn dabei. –

Danke für den noch besorgten Meßwein. Ich kann nicht viel davon in der Zelle haben, immer nur ein kleines Fläschchen. Alles Gute. Vergelt's Gott – und auf Wiedersehen. Ich hoffe, Samstag oder Sonntag noch zum Schreiben zu kommen.

Ihr dankbarer   Max

An M.   6. Januar 1945

Eine liebe Aufmerksamkeit des Herrgotts hat es gefügt, daß ich auf die Nacht so lose gefesselt wurde, daß ich aus der Fessel herausschlüpfen konnte. Wie in der Heiligen Nacht konnte ich so heute die Messe mit ganz freien Händen lesen. Die vorletzte vor der Entscheidung. Den Herrn nehme ich nun doch mit. Das neue »Versteck«, daß die Mariannen mir geschickt haben, läßt sich gut unterbringen. Auch in der Verhandlung wird der Herr dabei sein. Heute war der Anwalt noch einmal da. Es müssen halt drei »Wenns« passieren, damit alles gut geht. Ich vertraue fest. Auch die Freunde werden mich nicht im Stich lassen. Es ist ein Moment, in dem die ganze Existenz in einen Punkt eingefangen ist, und die ganze Wirklichkeit mit. Ich muß restlos Farbe bekennen. Die Realität Gottes, des Glaubens, der Welt, der Dinge und Zusammenhänge, die Verantwortung und Verantwortlichkeit für Worte und Handlungen, die Gnadenhaftigkeit und die Kämpferischkeit des Daseins, alles will auf einmal realisiert werden. Ich

---

[1] *Schäfer, Heinrich Theodor* – (1889–1949), Pfarrer in Lampertheim, Nachfolger des ortsverbannten Pfarrers Unger.

habe Gott kühn um die beiden Freiheiten gebeten. Und werde es jetzt wieder tun. Nachher will ich noch lesen oder noch etwas schreiben, bis der Nachschauer wieder kommt. Da muß ich Ruhe mimen.

Ich bin mir zur Zeit oft selbst ein Rätsel und kenne mich nicht recht aus mit mir. Wieso kann ich stunden- und tagelang leben, als ob die ganze Misere überhaupt nicht wäre? Das Ganze kommt mir so unwirklich vor. Sehr oft ist es überhaupt abwesend. Plötzlich erscheint es wieder. Manchmal würgt es mich auch, und ich muß mich dann zur Ordnung rufen. Und mich an die Kräfte und Freunde erinnern.

Eigentlich habe ich, ehrlich gesagt, vor den Tagen selbst mehr Angst als vor dem Ergebnis. So offen alles noch ist: bis jetzt habe ich die volle Zuversicht des Lebens. Und auch die inneren Gespüre wissen nichts von Aufhören.

Mein Nachbar hat mich leise für verrückt erklärt, als ich ihm sagte, ich müßte am 15. II., am Tag, an dem 1943 der Urbi-Brief geschrieben ist, zu Hause sein.

Ein elendes Geschmier das. Aber die Pritsche ist so niedrig und den Stuhl kann man nicht an den Tisch stellen, wenn die Pritsche los ist...

An M. 7. Januar 1945

Gleich nach der Freistunde ist die letzte Gelegenheit, etwas weiterzugeben. Das heißt, während der Freistunde. Drum rasch noch ein paar Zeilen.

Die Gestalt des Leonardo da Vinci hat mich gestern mehr interessiert als meine Anklage. Ich muß diesem weitverzweigten und widerspruchsvollen Menschen etwas nachgehen. Da scheinen manche Rätsel des modernen Menschen zuerst aufgegeben zu sein; aber es scheinen auch einige Schlüssel zu finden zu sein zur Lösung.

Klees[1] soll man sagen, ich meine jetzt, das Geheimnis Goethes liegt doch bei Spinoza; dieser wird in wahre, erlebte Lyrik umgesetzt. Und der Zugang zu Faust geht über Wilhelm Meister. Ge-

---

[1] *Klees, Dr. Hubert* – mit Delp befreundeter Priester.

rade weil in diesem Goethe nicht so konzentriert spricht wie sonst, ist manches Thema offener liegengeblieben. Im Faust treffen sich viele Themen des Lebens, der Geschichte, der Kultur. Die allgemein menschlichen und geistigen; auch die geistesgeschichtlichen der damaligen Zeit. Zum Beispiel die innerlich nicht geleistete Begegnung zwischen der antiken Kultur und dem aufkommenden homo faber. Das letzte Wort behält leider der homo faber (der Mensch der Technik), auch bei Goethe.
Jetzt kommt der Mann mit den Eisen gleich. Und morgen geht es ins Haus des Schweigens. Möge meiner Mutter bald die Freude des heutigen Evangeliums geschenkt werden. Die Schmerzen der Entbehrung hat sie nun genug getragen.
In nomine Domini. Abschiedsbriefe habe ich keine geschrieben, da sich innerlich alles sperrt dagegen.

An P. Franz von Tattenbach   10. Januar 1945

Lieber Tatt,
nun muß ich Ihnen doch den Abschiedsbrief schreiben. Ich sehe keine andere Möglichkeit mehr. Der Herr will das Opfer. Die ganzen harten Wochen hatten den Sinn der Erziehung zur inneren Freiheit. Er hat mich bisher vor allen Zusammenbrüchen und Erschütterungen bewahrt. Er wird mir auch über die letzten Stunden hinweghelfen. Wie ein träumendes Kind trägt er mich oft.
Ihnen Dank und Vergelt's Gott für alles. Wir bleiben ja zusammen. Grüßen Sie Knigge[1] recht herzlich. Gerade habe ich noch zelebriert. Wer kann sich heute so auf diese Möglichkeit rüsten? Der Prozeß war eine große Farce. Sachlich wurden die Hauptanklagen: Beziehung zum 20. 7. und Stauffenberg gar nicht erhoben. Sperr hat seine Aussage sehr gut korrigiert. Es war eine große Beschimpfung der Kirche und des Ordens. Ein Jesuit ist und bleibt eben ein Schuft. Das alles war Rache für den abwesenden Rösch und den Nicht-Austritt. Beim Strafantrag wurde eigens die Intelligenz und Tatkraft eines *Jesuiten* als erschwerend hervorgehoben. Die Verhandlung strotzte von Beschimpfungen der Kir-

---

[1] *Knigge* – Bezeichnung für P. Dold SJ, die Delp in seinen Briefen aus dem Gefängnis gebrauchte.

che und ihrer Einrichtungen, Skandale, wie Bischöfe, die Kinder hätten etc., die lat(einische) Sprache, das jesuitische Kupplertum usw. waren jedes zweite Wort. *Sachlich* konnte ich sagen, was ich wollte: einem Jesuiten glaubt man nicht, da er grundsätzlich ein Reichsfeind und vor allem ein Feind der NSDAP ist. So sind dann auch die Strafanträge von Leuten, die um Goerdeler gewußt und mit ihm gesprochen hatten, milder als der meine.

Auch Moltke[1] wurde fürchterlich beschimpft wegen seiner Beziehung zu Kirche und Jesuiten. Ein Moltke neben einem Jesuiten ist eine Schande und Entartung. Was ich bei der Gestapo schon erfahren habe, war hier wieder spürbar: diese dichte Intensität des Hasses gegen Kirche und Orden. So hat die Sache wenigstens noch ein echtes Thema bekommen.

Ihnen alles Gute und Liebe. Sorgen Sie bitte etwas für meine Leute. Behüt Sie Gott. Auf Wiedersehn. Ihr dankbarer
Alfred Delp

An Familie Kreuser　　　　　　　　　　　　11. Januar 1945

Liebe Freunde, nun geht es anscheinend doch den anderen Weg. Die Todesstrafe ist beantragt, heute ist Urteilsverkündung und anschließend gleich die Vollstreckung. Die Atmosphäre ist so voller Haß und Feindseligkeit, daß das Ergebnis nicht zweifelhaft ist, obwohl die Anklage in ihren schwersten Punkten nicht aufrecht erhalten werden konnte.

Vergelt's Gott für alles. Nicht traurig sein. Es ist der Herrgott, der die Schicksale fügt. Ich danke für viel Güte und Liebe und Hilfe. Und ich bitte, meinen Leuten über die Sache hinwegzuhelfen und sie auch sonst stets etwas im Auge und in der Sorge zu behalten.

Grüßen Sie die Kinder besonders, allen alles Gute und Gottes mächtigen Schutz. Sie sollen es besser machen. Grüße auch an den Opa. Alles Gute und Gottes Segen immer. Ich werde noch zelebrieren und dann im Namen Gottes mich seinem Schicksal stellen. Auf Wiedersehen.　　　　　　　　　　　　Alfred

---

[1] *Moltke, Helmuth James von* – (1907–1945), schlesischer Adeliger, sozial engagierter Großgrundbesitzer, Leiter des Kreisauer Widerstandskreises, mit Delp in persönlicher Freundschaft verbunden, hingerichtet 23. 1. 1945.

An Maria Delp							11. 1. 1945

Liebe Mutter, nun muß ich Dir den schwersten Brief schreiben, den ein Kind seiner Mutter schreiben kann. Es ist alles so aussichtslos geworden, daß ich mit dem Todesurteil und seiner darauffolgenden Vollstreckung rechnen muß. Liebe Mutter, bleibe tapfer und aufrecht. Es ist der Herrgott, der die Schicksale fügt. Wir wollen uns ihm geben und nicht böse sein. Es ist hart für Dich, liebe Mutter, aber es muß getragen sein.
Herzlich danke ich Dir für alle Liebe und Güte. Du warst uns so viel in liebevoller Sorge und hast so viel getan und erlitten für uns. Herzlichen Dank für alles und jedes, das Du mir gabst und warst.
Grüß Vater recht herzlich. Ich glaub, ich schreibe ihm nicht eigens. Mußt ihn allmählich vorbereiten. Sag auch ihm herzlichen Dank für alles.
Bleib tapfer, liebe Mutter. Bete für mich. Wenn ich bei Gott bin, werde ich immer für Dich beten und bitten und viele versäumte Liebe nachholen.
Wir sehen uns ja wieder. Eine kleine Weile nur und wir sind wieder beisammen. Dann für immer und ewig und in der Freude Gottes.
Behüt Dich Gott, Mutterl. Schau gut auf Marianne, daß sie gerade und recht aufwächst. Ich werde schon ein Auge auf sie haben.
Herzlich grüße ich Dich,
Dein dankbarer							Alfred

An Marianne Hapig/Marianne Pünder			11. Januar 1945

Ihr guten Leute, nun geht es also wohl doch den andern Weg. Wie der Herrgott will. In seine Freiheit und Güte sei alles gestellt und übergeben.
Vergelt's Gott für alle Güte und Liebe. Das war kein Gericht, sondern eine Orgie des Hasses...
Die Anklagepunkte, die die ursprüngliche Belastung ausmachten, ließen sich nicht aufrecht erhalten.
Durch die Art des Prozesses hat das Leben ja ein gutes Thema bekommen, für das sich sterben und leben läßt. Die Urteilsbegrün-

dung bzw. die Verhandlung stellte folgende 4 Belastungen auf (alles andere ist Unsinn; wichtig keine Beziehung zum 20. Juli etc.):
1. Gedanken an eine deutsche Zukunft nach einer möglichen Niederlage (»Mit uns stirbt der letzte Deutsche, NSDAP und deutsches Reich und deutsches Volk zusammen«, Freisler[1]).
2. Unvereinbarkeit von NS und Christentum. Deswegen waren meine Gedanken falsch und gefährlich, weil sie von dem ausgingen (das Moltke vorgeworfene »Rechristianisierungsgedanken« ist ein »Anschlag gegen Deutschland«).
3. Der Orden ist eine Gefahr und der Jesuit ein Schuft, wir sind grundsätzliche Feinde Deutschlands.
4. Die katholische Lehre von der iustitia socialis (Sozialgerechtigkeit) als Grundlage für einen kommenden Sozialismus.
Die Verhandlung ist auf Schallplatten aufgenommen. Man wird sie im geeigneten Moment vielleicht nützen können. Wenn ich sterben muß, ich weiß wenigstens warum. Wer weiß das heute von den vielen. Wir fallen als Zeugen für diese 4 Wahrheiten und Wirklichkeiten, und wenn ich leben darf, weiß ich auch, wozu ich ausschließlich da bin in Zukunft. Grüßen Sie alle Bekannten. Vergelt's Gott für alles. Bei Buchholz[2] ist noch Post. Bitte besorgen. Besonders die Eigentumsliste bald nach München, damit die Sachen nicht weggeholt werden. Bis jetzt habe ich noch keine Angst. Gott ist gut. Bitte beten. Von dort aus werde ich antworten.
Auf Wiedersehen
Max

An die Mitbrüder   11. Januar 1945

Liebe Mitbrüder, nun muß ich doch den andern Weg nehmen. Das Todesurteil ist beantragt, die Atmosphäre ist so voll Haß und Feindseligkeit, daß heute mit seiner Verkündigung und Vollstreckung zu rechnen ist.

---

[1] *Freisler, Roland* – (1893–1945), »Der rasende Roland«, Vorsitzender des Volksgerichtshofes in Berlin, führte den Prozeß gegen Delp und seine Freunde aus dem Kreisauer Kreis.
[2] *Buchholz, Peter* – (1888–1963); kath. Gefängnispfarrer im NS-Hinrichtungsgefängnis Berlin-Plötzensee.

Ich danke der Gesellschaft und den Mitbrüdern für alle Güte und Treue und Hilfe, auch und gerade in diesen schweren Wochen. Ich bitte um Verzeihung für vieles, was falsch und unrecht war, und ich bitte um etwas Hilfe und Sorge für meine alten kranken Eltern.
Der eigentliche Grund der Verurteilung ist der, daß ich Jesuit bin und geblieben bin. Eine Beziehung zum 20. 7. war nicht nachzuweisen. Auch die Stauffenberg-Belastung ist nicht aufrecht erhalten worden. Andere Strafanträge, die wirkliche Kenntnis des 20. 7. bestrafen, waren viel milder und sachlicher. Die Atmosphäre war so voll Haß und Feindseligkeit. Grundthese: ein Jesuit ist a priori der Feind und Widersacher des Reiches. Auch Moltke wurde sehr häßlich behandelt, weil er uns, bes. Rösch[1], kannte. So ist das ganze von der einen Seite eine Komödie gewesen, auf der anderen aber doch ein Thema geworden. Das war kein Gericht, sondern eine Funktion des Vernichtungswillens.
Behüt Sie alle der Herrgott. Ich bitte um Ihr Gebet. Und ich werde mir Mühe geben, von drüben aus das nachzuholen, was ich hier schuldig geblieben bin.
Gegen Mittag werde ich noch zelebrieren und dann in Gottes Namen den Weg seiner Fügung und Führung gehen.
                                            Ihnen Gottes Segen und Schutz
                                            Ihr dankbarer *Alfred Delp S. J.*

An M.   Nach dem 11. Januar 1945

Nach der Verurteilung
Das ist ein eigenartiges Leben jetzt. Man gewöhnt sich so schnell wieder an das Dasein und muß sich das Todesurteil ab und zu gewaltsam in das Bewußtsein zurückrufen. Das ist ja das Besondere bei diesem Tod, daß der Lebenswille ungebrochen und jeder Nerv lebendig ist, bis die feindliche Gewalt alles überwältigt. So daß die gewöhnlichen Vorzeichen und Mahnboten des Todes hier ausbleiben. Eines Tages wird eben die Tür aufgehen und

---

[1] *Rösch, P. Augustin* – (1893–1961), Jesuitenpater, zeitweise Provinzial der »Oberdeutschen Provinz« der Jesuiten, Mitglied des Kreisauer Kreises, auf Grund von später Verhaftung und nahendem Kriegsende ohne Prozeß aus dem Gefängnis entkommen.

der gute Wachtmeister wird sagen: Einpacken, in einer halben Stunde kommt das Auto. Wie wir es so oft gehört und erlebt haben.
Eigentlich hatten wir damit gerechnet, gleich am Donnerstag abend nach Plötzensee gefahren zu werden. Wir sind anscheinend die ersten, bei denen wieder Fristen eingehalten werden. Oder ob es die Gnadengesuche schon waren? Ich glaube nicht: Frank kam gestern auch zurück, obwohl für ihn noch kein Gesuch lief. Daß Frank auch verurteilt würde, hätte niemand gedacht. Aber dort ist alles Subjektivität, nicht einmal amtliche, sondern ganz personale Subjektivität. Der Mann (Freisler) ist gescheit, nervös, eitel und anmaßend. Er spielt Theater und der Gegenspieler muß unterlegen sein. Wo dies schon im Dialog geschieht, kommt die Überlegenheit des Gnädigen zu Geltung und Wirkung.
Ich kam mir bei der ganzen Sache eigentlich recht unbeteiligt vor. Es war wie eine schlechte Pullacher Disputation, nur daß der Defendens dauernd wechselte und der Dauerobjicient auch zugleich entschied, wer Recht hat. Die Mitrichter, das »Volk« am Volksgericht waren gewöhnliche, dienstbeflissene Durchschnittsgesichter, die sich in ihrem blauen Anzug sehr feierlich vorkamen und sehr wichtig neben der roten Robe des Herrn Vorsitzenden. Gute, biedere SA-Männer, die die Funktion des Volkes: ja zu sagen, ausüben.
Es ist alles da, es fehlt nichts: feierlicher Einzug, großes Aufgebot von Polizei, jeder hat zwei Mann neben sich; hinter uns das »Publikum«: meist Gestapo usw. Die Gesichter der Schupos gutmütig-gewohnt-gewöhnlich. Das Publikum hat durchschnittlich den Typ des »einen« Deutschland. Das »andere« Deutschland ist nicht vertreten oder wird zum Tode verurteilt. Eigentlich fehlte noch eine Ouvertüre zu Beginn und ein Finale zu Ende oder zumindest Fanfaren.
Die Verhandlung selbst war geschickt und raffiniert gestellt. So raffiniert, daß keiner mit dem zu Wort kommen konnte, was den anderen entlastete oder ihm selbst von Vorteil war. Es wurde genau das und nur das gefragt und zur Aussage zugelassen, was nach der gerade gültigen These langt zum Verurteilen.
Unsere Verhandlung war gestellt auf Moltkes und meine Vernichtung. Alles andere waren Kulissen und Statisten. Ob Sperr auch fallen würde, war trotz der Sachlage bis zum Ende offen. Als die

Verhandlung mit mir eröffnet wurde, spürte ich bei der ersten Frage die Vernichtungsabsicht. Die Fragen waren schön geordnet, auf einem Zettel präpariert. Wehe, wenn die Antworten anders ausfielen als erwartet. Das war dann Scholastik und Jesuitismus. Überhaupt ist das so, daß ein Jesuit mit jedem Atemzug ein Verbrechen tut. Und er kann sagen und beweisen und tun, was er will: er ist eben ein Schuft und es wird ihm nichts, gar nichts geglaubt. Die Sachlage Gerstenmaier ist doch viel schlimmer als meine: er wird als protestantischer Pfarrer, von dem man sich, wie er mir selber sagte, eine baldige Brauchbarkeit erhofft, zum »blassen Theoretiker« erklärt, und dann übersieht man alles: Goerdeler, den 20. 7., Moltke, Kreisau, alles. Ich sage damit nichts gegen Gerstenmaier. Er ist ein feiner, tiefgläubiger Mensch, dem ich sein Leben herzlich gönne und der noch viel Gutes tun wird. Aber so wurden die Kulissen gestellt und das ist dann das »Recht«. O deutsches Volk, in dessen Namen zum Schluß das Urteil verkündigt wurde!

Die Beschimpfungen von Kirche, Orden, kirchengeschichtlichen Überlieferungen etc. waren schlimm. Ich mußte eigentlich an mich halten, um nicht loszuplatzen. Aber dann wäre die Atmosphäre für alle verdorben gewesen. Diese herrliche Gelegenheit für den großen Schauspieler, den Gegenspieler für einen gescheiten, überragenden, verschlagenen Menschen zu erklären und sich dann so unendlich überlegen zu zeigen. Es war alles fertig, als er anfing. Ich rate allen meinen Mitbrüdern dringend ab, sich dahin zu begeben. Man ist dort kein Mensch, sondern »Objekt«. Und dabei alles unter einem inflationistischen Verschleiß juristischer Formen und Phrasen. Kurz zuvor las ich bei Plato: Das ist das höchste Unrecht, das sich in der Form des Rechtes vollzieht.

Unser eigentliches Vergehen und Verbrechen ist unsere Ketzerei gegen das Dogma: NSDAP – Drittes Reich – Deutsches Volk: leben gleich lang. Die drei sterben miteinander. Man wird Herrn Freisler einmal daran erinnern müssen, wie gut es wäre, wenn jetzt jemand Moltkes Nachkriegspläne und Abwehrpläne durchführen würde. Und wie viele von den Männern, die er gerichtet hat, jetzt fehlen. Wer es wagt, diese NS-Dreifaltigkeit oder besser Drei-Einigkeit anzuzweifeln, ist ein Ketzer und die früheren Ketzergerichte sind Spielereien gegen die Raffinesse und tödliche Akribie dieser jetzigen.

Bei Moltke wäre auch alles besser gegangen, wenn er nicht »kirchlich gebunden« wäre, ihm nicht »Rechristianisierungsabsichten« nachgewiesen wären, er nicht mit Bischöfen und Jesuiten verkehrt hätte. Ach, was waren wir Toren, als wir uns sachlich auf die Verhandlung vorbereiteten. Darum ging es ja gar nicht. Dies ist kein Gericht, sondern eine Funktion. Ein ganz eindeutiges Echo und sonst nichts. Wie ein Mann das jeden Tag tun mag, verstehe ich nicht.

Am Donnerstag abend war also Schlußsitzung. Wieder alles im gleichen Stil. Wie Preisverteilung in einer kleinen Schule, die nicht einmal den richtigen Raum dafür hat. Und anschließend dachten Moltke und ich, wir führen nach Plötzensee. Wir sind aber immer noch in Tegel.

Auch bei der Verurteilung war ich innerlich so unbeteiligt wie an den ganzen zwei Tagen. Ich habe die zwei Tage das Sanctissimum (die heilige Hostie) bei mir gehabt und vor der Fahrt zum Urteil zelebriert und als letzte Speise *die* Speise genossen. So wollte ich bereit sein, aber ich bin immer noch am Warten.

Bis jetzt hat mir der Herrgott sehr herrlich und herzlich geholfen. Ich bin noch nicht erschrocken und noch nicht zusammengebrochen. Die Stunde der Kreatur wird schon auch noch schlagen. Manchmal kommt eine Wehmut über mich, wenn ich an das denke, was ich noch tun wollte. Denn jetzt bin ich ja erst Mensch geworden, innerlich frei und viel echter und wahrhafter, wirklicher als früher. Jetzt erst hat das Auge den plastischen Blick für alle Dimensionen und die Gesundheit für alle Perspektiven. Die Verkürzungen und Verkümmerungen beheben sich. – Ja, und dann die Menschen, die eben zurückbleiben.

Ja, und ganz ehrlich gesagt, ich glaube noch nicht an den Galgen. Ich weiß nicht, was das ist. Vielleicht eine große Gnade und Hilfe des väterlichen Gottes, der mich so die Wüste bestehen läßt, ohne in ihr verdursten zu müssen. Während der ganzen Verhandlung, auch als ich merkte, das »Wunder« bleibt aus, war ich weit oben drüber und unberührbar durch all die Vorgänge und Aussichten. Ist das das Wunder oder was ist das? Ich bin Gott gegenüber wirklich in einiger Verlegenheit und muß mir darüber klar werden.

Diese ganzen bitteren Monate der Reife und des Unglücks stehen unter einem ganz eigenartigen Gesetz. Von der ersten Minute an war ich innerlich sicher, es würde alles gut gehen. Gott hat mich in dieser Sicherheit immer wieder bestärkt. Ich habe in diesen letzten Tagen gezweifelt und überlegt, ob ich Selbsttäuschungen zum Opfer gefallen bin, ob sich mein Lebenswille in religiöse Einbildungen sublimiert hat oder was das war. Aber diese vielen spürbaren Erhebungen mitten im Unglück; diese Sicherheit und Unberührtheit in allen Schlägen; dieser gewisse »Trotz«, der mich immer wissen ließ, es wird ihnen die Vernichtung nicht gelingen; diese Tröstungen beim Gebet und beim Opfer; diese Gnadenstunden vor dem Tabernakel; diese erbetenen und immer wieder gegebenen und gewährten Zeichen: ich weiß nicht, ob ich das alles jetzt wegtun darf. Soll ich weiter hoffen? Will der Herrgott das Opfer, das ich ihm nicht versagen will, oder will er die Bewährung des Glaubens und Vertrauens bis zum äußersten Punkt der Möglichkeit? Als ich zum ersten Verhör in Berlin gefahren wurde, fiel mir das Bild der nicht krepierten Ignatiushaus-Bombe ins Bewußtsein, und ich hörte einfach unwegdiskutierbar die Worte: sie wird nicht platzen. Ich habe dann Stunde um Stunde, Tag um Tag, Woche um Woche auf die Erfüllung gewartet. Zuerst habe ich an die elegante Lösung durch Klugheit und Tüchtigkeit geglaubt. Aber damit war es bald aus.

Und dies ist das zweite Gesetz, unter dem diese Wochen stehen: es ging alles schief, was ich unternahm, um mir zu helfen. Ja, nicht nur schief, es war eigentlich immer zum Unheil. So auch jetzt bei der Verhandlung. Der Anwaltswechsel, der zunächst so gut schien, war nicht gut. Als der Mann den Anti-Jesuiten-Komplex spürte, sagte er mir noch während der Verhandlung: gegen den Jesuitismus sei er allerdings auch. Daß man Freisler das Büchlein (Der Mensch und die Geschichte) geschickt hat, hat nur bewirkt, daß er mich für gescheit hielt und für um so gefährlicher. Die Dinge, die wir für unsere Verteidigung vorbereitet hatten, wurden uns in neue Belastungen umgedeutet. Der ganze äußere Verlauf war Scheitern und Schiffbruch und Ohnmacht über Ohnmacht. Und dazwischen wieder die ganz eigenartige Art unseres Unglücks: daß wir in Tegel blieben; daß wir heute noch leben, obwohl wir uns auf Donnerstag eingestellt hatten usw.

Was will der Herrgott mit alledem? Ist es Erziehung zur ganzen Freiheit und vollen Hingabe? Will er den ganzen Kelch bis zum letzten Tropfen und gehören dazu diese Stunden des Wartens und eigenartigen Advents? Oder will er die Glaubensprobe?

Was soll ich jetzt tun, ohne untreu zu werden? Soll ich weiter hoffen, trotz der Aussichtslosigkeit? Ist es Untreue, wenn ich davon ablasse? Soll ich mich ganz loslassen und die Abschiede vollziehen und mich ganz auf den Galgen einstellen? Ist es Feigheit oder Trägheit, dies nicht zu tun und noch zu hoffen? Soll ich einfach in der Freiheit zur Verfügung bleiben und in der Bereitschaft? Ich kenne mich noch nicht recht aus und bete dauernd um Erleuchtung und Führung. Dazu das angenommene Opfer der Urbi, genau heute vor 7 Monaten? Daß man auch da immer im eigenen Herzen noch Prozesse führen muß! Aber sie sollen ehrlich geführt werden, unter dem Vorsitz des Heiligen Geistes.
Wenn ich vergleiche die Ruhe und Unbefangenheit während der Tage des Prozesses und bei der Verurteilung mit der Angst, die ich manchmal bei den Angriffen in München hatte: da ist doch vieles so ganz anders. Aber wieder die Frage: war dieses Anders-Werden der Zweck, das Ziel dieser Erziehung oder ist diese innere Erhebung und Hilfe eben das Wunder?
Ich weiß nicht. Normalerweise ist ja gar keine Aussicht mehr. Die Atmosphäre hier ist so verdorben für mich, daß auch ein Gnadengesuch überhaupt keine Aussicht hat. Ist es nun Torheit, noch zu hoffen, oder Einbildung oder Feigheit oder Gnade? Ich sitze oft da vor dem Herrn und schaue ihn nur fragend an.
Auf jeden Fall muß ich mich innerlich gehörig loslassen und mich hergeben. Es ist Zeit der Aussaat, nicht der Ernte. Gott sät; einmal wird er auch wieder ernten. Um das eine will ich mich mühen: wenigstens als fruchtbares und gesundes Saatkorn in die Erde zu fallen. Und in des Herrgotts Hand. Und mich gegen den Schmerz und die Wehmut wehren, die mich manchmal anfallen wollen. Wenn der Herrgott diesen Weg will, – und alles Sichtbare deutet darauf hin – dann muß ich ihn freiwillig und ohne Erbitterung gehen. Es sollen einmal andre besser und glücklicher leben dürfen, weil wir gestorben sind.
Ich bitte auch die Freunde, nicht zu trauern, sondern für mich zu beten und mir zu helfen, solange ich der Hilfe bedarf. Und sich nachher darauf zu verlassen, daß ich geopfert wurde, nicht erschlagen. Ich hatte nicht daran gedacht, daß dies mein Weg sein könnte. Alle meine Segel wollten steif vor dem Wind stehen; mein Schiff wollte auf große Ausfahrt, die Fahnen und Wimpel sollten stolz und hoch in allen Stürmen gehißt bleiben. Aber vielleicht

wären es die falschen Fahnen geworden oder die falsche Richtung oder für das Schiff die falsche Fracht und unechte Beute. Ich weiß es nicht. Ich will mich auch nicht trösten mit einer billigen Herabminderung des Irdischen und des Lebens. Ehrlich und gerade: ich würde gerne noch weiterleben und gern und jetzt erst recht weiter schaffen und viele neue Worte und Werte verkünden, die ich jetzt erst entdeckt habe. Es ist anders gekommen. Gott halte mich in der Kraft, ihm und seiner Fügung und Zulassung gewachsen zu sein.
Es bleibt mir noch, vielen Menschen für ihre Treue und Güte und Liebe zu danken. Dem Orden und den Mitbrüdern, die mir einen schönen und echten geistigen Lebensraum schenkten. Und den vielen echten Menschen, denen ich begegnen durfte. Wer gemeint ist, weiß es schon. Ach, Freunde, daß die Stunde nicht mehr schlug und der Tag nicht mehr aufging, da wir uns offen und frei gesellen durften zu dem Wort und Werk, dem wir innerlich entgegenwuchsen. Bleibt dem stillen Befehl treu, der uns innerlich immer wieder rief. Behaltet dieses Volk lieb, das in seiner Seele so verlassen und so verraten und so hilflos geworden ist. Und im Grunde so einsam und ratlos, trotz all der marschierenden und deklamierenden Sicherheit. Wenn durch einen Menschen ein wenig mehr Liebe und Güte, ein wenig mehr Licht und Wahrheit in der Welt war, hat sein Leben einen Sinn gehabt.
Und auch die will ich nicht vergessen, denen ich Schuldner bleiben muß. Ich bin vielen vieles schuldig geblieben. Denen ich wehe getan, sie mögen mir verzeihen. Ich habe gebüßt. Zu denen ich unwahr und unecht war, sie mögen mir verzeihen. Ich habe gebüßt. Zu denen ich anmaßend und stolz und lieblos war, sie mögen mir verzeihen. Ich habe gebüßt. O ja, in den Kellerstunden, in den Stunden der gefesselten Hände des Körpers und des Geistes, da ist vieles zerbrochen. Da ist vieles ausgebrannt, was nicht würdig und wertig genug war.
So lebt denn wohl. Mein Verbrechen ist, daß ich an Deutschland glaubte auch über eine mögliche Not- und Nachtstunde hinaus. Daß ich an jene simple und anmaßende Drei-Einigkeit des Stolzes und der Gewalt nicht glaubte. Und daß ich dies tat als katholischer Christ und als Jesuit. Das sind die Werte, für die ich hier stehe am äußersten Rande und auf den warten muß, der mich hinunterstößt: Deutschland über das Heute hinaus als immer neu sich

gestaltende Wirklichkeit – Christentum und Kirche als die geheime Sehnsucht und die stärkende und heilende Kraft dieses Landes und Volkes – der Orden als die Heimat geprägter Männer, die man haßt, weil man sie nicht versteht und kennt in ihrer freien Gebundenheit oder weil man sie fürchtet als Vorwurf und Frage in der eigenen anmaßenden, pathetischen Unfreiheit.
Und so will ich zum Schluß tun, was ich so oft tat mit meinen gefesselten Händen und was ich tun werde, immer lieber und mehr, solange ich noch atmen darf: segnen. Segnen Land und Volk, segnen dieses liebe deutsche Reich in seiner Not und inneren Qual; segnen die Kirche, daß die Quellen in ihr wieder reiner und heller fließen; segnen den Orden, daß er echt und geprägt und frei sich selbst treu bleibt durch die selbstlose Treue an alles Echte und an alle Sendung; segnen die Menschen, die mir geglaubt und vertraut haben; segnen die Menschen, denen ich Unrecht tat; segnen alle, die mir gut waren, oft zu gut.
Behüt Euch Gott. Helft meinen alten Eltern über die schweren Tage hinweg und behaltet sie auch sonst etwas in Eurer Sorge. Allen des Herrgotts gnädigen Schutz.
Ich aber will hier ehrlich warten auf des Herrgotts Fügung und Führung. Ich werde auf ihn vertrauen, bis ich abgeholt werde. Und ich werde mich bemühen, daß mich auch diese Lösung und Losung nicht klein und verzagt findet.

An M.   12. Januar 1945

12. 1.
So also ist es einem zu Mute, wenn man zum Tode verurteilt ist. Jetzt sitze ich da und warte, bis ich abgeholt werde. Ich hatte ernstlich schon gestern abend mit der Vollstreckung gerechnet, bald nach der Urteilsverkündigung, wie es bisher üblich war. Es ist also noch einmal eindeutig festgestellt worden, daß ich mit dem 20. 7. nichts zu tun habe. Verurteilt bin ich »sachlich«: als der älteste und treueste Mitarbeiter des Grafen Moltke (ein großer Witz): wegen der paar Besprechungen über eine mögliche Feindabwehr und Erhaltung der Reichseinheit im Falle einer Feindinvasion auf Reichsgebiet. Dies und daß bei den Besprechungen kein NS-Mann dabei war. – Praktisch war ich verloren als Jesuit

und Mann der Kirche. Eine solche Atmosphäre der Verachtung und Feindschaft habe ich nur noch während der Vernehmungswochen erlebt. – Gut, daß Reisert[1] und Gerstenmaier davonkommen. Auch Fugger[2] ist sehr gut weggekommen. Sperr werden wohl einige Beziehungen retten. Für Moltke und mich gibt es da keinen Ausweg mehr. Wir sind umzingelt von Vernichtungswillen. Wenn nicht der Herrgott im letzten Moment sein Wunder noch tut, sind wir bald im Vaterhaus. – Es war das gleiche persönliche Erlebnis: alles, was wir zu unserer Verteidigung vorbereitet hatten, ist uns zur Belastung und zum Unheil geworden. Aber wir beide hätten sagen können, was wir gewollt hätten, es hätte uns nichts genützt. – Dem Herrgott gegenüber bin ich etwas in Verlegenheit. Soll ich weiter hoffen? Waren die ganzen Zeichen und Erhörungen Selbsttäuschung, Phantastik, sublimierter Lebenswille oder echt? Soll ich einfach in der Freiheit stehen bleiben? Oder soll ich mich eindeutig auf den Galgen einstellen? Das fiel mir gestern leichter als heute. Man gewöhnt sich so leicht wieder ans Dasein und mummelt sich wieder ein. Das Ausreißen tut stündlich weh. Aber es muß jetzt sein. –

An Luise Oestreicher   Nach dem 11. Januar 1945

LL., herzlichen Dank für den Weihnachtsbrief. (...) Ich sitze auf meiner Klippe, absolut auf Gott und seine Freiheit gestellt. Und ich verlaß mich auf ihn. Am 11. hab ich Abschied genommen. Nach der bisherigen Gewohnheit mußten wir am 11. abends tot sein. Jetzt sitzen wir da und warten. Wenn wir vor Weihnachten verhandelt worden wären, wäre es den alten Weg gegangen. Durch die Art des Prozesses hat mein Leben ein Thema bekommen, für das sich leben und sterben läßt. Ob ich nun dann hier für diese 4 Wirklichkeiten, für die ich gestellt wurde, sterbe, ob dies alles zur Zubereitung für eine Sendung für diese 4 Wirklich-

---

[1] *Reisert, Dr. Franz* – (1889–1965), Mitglied des bayrischen Widerstandskreises um Sperr, Mitarbeiter im Kreisauer Kreis, beim Prozeß mit dem Leben davongekommen.
[2] *Fugger* – Josef Ernst Fürst Fugger von Glötz (1895–1981), arbeitete in einem bayrischen Widerstandskreis, durch Delp in Kontakt mit dem Kreisauer Kreis, beim Prozeß mit dem Leben davongekommen.

keiten ist, das ist dann beinahe gleich. Fallen, weil man an Deutschland glaubt über die mögliche und brausende Nacht hinaus, weil man an die Kirche glaubt als eine leitende Kraft für dieses Volk, weil man zu diesem Orden gehört und weil man aus der Not, Eigenart des Volkes und der Botschaft der Kirche eine iustitia socialis wachsen sah und ihr dienen wollte: wer fällt heute von den vielen für so viel? Und weiß dies? Diese 4 Dinge werden mir vorgeworfen, wegen ihrer bin ich verurteilt. Und wenn es Sendung und Bereitung ist, dann ist das Thema ja auch gestellt. Seit dem 11. ist die Welt anders. (...) Es ist auf keinen Fall und in keiner Weise eine Welt der Idylle, ob ich nun nach Plötzensee fahre oder wieder einmal nach München komme. Ich verlaß mich auf Dich. Dank und Gruß und Liebe und Segen. Georg
(Laß Dir von meiner Mutter keine »Heiligenlegenden« über mich erzählen. Ich war ein Strick.)
Das »Vater Unser« wirst Du erhalten haben. Ich hab angefangen, Dir ein paar Gedanken zum Pfingstgebet aufzuschreiben. Und die Litanei möchte ich fertig machen. Hoffentlich find ich ein paar Worte für Dich und die Freunde. – Übrigens kann das Wunder immer noch geschehen. Wenn ich die eigenartige Führung bisher betrachte, ist eines klar: der Herrgott hat diese Sache absolut in seine Hand genommen. Vielleicht wollte er dieses unausweichbare Ihm-ausgeliefert-Sein einmal durchgestanden wissen. Behüt Dich Gott. Der Mann mit dem Eisen kommt. G.
Es geht auch mit dem Eisen. Ich will Dir nur noch einen ordentlichen Gruß schreiben. Zugleich mit dem Zettel gehen einige Blätter mit der Litanei und mehrere Seiten Pfingstgebet weg. Ich hoffe, sie machen Dir Freude. Mußt halt buchstabieren, da das meiste im Eisen geschrieben ist. Behüt Dich Gott. Auf Wiedersehen.
Georg

An A. Nach dem 11. Januar 1945

... Wenn ich unseren Gesprächen von dieser absoluten Höhe aus noch ein Thema hinzufügen dürfte, so möchte ich die Unbestechlichkeit nennen. Unsere eigentlichen Torheiten stammen aus der Bestechlichkeit. Wir sind bestochen von uns selbst. Glauben Sie mir, ich habe in diesen harten Wochen viele Demaskierungen meiner selbst erlebt. Wenn Gott mich jetzt heimruft, es ist wenig genug, was ich mitbringe, aber es ist jetzt ehrlich und vorbehaltlos und geläutert von den schönen Lügen, mit denen wir uns das Leben erleichtern und verschönen. Das Fasten und Wachestehen unter dem Befehl des Letzten und Christi ist das einzige, was am Ende bleibt. Was hat mir all mein Lebenswille und alle Sucht nach einem eigenen »Lebensraum« gegolten und geholfen in den Kellerstunden der Schmerzen und Qual, in den Anrufen der traurigsten Einsamkeit, in der Weihestunde meines Lebens, da es hieß: zum Tode verurteilt und für immer ehrlos? Freund, es war nicht viel, was ich da noch hatte, und das meiste von dem, was noch galt, hatte ich mir mühsam abgerungen und abgebettelt, die Stunden, in denen ich nein zu mir selbst gesagt habe – es waren zu wenige leider –, haben die Kraft gerufen, die in der Stunde, da die Macht und Gewalt nein zu mir sagten und mir die Existenz absprachen, mich trug und mich durch ein heiliges Ja von innen her bestätigte. – Ach ja, so bleibt an der Schwelle viel Bedauern, viel Dank, viel Mißlungenes und viel Ungetanes. Es bleiben viele Menschen, denen ich Schuldner blieb. Aber es bleibt fast kein Mensch, dem ich Unrecht tat und das ist ein großes Glück hier oben in freier Nähe und in der Nachbarschaft der letzten Dinge. – Dank und Vergelt's Gott für alle Mühe und Hilfe und unerschütterliche Bereitschaft...

An Maria Delp   14. 1. 1945

Liebe Mutter, einen herzlichen Sonntagsgruß. Nun bin ich immer noch am Leben, obwohl normalerweise am Donnerstag mein letzter Tag hätte sein müssen. Wieviel Tage oder Stunden oder Wochen der Herrgott noch gibt, weiß ich nicht. Mutter, wir wollen ihm nicht böse sein. Den Brief vom Donnerstag wirst Du erhalten haben.
Bleib tapfer und standhaft, Mutter. Mir geht es bis jetzt sehr gut. Ich habe keine Angst und eine große Ruhe. – Gott kann sein Wunder immer noch tun. Das ist das eine: weiter beten und vertrauen. Gott darf man nichts versagen. Das ist das andere: bereit sein für alles, was er fügt und schickt. Als guter Same ins Erdreich fallen. Und als Segen für Euch alle heimgehen. – Grüße alle herzlich. Dir

vielen treuen Dank für Deine Liebe und Güte. Verzeih die Sorge, die ich Dir bereitet habe.
Auf Wiedersehen. Alfred

An Luise Oestreicher 14. Januar 1945

Liebe Luise, wie es gegangen ist, weißt Du inzwischen. Meinen Brief vom Donnerstag, den ich für den letzten Tag meines Lebens halten mußte nach den bisherigen Gepflogenheiten, hast Du inzwischen erhalten. Wie lange ich nun hier warte, ob und wann ich getötet werde, weiß ich nicht. Der Weg von hier bis zum Galgen nach Plötzensee ist nur 10 Min. Fahrt. Man erfährt es erst kurz vorher, daß man heute und zwar gleich »dran« ist.
Nicht traurig sein, gelt. Gott hilft mir so wunderbar und spürbar bis jetzt. Ich bin noch gar nicht erschrocken. Das kommt wohl auch noch. Vielleicht will Gott diesen Wartezustand als äußerste Erprobung des Vertrauens. Mir soll es recht sein, ich will mir Mühe geben. Vielleicht will er das ganze und letzte Opfer. Mir soll es recht sein. Ich will mir Mühe geben, als fruchtbarer Same in die Scholle zu fallen für Euch alle und für dies Land und Volk, dem ich dienen und helfen wollte...

An Greta Kern[1] 16. Januar 1945

Liebe Greta,
Dank daß Du da warst. Sei mir nicht böse, daß ich es kurz gemacht habe. Ich freue mich, daß Du so mutig bist. Und daß Du noch hoffst. Auch ich hoffe noch. Entweder will Gott mein Leben oder er will mich zu etwas Richtigem erziehen. In beiden Fällen dürfen wir nicht *nein* sagen. Und wer nicht sterben kann, hat nicht richtig gelebt. Der Tod ist nicht ein Überfall, eine fremde Gewalt, sondern das letzte Stück dieses Lebens. Die beiden gehören zusammen. Beten und hoffen wir weiter, wie der Herrgott es fügt, gelt. (...) Behüt Dich Gott auf Wiedersehn. Alfred

---

[1] *Kern, Greta* – Delps noch lebende Schwester, seine Lieblingsschwester, sie war mit ihm in Wolferkam, besuchte ihn im Gefängnis.

An Marianne Hapig/Marianne Pünder   21. Januar 1945

Ihr guten Leute, herzlichen Dank für viele Mühe und Sorge um mich. Ich sitze nun auf dem Punkt der absoluten Preisgegebenheit und warte auf den Herrgott. Mir sind jetzt endgültig alle Karten aus der Hand genommen. Vor der Verhandlung meinten wir immer noch, selbst etwas ausrichten zu können. Jetzt hänge ich in der vollen Freiheit des Herrgotts. Ein Wunder kann er immer noch tun. An kleingewordenem Vertrauen soll es nicht scheitern...

An Marianne Hapig/Marianne Pünder   21. Januar 1945

... Ich bin hier in die äußerste Situation gekommen, in die Menschen kommen können. Das heißt, alles Menschliche ist so unheimlich bis zur letzten Konsequenz vorgetrieben. Ihr helft mir, daß mir der Atem nicht ausgeht? Eine große Gnade der Freiheit und des weiten Raumes ist mir geboten. Wenn ich sie nur nicht verfehle oder verkümmern lasse. – Grüßt die Freunde. Ich danke für ihre Grüße, die angekommen sind, und für ihr Gebet. Ich bitte weiter darum, solang ich noch schnauf. Und nachher erst recht.   Georg

An Familie Kreuser   21. Januar 1945

Liebe Freunde, es bleibt bis zum Schluß anstrengend, in den Himmel zu kommen. Jetzt sollte ich schon über eine Woche dort sein und bin immer noch hier. – Vergelt's Gott für alle Hilfe und Güte. Gerade war Tatt(enbach) da. Ach, wie dann die Dinge wieder plastisch werden. Wie gerne wäre ich mit ihm heimgefahren. Aber meine Heimat ist jetzt der steile Weg der Erwartung und Preisgegebenheit. Helft mir, die Winde auszuhalten, solange sie ausgehalten werden müssen, und nicht müde werden. – (...) Gute Grüße und Wünsche an die Kinder. Ich segne alle jeden Tag, solange ich segnen kann und darf. Nun behüt Gott und alles, alles Gute.
Dankbare Grüße und Wünsche   Alfred

An Familie Kreuser   21. Januar 1945

Liebe Freunde, die halbe Nacht habe ich dauernd das angestrengte und übermüdete Gesicht des treuen Tatt(enbach) vor mir gesehen. Immer wieder mußte ich an alle denken, die in diesen harten Zeiten der Prüfung und Bedrängnis ihre Kraft und Mühe aufwenden, um mir zu helfen. Da der Mann heute mit dem Eisen etwas sparsamer umgeht, will ich die gegebene Gelegenheit ausnützen, einen heute nacht gefaßten Vorsatz gleich auszuführen: allen, die sich mühen, gemeinsam zu danken, wie ich jeden Tag allen gemeinsam meinen gefesselten Segen schicke, der doch nicht angebunden ist, und wenn ich immer wieder aller gedenke bei der nächtlichen Messe und bei den täglichen Stunden des Wartens. Wenn Gott mich wirklich heimruft, wird das eine meiner ersten Bitten an ihn sein, die Freunde, die sich so in seinem göttlichen Anliegen, der erwiesenen Liebe, bewährt haben, auch in der Liebe zu erhalten gegen alle Gefahr, die dieser innersten Überwindung der Welt in der Welt droht. Ich weiß es aus Erfahrung, Freunde, das Dasein ist heute mehr als anstrengend, und wir sind angerührt und abgespannt und doch bleibt der zwingende Ruf der Liebe. Ach, laßt uns eher überall versagen, nur in dem nicht, was den Menschen zum Menschen macht: in der Anbetung nicht und in der Liebe nicht. Der Anbetende und der Liebende: das erst ist der Mensch. Dank für alle Treue und Güte und Mühe. Es gibt da einen inneren Raum, in dem es keinen Abend gibt und keinen Abschied.
Vergelt's Gott und auf Wiedersehn.   Georg

An Alfred Sebastian Keßler   23. Januar 1945

Lieber Alfred Sebastian,
als große Freude und Ermunterung erhielt ich heute die Nachricht von Deiner Geburt. Ich habe Dir gleich mit meinen gebundenen Händen einen kräftigen Segen geschickt, und da ich nicht weiß, ob ich Dich im Leben je sehen werde, will ich Dir diesen Brief schreiben, von dem ich aber auch nicht weiß, ob er je zu Dir kommen wird.
Du hast Dir für den Anfang Deines Lebens eine harte Zeit ausge-

sucht. Aber das macht nichts. Ein guter Kerl wird mit allem fertig. Du hast gute Eltern, die werden Dich schon lehren, wie man die Dinge anpackt und meistert.
Und Du hast Dir zwei gute Namen geben lassen. *Alfred,* das war ein König, der für sein Volk viel betete, viel arbeitete und viele harte Kämpfe gewann, die Menschen haben ihn nicht immer verstanden und ihn oft arg bekämpft. Später haben sie erkannt, was er für sein Volk getan hat, und haben ihn den Großen geheißen. Das Volk Gottes aber nannte ihn den Heiligen. Vor Gott und den Menschen hat er sich bewährt. *Sebastian,* das war ein tapferer Offizier des Kaisers und des Herrgotts, da aber der Kaiser von Gott nichts wissen wollte, machte er aus seiner Torheit spitze Pfeile des Hasses und des Mißtrauens und ließ damit seinen Offizier zusammenschießen: Sebastian kam noch einmal zu sich, mit zerschundenem Körper und ungebrochenem Geist. Er hielt dem Kaiser seine Torheit vor, der ihn für seinen Freimut erschlagen ließ. Das aber kannst Du ja überall lesen, und Deine Eltern werden es Dir längst erzählt haben, liebes kleines Patenkind. Ich will Dich nur daran erinnern, daß in Deinen Namen eine hohe Pflicht liegt, man trägt seinen Namen würdig und ehrenhaft, mutig und zäh und standhaft mußt Du werden, wenn Deine Namen Wahrheit werden sollen in Deinem Leben.
Ja, mein Lieber, ich möchte Deinem Namen auch noch eine Last, ein Erbe zufügen. Du trägst ja auch meinen Namen. Und ich möchte, daß Du das verstehst, was ich gewollt habe, wenn wir uns nicht richtig kennenlernen sollten in diesem Leben; das war der Sinn, den ich meinem Leben setzte, besser, der ihm gesetzt wurde: die Rühmung und Anbetung Gottes vermehren; helfen, daß die Menschen nach Gottes Ordnung und in Gottes Freiheit leben und Menschen sein können. Ich wollte helfen und will helfen einen Ausweg zu finden aus der großen Not, in die wir Menschen geraten sind und in der wir das Recht verloren, Menschen zu sein. Nur der Anbetende, der Liebende, der nach Gottes Ordnung Lebende, ist Mensch und ist frei und lebensfähig. Damit habe ich Dir etwas gesagt, was ich Dir an Einsicht und Aufgabe und Auftrag wünsche.
Lieber Alfred Sebastian, es ist viel, was ein Mensch in seinem Leben leisten muß. Fleisch und Blut allein schaffen es nicht. Wenn ich jetzt in München wäre, würde ich Dich in diesen Tagen tau-

fen, das heißt: ich würde Dich teilhaft machen der göttlichen Würde, zu der wir berufen sind. Die Liebe Gottes, einmal in uns, adelt und wandelt uns. Wir sind von da an mehr als Menschen, die Kraft Gottes steht uns zur Verfügung, Gott selbst lebt unser Leben mit, das soll so bleiben und immer mehr werden, Kind. Daran hängt es auch, ob ein Mensch einen endgültigen Wert hat oder nicht. Und er wird ein wertvoller Mensch werden.

Ich lebe hier auf einem sehr hohen Berg, lieber Alfred Sebastian. Was man so Leben nennt, das ist weit unten, in verschwommener und verworrener Schwärze. Hier oben treffen sich die menschliche und göttliche Einsamkeit zu ernster Zwiesprache. Man muß helle Augen haben, sonst hält man das Licht hier nicht aus. Man muß gute Lungen haben, sonst bekommt man keinen Atem mehr. Man muß schwindelfrei sein, der einsamen, schmalen Höhe fähig, sonst stürzt man ab und wird ein Opfer der Kleinheit und Tücke. Das sind meine Wünsche für Dein Leben, Alfred Sebastian: helle Augen, gute Lungen und die Fähigkeit, die freie Höhe zu gewinnen und auszuhalten. Das wünsche ich nicht nur Deinem Körper und Deinen äußeren Entwicklungen und Schicksalen, das wünsche ich viel mehr Deinem innersten Selbst, daß Du Dein Leben mit Gott lebst als Mensch in der Anbetung, in der Liebe, im freien Dienst.

Es segne und führe Dich der allmächtige Gott, der Vater, der Sohn und der Heilige Geist.   Dein Patenonkel Alfred Delp

Das habe ich mit gefesselten Händen geschrieben; diese gefesselten Hände vermach' ich Dir nicht; aber die Freiheit, die die Fesseln trägt und in ihnen sich selbst treu bleibt, die sei Dir schöner und zarter und geborgener geschenkt.

An Luise Oestreicher   23. Januar 1945

LL., heute ist ein harter Tag. Nun sind alle meine Freunde und Gefährten tot, nur ich bin zurückgeblieben. Hier jetzt der einzige im Eisen. Was dahintersteht, weiß ich noch nicht, vermute jedoch nichts Gutes. Aber vielleicht ist es das notwendige Verbindungsstück zum Festen?

Ich bin sehr müde vor Traurigkeit und Schrecken. Menschlich wäre

es leichter, mitzugehen. Ach, das Leben geht seltsame Wege, bevor es mich wieder auf diesen oder jenen festen Boden entläßt. Hoffentlich spürt Ihr dort, wie es mir geht und helft mir viel beten in den nächsten Tagen (...). – Am gleichen Tag, an dem die Freunde starben, erhielt ich die Nachricht von der Geburt des kleinen Alfred Sebastian. Tod und Leben grüßen sich und das ist unser Leben.
Mehr als je steht mein Leben nun absolut auf Gott. Von mir aus ist es jeder rationalen Einflußnahme entzogen. Ich bete und vertraue und übergebe und verlasse mich auf den Herrn. Ich segne Dich und die Freunde. Auf Wiedersehen.   Georg

An Marianne Hapig/Marianne Pünder   26. Januar 1945

Ihr guten Leute, das war eine harte Woche. Ich glaube, die härteste von allen. Trotz der sichtbaren Verweisung auf einen eigenen Weg. Manchmal würde man sehr gerne für eine Stunde abschalten. Aber das gerade geht ja nicht. Dazu hat mir Bu(chholz) die Phantasie verdorben, indem er mir mitten in dem Abschiedsschmerz um die anderen hinein genau erzählte, wie es beim Aufgehängtwerden zugeht. Ich bin der Meinung, es genügt vollauf, wenn ich das an Ort und Stelle erfahre. Na, auf jeden Fall weiß ich es jetzt. Und habe ich es zu einer unguten Stunde erfahren. Schlucken. Herz muß weiterschlagen. Bitte Bu(chholz) nichts sagen. Aber manche Sachen muß man einmal sagen. Dann ist man es los. Ich sehe ja jetzt den ganzen Tag keinen vernünftigen Menschen.
Nächste Woche ist Herz-Jesu-Freitag und Marientag zugleich. Bitte beten. – Die Messe vom Sonntag ist ein Gebet für uns alle und für mich auch. Die eine Hälfte stimmt genau, hoffentlich die andere auch... Behüt Sie alle Gott,   Ihr dankbarer Max

An Marianne Hapig/Marianne Pünder   30. Januar 1945

Beten und glauben.
Danke.   Dp.

Meditationen
Adventsgestalten

Advent ist einmal eine Zeit der Erschütterung, in der der Mensch wach werden soll zu sich selbst. Die Voraussetzung des erfüllten Advent ist der Verzicht auf die anmaßenden Gebärden und verführerischen Träume, mit denen und in denen sich der Mensch immer wieder etwas vormacht. Er zwingt so die Wirklichkeit, ihn mit Gewalt zu sich zu bringen, mit Gewalt und viel Not und Leid.
Das erschütterte Erwachen gehört durchaus in den Gedanken und das Erlebnis des Advents. Aber zugleich gehört viel mehr dazu. Das erst macht ja die heimliche Seligkeit dieser Zeiten aus und zündet das innere Licht in den Herzen an, daß der Advent gesegnet ist mit den Verheißungen des Herrn...
Der Mensch... wird Gestalten sehen, gelungene und gekonnte Menschen dieser Tage und aller Tage, in denen die Adventsbotschaft und der Adventssegen einfach da sind und leben und beglückend oder erschütternd, tröstend und erhebend den Menschen anrufen und anrühren. Menschen dieser Tage und aller Tage habe ich gesagt. Drei Typen meine ich vorab: den Rufenden in der Wüste; den kündenden Engel; die gesegnete Frau.
Der Rufende in der Wüste. Wohl einer Zeit, die ehrlich von sich meinen darf, sie sei keine Wüste. Wehe aber einer Zeit, in der die Stimmen der Rufenden in der Wüste verstummt sind, überschrien vom Tageslärm oder verboten oder untergegangen im Fortschrittstaumel oder gehemmt und leiser geworden aus Furcht und Feigheit. Die Verwüstung wird bald so schrecklich und allseitig geschehen, daß den Menschen das geschriebene Wort Wüste von selbst wieder einfällt. Ich glaube, wir wissen das...

Die Johannesgestalten dürfen keine Stunde im Bild des Lebens fehlen. Diese geprägten Menschen, vom Blitz der Sendung und Berufung getroffen. Ihr Herz ist ihnen voraus und deswegen ist ihr Auge so hellsichtig und ihr Urteil so unbestechlich. Sie rufen nicht um des Rufens willen oder der Stimme wegen. Oder weil sie den Menschen die schönen Stunden der Erde neideten, da sie ja selbst ausgemeindet sind aus den kleinen trauten Kreisen des Vordergrundes. Sie haben den großen Trost, den nur der kennt, der die innersten und äußersten Grenzen des Daseins abgeschritten ist.

Sie rufen den Segen und das Heil. Sie rufen den Menschen vor seine letzte Chance, während sie schon den Boden beben spüren und das Gebälk knistern und die festesten Berge innerlich wanken sehen und die Sterne des Himmels sogar in Ungeborgenheit hängend schauen. Sie rufen den Menschen in die Möglichkeit, die wandernde Wüste, die ihn überfallen und verschütten wird, aufzufangen durch die größere Kraft des bekehrten Herzens.

Ach Gott, der Mensch heute weiß es ganz praktisch wieder, was es heißt, Schutt wegräumen und Wege wieder eben zu machen. Er wird es noch lange Jahre wissen und tun müssen. Daß doch die rufenden Stimmen aufklingen, die die Wüste deuten und die Verwüstung von innen her überholen. Daß die Adventsgestalt des Johannes, des unerbittlichen Sendlings und Mahnboten im Namen Gottes, in unseren Trümmerwüsten kein Fremdling bleibe. Von diesen Gestalten hängt viel ab für unser Leben. Denn wie sollen wir hören, wenn keiner ruft und das Toben der wild gewordenen Zerstörung und Verblendung wirklich überbietet?

Der kündende Engel. Den diesjährigen Advent sehe ich so intensiv und ahnungsvoll wie noch nie. Wenn ich in meiner Zelle auf und ab gehe, drei Schritte hin und drei Schritte her, die Hände in Eisen, vor mir das ungewisse Schicksal, dann verstehe ich ganz anders als sonst die alten Verheißungen vom kommenden Herrn, der erlösen und befreien wird. Und immer kommt mir dabei in die Erinnerung der Engel, den mir vor zwei Jahren zum Advent ein guter Mensch schenkte. Er trug das Spruchband: Freut euch, denn der Herr ist nahe. Den Engel hat die Bombe zerstört. Den guten Menschen hat die Bombe getötet, und ich spüre oft, daß er mir Engelsdienste tut. Der Schrecken dieser Zeit wäre nicht auszuhalten – wie überhaupt der Schrecken, den uns unsere Erdensituation bereitet, wenn wir sie begreifen –, wenn nicht dieses andere Wissen uns immer wieder ermunterte und aufrichtete, das Wissen von den Verheißungen, die mitten im Schrecken gesprochen werden und gelten.

Und das Wissen von den leisen Engeln der Verkündigung, die ihre Segensbotschaft sprechen in die Not hinein und ihre Saat des Segens ausstreuen, die einmal aufgehen wird mitten in der Nacht. Es sind noch nicht die lauten Engel des Jubels und der Öffentlichkeit und der Erfüllung, die Engel des Advent. Still und unbemerkt kommen sie in die Kammern und vor die Herzen wie damals. Still bringen sie die Fragen Gottes und künden uns die Wunder Gottes, bei dem kein Ding unmöglich.

Der Advent ist trotz allem Ernst geborgene Zeit, weil an ihn eine Botschaft erging. Ach, wenn die Menschen einmal nichts mehr wissen von der Botschaft und den Verheißungen, wenn sie nur noch die vier Wände und die Kerkerfenster ihrer grauen Tage erleben und nicht mehr die leisen Sohlen der kündenden Engel vernehmen und ihr raunendes Wort uns die Seele nicht mehr erschüttert und erhebt zugleich, dann ist es geschehen um uns. Dann leben wir verlorene Zeit und sind tot, lange bevor sie uns etwas antun.

An den goldenen Samen Gottes glauben, den die Engel ausgestreut haben und immer noch den offenen Herzen anbieten, das ist das erste, was der Mensch zu seinem Leben tun muß. Und das andere: selbst als kündender Bote durch diese grauen Tage gehen. So viel Mut bedarf der Stärkung, so viel Verzweiflung der Tröstung, so viel Härte der milden Hand und der aufhellenden Deutung, so viel Einsamkeit schreit nach dem befreienden Wort, so viel Verlust und Schmerz sucht einen inneren Sinn. Gottes Boten wissen um den Segen, den der Herrgott auch in diese geschichtlichen Stunden hineingesät hat. Gläubig harren auf die Fruchtbarkeit der schweigenden Erde und die Fülle der kommenden Ernte, das heißt die Welt, auch diese Welt im Advent verstehen. Gläubig harren: aber nicht mehr, weil wir der Erde trauen oder unserm Stern oder dem Temperament und dem guten Mut; nur noch weil wir die Botschaften Gottes vernommen haben und von seinen kündenden Engeln wissen und selbst einem begegnet sind.

Die gesegnete Frau. Sie ist die tröstlichste Gestalt des Advent. Daß die Verkündigung des Engels das bereite Herz fand und daß

das Wort Fleisch wurde und im heiligen Raum des mütterlichen Herzens die Erde weit über sich hinauswuchs in die gottmenschliche Welt hinein: das ist die heiligste Tröstung des Advent. Was nützen uns Ahnung und Erlebnis unserer Not, wenn keine Brücke geschlagen wird zum anderen Ufer? Was hilft uns der Schrecken über Irrung und Wirrung, wenn kein Licht aufleuchtet, das dem Dunkel gewachsen und überlegen bleibt? Was nützt uns der Schauder in der Kälte und Härte, in denen die Welt erfriert, je tiefer sie in sich selbst sich verliert und ertötet, wenn wir nicht zugleich von der Gnade erfahren, die mächtiger ist als die Gefährdung und als die Verlorenheit?
Es haben die Dichter und Mythenerfinder und sonstige Geschichten- und Märchenerzähler der Menschheit immer wieder von den Müttern geredet. Sie haben einmal die Erde gemeint, ein andermal die Natur; sie haben die geheimnisvollen schöpferischen Brunnstuben des Alls mit diesem Wort erschließen wollen und das quellende Lebensgeheimnis beschwören. In all dem lag und liegt Hunger und Ahnung und Sehnsucht und ein adventliches Warten auf diese gesegnete Frau.
Daß Gott einer Mutter Sohn wurde, daß eine Frau über die Erde gehen durfte, deren Schoß geweiht war zum heiligen Tempel und Tabernakel Gottes, das ist eigentlich die Vollendung der Erde und die Erfüllung ihrer Erwartungen.
So vielerlei adventlicher Trost geht von dieser verborgenen Gestalt der gesegneten und wartenden Maria aus. Daß dieses der Erde gegeben ward, diese Frucht zu bringen! Daß die Welt vor Gott erscheinen durfte mit der bergenden Wärme, aber auch der dienenden und darum so sicheren Zuständigkeit des mütterlichen Herzens!
Die grauen Horizonte müssen sich lichten. Nur der Vordergrund schreit so laut und aufdringlich. Weiter hinten, wo es um die eigentlichen Dinge geht, ist die Lage schon anders. Die Frau hat das Kind empfangen, es unter ihrem Herzen geborgen und hat den Sohn geboren. Die Welt ist in ein anderes Gesetz geraten. Das sind ja alles nicht nur die einmaligen geschichtlichen Ereignisse, auf denen unser Heil beruht. Das sind zugleich die typischen Gestalten und Geschehnisse, die die neue Ordnung der Dinge, des Lebens, unseres Daseins anzeigen.
Wir müssen heute mutig daran denken, daß die gesegnete Frau

von Nazareth eine dieser erhellenden Gestalten ist. Tiefer im Sein tragen auch unsere Tage und unsere Schicksale den Segen und das Geheimnis Gottes. Es kommt nur darauf an zu warten und warten zu können, bis ihre Stunde kommt.

Dreimal Advent als heilige und zugleich symbolische Gestalt. Das soll keine idyllische Kleinmalerei sein, sondern eine Anrede an mich und an dich, lieber Freund, wenn dich diese Blätter je finden. Es soll dies aber nicht zuerst schön gesagt sein, sondern es soll die Wahrheit sein, an der ich mich messen und ausrichten und wieder aufrichten will, wenn die vordergründige Last dieser Tage zu schwer und verführerisch verwirrend wird.

Laßt uns also kinknien und um den dreifachen Adventsegen und die dreifache Weihe des Advent bitten.

Laßt uns bitten um die Offenheit und Willigkeit, die Mahnboten des Herrn zu hören und durch die Umkehr der Herzen die Verwüstung des Lebens überwinden. Laßt uns die ernsten Worte der Rufenden nicht scheuen und unterschlagen, damit nicht die, die heute unsere Henker sind, morgen noch einmal unsere Ankläger sind wegen der verschwiegenen Wahrheit.

Und wieder laßt uns hinknien und bitten um die hellen Augen, die fähig sind, Gottes kündende Boten zu sehen, um die wachen Herzen, die kundig sind, die Worte der Verheißung zu vernehmen. Die Welt ist mehr als ihre Last und das Leben mehr als die Summe seiner grauen Tage. Die goldenen Fäden der echten Wirklichkeit schlagen schon überall durch. Laßt uns dies wissen und laßt uns selbst tröstender Bote sein. Durch den die Hoffnung wächst, der ist ein Mensch selbst der Hoffnung und der Verheißung.

Und noch einmal wollen wir knien und bitten um den Glauben an die mütterliche Weihe des Lebens in der Gestalt der gesegneten Frau von Nazareth. Das Leben ist den grausamen und unbarmherzigen Mächten entrissen, auch heute und für immer. Laßt uns geduldig sein und warten, adventlich warten auf die Stunde, in der es dem Herrn gefällt, auch in dieser Nacht als Frucht und Geheimnis dieser Zeit neu zu erscheinen.

Advent ist Zeit der Verheißung, noch nicht der Erfüllung. Noch stehen wir mitten im Ganzen und in der logischen Unerbittlichkeit und Unabweisbarkeit des Schicksals. Noch sieht es für die gehaltenen Augen so aus, als ob die endgültigen Würfel doch da unten

in diesen Tälern, auf diesen Kriegsfeldern, in diesen Lagern und Kerkern und Kellern geworfen würden. Der Wache spürt die anderen Kräfte am Werk und er kann ihre Stunde erwarten.
Noch erfüllt der Lärm der Verwüstung und Vernichtung, das Geschrei der Selbstsicherheit und Anmaßung, das Weinen der Verzweiflung und Ohnmacht den Raum. Aber ringsherum am Horizont stehen schweigend die ewigen Dinge mit ihrer uralten Sehnsucht. Über ihnen liegt bereits das erste milde Licht der kommenden strahlenden Fülle. Von dorther erklingen erste Klänge wie von Schalmeien und singenden Knaben. Sie fügen sich noch nicht zu Lied und Melodie; es ist alles noch zu fern und erst verkündet und angesagt. Aber es geschieht. Dies ist heute. Und morgen werden die Engel laut und jubelnd erzählen, was geschehen ist, und wir werden es wissen und werden selig sein, wenn wir dem Advent geglaubt und getraut haben.

Dritter Adventssonntag
Von den Bedingungen
der wahren Freude

Ja, was ist das nun, die Freude, die wahre Freude? Die Philosophen sagen, es wäre die Zufriedenheit und Gehobenheit des Gemütes über ihm zur Verfügung stehende Güter. Das mag für irgendwelche Phänomene der Freude stimmen, aber die Freude ist das nicht. Wie sollte ich sonst in dieser Zeit und in dieser Lage zu einer wahren Freude kommen?
Hat es überhaupt Sinn, sich über die Freude viel Gedanken zu machen? Gehört sie nicht zu den Luxusartikeln des Lebens, die in dem schmalen Privatraum, den das Kriegsgespräch zuläßt, keinen Platz hat? Und erst recht nicht in einer Kerkerzelle, in der man hin- und herpendelt, die Hände in Eisen, das Herz in alle Winde der Sehnsucht gespannt, den Kopf voller Sorgen und Fragen?
Und dann muß es einem in solcher Lage immer wieder geschehen, daß plötzlich das Herz die Fülle des zuströmenden Lebens und Glückes nicht mehr zu fassen vermag. Daß plötzlich und ohne daß man weiß, warum und worüber, wieder Fahnen über dem Dasein gesetzt sind und wieder Verheißungen gelten. Das eine oder andere Mal mag es die Notwehr des Daseins sein, das sich wehrt gegen die depressive Vergewaltigung. Aber immer ist es dies nicht.

So oft war es eine Ahnung kommender guter Botschaft – auch dies gibt es in unserem Kloster zum harten Leben. Oft auch fand darauf die findige Liebe einen Weg zu uns mit einer Gabe der Güte zu einer Zeit, da dies nicht üblich war.
Aber dies war nicht alles. Es gab und gibt die Stunden, in denen man getröstet ist und innerlich gehoben, in denen man die Sachlage genau so real und aussichtslos sieht wie sonst und doch nicht gram wird darüber, sondern es wirklich fertigbringt, das Ganze dem Herrn zu überlassen.
Und das ist nun das entscheidende Wort. Die Freude im Menschenleben hat mit Gott zu tun. Die Kreatur kann dem Menschen in vielerlei Gestalt Freude bringen oder Anlaß zu Freude und Freuden sein; aber ob dies echt gelingt, das hängt davon ab, ob der Mensch der Freude noch fähig und kundig ist. Und das wieder wird bedingt durch des Menschen Beziehung zum Herrgott.
Nur in Gott ist der Mensch voll lebensfähig. Ohne ihn ist er auf die Dauer krank. Diese Krankheit ergreift auch die Freude und die Fähigkeit zur Freude. Deswegen hat der Mensch, als er noch Zeit hatte, so viel Lärm gemacht um seine Freude. Und schließlich durfte er auch das nicht mehr. Die Gefängniswelt nahm ihn so völlig auf, daß auch Freude nur noch als Mittel zu neuem Einsatz gewertet und gestaltet wurde.
Der Mensch muß, um des wahren Lebens fähig zu sein, in bestimmten Ordnungen und Beziehungen zu Gott stehen. Auch die Fähigkeit zur echten Freude und die freudvolle Lebendigkeit selbst hängen von bestimmten Bedingungen des menschlichen Lebens ab, von bestimmten Haltungen gegenüber Gott. Wo das Leben sich nicht als in Gemeinschaft mit Gott stehend und geschehend begreift, da wird es grau und grämlich und nüchtern und rechenhaft.
Wie müssen wir leben, um der wahren Freude fähig zu sein oder zu werden? ...
Die besinnliche Erwägung dieser Bedingungen der wahren Freude ist zugleich eine persönliche Gewissenserforschung und eine geschichtliche Überlegung über die Entstehung der Freudlosigkeit des modernen Lebens, und wie es kam, daß der Ersatz sich so breit machen konnte und die Menschen schließlich Freude nennen, was sie als gesunde Wesen nicht angeschaut und angerührt hätten.
Vielleicht kommt uns auch wieder eine Ahnung, wie es in den

großen Menschen, die der Freude fähig waren, aussah: wie ihr Auge beschaffen war, das überall die Freudenquellen entdeckte. Der Sonnengesang des hl. Franz ist keine lyrische Verstiegenheit, sondern der schöpferische Ausdruck einer großen inneren Freiheit, die ihn fähig machte, allem den letzten Gehalt abzufragen und in allem den erfüllenden Auftrag zu entdecken...
Die Frömmigkeit und die Fröhlichkeit hängen innerlich zusammen. Die Frage der Religiosität und die Frage der freudigen Erfülltheit oder freudlosen Leere und Wüste sowohl einer Zeit und Kultur wie eines persönlichen Lebens stellen sich dem das Ganze fordernden geistigen Blick miteinander.
Und zwar in einem doppelten Sinne. Einmal im Sinne des ersten Gebotes. Das Leben steht unter Herrschaft und Ordnungen des Ewigen. Es geht ihm um ewige Werte und Gehalte. Dominus prope est (Der Herr ist nahe), das muß dann heißen: die Menschen haben dies in ihr Bewußtsein eingelassen, nicht nur in ihr Gedächtnis und in das Repertorium der Wahrheiten, an die sie von den Predigern regelmäßig erinnert werden wollen. So behält der Mensch die Spannung, in der er als sittlich-ewiges Wesen allein leben kann. So ist die Fülle der Wirklichkeiten nicht ein kunterbuntes Vielerlei, das den Menschen durch die Vielfalt seiner Wertanrufe erreicht, sondern eine hierarchisch gefügte Ordnung. So entgeht der Mensch dem habgierigen Sichvordrängen eines Wertes, der den Menschen für sich beschlagnahmt. Oder der Mensch findet wenigstens einen festen Standpunkt, von dem aus er Abwehr und Gegenwehr leisten kann.
Damit sind aber zugleich die großen Freudentöter genannt, denen das gottlose Leben sich selbst ausgeliefert hat. Der Mensch wird erwürgt von der alles durchdringenden Sinnlosigkeit, die sich als Ergebnis seines Lebens ihm aufdrängt, wenn er aus der zeitlich-ewigen Spannung ausscheidet. Der Mensch gerät in die Verwirrung des unaufgeklärten Daseins, in dessen Dämmerdunkel für ihn dann keine erhellende Sonne einbricht. Der Mensch gerät in die Zerrissenheit der Vielfalt und das Gegeneinander der verschiedenen Werte, wenn keine Ordnung ihm den hierarchischen Geschmack auf die Zunge und in die Hand und ins Herz gibt. Und der Mensch erliegt schließlich der Barbarei des jeweils lautesten Wertes und geringsten Gutes. Er wird besessen und gejagt und getrieben, er ist kein Freier und kein Herr mehr. Durch dies alles

wird der Mensch bestimmten Grunderlebnissen des Daseins, die jeder bestehen muß, nicht nur gestellt, sondern ausgeliefert. Da ist der Mensch in das Grenzerlebnis geraten. Er erlebt sich als Grenze und die Welt und die Dinge, obwohl die bunten Schwingen des Geistes und der Sehnsucht über alle Grenzen hinausdrängen. Allein gelassen mit den Dingen kommt er über die Grenze nicht hinaus und verfällt dem Eindruck einer mißlungenen Welt und vor allem eines mißlungenen Menschen. Und schon ist der Mensch in Gefahr, in dem Schwermutserlebnis, durch das uns das Schicksal immer wieder schickt, stecken zu bleiben, weil er die innere Botschaft der Dinge und das innere Lied der Geschehnisse nicht mehr hört. Die Welt wird ihm leicht ein Raum der Trostlosigkeit, den zu bewohnen sich eigentlich nicht recht lohnt, obwohl man keinen Ausweg weiß. Oder aber es werden alle diese Erlebnisse, die immer wieder Gelegenheiten zu einem Blick auf das Ganze sind, kurzschlüssig überfahren und ein billiges carpe diem als buntes Fähnchen aufgestellt. Die große Täuschung beginnt, die Zeit des Lärms und der Menge und der organisierten Abfütterungen und massenhaften Feste. Bis dann plötzlich die Erde bebt und die unterirdischen Donner, die man wegschreien wollte, weil man keinen Sinn für sie fand, voll und wuchtig hervorbrechen und den Tag erfüllen mit ihren Gerichtsrufen.

Das ist der Weg eines Volkes, eines Geschlechtes, eines Menschen in die Öde und Leere, in das Leben ohne Freude. Und es wird, wenn Mensch und Ding in dieser Verfassung belassen werden, nur noch schlimmer. Eine Unlust zueinander ergreift die Schöpfung, der harmonische Sphärengesang zersplittert in eine Orgie der Grausamkeit und des Vernichtungswillens, den die Kreatur gegen die Kreatur zu hegen beginnt.

Es hilft da nur eines: den Johannesruf hören. Die große Bekehrung wird dem Menschen die Wüste weihen und wandeln. Sie wird ihm neue Perspektiven öffnen und ihm die alten Quellen entsiegeln. Erheben soll der Mensch sich zu Gott und nicht nur zur Sinnhaftigkeit seines Lebens. Aber sowie das Leben sich der Mitte wieder öffnet und ergibt, zugleich und ebenso eindringlich gewinnt es seine Freiheit und seine Herrschaft zurück, wird ihm der Blick für Zusammenhänge und Inhalte wieder geöffnet und seine Erde ist wieder fruchtbar durchflutet von den Strömen des Auftrags, der Bewährung, der Meisterschaft...

Dies ist der eine Sinn des gaudete in Domino (Freut euch im Herrn). Fern vom Herrn verkümmert das Ganze! Wir müssen dies den Leuten immer wieder sagen, das ist die wichtigste Verkündigung heute. Und wir müssen es wissen und vorleben.
Und damit ist der zweite Sinn, den das Wort hat und meint, angerührt. In Domino: nicht nur als Ordnung und anerkanntes Gesetz wird und muß der Herr uns das Licht immer neu entzünden. Dominus prope est (Der Herr ist nahe). Der Gott der persönlichen Nähe. Die theologischen Wahrheiten über Vorsehung und Führung, über die Allgegenwart Gottes und über die gnadenhafte Einwohnung in uns müssen konkret gelebter Besitz werden. So wird es uns gelingen, die Erlebnisse und Begebenheiten des Werktags und des Feiertags, der hellen und der finsteren Stunden bis zu dem Mittelpunkt durchzuleben, an dem sich Gott als ihr innerster Sinn enthüllt. Seine Frage, seine Führung, seine Leitung, seine Strafe, sein Gericht, seine Tröstung und Hilfe: das ist die heimliche, heilige Fracht, die den Ereignissen, in die wir hineingeraten, anvertraut ist. Daß Tempel Gottes nicht nur da sind, wo noch Kirchen stehen blieben, sondern daß die Tempelbogen überall da sich wölben und wachsen, wo das Menschenherz anbetet, die Knie beugt, der Geist sich öffnet und wo der Mensch als Anbetender und Liebender in seiner höchsten Form sich erfüllt. Und schließlich, daß die kühnsten Worte Augustins, Eckharts (Eckhart von Hochheim OP; um 1260–1327; Theologe und Mystiker des christlichen Mittelalters) und der andern Wissenden und Ahnenden ernst zu nehmen sind und echte Wirklichkeit meinen: im Menschen selbst, in seiner innersten Mitte geschieht das Leben Gottes. Genau da wird der Mensch er selbst, wo er sich als Ort des höchsten und lichtesten Seins weiß. Und soviel wird er sich selbst und sein eigenes Gesicht wieder finden und den Glauben an die eigene Würde und Sendung und Lebensmöglichkeit, als er sein Leben begreift als hervorströmend aus dem Geheimnis Gottes. Da ist das Negative und Bedrohliche dann überboten und von innen her in seiner Nichtigkeit entlarvt und zugleich entmachtet.
Dieser Mensch erst wird des großen Atems fähig sein und ihm wird die Welt und das Leben nichts schuldig bleiben. Sie werden alles hergeben, was sie an Rechtem zu geben haben, weil es ihnen abverlangt wird mit der herrscherlichen Güte göttlicher Zuständigkeit, über die dieser Mensch verfügen darf. Er wird den ewi-

gen Glanz der Dinge wieder spüren und vor ihnen in Ehrfurcht und Behutsamkeit stehen. Er wird den Dingen diesen inneren Glanz wieder verleihen, weil sein Geist und Herz, seine Hände und Werke die Gabe und Kraft der schöpferischen Bewährung haben. Und dieser Mensch wird der Mensch der großen Freude sein. Der großen Freude, die er lebt und erlebt. Und die er gibt und entzündet. Gaudete (Freut euch)!

Gottes ist der Tag und die Nacht, die Fessel und die Freiheit, der Kerker und die weite Welt. In all dem soll der große Sinn der Gottesbegegnung sich erfüllen. Nur muß man allem den letzten Sinn abverlangen, jeder Frage sich stellen bis zuletzt. Sie enthüllt sich als Frage nach Gott und als Frage Gottes zugleich. Jede Antwort aussagen bis zuletzt. Sie enthüllt sich als Botschaft und als Verkündigung Gottes. Jede Nacht aushalten bis zu ihrer Mitte. Sie enthüllt sich als Weihe-Nacht der Gottesankunft. Die Wissenden, die Wachenden und die Rufenden – die um Gott und seine Ordnung wissen, die zu ihm hin wach sind und die ihn unermüdet rufen: sie werden die Fessel wandeln zum Sakrament der Freiheit.

Gestalten der Weihnacht

Was unsere Menschen von Gott trennt

Das Leben mit Gott und in Gott hat seine eigenen Gesetze. Diese Gesetze sind nicht einfach irgendwo in Schlagzeilen zu lesen. Die Voraussetzungen zu ihrer Verwirklichung sind einfach und lapidar gefaßt in den zehn Geboten. Aber mit ihrer Erfüllung beginnen erst die heimlichen Fäden sich zu spinnen zwischen dem personalen Du Gottes und dem personalen Ich der Kreatur. Dieser ganze Innenraum der gott-menschlichen Beziehungen hat seine eigene Architektur. Die Grundformel ist Sache Gottes. Er begegnet in seiner Freiheit dem Menschen immer wieder neu und auf neuen Wegen.

Diesen Geheimnissen Gottes nachzuspüren und sie anbetend und ehrfürchtig zu entdecken, ist eine der wirklichsten und erhabensten Fähigkeiten des menschlichen Geistes. Am ehesten und deutlichsten finden wir diese Spuren des sich erbarmenden und sich neigenden, des rufenden und fordernden, des suchenden und werbenden Gottes in der Durchforschung des Lebens der Menschen, deren Dasein ein vor Gott gelungenes ist.

Aber es ist ja nicht so, daß es sich hier nur um Ordnungen handelt, die Gott seinem Leben mit den Menschen gesetzt hat. Ginge es nur darum, dann wäre die Beschäftigung mit dieser Frage bei aller Hoheit und Heiligkeit des Gegenstandes doch nur die Befriedigung einer heiligen und ordentlichen Neugier. Es geht hier für den Menschen um mehr. Es geht um die Voraussetzungen, die der Mensch in seinem eigenen Leben erfüllen muß, damit der Bogen der Begegnung sich spannen und das erlösende, schöpferische Gespräch beginnen kann.

Es soll alles stehen bleiben und gelten, was stehen und gelten muß über die göttliche Freiheit und ihren Entschluß zum Menschen. Nichts sei angetastet von den Ordnungen der göttlichen Gnade, des göttlichen Vorherwissens, der göttlichen Führung, der Gnadenhaftigkeit auch der Akte und Lebensbetätigungen und Entscheidungen, durch die der Mensch auf Gott zugeht.
Und doch gibt es innerhalb all dessen einen Raum menschlicher Freiheit und Zuständigkeit. Um diesen geht es. Hier wird die Frage der frommen Neugierde zur existentiellen Frage nach den Geheimnissen des Gelingens oder Mißlingens des eigenen Lebens.
Denn: Warum spricht die richtigste und ordentlichste Predigt den einen an, den anderen nicht? Warum gibt es ganze Geschlechter und Zeiten, die einfach strukturmäßig außerhalb der Ansprechbarkeit durch Gott leben? Warum gibt es Menschen und Zeiten, die das herrlichste Wunder, der zwingendste Beweis aus Führung und Fügung, die härteste Buße und das unerbittlichste Gericht nicht bewegen und nicht anrühren?
Es ist auf den ersten Blick ersehbar, daß es sich hier nicht nur um eine interessante Frage der Pastoral und der Psychologie handelt, sondern um eine Schicksalsfrage unseres heutigen Lebens. Denn darauf kommt es doch an, ob sich unsere Menschen noch einmal unter das Gericht und die Gnade Gottes begeben oder ob wir unseren schauerlichen Totentanz bis zum bitteren Ende weitertanzen. Und nichts anderes meint die Frage dieser Überlegung als dieses: Zu welchen Haltungen soll sich der Mensch erziehen, zu welchen Ordnungen und Gesetzen seines Daseins sich entscheiden, damit die Gottesbegegnung wieder und noch einmal geschieht? Denn unser Leben ist gottlos geworden im Sinn der Leere: Gott ist nicht mehr bei uns – und im Sinn der Haltung: Gott wird übersehen, geleugnet, ihm jeglicher Anspruch über das Leben verweigert.
Wir sind nicht nur Gottes nicht mehr teilhaft, wir sind nicht nur Gottes nicht mehr willig und bedürftig, wir sind Gottes nicht mehr fähig. Das sind die sehr harten Sätze über unser Leben. Aber sie stimmen bisher.
Es geht nicht darum, diese Sätze zu beweisen. Die beweist jeder Tag. Es geht auch nicht darum, die in ihnen ausgesprochene Tatsache zu bedauern und zu beklagen. Unter dem Gesetz, unter das

diese Tatsache unser Leben gestellt hat, ist allgemach die Erde bedauernswert und eine laute Klage geworden, Ruinen aus Stein und Schutt, Ruinen aus Fleisch und Blut. Es geht darum, aus diesem inneren Elend herauszukommen und so dem äußeren Elend die inneren Quellströme zu versiegeln.
Weihnachten ist das Geheimnis der Begegnung. Grundsätzlich und tatsächlich gilt dies. Die Menschen, die in den lebendigen Lebensstrom dieser Begegnung gerieten, gerufen oder gerissen wurden, können uns die menschlichen Voraussetzungen sagen, sehen lassen, unter denen der Mensch von Gott rufbar und ansprechbar wird. Und darum geht es: wieder von Gott rufbar und ansprechbar, Gottes wieder fähig zu werden.
Dreifach begegnen uns Menschen im weihnachtlichen Geheimnis: die in das historische Geschehen des Geheimnisses gerufen werden; die die liturgische Erneuerung des Geheimnisses umgeben; und dann der schweigende und doch so laut schreiende Kreis der Abwesenden, auch die leeren Plätze haben ihre Sprache und ihre Botschaft.

Menschen um die Krippe

Das sind die alten heiligen Gestalten, die die Krippe umstehen oder den Weg zum Stalle finden. Sie finden damit den Weg zum Geheimnis des Lebens und der Welt. Maria, Josef, die Engel, die Hirten, die Weisen: das ist das Volk um das Kind. Von ihnen wollen wir uns Botschaft an und Gericht über unser Leben sagen lassen und hören.
Maria: Es geht nicht um die vielfach gepriesene und noch mehr zu preisende Gestalt der heiligen Maria als solche. Es wäre unehrerbietig, sie in einem kleinen Nebensatz gleichsam nur erwähnen zu wollen. Sie ist immer ein Thema und eine Botschaft für sich.
Es geht um die Maria, die vor der Krippe kniet, die uns das Kind gebracht. Sie hat uns eine eigene Botschaft zu sagen, ein eigenes Wort in unsere schweren Gedanken, die wir uns machen über die Entfremdung zwischen dem Geheimnis der göttlichen Begegnung und den Menschen unseres Geschlechtes.
Daß die Nacht den Lichtbringer kannte, daß Maria anbetend vor dem Kind kniet, daß die Mütterlichkeit und die erbarmende Gnade Gesetz unseres Lebens geworden sind, daß den Menschen die Eiseskälte der innersten Einsamkeit gebrochen und in heilende

Wärme gewandelt wurde: dies alles konnte geschehen, weil Maria in freier Entscheidung sich dem werbenden Anruf Gottes ergab. Die seinshafte und bewußt vollzogene Offenheit über sich selbst hinaus ist ihr Geheimnis.

Und das ist zugleich ihre Botschaft an uns und ihr Gericht über uns. Wir sind ein Geschlecht, das in sich selbst verkümmert ist. Immer meinen wir uns, unsere Ertüchtigung, unsere Selbstverwirklichung, unseren Lebensraum usw. Alles wird auf uns als Mitte hinbezogen. Und gerade dadurch werden wir immer kümmerlicher und verdorbener. Die Entscheidung zur freien Offenheit zu Gott hin, die die seinsmäßige Offenheit (potentia oboedientialis) zur menschengemäßen Form erhebt, ist die Entscheidung Mariae, ist aber auch die Entscheidung zum Leben.

Josef: Er ist der Mann am Rande, im Schatten. Der Mann der schweigenden Hilfestellung und Hilfeleistung. Der Mann, in dessen Leben Gott dauernd eingreift mit neuen Weisungen und Sendungen. Die eigenen Pläne werden stillschweigend überholt. Immer neue Weisung und neue Sendung, neuer Aufbruch und neue Ausfahrt. Er ist der Mann, der sich eine bergende Häuslichkeit im stillen Glanze des angebeteten Herrgotts bereiten wollte und der geschickt wurde in die Ungeborgenheit des Zweifels, des belasteten Gemütes, des gequälten Gewissens, der zugigen und windoffenen Straßen, des unhäuslichen Stalles, des unwirtlichen fremden Landes. Und er ist der Mann, der ging.

Das ist sein Gesetz: die dienstwillige Folgsamkeit: der Mann, der dient. Daß ein Wort Gottes bindet und sendet, war ihm selbstverständlich, weil er ein Mann war, der bereitet, zugerüstet war zu Anrufen Gottes und der bereit war. Die dienstwillige Bereitschaft, das ist sein Geheimnis.

Und das ist zugleich seine Botschaft an uns und sein Gericht über uns. Ach, wie waren wir stolz und selbstsicher und anmaßend. Wie haben wir den Herrgott in die Grenzen und Schranken unserer Nützlichkeit, unserer Eigenart, unseres Empfindens, unserer Selbstverwirklichung usw. eingesperrt und eingeengt. Gott wurde wie alles Höhere und Geistige und Heilige nur insoweit anerkannt, als er uns bestätigte und uns in unserem Eigensinn und Eigenwillen förderte. Daß dies falsch war, hat inzwischen das Leben selbst uns schon beigebracht, indem es uns gerade in Erfüllung dieser unserer Ordnungen und Gesetze in die äußerste Bindung, in eine Totalität der Dienstverpflichtung brachte. Das alte Paulusgebet: quid me vis facere (Apg 22, 10 – Was verlangst du von mir), die schweigende dienstwillige Bereitschaft des Mannes Josef werden uns wahrer, und so wirklicher und freier machen.

Die Engel: Nicht die Putten, die wir daraus gemacht haben, sondern die Geister hohen Ranges und hoher Wertigkeit im Sein, deren Wirklichkeit zusammengedrängt ist in eine Freiheit, in eine Treue, in eine Entscheidung und Liebe.

Sie erscheinen auf Bethlehems Feldern in Jubel und Seligkeit. Aber das ist nicht ihr Geheimnis und ihr Gesetz. Das ist die reife Frucht und das lohnende Glück. Sie tragen die Botschaft, sie künden die Geheimnisse Gottes, sie rufen zur Anbetung, aus der sie selbst stammen und kommen. Das ist ihr Geheimnis, daß sie lebendiger Glanz der göttlichen Wirklichkeit sind, von der sie künden und rühmen.

Und das ist zugleich ihre Botschaft an uns und ihr Gericht über uns. Große Geister sind schon lange selten bei uns: sie sind verkümmert und ausgestorben, weil die Gesetze des Geistes von den geistigen Menschen selbst zerbrochen und verdorben wurden. Unsere Geistigkeit ist seit dem letzten Jahrhundert besessen von sich selbst. Die Dinge, die Wirklichkeiten sollen es sich zur Ehre rechnen, von diesen Geistern geschaut, erdacht und ersonnen zu werden. Nicht mehr lebendiger Abglanz des höchsten Lebens, vernehmende und kündende Wachheit und Lebendigkeit wollte der Geist sein. Jeder zündete ein neues Licht an, jeder hatte seine eigene Botschaft und seine eigenen Einfälle. Von Sendung und Auftrag durfte nicht gesprochen werden, das war gegen die Autonomie und Autarkie des mündig gewordenen Geistes.

Deshalb haben wir auch schon lange keine Botschaften mehr vernommen, die anzuhören sich verlohnt hätte. Und wir haben schon lange keine Geister mehr jubeln und in Seligkeit künden hören. Wo noch einer spricht, so geschieht es vermutlich und wahrscheinlich oder aber in fürchterlichen Krämpfen und wahnsinnigen Schmerzen, die zeigen, wie tief das Sein krank geworden ist.

Anbeten, vernehmen, künden: das ist das Leben des Geistes. Die Anbetung macht ihn fähig des Vernehmens, indem sie alles Gekrampfte und Versperrte löst. Die Botschaft, die vernommen wird, macht ihn reich und erfüllt die innerste Ordnung und Anlage. Das Zeugnis aber ist die Vollendung des Daseins…

Laßt uns Gott wieder rühmen in Anbetung, Verkündigung und Jubel, und wir werden wieder Worte zu sagen haben voll Gehalt und Wert, wir werden wieder Gesichte schauen und Geheimnisse wissen, und das Leben wird wieder nach der Entscheidung und Einsicht und Botschaft des Geistes fragen und nicht nur nach der größeren Wucht des größeren Triebes.

Die Hirten: Es geht hier um den Typ. Daß es gerade Hirten waren, die bei ihren Schafen wachen, ist Nebensache. Es konnten auch Bauern sein oder wandernde Gesellen, die im Freien übernachteten. Ob es allerdings Menschen der technischen Zeit hätten sein können, glaube ich nicht. Darum habe ich gesagt, es geht um den Typ.

Es mußten Menschen sein, deren Seele noch warm wurde bei der Erinnerung an die alten Verheißungen. Deren Leben also noch weite Horizonte hatte und auch diese waren noch durchbrochen und ließen das ganze Licht in hundert Ahnungen und Vorboten einströmen. Es mußten Menschen sein noch des Wunders fähig. Die gesund und gerad genug waren, Tatsachen Tatsachen sein zu lassen, auch wenn die Berechnungen ihrer Tabellen und die Erfahrungen ihrer Praxis dagegen sprechen. Das war ihr Geheimnis: die schlichte Gesundheit des Herzens, die wache Lebendigkeit der Seele, die hurtige Bereitschaft auf den Anruf hin. Tiefer noch: ihr Leben strömte innerlich noch Wunsch und Erwartung und Sehnsucht und Flehruf und vernommene Verheißung.

Und das ist zugleich ihre Botschaft an uns und ihr Gericht über uns. Dieser Typ fehlt, existiert nicht mehr. Nicht der Beruf oder die Beschäftigung, aber der Mensch, die wache Bereitschaft, dem Wunder zu glauben. Die echte Sehnsucht über sich selbst hinaus. Die innere Verwandtschaft mit den Sehnsüchten der Menschheit und der Verheißung Gottes, daheraus wächst diese erstaunliche Instinktsicherheit, die auf das Wunder wartet und es spürt und den Scharlatan entlarvt. Der Typ fehlt uns. Die Welt ist voller Wunder, keiner sieht sie, unsere Augen sind gehalten. Und Gottes Boten stürzten sich häufiger und eifriger und sichtbarer in unser Leben, wenn die Herzen noch den Rhythmus wüßten, der sie ruft. Das ist von allen Gerichten das härteste, das aussagt: der Mensch der wachen Gläubigkeit lebt nicht mehr. Laßt uns wieder glauben aus allen Kräften und die Welt wird anders sein.

Die Weisen: Es ist ganz nebensächlich, ob es wirklich Könige wa-

ren oder irgendwelche Häuptlinge aus dem Osten oder angesehene Astronomen. Sie trugen die Weisheit und die Sehnsucht ihrer Völker in ihren königlichen Herzen. Nur königlicher Sinn ist dieser Ausfahrt zu solchem Zweck fähig. Und sie tragen die Weisheit und die Sehnsucht ihrer Völker an den Ort der Begegnung und Erfüllung. Durch die Wüste, durch die Königspaläste und Gelehrtenstuben und Priestergemächer Jerusalems – in den Stall.
Auch hier geht es um den Typ. Ähnlich wie bei den Hirten liegt das Geheimnis dieser Menschen offen und einfach geschichtet da. Es sind dies die Menschen mit den unendlichen Augen. Sie haben Hunger und Durst nach dem Endgültigen. Richtig Hunger und Durst. Was das heißt, weiß ich jetzt. Sie sind der entsprechenden Entschlüsse fähig. Sie ordnen das Leben seinen Endgültigkeiten unter. Suchende, fahrende Menschen sind sie geworden, weil sie dem inneren Ruf und dem äußeren Zeichen – das sie ohne den innerlichen Hunger und die gespannte Wachheit nie bemerkt hätten – mehr glaubten als der sicheren und behaglichen Seßhaftigkeit. Und königlich sind sie in jeder Gebärde, in dieser Überlegenheit, die sie an den Situationen wohl leiden läßt, sie ihnen aber doch untertänig macht. Das ist ihr Geheimnis: dringender Ernst des Fragens, zähe Unerschütterlichkeit des Suchens, königliche Größe der Hingabe und Anbetung.
Und das ist zugleich ihre Botschaft an uns und ihr Gericht über uns. Warum so wenige den Stern sehen? Ja, weil keiner nach ihm schaut. Mancher nimmt es sich manchmal vor, aber hat immer etwas Billigeres, das gilt und vorgeht. Die Welt war ja auch 1000 Jahre in festen Händen und gut eingerichtet und wurde jeden Tag besser. Wir haben die gesamte Kreatur und das Universum durch diese banale Oberflächlichkeit und bürgerliche (wenn auch marschierende) Sattheit so gereizt und geärgert, daß sie uns inzwischen zum Fragen gebracht haben. Aber noch sind wir erst die Aufgeschreckten, die Gequälten, die Geschlagenen. Und nicht die, die die innere Frage bedrängt; über denen der Stern des Bundes neu stehen und leuchten könnte.
Nach was fragen wir schon! Und wo glüht noch diese echte Leidenschaft des Herzens, die keine Wüste scheut und keine Fremde, keine Einsamkeit und kein wissendes Lächeln derer, die den Gläubigen immer für einen Tor halten. Nur an dieser Leidenschaft, der sich ihr Herz verschrieben hat, wächst diese Unermüd-

lichkeit, die auch dann noch weise und königlich in die Knie sinkt, wenn das Ende der langen Fahrt nur im Stall sich auftut. Sie sehen tiefer und begreifen das Endgültige. Hundert Nöte des Geistes und Herzens haben sie zum Glauben befähigt und zur Anbetung geweiht.

Gestalten um das Weihnachtsfest

Auch hier ergibt sich Zusammenhang und Botschaft. Die Kinder zu Bethlehem gehören sogar historisch hierher. Die anderen heiligen Gestalten hängen in ihrer ganzen Existenz so innig und ursprünglich darin, daß sie das Geheimnis der Begegnung verstanden und behütet haben, daß sie uns auf unsere Frage echte Antwort geben können.

Es bleibt bei der alten Frage: Was macht den Menschen fähig zur echten Begegnung? und weiter: Zu welchen Haltungen des Geistes müssen wir unseren Menschen erziehen, zu welchen Ordnungen des Herzens uns selbst entscheiden, um noch einmal recht und lebendig in die Nähe des Herrn zu kommen?

Stephanus: Sein Gesetz und sein Geheimnis sind leicht zu lesen. Seine Gestalt steht werbend und in klaren Umrissen am Horizont. Er hatte begriffen, daß durch die Begegnung mit Christus, durch das Wunder der Heiligen Nacht das Menschentum auf eine neue Ebene gehoben, zu neuer Kraft befähigt, zu neuem Zeugnis berufen sei. Das Bisherige genügt nicht mehr. So liegen auch die Aussagen: voll Gnade und Kraft – Zeichen und Wunder – sie konnten nicht widerstehen. Das alles aber ist dem Menschen nicht gegeben, sich selbst zu behaupten. Seit Weihnachten ist der suchende Gott mit heißem Herzen unterwegs. Auch das Unrecht und der Mord wird noch geweiht und gewandelt zum Zeichen von Gnade und Kraft und Erlösung. Außergewöhnliche Hingabe ist sein Gesetz, außergewöhnliches Zeugnis ebenso.

Und das ist zugleich seine Botschaft an uns und sein Gericht über uns. Laßt uns aus der Gewöhnlichkeit herausspringen. In der Nähe Gottes gilt das nicht mehr. Gott wird uns wandeln und zum Zeugnis befähigen, wenn wir durch den Ernst der Hingabe ihn rufen.

Johannes: Diese Licht- und Glutgestalt braucht nur genannt zu werden, um zu wissen, daß es hier der Geheimnisse viele gibt. Drei seiner Worte seien genannt, durch die er so männlich herb die

Wirklichkeit Gottes gefaßt und zugleich sich selbst gezeichnet hat: Licht, Wahrheit, Liebe.
Das ist Botschaft und Gericht genug über uns. Wo sind die leuchtenden Menschen, in des Ewigen Licht leuchtend? Wo sind die, die Wahrheit tun? »Die Wahrheit wird euch frei machen« (Joh 8, 32): ein Johanneswort. Wenn die Unfreiheit eines Daseins Anzeichen seiner Unwahrheit und Unwahrhaftigkeit ist, dann wehe über dies Geschlecht. Und dann laßt uns rufen die, die zur Liebe entschlossen sind, und laßt uns ihnen folgen. Das Klare suchen, das Wahre tun, die Liebe leben: das wird uns gesund machen.
Innocentes: Die Kinder von Bethlehem. Auch sie gehören hierher. Sie haben mit Gott dem Herrn den Raum gemeinsam. Und von ihnen gilt das geheimnisvolle Wort: das alles ist geschehen: quia dominus venit, weil der Herr kam (Brevier). Es wird hier sichtbar, nicht die Macht und verruchte Grausamkeit der ängstlichen bebenden Tyrannen. Dazu braucht es keine Seiten der Heiligen Schrift. Sie machen sich sonst breit und bemerkbar genug im Leben. Es wird sichtbar, wie gänzlich das Leben in Besitz genommen ist durch den Herrn. Es ist keine fromme Andächtelei, wenn wir das Kind den Kyrios nennen. Unser Gottesbegriff muß wieder groß, markant und herrscherlich werden. Auch hart. Dann wird auch die Liebe, die wir verkünden, herb und kräftig, und man kann ihr vertrauen.
Das Geheimnis dieser Kinder ist dies: sie sind die Geopferten. Der göttliche Adler hat sie als Beute heimgeholt in seine Nähe. Geschlagen hat sie der grausame Wüterich, der den Herrn treffen wollte. Sie standen als erste Wache um das junge Gottesherz. Sie wurden einfach hineingerissen in diesen kämpferischen Dialog zwischen Gott und Gegengott, und es wurde ihnen dafür das Heil zuteil.
Wir wissen leider aber diese Tatsachen nicht mehr: die des kämpferischen Dialoges, der unerbittlich ausgefochten wird – die des Hineinbezogenseins in diesen Dialog. Jeder hat seinen Beitrag zu leisten. Und es kann geschehen, daß Gottes hohe Souveränität die Kreatur einfach hineinreißt in diese Auseinandersetzung. Der erwachsenen Kreatur gereicht dies nur zum Heil, wenn sie diese Beschlagnahme durch Gott in freier Entscheidung ratifiziert und mitvollzieht. Jenen Kindern aber gereichte um des Kindes willen, dessen Stall ihnen zum Schicksal wurde, dieser grausame Zugriff

des Antigöttlichen, das der Herrgott zuließ, zum Heile. Das ist ihr Geheimnis.
Und das ist ihre Botschaft an und ihr Gericht über uns. Denn auch diese Kinder richten uns. Wir wissen nichts mehr von der göttlichen Souveränität. Unser Verhältnis zu Gott entbehrt selbst da, wo es noch existiert, der klaren Linie und Ordnung. Der Herrgott, unter dessen unantastbarer Ordnung und unberührbarem Gesetz man steht, ist aufgelöst in psychologisches Verständnis, subjektive Lebensbedingungen und Lebensbedürfnisse singulärer und kollektiver Art. Hier ist einer der zentralsten Krankheitsherde im Gefüge des gegenwärtigen Lebens.
Thomas von Canterbury (Heiliger Thomas Becket, Erzbischof von Canterbury; 1118-1170; auf Befehl Heinrichs II. von England ermordet): Auch dieser Mann gehört hierher. Auch er ist ein Typ in zweifacher Hinsicht. Es geht nicht darum, daß er Kanzler und nachher Erzbischof war, also ein Mann von oben ist, in der Sphäre und Atmosphäre der Macht, des Purpurs, des Glanzes, der Paläste.
Das Geheimnis gilt oben und unten. Als der Kanzler Bischof wurde, sollte er die Kirche dem Staat ausliefern. Der Thomas, der Kanzler war, hätte dies wohl auch getan. Aber der Mann wurde anders mit dem Amt des Bischofs, weil er die inneren Gesetze seines neuen Standortes ernst nahm. Dies ist das erste: von den Sachen und ihren Ordnungen her leben. Und darin gleich das zweite: aus diesem Gesetz der Sache starb Thomas für Gott, für das große weihnachtliche Geheimnis der Welt, weil und indem er für die unangetastete Kirche starb.
Botschaft sowohl wie Gericht dieses Mannes an uns und über uns sind überaus ernst und gewichtig. Zum ersten sowohl wie im zweiten. Die Wirklichkeiten des Lebens sowohl wie Gottes haben ihre eigenen Gesetze und Ordnungen und nur wer sich ihnen beugt und ergibt, wird ihnen gerecht, nur dem werden sie sich ergeben und erschließen. Das ist die erste Botschaft und das erste Urteil an uns über ein ehrfurchtsloses Geschlecht. Die freischwebende Subjektivität ist nicht des Daseins letztes Geheimnis. Es muß die echte Begegnung geschehen, die den Partner – Sache oder Person – nicht vergewaltigt..., sondern in seiner Eigenart zu Wort kommen läßt.
Ja, ihm zum vollen Wort verhilft, um selbst zum vollen Wort zu gelangen.

Die zweite Botschaft und das zweite Gericht hängen mit diesem zusammen: das Geheimnis der Begegnung der Heiligen Nacht ist nicht der freien Lyrik der Subjektivität ausgeliefert, sondern in die klaren Ordnungen der Kirche gefaßt. Ach, ich weiß es ja, wie oft die Kirche nicht nur sich, sondern auch dem Herrgott im Lichte steht. Hier aber beginnt die Unermüdlichkeit und die Treue. Bethlehem war schließlich auch kein Palast, sondern ein Stall. Gott ist in seinen Ordnungen. Und wie die Kirche nur zu bejahen und auszuhalten ist im Gehorsam gegen Gott den Herrn, genauso wird Gott der Herr nicht im Ungehorsam sein. Und wer den Gehorsam gegen Gott im Verhältnis zur Kirche vollzogen hat, darf auch den prüfenden Blick auf die Wirklichkeit der Kirche richten. Nicht nach dem Diktat des Geschmackes, sondern nach dem Gesetz der Wahrheit und des Lichtes. Es soll damit nicht das Versagen in der Kirche verschwiegen werden. Es ist gleich in anderem Zusammenhang davon zu sprechen. Aber es geht um die Wahrheit und Fruchtbarkeit gerade der lebendigen und fähigen Menschen.

Die nicht da sind

Die nicht da sind, haben auch eine Botschaft und ein Urteil für uns. Vielleicht bringen sie uns der Erkenntnis dessen näher, was uns vom Herrn trennt. Wir sind ja als Geschlecht, als Zeit auch nicht da. Und die Leidenschaft, die aus dem, was wir gerade bestehen, wachsen muß, soll ja gerade eine Leidenschaft dorthin sein.

Nicht da sind: die Mächtigen, die Besitzenden, die Gelehrten und die Synagoge, also die amtliche Kirche.

Die Mächtigen: Weder der römische Tribun noch der volkseigene Fürst erscheinen vor der Krippe, um sich die Macht, die nur als göttliches Leben echt und heilsam ist, neu bestätigen zu lassen. Sie besitzen ihre Macht aus sich und für sich. Es ist ein Geheimnis um die Macht. Sie hätte den Auftrag und die Fähigkeiten, den mächtigen Gott zu repräsentieren. Die Franzosen haben für diese Wirklichkeit zwei Worte: force und puissance. Um die puissance ginge es, die äußere Erscheinung und Wucht einer inneren Mächtigkeit. Macht allein als Summe der Machtmittel und in der Hand der angemaßten totalen Zuständigkeit verdirbt den Machtträger und den Unterworfenen. Der eine wird instinktlos und ah-

nungslos. Für die geistigen Ströme und Ereignisse hat er kein Organ mehr. Vor allem, was nicht in die festgelegten Kategorien der erlaubten und reglementierten Lebensäußerungen paßt, erschrickt er und appelliert an das Schwert. Die Geburt des Kindes in Bethlehem war in den Kategorien und Paragraphen von Jerusalem nicht vorgesehen. Deswegen die Reaktion der Angst und der Ruf nach dem Schwert seiner Schergen. Der andere aber, der Unterworfene, wird feige und zaghaft. Für ihn beschränkt sich Recht und Lebensmöglichkeit auf die amtliche Erlaubnis.
Ist das nicht Botschaft an und Gericht über uns? Die Geschichte der Macht im Abendland ist die Geschichte der force. Nicht der Glanz Gottes wird gehütet und geschützt, sondern die eigene Position. Die Folgen für Art und Lebensfähigkeit des Menschen sind nicht ausgeblieben. Und die Angst ist unsere »Kardinaltugend« geworden. Wir wollen durch diese Überlegungen keine blöden Anarchisten werden. Aber die Macht soll sich wieder mit dem ewigen Auftrag und der echten Sendung verbünden. Sonst ruft sie nur die Gegenmacht, und des blutigen Ganges auf Leben und Tod wird kein Ende sein. Und der Mensch soll auch als Unterworfener und Schwerthöriger wieder an die innere Souveränität des Geistes, des Gewissens glauben und an seine Gottunmittelbarkeit.
Die Besitzenden: Daß der Mensch Dinge habe, ist nicht vom Übel. Aber daß sie oft seine Freiheit erdrücken und ihn selbst besitzen und haben, das ist vom Übel. Es war damals so: die Paläste und großen Häuser waren nicht die Orte und Herbergen des Herrn. Auch der große Besitz könnte und sollte Segen sein. Aber auch diese Menschen erschrecken vor jeder Möglichkeit einer Ordnung, die nicht in den Hauptbüchern registriert werden kann. So war es damals. Die Worte des Herrn sind bekannt.
Man hat aus diesem Sachverhalt viel voreiliges Urteil gefällt und viel voreilige Botschaft geschöpft. Christlichen Kommunismus, Verdammung von Besitz und Eigentum u. a. m. Wir wollen nüchtern bleiben. Aber es steht doch dieses fest: die ungelöste Frage des Besitzes, des Einkommens usw. ist eine der Fragen dieses und des letzten Jahrhunderts. Die Dinge waren nicht mehr in der Hand von Meistern, sie waren nicht mehr unter der Botmäßigkeit der höheren Idee der größeren Ordnung, des Auftrags. Die von der materiellen Problematik des letzten Jahrhunderts ausgelösten Fragen waren bis jetzt die bürgerliche Kampfproblematik des In-

teresses, der Empörung, des Bedürfnisses. Es fehlte ein führender höherer Gesichtspunkt, und es fehlte vor allem die überlegene gottentstammte Freiheit.
So ist es selbstverständlich, daß den Menschen auf beiden Fronten die Organe erblindeten und verkümmerten für die obere Welt. Sie fehlen beide an der Krippe. Die einen, weil ihnen die Dinge, die sie haben, die Sicht verstellen; die andern, weil ihnen die Dinge, die sie haben wollen, den Atem verschlagen und jedes andere Interesse verderben. Daß die Sorge für das tägliche Brot und den bergenden Raum und das schützende Recht für alle uns als heilige Pflicht aufgegeben bleibt, das nur nebenbei. Das bleibt unbedingt und zwar nicht als Sorge für Almosen, sondern als Sorge für Zustände.
Die Wissenschaft: Sie hat die Anbetung schon lange verlernt. Damals wie heute. Sie ist betört und berauscht von den eigenen Einfällen, gefangen in den eigenen Konstruktionen der Welt und der Dinge. Und die Welt ist überall da verdächtig, wo sie sich erlaubt, anders zu sein als in den Büchern steht.
Der abendländische Geist ist sehr stolz darauf, im letzten Jahrhundert mündig geworden zu sein. Er hat sich ganz in sich selbst verfangen. Inzwischen ist er kraft seines eigenen Gesetzes, das er schrieb, nicht mehr der stolze Adler, der blauferne Höhen erschließt. Er ist ein Handlanger der Irdischkeit und der Nützlichkeit geworden und für bestimmte Schichten der Wirklichkeit grundsätzlich und tatsächlich blind und verkrüppelt.
So aber ist der Menschengeist von Gottes Art, daß er selbst in seiner Entartung und Verderbnis noch Gott nachäffen und sich ihm gleichsetzen muß. Er ahnt auf diese Weise etwas von der Lebendigkeit, deren er fähig sein könnte und verführt sich selbst und die Welt immer aussichtsloser in die Eiseskälte der absoluten Innerirdischkeit.
Nein, vor dem Kind von Bethlehem haben die Gelehrten nicht gekniet. Später wird das Kind ihnen das vielfache Wehe zurufen, aber sie werden auch das nicht verstehen. Die Weisen, die die Schärfe des Geistes von den Ahnungen des Herzens inspirieren ließen, kannten Weg und Ziel und kannten und übten die königliche Kunst der Anbetung.
Die Wissenden von heute beten nicht an. Wenn ihre Gedanken je noch in die Nähe der Krippe kommen, dann lösen sie alles auf

in Zeichen, Symbol, Entwicklung, Kulturstufe usw. Die schlichten und erschütternden Tatsachen, die der Herrgott gesetzt hat, übersehen sie. Daß es hier um eine Schicksalsfrage des Abendlandes geht, ist klar. Daß es um eine ungelöste Schicksalsfrage geht, beweist ein Blick in unsere Schulsäle und Hörsäle.
Die amtliche Kirche: Die Synagoge erschien nicht zur Anbetung. Ihr ganzer Auftrag war doch das Warten auf diese Stunde und das Flehen um ihre Verwirklichung. Sie brachte sogar aus ihren Büchern heraus, daß der Ort dieser Erfüllung Bethlehem sein werde. Aber so sicher waren sie in ihrer dürren Überlieferung und kalten Erstarrung, daß sie die Zeichen der Zeit nicht einmal ahnten. So ging ihnen auch kein Stern und kein Licht auf. ...
O daß dies doch nur Geschichte und abschreckendes Beispiel wäre! Aber es ist Wirklichkeit. Die neue Kirche durchströmt immer neu der Schöpfergeist. Aber welcher Gewalt und Gewaltsamkeit bedarf er oft, um sich durchzusetzen. Die Ämter der Kirche sind innerlich vom Geist geführt und verbürgt. Aber die Amtsstuben! Und die verbeamteten Repräsentanten. Und die so unerschütterlich-sicheren »Gläubigen«! Sie glauben an alles, an jede Zeremonie und jeden Brauch, nur nicht an den lebendigen Gott. Man muß bei diesen Gedanken sehr behutsam sein, nicht aus Angst, sondern aus Ehrfurcht. Aber es stehen so viel Erinnerungen auf an Haltungen und Gebärden gegen das Leben. Im Namen Gottes? Nein, im Namen der Ruhe, des Herkommens, des Gewöhnlichen, des Bequemen, des Ungefährlichen. Eigentlich im Namen des Bürgers, der das ungeeignetste Organ des Heiligen Geistes ist.
Der Geist wird strömen und neu schaffen. Aber es wäre vieles anders gegangen, ohne den gewaltsamen Bruch und Zusammenstoß, ohne die Entfremdung und Sezession, ohne Diffamierung und Verdächtigung, wenn das Leben Organen des Lebens und nicht Beamten begegnet wäre und begegnen würde. Die schöpferische Theologie, der geistlebendige Mensch, die vorbehaltlose und tätige Liebe: sie werden sein und kommen. Laßt uns die Wahrheit der Begegnung und ihre Gesetze wieder verstehen, laßt uns wieder ahnen und Gesichte sehen, vom Geist berührt. Laßt uns den göttlichen Instinkt, der uns gegeben ist, wieder freilegen aus dem Schutt der Erstarrung und Sicherungen heraus: und wir werden die großen Anbetenden wieder sein und zugleich die großen Heilenden und Segnenden.

Worum es geht

Nun müßte ich all das noch einmal zusammenfassen in eine Summe der Haltungen, zu denen wir uns entscheiden und unsere Menschen hinbilden müssen, damit wir und sie des lebendigen Gottes wieder fähig werden. Es fehlt mir die Zeit. Der Mann mit dem Eisen klirrt schon auf dem Gang. Außerdem habe ich kein Papier mehr. So wird der Freund, dem dieses zugedacht ist und wer es etwa sonst noch lesen sollte, sich selbst die Zusammenfassung geben.

Eines muß ich noch sagen: man wird mir leicht vorwerfen, es handle sich eigentlich in allem nur um »natürliche« Haltungen des Menschlichen. Ich gebe mir keine Mühe, dies zu verstecken und zu verdecken. Apparuit humanitas (das Menschsein): ist eine der Weihnachtsbotschaften. Ohne ein Minimum von gesunder Menschlichkeit, echter Menschenwürde und gebildeter Menschensubstanz wird der Mensch Gottes nicht fähig sein. Er wird nicht einmal der natürlichen Einsicht und Haltungen fähig sein.

Daß es einer erbarmenden Gnade Gottes ungeheuren Ausmaßes bedarf, uns noch einmal zu heilen und zu rufen, weiß ich. Daß diese Neigung Gottes zu uns erfleht und eropfert und erschafft sein will, weiß ich auch. Dies ist die Sendung und Verantwortung der wenigen unter uns, die noch wissen und ahnen.

Facienti quod est in se Deus non denegat gratiam suam (Dem, der leistet, was er von sich aus kann, verweigert Gott die Gnadenhilfe nicht.): dieses Gesetz der Erbarmung ist unsere Rettung. Den Menschen aber zu diesem facere (tun; leisten) fähig und willig zu machen, das ist die vordringliche Aufgabe – vordringlicher noch als jede Verkündigung des zentralen Geheimnisses, das doch keiner mehr versteht, bevor er wieder ansprechbar ist und willens, sich ansprechen zu lassen.

So kann es geschehen, daß auch dieser Stall unseres Lebens, diese Trümmer und Fetzen und grausig-kalten Stürme des Schicksals Ort und Stunde einer neuen Heiligen Nacht werden, einer neuen Geburt des heilswilligen und menschensuchenden Gottes der Heiligen Nacht. Nicht die Nacht soll uns schrecken, nicht die Not ermüden. Wir werden immer warten und wachen und rufen, bis der Stern aufgeht.

Epiphanie 1945

Der besinnlichen Stunde, die vielleicht möglich ist, bietet sich an diesem Tag eine Fülle von Gegenständen zur Beachtung und Betrachtung. Da ist das Fest mit seinem reichen Gehalt: der Vorstoß Gottes aus dem Winkel von Bethlehem in die große Öffentlichkeit. Der rufende und wirkende Stern: die Männer, die die Wüste bestanden; die Freude und Fülle der Begegnung; die Anbetung und das Opfer; der erschrockene König; die ahnungslose Hierarchie und Klerisei; die wunderbare Führung und Fürsorge Gottes. Dann noch die anderen Heilstatsachen, deren das Fest gedenkt: die Taufe im Jordan, die bezeugende Stimme des Vaters, das erste Wunder zu Kana. Wirklich eine Fülle.
Dazu die persönliche Note des Festes: die ganzen Jahre der Vorbereitung, der Tag der Gelübde-Erneuerung (Während ihrer Ausbildung erneuerten die Jesuitenfratres zweimal jährlich ihre Gelübde.).
Und dann: dieses Fest in diesem Jahre, in diesen Zeiten, in denen die Menschen hungern nach dem Stern und ihnen doch keiner erscheint, weil ihre Augen gehalten sind. Gerade jetzt ist es so wichtig, den Leuten die Botschaft dieses Tages zu sagen und zu deuten und ihrem Verständnis zu eröffnen.
Dazu meine persönliche Lage. Zwei Tage vor Beginn des Prozesses, in dem ich mich nur auf Gott stellen kann, auf keine andre Zuversicht. Was habe ich gebetet um einen Weihnachtsstern, ein Licht in der Sache. Der Herrgott ließ alles offen und verlangt von mir das franchir le pas: den absoluten Sprung von mir weg in ihn hinein. Da ist auch eine Wüste zu bestehen und ein erschrockener König, der mit dem Schwert rasch bei der Hand ist.

Wird sich das alles in ein Wort, ein Bild, eine innere Erkenntnis zusammenfinden? Ich möchte in dieser Lage mir selbst und den Freunden ein Wort sagen, von dem ich behaupten darf, daß es ehrlich und echt ist, und von dem ich überzeugt sein darf, daß ich es dem Herrgott abgefragt und abgebettelt habe. Noch weiß ich dieses Wort nicht. Ob die Stunde es mir gibt?
In dieser Stunde meines Lebens wird mir eines klarer als es sonst manchmal war: ein Leben ist verloren, wenn es nicht in ein inneres Wort, in eine Haltung, eine Leidenschaft sich zusammenfaßt. Der Mensch muß unter einem geheimen Imperativ stehen, der jede seiner Stunden verpflichtet und jede seiner Handlungen bestimmt. Nur der so geprägte Mensch wird Mensch sein können, jeder andere wird Dutzendware, über den andere verfügen. Der geprägten Menschen sind heute so wenige; das macht ja das Leben so spannungslos und beziehungsarm. Es gibt keine echten Dialoge mehr, weil es keine echten Partner mehr gibt. Die Menschen wagen es nicht mehr, die Grenzen ihrer Wirklichkeit ernsthaft und ehrlich abzuschreiten, weil sie die Entdeckungen fürchten, die ihrer an den Grenzen warten. Der Mensch muß sich immer schon als unheimliches Wesen wissen, das sich ins Grenzenlose erstrecken muß, wenn es seinen eigenen Grenzen und Gesetzen treu sein und zu sich selbst kommen will. Gerade das fürchten wir aber: die Entdeckung des Ungeheuren und des Unendlichen, dessen wir fähig sind. Fähig und bedürftig. Hier wird über des Menschen Wert und Würde entschieden.
Dem Menschen, der er selbst bis in seine äußersten Möglichkeiten werden will, kündet der Tag heute verschiedene Gesetze seines Lebens, die Vorbedingungen sind bzw. Kräfte und Ermöglichungen der geprägten, werthaltigen Individualität Mensch, um die es geht.

Das Gesetz der Freiheit

Der Mensch muß frei sein. Als Sklave, in Kette und Fessel, in Kerker und Haft verkümmert er. Über die äußere Freiheit hat sich der Mensch viele Gedanken und Sorgen gemacht. Er hat erst unternommen, seine äußere Freiheit zu sichern, und er hat sie doch immer wieder verloren. Das Schlimme ist, daß der Mensch sich an die Unfreiheit gewöhnt und selbst die ödeste und tödlichste Sklaverei sich als Freiheit aufreden läßt.

In diesen Wochen der Gebundenheit habe ich dies erkannt, daß die Menschen immer dann verloren sind und dem Gesetz ihrer Umwelt, ihrer Verhältnisse, ihrer Vergewaltigungen verfallen, wenn sie nicht einer großen inneren Weite und Freiheit fähig sind. Wer nicht in einer Atmosphäre der Freiheit zu Hause ist, die unantastbar und unberührbar bleibt, allen äußeren Mächten und Zuständen zum Trotz, der ist verloren. Der ist aber auch kein wirklicher Mensch, sondern Objekt, Nummer, Statist, Karteikarte. Dieser Freiheit wird der Mensch nur teilhaft, wenn er seine eigenen Grenzen überschreitet. Er kann dies auch in unzulässiger, empörerischer Weise versuchen. Aber gerade der im Menschen schlummernde Blitz zur seinshaften Meuterei zeigt, wie sehr des Menschen Wesen darauf angelegt ist, aus seinen Grenzen herauszukommen. Den Rebellen kann man noch zum Menschen machen, den Spießer und das Genießerchen nicht mehr.

Die Geburtsstunde der menschlichen Freiheit ist die Stunde der Begegnung mit Gott. Ob Gott nun einen Menschen aus sich herauszwingt durch die Übermacht von Not und Leid, ob er ihn aus sich selbst herausquält durch die unendliche Sehnsucht, durch den Hunger und Durst nach Gerechtigkeit, das ist ja eigentlich gleichgültig. Wenn der Mensch nur gerufen wird und wenn er sich nur rufen läßt!

Das ist eine der Botschaften dieses Tages: das Gesetz der Freiheit. Da die Männer in dem Stalle knieten und anbeteten, da alles hinter ihnen lag: die Heimat, die Wüste, der lockende Stern und die Qual des schweigenden Sterns, der verführerische Palast des Königs und die Herrlichkeit der Stadt – da alles seinen Wert und seine Eindrucksfähigkeit verlor: der arme Stall und die kärgliche Umgebung und die fehlende Macht und der abwesende Glanz der Welt, und das ganze Wesen gesammelt war in diesen einen Akt: Adoro (»ich bete an«) – in diese eine symbolische Gebärde der Gaben: da wurden und waren Menschen frei.

Der Mensch muß sich selbst hinter sich gelassen haben, wenn er eine Ahnung von sich selbst bekommen will. Das ist es, was den Menschen heute so unsinnig erscheint, weil sie die unendlichen Gluten und die schimmernde Bläue und die grenzenlose Weite des göttlichen Wesens nicht mehr kennen, denen man sich überantworten muß. Man muß die Segel in den unendlichen Wind stellen, dann erst werden wir spüren, welcher Fahrt wir fähig sind.

Die freie und vorbehaltlose Begegnung mit dem Herrgott erst gibt dem Menschen seinen eigenen Raum. Alles andere sind Hütten, auf erbärmlichen Sumpfböden gebaut... Lieber im Stalle anbeten als auf dem Throne erschrecken. Die Lehre der Alten von der »Abgeschiedenheit der Seele« ist große Weisheit, weil sie Lehre von der Selbstwerdung des Menschen ist, der nur jenseits seiner er selbst werden kann. Adoro und Suscipe (»Ich bete an« und »Nimm hin«) sind die beiden Urworte der menschlichen Freiheit. Das gebeugte Knie und die hingehaltenen leeren Hände sind die beiden Urgebärden des freien Menschen.

Wir haben es anders versucht, wir alle. Das Leben aber will den echten Menschen und zwingt ihn immer wieder in die Möglichkeit zu sich selbst. Was nun am schwersten fiel: das Loslassen der herrlichen Dinge: das ist geschehen. Wir sind im Stalle angekommen, es war ein mühseliger und erschrecklicher und blutiger Weg bis in diese unsere sichtbare Erbärmlichkeit. Und unsere Hände sind leer. Sie sind mehr als leer. Sie zeigen Risse und bluten aus Wunden, weil man uns die Dinge entreißen mußte. Daß wir doch die große Berufung spüren und anerkennen, diesem grausigen Geschehen seinen inneren Sinn zu geben und in all diesen Schrecken anzubeten und hinzugehen. Dann wäre aus diesen Höllenfeuern ein neuer Mensch gekommen, losgelöst und frei zu sich selbst und der Erde würde eine Stunde des Segens schlagen mitten in der Nacht – wie schon so oft.

Das allgemeine Schicksal, meine persönliche Lage, die Entscheidung der nächsten Tage, die Botschaft des Festes: alles sammelt sich in das eine: Mensch, laß dich los zu deinem Gott hin und du wirst dich selbst wieder haben. Jetzt haben dich andere, sie quälen dich und erschrecken dich und jagen dich von einer Not in die andere. Das ist dann die Freiheit, die singt: – uns kann kein Tod nicht töten. Das ist dann das Leben, das da ausfährt in die grenzenlose Weite. Adoro und Suscipe: ihr Urworte des Lebens, ihr geraden und steilen Wege zu Gott, ihr Tore in die Fülle, ihr Wege des Menschen zu sich.

Das Gesetz der Wüste

Die Männer, denen die Stunde der großen Freiheit im Stall zu Bethlehem schlug, hatten die Wüste bestanden. Die äußere Wüste der Einsamkeit, der verlassenen Heimat, der geopferten Bindungen und Beziehungen, der eintönigen und zähen Wanderfahrt. Und die innere Wüste der sternlosen Zeit, der Frage, des Zweifels, der Bangigkeit und Sorge. Es war ein weiter Weg und selbst im Glanz der glückhaften Begegnung verloren ihre Gesichter nicht die Spuren der Stunden der Bewährung.

Die Wüste gehört dazu. Die menschliche Freiheit ist ein Ergebnis der Befreiung, eines zähen unermüdlichen Aufstiegs in einer feindseligen Wand. Kinder können vor der Krippe knien und adoro und suscipe (»Ich bete an« und »Nimm hin«) sagen und es gilt. Der Erwachsene aber muß sich die Echtheit der Worte und Gebärden neu erkämpfen oder erdulden, immer neu. Die menschliche Freiheit ist das Ergebnis einer zähen und harten Befreiung. Das gilt für die Freiheit in jedem echten Sinn. Der Mensch wird auch zu seinem Heil und Glück nicht vergewaltigt. Und ebensowenig ist das Leben eine Lotterie mit großen Losen. Die großen Lose sind doch immer Antwort auf den flehenden Anruf. »Wer hat, dem wird gegeben werden« (Mt 25, 29).

Die Wüste gehört dazu. Auch die physische Wüste. Man könnte eine Kulturgeschichte der Wüste schreiben. Alle die wirklich Großen haben die Einsamkeit und die Einöde bestanden; und die großen Urfragen, die dort den ausgesetzten Menschen sich stellen. Daß der Herr in die Wüste ging, zeigt nur, wie echt und ernst er die Gesetze des Menschen nahm. Und nach der bestandenen Wüste wurden die Versuchungen bestanden. Die großen Aufbrüche der Menschheit und des Menschen werden in der Wüste entschieden. Sie haben ihren Sinn und ihren Segen, die großen, leeren Räume, die den Menschen allein mit dem Wirklichen lassen.

Die Wüste ist eine der fruchtbaren und gestaltenden Räume der Geschichte. Die anderen Räume: das weite Meer, der hohe Berg, der dunkle Wald, die hingestreckte Ebene, die Pußta und Steppe, das karge Land ebenso wie der reiche Boden und die strömenden Flüsse: diese anderen Räume wirken oft mehr unmittelbar auf die Fügung der Verhältnisse und Gestaltung der Dinge. Und mehr mittelbar auf den Menschen. Sie alle haben ihre geschichtliche Fruchtbarkeit. Nur die Steinwüste der großen Städte ist bis jetzt immer wieder nur Grab der echten Geschichte geworden. Aber die Wüste geht unmittelbar den Menschen, seine Bewährung und Entscheidung an.

Es steht schlimm um ein Leben, wenn es die Wüste nicht besteht oder sie meidet. Die Stunden der Einsamkeit müssen mit denen der Gemeinsamkeiten in einem bestimmten Verhältnis stehen, sonst verkümmern die Horizonte und werden die Gehalte zerredet und vertan. Das ist eine der bewußten Befreiungstaten, die der Mensch an sich selbst tun muß, daß er sich immer wieder in der Einsamkeit dem großen Frager und dem echten Anblick der Dinge stellt. Und wenn er sich diesem Heilswerk an sich selbst entzieht, dann wird ihn ein böses Schicksal laufen lassen. Ein guter Gott aber, der ihn liebt, wird ihn in die Einsamkeit binden, vielleicht bis zum Übermaß und bis zur Gefährdung.
Es steht schlimm um eine Welt, wenn in ihr kein Platz mehr ist für die Wüste und den leeren Raum. Wenn alles erfüllt ist mit Lärm und Verbindungen und Kanälen und Verkehrsadern usw. Bestimmte Bezirke der Welt sollte der Mensch dem einsamen Menschen überlassen. Damit jedem immer die Möglichkeit erhalten bleibe, es mit der Abgeschiedenheit wenigstens zu versuchen. Das Gesetz des totalen Nutzens und der totalen Zweckmäßigkeit ist kein Gesetz des Lebens. Wüste und gelungenes, gesegnetes Leben stehen in einem bestimmten Verhältnis zueinander. Die Welt, in der alle Einsamkeiten voll Lärm sind und alle schweigenden Musen zu Lasteseln degradiert und alle schöpferischen Quellen für die klappernden amtlichen Mühlen dienstverpflichtet wurden, diese Welt hatte die Wüste und ihre einsame Bewährung überwunden und sie hat dafür die Verwüstung eingetauscht.
Die Wüste gehört dazu. Die »Preisgegebenheit« nannte das ein lieber Mensch, dem ich für dieses Wort danke. Allein und schutzlos den Winden und Wettern, dem Tag und der Nacht und den bangen Zwischenstunden preisgegeben. Und dem schweigenden Gott. Ja, auch dies ist eine, nein, es ist die Preisgegebenheit. Und hier wächst die zur Erlangung der Freiheit wichtigste Tüchtigkeit des Herzens und Geistes: die Unermüdlichkeit.
Ich will keine Ode an die Wüste schreiben. Wer sie bestehen mußte und muß, wird mit Ehrfurcht von ihr sprechen und mit der leisen Verhaltenheit, mit der der Mensch sich seiner Wunden und seiner Schwäche schämt. Sie ist der große Raum der Besinnung, der Erkenntnis, der neuen Einsichten und Entscheidungen. Sie ist die schwere Last, die dem Schiff den Tiefgang und die Festigkeit sichert. Sie ist das Gesetz der Härte und Bewährung, unter

das wir gerufen sind. Und sie ist der stille Winkel unserer Tränen und Notrufe und Erbärmlichkeiten und Ängste. Aber sie gehört dazu.

Das Gesetz der Gnade

Aber sie ist nicht das Erste und nicht das Letzte, die Wüste. Und der Mensch ist in den Fährlichkeiten der Fahrt zum Gipfel der Freiheit doch nicht nur sich selbst ausgeliefert. Denn je weiter und höher der Mensch, um er selbst zu werden, über sich hinausgreifen, ja mehr noch, über sich hinauswandern muß, um so weniger langt dazu des Menschen eigenes Vermögen. Wie weit wir selbst kommen aus Eigenem, das haben wir als Geschlecht und als einzelne erlebt und bewiesen. Möge dies für lange Zeit der letzte Erweis des Ergebnisses menschlicher Überschätzung sein.

Die Stunde der Freiheit ist die Stunde der Begegnung. Und es ist nicht so, daß ein suchender Gott auf einen wegmüden Menschenwanderer warte. Sie sind beide unterwegs aufeinander zu.

Vielerlei sind die Aufbrüche Gottes zum Menschen; vielerlei sind die Hilfestellungen, die Gott dem Menschen leistet, daß er dem Wege nicht erliegt. Wobei dies noch gar nicht die Substanz der göttlichen Hilfe ist. Diese besteht in der Befähigung des Menschen, dem Ruf und der Pflicht über sich selbst hinaus gewachsen zu sein.

Dreifach kündet das Fest heute von der Wanderschaft, die Gott zum Menschen hin unternimmt, von Zeichen der Gnade, unter die er das suchende Leben stellt. Diese Zeichen sind: der führende Stern, der heilende Strom, das verwandelte Wasser. Und es sind dies nur und erst die Zeichen und Wirkungen, noch nicht die Wirklichkeit. Denn der Stern meint das Kind, der Jordan meint den Herrn und die gottgewirkte Befreiung von der Schuld, das Hochzeitswunder meint den mächtigen Herrn, der auf unser Heil aus und unterwegs ist. So wird dem Leben klar, daß es nicht nur unter dem Gesetz der Bedürftigkeit nach Gnade und Hilfe steht, sondern unter dem Gesetz der wirklichen und wirkenden Gnade. Das Leben ist gerade da, wo es selbst über sich hinaus will, nicht allein gelassen, weil sich Gott als Mensch zu uns gesellt hat. Wir sind nicht allein. Wir sind den Dingen gewachsen.

Ja, mehr als das: wir sind auch dann noch lebensfähig und lebenstüchtig, wenn alles feindselig zu werden scheint. »Meine Gnade

genügt«, wurde dem Paulus (2 Kor 19, 9) gesagt, und sie hat genügt bis zu einer Fülle des Menschentums und der Bewährung, die heute noch die Welt trägt. Dios solo basta (Allein Gott genügt: aus einem Gebet der heiligen Theresia von Avila), hat ein anderer großer Mensch gesagt, und es hat genügt für ein Leben, von dem die Welt heute noch Früchte erntet.
Unsere Stunde ist die Stunde der Wüste noch. Noch fleht unser Herz die Urbitten der Kreatur. Das gilt für uns alle und gilt für mich persönlich. Es ist eine Situation, in der die Wüste ihre tröstliche Vertraulichkeit weglegt und uns mit dem Gesicht der gefährlichen Bedrängnis anschaut. Das sind keine Bilder, das sind Zustände und Tatsachen. Wir alle wissen das: die große Gemeinschaft der Menschen dieser Welt. Und wir neun wissen das, die übermorgen als »verlorener Haufen« die Fahrt ins Schicksal antreten.
Aber diese Wüste ist Bewährung zur großen Freiheit, nicht endgültiges Schicksal. Die Wüsten müssen bestanden werden. Und ich weiß dies: ich bin nicht allein. Das Gesetz der Gnade gilt. Und ich weiß dies: ich bin nicht allein. Das Gesetz der Treue und der Liebe und des betenden Opfers gilt. Und ich weiß dies: der Stern wird über der Wüste stehen. Und ich muß den Strom des Heiles einströmen lassen. Und die Wasser unserer Bitternis werden gewandelt sein in den Wein der göttlichen Segnung und Weihung: Adoro und Suscipe.

Vater Unser

Auf dieser absoluten Höhe des Daseins, auf der ich nun angekommen bin, verlieren viele bisher geläufige Worte ihren Sinn und ihren Wert. Ich mag sie nicht einmal mehr hören. Das alles liegt so weit unten. Ich sitze da oben auf meiner Klippe und warte, ob und bis einer kommt und mich hinunterstößt. Die Zeit hat hier oben Engelsflügel bekommen; man hört sie leise rauschen, verhalten und ehrfürchtig vor der absoluten Forderung dieser Höhe. Das gleiche geschieht weit unten und hört sich an wie das ferne Tosen und Toben eines eingeengten Stromes. Zu eng alles, zu eng für die wahren Maße und Aufträge. Das war ja immer die heimliche Ahnung und Meinung: alles sei zu eng. – Zu den Worten, die hier oben ihre Gültigkeit behalten und ihren Sinn neu enthüllen, gehören die Worte der alten Gebete, vor allem die Gebetsworte, die der Herr uns gelehrt hat.

Vater

Es klingt eigenartig in dieser Lage, das Vaterwort. Aber es war die ganze Zeit über bei mir. Auch in dem häßlichen und haßvollen Raum, in dem die Menschen Gerechtigkeit mimten. Das Welterlebnis dieser letzten Zeit war ein Erlebnis des Hasses, der Feindschaft, der Rache, des Vernichtungswillens, der Eitelkeit und Anmaßung, der von sich selbst berauschten Macht und Herrlichkeit. Es wäre schlimm, wenn das gnadenlose Leben und Erleben dieser Zeit, das in irgendeiner Art doch jeden Menschen überfällt, die letzte Offenbarung der Wirklichkeit wäre. Aber man muß nur gläubig daran denken, daß Gott sich Vater nennt und uns geheißen hat, ihn so zu nennen und zu wissen, daß er es ist, und diese ganze großtuerische Welt ist zum kulissenhaften Vordergrund degradiert, der in der Mitte des Seins, inmitten ihrer lauten Deklamationen, kaum Aufmerksamkeit erregt. Der Grundzug des Lebens ist Erbarmen und führende Väterlichkeit. Ach, all die Hilfskonstruktionen und Wahnbilder des hilflosen Menschengeistes: Schicksal, Verhängnis, ewiges Volk, Welt als endgültiger Raum usw.: all das verklingt hier oben in dieser herben und klaren Luft wie ein unartikuliertes Gewimmer eines menschenähnlichen Tieres. Dies alles sind keine Menschenworte.

Gott als Vater: als Ursprung, als Führung, als Erbarmen, das sind die inneren Gewalten, die den Menschen diesen Stürmen und Überfällen gewachsen machen. Und es wird hier mehr berichtet als nur eine Botschaft, eine Wahrheit. Dem Glaubenden geschieht die Väterlichkeit, das Erbarmen, die bergende Kraft in tausend stillen Weisen, mitten in all diesen Überfällen und Aussichtslosigkeiten und Preisgegebenheiten. Gott hat Worte, wunderbarer Tröstung und Erhebung voll. Gott hat Wege zum Menschen in alle Verlassenheit hinein. All das andere hat seinen Wert, weil es hilft, dem Vater-Gott neu zu begegnen.

Unser

Eines der schrecklichsten Mittel der Gewalt ist die gewaltsame Vereinsamung. Auch jetzt wieder, da wir wissen, in fast jeder Seele wird das gleiche Urteil getragen und seine Vollendung erwartet. Keiner sieht mehr den anderen, keiner hört mehr die flüsternde Stimme des Gefährten und Kameraden auf dieser letzten und anstrengenden Bergfahrt. Der Mensch ist vor sich selbst und den letzten Dingen angekommen. Und doch gilt das alte Wort: Es ist nicht gut, daß der Mensch allein sei, gerade für diese Stunden. Man möchte zur nächsten Klippe, auf der der andere ausgesetzt ist, hinüberrufen. Menschenwort klingt nicht mehr. Wir sind zu hoch in die Atmosphäre hinaufgerissen. Vater unser: Plötzlich sind die Entfernungen überwunden. Klar und hell wird die Wahrheit, daß der Weg zu Gott – über Gott immer schon der nächste Weg zum Menschen war. Der Mensch weiß sich im Bund und Bündnis mit allen, die anbeten, glauben und lieben. Die gemeinsame Mitte, der personale Gott, der uns anspricht und den wir anrufen, macht den Menschen zum Menschen und die Gemeinschaft zur Gemeinschaft.

Der du bist im Himmel
Die Jenseitigkeit des Daseins ist oft verstellt und verhüllt. Unsere Zeit hat sie fast ganz vergessen. So haben wir Gott gezwungen, die Vorläufigkeit und Unbeständigkeit des Daseins uns ungeheuer hart und erschütternd ins Bewußtsein zurückzurufen. Auch wir andern, die wir glaubten an das Leben der kommenden Welt, haben doch praktisch die Weltlichkeit der anderen geteilt. Und doch bleibt der Mensch nur soviel Mensch, als er die Ordnungen und seinshaften Beziehungen seiner eigenen Wirklichkeit unangetastet läßt. Nur der Jenseitige wird fähig sein zur echten Verhaltenheit, zur schöpferischen Distanz, zur behutsamen Ehrfurcht, zur dienenden Liebe, zum offenen Gehorsam. Das aber sind die Grundkategorien des Menschen. Nur der Blick und der Entschluß über uns selbst hinaus ermöglicht uns selbst. Darum sind wir heute ja so sehr Masse und Objekt und lebensunfähig. Unfähig wirklich der Grundordnung und Grundahnungen des Menschen selbst.
Es ist zu wenig, wenn die Jenseitigkeit Idee oder Ideal bleibt. Das langt nicht. Der idealistische Mensch ist mehr Mensch als der rein faktische und praktische. Aber zur vollen Entfaltung und Vollendung kommt er nicht. Der innerste Grund des Menschen bleibt unaufgebrochen, unberührt, ohne Samen. Im personalen Ich, in der individuellen Geschlossenheit erst wird der Mensch er selbst. Diese Geschlossenheit wird ohne den Dialog über sich hinaus zur eiskalten, tödlichen Verschlossenheit. Der Dialog mit dem Menschen gehört zum Menschen, daß er sich öffne und wirklicher werde. Aber mehr noch der Dialog mit dem Absoluten. Deswegen ist es zu wenig, eine Idee oder ein Ideal der Jenseitigkeit zu haben. Der personale Gott ist der Gott des Lebens. Erst im Dialog mit ihm tritt der Mensch in seinen wirklichen Lebensraum ein. Hier lernt der Mensch die Grundwerte seines Wesens: Anbetung, Ehrfurcht, Liebe, Vertrauen. Alles im Leben, was unterhalb dieses Dialoges bleibt, es mag mit noch soviel Eifer und Ernst und Hingabe unternommen sein, bleibt unfertig, auf die Dauer unmenschlich. Die Anbetung als Weg des Menschen auch zu sich.
Die Welt des personalen Gottes ist der Himmel. Also das, was der Mensch als seines Lebens größte Beglückung und Erfüllung empfindet. Das ist nicht zuerst ein Raum oder eine Zeit oder ein »Aeon« usw. Das ist zuerst Gott und die erfahrene Begegnung mit ihm. Wer Gott erfährt, ist im Himmel. Die Erfahrung Gottes

bricht unsere Grenzen und unsere Daseinsweise, wo und wenn sie uns jetzt schon geschenkt wird. Es braucht nur an die Erlebnisse und Aussagen der Mystiker erinnert werden. Das Zerbrechen unserer Daseinsweise – also der Tod – ist umgekehrt und normalerweise die Voraussetzung für die Erfahrung Gottes. Hier gehen die Dinge leicht ineinander über. Was der Mensch liebt und ersehnt: Glück, Seligkeit, Himmel – was er fürchtet und wovor ihm bangt: Tod, Zerbrechen der Daseinsweise – was er anbetet und ehrfürchtig rühmt: Gott und seine Fülle – dies alles sammelt sich in einem Punkt.

Amare caelestia (dem Himmlischen seine Liebe zuwenden) erbetet die Kirche oft als große Gnade und Erfüllung. Das ist wichtig, der Erfüllung, der Zukunft, dem Kommenden nicht bloß seinsmäßig, sondern haltungs- und bewußtseinsmäßig verbunden zu sein: »aus allen deinen Kräften« (Mk 12, 30). Der Mensch soll wieder wissen, viel früher und intensiver und entschlossener, daß sein Lebensweg der vom personalen Dialog mit Gott zur personalen Begegnung und Erfahrung Gottes ist. Daß dies sein Himmel ist und seine Heimat. Er bleibt dann jenseitig, nicht nur aus Pflicht und Gehorsam, sondern in innerster Lebendigkeit und Freiheit.

Geheiligt werde dein Name
Die Bilder des Vaterunser sind die Lebensbilder der Menschen. Mit dem, was hier genannt ist, steht und fällt der Mensch und die Menschheit. Wo dies gilt, wachsen wir. Wo dies nicht gilt oder nicht ernst genommen wird, fallen wir und versinken. Das ist der Schlüssel auch zum Vexierbild, dem grausigen, unserer Tage. – Diese Bitte lehrt die Menschen um das rechte Ideal bitten, um die unantastbare, heilige, ehrwürdige Fahne. Mensch und Menschheit gehen aussichtslos zugrunde, wenn nicht ein unantastbarer Wert, ein unberührbares Gut in der Mitte des Daseins steht. Die Menschenordnung ist so auf die Notwendigkeit, etwas »heiligen« zu müssen, angelegt, daß immer dann, wenn die echte Mitte verdrängt und verstellt ist, sich ein Anderes, Unechtes an diese Stelle setzt und »Heiligung« erzwingt. Wir kommen doch gerade aus dem mörderischen Dialog mit der selbstgesetzten Mitte. Diese Ersatz-Werte sind aber viel absoluter und unerbittlicher als der lebendige Gott. Sie wissen nichts von der Vornehmheit des Wartenkönnens,

von der freien Werbung, vom gnadenhaften Anruf, von der beseligenden Begegnung. Sie kennen nur Forderung, Zwang, Macht, Drohung und Vernichtung. Wehe dem, der anders ist!

Dem Namen Gottes soll die große Ehrfurcht erwiesen werden, um die es in dieser Bitte geht. Die Rühmung Gottes, die Ehrfurcht vor ihm, die Ehrerbietung: was ich vorher mit zu den Grundkategorien des Lebens gezählt habe, um dessen Verwirklichung geht es hier. Daß der Name Gottes das große Heilige sei, das schweigsame Stille und demütige Verhaltenheit Fordernde. Der Mensch soll nicht nur an seine Mitte, an den Sinn seines Lebens glauben. Er soll in den konkreten Vollzügen seines Lebens von diesem Glauben Zeugnis geben. Er soll alles unter dieses Gesetz der Heiligung stellen und was mit ihm sich nicht verträgt, sein lassen. Gott als die große Ehrfurcht des Menschen wird auch sein Leben sein. »Es ist in keinem anderen Namen Heil« (Apg 4, 12). Ach, hier fehlt so viel. Auch so viel bei der Religiosität. Wir haben viel Frömmigkeit ohne echt vollzogene Ehrfurcht vor Gott! Die religiöse Keuschheit und die herbe Schweigsamkeit.

Laßt uns dem Leben und den Dingen wieder Namen geben. Ich war jetzt lange genug Nummer, um zu wissen, was ein Leben ohne Namen ist. Aber solange das Leben selbst den richtigen Namen nicht mehr weiß oder nicht ehrt, so lange werden Mensch und Ding immer mehr ihre Namen verlieren in dieser grausamen Namenlosigkeit und Numeriertheit, in die wir geraten sind. Das Leben ist feinnervig und es hängt alles zusammen. Seit der Name Gottes nicht mehr der erste Name des Lebens, des Landes, der Menschen ist, seitdem hat doch alles, was wert ist, gehabt zu werden, seinen Namen verloren und ist unter die falsche und verfälschende Herrschaft fremder Namen gekommen. Seitdem gilt das Klischee, die Etikette, die Uniform, das Schlagwort, die Masse: Wehe dem, der noch ein Gesicht hat und ein eigenes Wort und einen eigenen Namen.

Die Anbetung ist der Weg zur Freiheit und die Erziehung zur Anbetung der heilsamste Dienst am Menschen und die Ermöglichung einer Ordnung, in der Tempel und Altar wieder stehen, wo sie hingehören, und in der Wirklichkeit sich wieder neigt vor und messen läßt an dem Namen Gottes für große Verantwortung.

Zu uns komme dein Reich

Der Mensch ist übermenschlicher Kräfte und Mächte bedürftig. Wenn ihm die Beziehung zu der echten Überwelt nicht mehr gelingt, dann fängt er an, groß zu träumen oder sich fremde Götter zu machen: Dinge, Leistungen, Menschen, Ordnungen usw. Ich kenne das. Ich habe geträumt und gesehnt und geliebt und geschafft, und eigentlich war dies alles nur ein Lied der Sehnsucht nach dem Endgültigen und Beständigen. Mit seinen Träumen und seinen Götzen aber kommt der Mensch nicht weiter. Er erfährt sich immer wieder in die Grenze und das Ungenügen des Kreatürlichen verwiesen und ihm ausgeliefert. Auch das habe ich erfahren. Wie auf einmal alles zuschanden wird und man nur noch Scherben in der Hand hält, wo man noch an die vollen Krüge glaubte. Wie man nur ein blutiges Wimmern und Stöhnen ist, wo man doch ein Heldenlied singen wollte. Der Mensch allein schafft es nicht. Daß der Mensch es nicht allein zu schaffen braucht, und er der überirdischen Macht und Kraft, ja des lebendigen Gottes selbst teilhaftig wird: das ist der Sinn dieses Gebetes um das Reich Gottes. Auch das habe ich erfahren, daß und wie der Mensch im Nu über sich selbst hinausgehoben wird und die Dinge ihn nicht mehr anrühren und er ihnen gewachsen bleibt, auch wenn sie ganz anders kommen, als er sie erwartet. Der echte Dialog wird zur seinshaft verwirklichten und oft auch erfahrenen Lebensgemeinschaft.

Daß der Mensch in Gottes Gnade sei und die Welt in Gottes Ordnung: das ist das Reich Gottes. Die Überwindung der menschlichen Not durch Gottes Fülle, die Sprengung der menschlichen Grenze durch Gottes Kraft, die Bändigung der menschlichen Wildheit durch Gottes Zucht: das alles ist Reich Gottes. Es ist eine stille Gnade und drängt doch zu Wort und Tat und existiert doch auch als Werk und Ordnung. Um alles, was uns heute fehlt, beten wir in dieser Bitte. Die große Sinnerfüllung des Lebens liegt in der Begegnung mit Gott. – Gott verhält sich in seiner Vornehmheit. Er kommt auch als der Begnadende vornehm und frei wartend. Er kommt nicht als Gewalttäter, obwohl er sich der Gewalt, dem herzhaften Entschluß ergibt. Das Reich Gottes ist Gnade, deswegen beten wir darum; aber die Gnade Gottes steht so oft vor dem geschlossenen Tor und klopft an, und niemand öffnet ihr.

Zweifach kann der Mensch sich als Hindernis zwischen sich und das kommende Reich Gottes stellen: durch die personale Verfassung seines Lebens, zu der er sich entscheidet, und durch die soziale Ordnung seines Lebens, in der er sich befindet, die er duldet oder fördert. Das mindeste an personaler Haltung, das der Mensch aufbringen muß, ist die wache und willige Offenheit zu Gott hin. Der in sich selbst verschlossene Mensch, der Mensch der bloßen Humanität und Naturalität ist ein gnadenloses Geschöpf, und sein Weg durch die Welt ist immer gnadenlos und unbarmherzig. Auf die Dauer wirkt er für sich und andere zerstörerisch. Er bleibt trotz aller prometheischen Deklamationen den Dingen, Aufgaben und Problemen unterlegen. Das ist der Schlüssel zur Geschichte der letzten Epochen, denen keine einzige der fälligen und drängenden Aufgaben zu erfüllen gelang. Wenn der Mensch es schon nicht zum Entschluß zu Gott hin bringt, muß er wenigstens in der Offenheit zu und Ansprechbarkeit durch Gott bleiben. Diese Bitte verlangt von uns allen eine Bekehrung und eine Selbstbescheidung. – Und die Bereitschaft zu einer Revolution, das heißt die Bereitschaft zu einer sozialen Umwälzung, damit eine Ordnung wieder wird, die es dem Menschen ermöglicht, menschengemäß und somit gottoffen und gottesbereit zu leben. Das frömmste Gebet kann leicht zur Blasphemie werden, wenn es unter Abfindung mit Zuständen oder gar unter ihrer Förderung gebetet wird, die den Menschen töten, ihn gottunfähig machen, ihn notwendig an seinen geistigen und sittlichen und religiösen Organen verkümmern lassen. Diese Bitte will Großes von Gott, ja letztlich ihn selbst. Sie entläßt den Menschen aber zugleich in eine große Verantwortung. Von deren Übernahme und Erfüllung hängt es ab, ob es sich wirklich um ein Gebet oder nur um frommes Gerede handelt.

Dein Wille geschehe
wie im Himmel also auch auf Erden
Dies ist die Bitte des Menschen um seine Freiheit. Zunächst klingt das nicht so, aber es ist so. Der Mensch ist ein verwiesenes Wesen. Jeder Versuch, diese Verweisungen zu übersehen, aufzulösen, zu zerbrechen, führt zum Ruin des Menschen selbst. Schon die Begegnung mit den innerweltlichen Gegebenheiten sollte den Menschen nachdenklich und behutsam machen. Er findet sich in vieler-

lei Beziehungen einverflochten, die ihm Bindungen aller Art auferlegen, von der vornehmen Zurückhaltung über Takt und Schicklichkeit bis zum eigentlichen Dienst und Gehorsam. Hier schon bedeutet jeder Versuch zur Autarkie eine Selbsttäuschung, eine Selbstverblendung, einen Selbstmord. Es gibt keine schöpferische splendid isolation (herrliche Isolierung). Das gilt viel endgültiger und undiskutierbarer für die transzendentalen Beziehungen der Menschen. Gott gehört in die Definition des Menschen, und zwar sowohl der deus a quo (Gott, von dem ausgehend) wie der deus ad quem et sub quo (Gott, zu dem hin und unter dessen Wissen und Willen). Jedes andere Selbstverständnis des Menschen ist fatal und verhängnisvoll.

Die Bindung an Gott ist eine Bindung an seine Ordnung, die ein Abglanz seines Wesens ist, eine Bindung an seine Freiheit und an seine geheimnistiefe Größe. Das sind die Wirklichkeiten, mit denen der Mensch rechnen muß, will er Mensch bleiben oder werden. Gottes Ordnung bindet ihn zweifach: als Einfügung in die naturhaften Gegebenheiten der menschlichen Seinsschichten und als freie Begegnung mit dem fordernden und verpflichtenden Gesetz. Gottes Freiheit ruft den Menschen darüber hinaus in den heiligen Raum der persönlichen Fügungen, Berufungen, Schickungen und Sendungen. In diesem persönlichen Dialog mit dem fordernden Gott wird über die eigentliche, überdurchschnittliche Größe und Würde des Menschen entschieden. Gottes Größe aber, die auch mysterium absconditum (verborgenes Geheimnis) heißt, heißt den Menschen mit den dunklen Wegen, den nächtlichen Sendungen, den überhellen Aussagen rechnen, eben mit dem Geheimnis der Übergröße, das sich ... nicht verbergen läßt.

Nur in diesen Bejahungen gelingt der Mensch und wird er frei. Sonst bleibt er ewig ein Sklave seiner Angst und der Dinge, die er festhalten möchte. Der Mensch muß sich hinter sich gelassen haben, wenn er zu sich selbst kommen will. Man muß diesen Abschied einmal vollzogen haben, um von seinem Segen sprechen zu können. Daß es sich um einen Segen handelt, geht aus der Wonne hervor, die dieser freien Hingabe gegeben ist: wie im Himmel. Es handelt sich hier gewiß auch um die Aussage der absoluten Gültigkeit. Aber mehr um das andere. Der Wille Gottes im Himmel ist die Selbstbejahung Gottes durch Gott und die Bejahung Gottes durch die Seligen. Die Selbsterkenntnis und Selbstbejahung Gottes macht den großen Jubel der Dreifaltigkeit aus, das strömende Leben Gottes. Und die Bejahung Gottes durch die Vollendeten macht eben deren Vollendung aus, ihr Hineingerissensein in den Jubel und den glückhaften Strom des göttlichen Lebens. Das heißt aber, der Wille Gottes, der an uns geschehen soll, ist immer und ursprünglich ein Heilswille. Die Begegnung, die hingebende Begegnung mit Gottes Freiheit und mit Gottes Geheimnissen, ist die Begegnung mit dem Heil.

Unser tägliches Brot gib uns heute
Man soll diese Bitte ruhig als die Brotbitte stehen lassen. Man wollte sie ausdeuten nach dem Herrenwort: »Meine Speise ist es, den Willen des Vaters zu tun« (Joh 4, 34), oder auch sie vom eucharistischen Brot verstehen. Das sind fromme Gedanken, aber hier ist von dem Brot für den täglichen Hunger die Rede. Das Vaterunser lehrt uns mit Gott die großen Ordnungen und Anliegen unseres Lebens durchsprechen. Es kommen jetzt die Sorgen und Anliegen der »Erde« zur Sprache: das Brot, die Schuld, die Anfechtung, das Böse. Viel wahrhafter, die Dinge die uns tagtäglich beschäftigen und bedrängen. Der Herr lehrt den Menschen beten, und des Menschen Sorgen und des Menschen Segen ist der Inhalt des Herrengebetes.

Das Brot ist eine echte, vor Gott, dem Herrn, bestehende Sorge des Menschen. Brotsorge und Brotbitte gehören zum Menschen. Es sind damit zwei Dinge gesagt. Die Philosophen haben das eine mit dem Satz gemeint: primum vivere (zuerst einmal leben) Obwohl sie das als eine zwar nötige, aber in sich geringwertige Voraussetzung anerkannten. Das ist der Stolz der »geistigen« Leute. Man kann aus dem Brot ein Idol und aus dem Bauch einen Götzen machen. Ja, aber man muß einmal gehungert haben, wochenlang. Man muß einmal erlebt haben, daß einem ein unerwartetes Stück Brot wie eine Gnade vom Himmel zukommt. Man muß gespürt haben diesen Einfluß des Hungers auf jede Lebensregung, um die Ehrfurcht vor dem Brot und die Sorge um das Brot wieder zu lernen. Und solange Menschen hungern und ihnen das tägliche Brot etwas Unwahrscheinliches ist, so lange wird man diesen Menschen sowohl das Reich Gottes als auch das irdische Reich vergebens predigen. So war und ist ja das Brot immer wieder eines der großen Mittel der Verführung. Und es ist sehr wichtig, daß es den richtigen Leuten gelingt, die Brotsorge an sich zu nehmen und zu meistern. Die Brotsorge muß aber immer Brotbitte bleiben. Sonst verliert sich der Mensch im irdischen Raum. Er muß wissen: Unser Brot, es mag noch so reichlich und gesichert da sein, wird jeden Tag gegeben aus der ewigen Hand. Die Dinge müssen durchsichtig bleiben, bis in die letzten Zusammenhänge. Sonst werden sie falsch und gefährlich.

Deswegen bitten wir auch nicht um die vollen Scheuern und die reichen Vorratskammern, sondern um das tägliche Brot. Die Ungeborgenheit und Gefährdung des menschlichen Lebens klingt hier durch. Und daß das Leben im Vertrauen sich erst bewährt, nicht in der Sicherheit. Die Rentensucht und Versicherungsangst der letzten Geschlechter haben viel schöpferische Kraft und viel Freiheit zerstört. Die meisterliche Überlegenheit und schöpferische Distanz ist hier gemeint. Wer es so unternimmt, dem kommen die Dinge immer wieder zu, weil er mit ihrem Herrn im geheimen Bündnis steht. Das Brot ist wichtig und ehrwürdig, aber nicht das Brot allein erhält den Menschen. Das wissen wir wieder, die im Zeitalter der großen »Versorgungen« den zweiten Krieg erleiden und zum zweiten Mal die große Brotsorge haben. Brot ist wichtig, die Freiheit ist wichtiger, am wichtigsten aber die ungebrochene Treue und die unverratene Anbetung.

Vergib uns unsere Schuld,
wie auch wir vergeben unseren Schuldigern

Die Schuld gehört zu unserem Leben wie das tägliche Brot. So bitter nötig wir das Brot haben, so bitter wirklich ist die Schuld. Ich meine hier gar nicht Erbschuldigkeit des Daseins, die Trübung, die seit jenem Katastrophenmorgen allen kreatürlichen Glanz befallen hat. Das ist auch eine Tatsache, aber man hat zuviel aus ihr gemacht. Und deshalb hat sie zuwenig echtes Echo ausgelöst. Vor allem hat diese Übersteigerung den Menschen zu zwei Haltungen verführt, da das noch vorhandene naturhafte Kraftgefühl die behauptete Müdigkeit und Lebensuntüchtigkeit nicht bestätigt. Daß es sich um eine relative Untüchtigkeit bezüglich der übernatürlichen Ordnung und Erfüllung handelte, wurde von den einen nicht verstanden, von den anderen verschwiegen. Die schaudervolle Revolte gegen Gott, die wir im Abendland erlebt haben, hat von hier ihr Pulver bezogen. – Die andere Fehlhaltung

aus der Überbetonung der Bedeutung der Erbschuld liegt in einer gewissen Lässigkeit des Menschen gegenüber seinem Versagen, da er ja erfahren hat, daß er seither nicht mehr anders kann. Die Schuld als persönliche Fehlleistung und Verantwortung ist aus dem abendländischen Bewußtsein zu sehr geschwunden.
Aber genau dies meine ich, wenn ich von der Schuld spreche, die zu unserem täglichen Leben gehört. Daß wir schuldig werden, weil wir versagen und fehlen. Und daß wir schuldig sind, weil wir in einer bestimmten Zeit und geschichtlichen Stunde leben und geschehen lassen, was geschieht. Es gibt die personale Haftung vor Gott und es gibt die Gesamthaftung. Unser Geschlecht ist ein schuldiges Geschlecht, in einem ganz großen Ausmaß schuldig. Dies festzustellen ist schon wichtig. Aber das genügt noch nicht. Diese Schuld muß überwunden werden, wir müssen von ihr loskommen, sonst gehen wir unter. Gerade um die Schuld tanzt der Mensch viele Tänze, die aber nicht in gelöster Rhythmik geschehen, sondern im Grunde Krämpfe sind. Der Mensch kann versuchen, seiner Schuld davonzulaufen. Das ist vergeblich; denn die Schuld steht in seiner Wirklichkeit. Er kann versuchen, sie einfach zu verleugnen, er kann den alten Griechentraum träumen, er kann sie wegdiskutieren: das alles mag ihm für eine kurze Stunde den Blick trüben und das Gewissen vernebeln. Die geschehenen Taten sind unterschriebene Wechsel. Und diese müssen eingelöst werden. Der Mensch kann sich von seiner Schuld nur lösen, wenn er sich zu ihr bekennt und zugleich erkennt und anerkennt, daß die Schuld der Kreatur eine Wunde schlug, deren Heilung alle Kunst und alle Kraft der Kreatur übersteigt. Als Schuldiger sich dem heilenden Segen Gottes stellen. Dieses Geschlecht braucht Menschen, die für seine Schuld vor Gott stehen.
Gott heißt den Menschen, die eigene Hoffnung auf Erbarmen von dem gewährten Erbarmen abhängig zu machen. Die innerweltliche Schuld muß zugleich mit der transzendentalen Schuld verschwinden, damit die Welt ab und zu einmal aufatmen kann. Das heißt für uns den Verzicht auf jede Bitterkeit und Erbitterung gegen die Menschen, die uns solches getan haben. Ich bin ihnen nicht böse, auch dem großen Scharlatan des deutschen Rechtes (Roland Freisler, Präsident des »Volksgerichtshofes«) nicht. Mir tun sie nur unsagbar leid. Und mehr noch das Volk, das ihnen sich und seine heiligsten Geister ausgeliefert hat. Gott schütze Deutschland.

Führe uns nicht in Versuchung
Diese Bitte sollen wir ernsthaft beten. Der Herr wußte, was Anfechtung ist und welcher Zerreißprobe der Mensch in der Anfechtung ausgesetzt werden kann. Und wer ist seiner sicher? In den »schönen Tagen« überhören wir diese Bitte leicht als für uns nicht aktuell. Bis auf einmal die schönen Tage vorbei sind und man gar nicht mehr weiß, aus wieviel Windrichtungen die Stürme zugleich losgebrochen sind. Der Weg auf meine Klippe hier herauf: durch wieviel Stunden der Schwäche und Not ging er. Stunden der Ohnmacht und des Zweifels und des Nicht-mehr-weiter-Wissens. O, wie können die Dinge ihre wahren Umrisse verlieren und plötzlich in anderen Zusammenhängen erscheinen. Und die Stunde der Anfechtung wird niemand geschenkt. Nur in ihr lernt der Mensch sich selbst kennen und ahnt, welche Entscheidungen von ihm erwartet werden. Hoffentlich bleibe ich da oben schwindelfrei und stürze nicht wieder. Ich habe mich dem Herrgott ausgeliefert und vertraue auf die Hilfe der Freunde.
Die Anfechtung überfällt uns von außen und von innen. Die Macht, die Gewalt, der Schmerz, die erlebte Erniedrigung, das eigene Versagen, der schweigende Gott, die äußerste Hilflosigkeit: das alles kann bittere Entscheidungen fordern. Es kann dann von innen die Angst dazukommen, jenes schleichende Gewürm, das jede Menschensubstanz auffrißt. Es kann die Dämonie von innen losbrechen, die Wildheit, die Empörung, der Zweifel, der Lebenswille, der nicht von sich weg will. Das alles kann bittere Stunden bereiten und die Welt ist nachher anders, als sie vorher war. Die Haut ist gegerbt, trägt Narben und Wunden.
Die einzige Chance, diese Stunden zu bestehen, ist der Herrgott und daß man sich nicht freiwillig in sie begeben hat. Der Herr heißt uns bitten, daß diese Stunden uns erspart bleiben. Ich rate allen, diese Bitte ernst zu nehmen. Was war das doch ein Hexenkessel! Und wie es weitergehen wird, wie lange ich hier an der Kante sitze und warte, ob ich springen muß oder nicht, das weiß ich nicht. Was da noch alles an Gewürm in einem aufwachen kann! Der Mensch muß auf alle falsche Sicherheit verzichten, und er wird der großen Ruhe und Überlegenheit des Herrgotts teilhaftig. Wie ganz anders waren die Stunden vor dem Volksgerichtshof. Obwohl ich vom ersten Wort an wußte, ich falle, habe ich mich keine Minute unterlegen gefühlt. Das war

jenseitige Kraft. Dafür hat mein Leben dort auch ein Thema bekommen, eindeutig und klar, für das sich zu leben und zu sterben lohnt. – Wenn irgendwann, dann gilt es für den Menschen in der Anfechtung: er allein schafft es nicht. Der Herr bewahre Euch und behüte Euch und helfe Euch bestehen.

Sondern erlöse uns von dem Übel
Diese Bitte geht noch einmal den Menschen in der Anfechtung an. Anfechtung ist nicht Bedrängnis schlechthin, sondern Bedrängnis, die das Heil in Frage stellt. Es geht in der Anfechtung um eine Entscheidung für und wider Gott und darin gerade besteht die Anfechtung, daß die Sauberkeit und Sicherheit dieser Entscheidung gehemmt, bekämpft, gefährdet wird. Die Entscheidung für Gott wird keinem Menschen erspart, aber die gefährdete Entscheidung für Gott, die soll der Mensch sich ersparen oder sich vom Herrgott schenken lassen. Es gehört dazu allerdings viel mehr Demut und Ehrlichkeit, als wir heute gemeinhin haben.

Das Übel, um dessen Abwendung wir hier bitten, ist entsprechend nicht das Bedrängende im Leben, die Not, die Sorge, das Harte, das Schwere, die Entbehrung, der Schmerz, das Unrecht, die Gewalt usw., sondern es ist das Bedrängende, das uns in die Anfechtung bringt, das die Schwergewichte verlagert, den Mittelpunkt verschiebt, die Perspektive verdirbt. Es wird schon gleich spürbar, daß die sogenannten »guten Dinge« des Lebens hier genauso hergehören wie die schweren und harten Wirklichkeiten. In ihnen allen steckt die Möglichkeit, uns in die Anfechtung zu verführen oder zu drängen. Es ist hier alles gemeint, was sich zwischen uns und den Herrgott stellen kann; und das können auch wir selbst sein.

Diese Bitte offenbart mehr noch als die frühere den agonalen Charakter des Lebens. Die Dialektik des Daseins kann sich immer wieder steigern bis zur Agonie, nicht nur des Ölbergs, sondern auch des versuchten Herrn in der Wüste. Auch dort war echte Anfechtung, weil ihn hungerte und weil der Teufel ihn anrühren konnte. – Der Teufel! Ja, es gibt nicht nur das Böse, es gibt den Bösen, nicht als Gottes Gegenprinzip, aber als des Herrgotts zähen und elenden Widersacher. Auch daran soll der Mensch denken, daß er die Geister unterscheiden muß. Und daß überall da, wo die Dinge sich meinen, die Gewalt sich anbetet, das Leben sich kraft eigenen Rechtes auf eigenem Wege »selbst verwirklichen« will, nicht nur die Sache, sondern die Widersache geführt wird. Dann muß der Mensch klar sehen; er muß behutsam und entschieden sein. Und er muß auf die Knie gehen und beten, beten. Das ist zehn Jahre lang zu wenig geschehen.

Notizen
Reflexionen über die Zukunft

Herausforderung der Geschichte
Beim Studium der Geschichte macht mich immer wieder die Tatsache traurig, daß wir sie erst nachher studieren. Zu einem guten Teil kann man und müßte man sie vorher studieren. Und man könnte und würde so der Menschheit viel Not und Leid ersparen. Der Weg durch die Geschichte bleibt deswegen immer noch ein Kreuzweg.
Es ist doch so, daß die geschichtlich handelnden Menschen sich in ihrem Handeln bestimmen lassen von der vorgefundenen Lage, vom Schwergewicht der eigenen Situation und von der Struktur und vom Rhythmus der persönlichen Eigenart. Dabei kann es sich um Einzelne handeln oder um Gremien, aber auch um ganze Völker oder Staaten, die ihre Entscheidungen nicht über die genannten Wirklichkeiten hinaus erheben.
Diese halben Entscheidungen, in denen das wahre Thema einer Zeit steht, als Ahnung, Stimmung, Traum und Wunschbild, vielleicht auch als Notwehr und Abwehr von Einseitigkeiten, zwingen die geschichtlichen Subjekte zu großen Umwegen und Irrfahrten, bis sie schließlich doch dort ankommen, wo das Geschick, der Auftrag sie haben will und wollte.
Es hat jede Zeit und jedes Geschlecht seinen Auftrag in der Geschichte. Und je rascher sie diesen ahnen und erkennen und sich an seine Verwirklichung begeben, um so rascher werden sie aus einer gewissen Brutalität der Geschichte entlassen und finden ihre relative Harmonie.
Dieses Thema einer Zeit und eines Geschlechtes gilt es zu finden. Eine große Anzahl von Menschen, ja weitaus die meisten von uns

werden sich nicht zu der Höhe erheben, die dazu gehört, das geschichtliche Leben anders und größer zu sehen denn als Besorgung der täglichen Notdurft, als Wirkraum und Wirkmöglichkeit der subjektiven Leidenschaften oder als Dienst und Auftrag des sacro egoismo (geheiligter Egoismus).

Darum geht es also, daß in jedem Geschlecht eine gewisse Anzahl von Menschen sich finden, die fähig sind, das allgemeine Anliegen zu sehen und immer neu zu sagen. Daß die Philosophen Könige seien, wünschte einmal Plato. Hier ist eine Situation, in der dies gilt. Ich meine aber, hier wäre aus vielen Gründen eine geschichtliche Möglichkeit und Aufgabe des Christen, nicht seine Hauptaufgabe, aber eine Funktion, zu der er kraft seines Wissens um das übergeschichtliche Thema der Geschichte befähigt ist, wenn er sich selbst ernst nimmt.

Theonomer Humanismus

Jede Überlegung unter der Überschrift »Humanismus« ist von vornherein geschichtlich belastet. Es hat eben schon einmal einen, ja, es hat schon mehrere Humanismen gegeben. Und wenn der kommende Humanismus nicht von vornherein sorgt, daß er von den historischen Vorläufern, deren späte und oft unglückliche Erben wir sind, sich klar und eindeutig abhebt, wird man kein Zutrauen zu ihm finden können. Und das mit Recht. Es wird aber schwer sein, schon in der einfachen Anzeige zu sagen, daß es sich um echten Humanismus handelt und doch zugleich um eine Überwindung oder besser heilende Heimholung der historischen Vorläufer.

Es soll ein echtes Erwachen des Menschen zu sich selbst sein, was geschieht: ein Erwachen des Menschen zu seinen Werten und Würden, zur ehrlichen Erkenntnis seiner göttlichen und seiner humanen Möglichkeiten; eine Überwindung aber zugleich der schweifenden, ungebundenen Kräfte und Leidenschaften, in denen der Mensch in seinem eigenen Namen und in aller Verliebtheit in sich selbst den Menschen zerstört hat. Dies soll keine Rede wider die Leidenschaft sein. Wehe dem Menschen, der ohne sie zu leben versucht. Auch dies wäre ein Weg unter den Menschen hinab. Der Mensch soll sich noch einmal begegnen, schon als Sturm, der entfacht, schon als Glut und Feuer. Und doch muß diesen elementaren Ereignissen, die wir meinen, das Zerstörerische genommen werden, das Grenzenlose und Uferlose, das den Menschen aufgelöst und zerfetzt hat. Die Leidenschaft des Menschen zu sich selbst, um die es geht, muß in eine Verhaltenheit eingefangen werden, die ihr alles läßt an Wucht und Feuer und ernster wirkender Liebe zum Menschen: die ihr aber zugleich alles nimmt, was jeder Leidenschaft leicht eignet an Blindheit, an Verlorenheit, an Distanz- und Instinktlosigkeit.

Der Mensch soll und will noch einmal werden. Er zerstört sich selbst, weil er sich nur als Mensch meinte und nur in der Kraft und Ordnung des Menschlichen. Der Mensch ist falsch und unglücklich, allein mit sich selbst. Es gehört die Welt dazu und der Dienst an ihr – und es gehört das Ewige dazu. Nein, der Ewige. Es soll die Zeit des theonomen Humanismus werden.

Die schlechten Erfahrungen, die der Mensch im letzten Jahrhundert mit sich selbst machte, dürfen nicht in der Chaotik der Erlebnisse oder in einer vielleicht kommenden Primitivität der Lebensweise verschüttet werden. Diese Erfahrungen müssen zu klaren Aussagen durchdacht und der Menschheit als Ergebnisse von viel Leid und Not mit auf den weiteren Lebensweg gegeben werden. Ich kann jetzt diese Erfahrungen und Ergebnisse nicht hierarchisch oder logisch oder sonstwie ordnen. Ich kann nur einige, die mir wichtig scheinen, aufzählen, wie sie mir kommen. Hier liegen unsere kommenden Aufgaben.

1. Es geht nicht ohne »Existenzminimum« an gesichertem Raum, gesicherter Ordnung und Nahrung. Dieser Sozialismus des Minimums ist nicht das Letzte, was auf diesem Gebiet zu sagen und zu fordern ist, sondern das Erste, der Anfang. Aber kein Glaube und keine Botschaft, kein Imperium und kein Jahrhundert der Wissenschaft und Technik, keine Gescheitheit und keine Kunst helfen dem Menschen, wo dieses Minimum als gesicherte Stetigkeit nicht zur Verfügung steht.

2. Es geht nicht ohne ein Minimum von Wahrhaftigkeit in jedem Belang.

3. Es geht nicht ohne ein Minimum von Personalität und Solidarität. Solidarität organisch-hierarchisch verstanden.

4. Es geht nicht ohne ein Minimum von allgemeiner Hingabe an die Transzendenz. Wie immer die Idee oder das Ideal einer Zeit beschaffen sein mag, mag es auch von der vollen Wahrheit nur

noch ein Schatten sein: jede irrige Idee und jedes falsche Ideal sind der öden, massenhaften Gedankenlosigkeit vorzuziehen, da sie im Menschen eine gewisse Lebendigkeit für das Geistige überhaupt erwecken, ohne die der Ort des Anrufes durch die ganze Wahrheit verödet und verdirbt.
5. Es geht nicht ohne ein Minimum von Transzendenz. Der Geist, der Mensch muß über sich selbst hinauswollen, wenn er überhaupt Mensch bleiben will.
6. Es geht im allgemeinen nicht und dies alles geht nicht ohne bestimmte innere Lebensbedingungen, zu denen der Mensch immer wieder erweckt und befähigt werden muß. Dieses innere Existenzminimum des Menschen möchte ich umschreiben durch die Worte, mit denen ich echte ehrliche innere Vollzüge meine: Furcht – Ehrfurcht; Anbetung – Liebe; Freiheit – Gesetz.
7. Es geht schließlich sogar und überall nur so, daß man die verschiedenen Lebensräume in Ordnung bringt. Innen: die Personalität; außen: Familie, Gemeinde, Betrieb...

Die Erziehung des Menschen zu Gott
Ich bleibe bei meiner alten These: der gegenwärtige Mensch ist weithin nicht nur gott-los, rein tatsächlich oder auch entscheidungsmäßig, es geht die Gottlosigkeit viel tiefer. Der gegenwärtige Mensch ist in eine Verfassung des Lebens geraten, in der er Gottes unfähig ist. Alle Bemühungen um den gegenwärtigen und kommenden Menschen müssen dahin gehen, ihn wieder gottesfähig und somit religionsfähig zu machen.
Worin diese Gottesunfähigkeit besteht? Sie besteht in einer Verkümmerung bestimmter menschlicher Organe, die ihre normale Funktion nicht mehr leisten. Ebenso in einer Struktur und Verfassung des menschlichen Lebens, die den Menschen überbeanspruchen, ihm nicht mehr erlauben, er selbst zu sein. Dies gilt rein technisch-soziologisch ebenso wie moralisch-ordnungsmäßig. Durch all das hat sich dem Menschen ein Bild seiner selbst gebildet, auf dem er sich nur noch als ens vegetativum et sensitivum (vegetativ-sensitives Sein) sieht. Verstand, Vernunft, Gemüt sind eigentlich nur noch Larven zur Intensivierung des Faktischen.
Man muß die Frage sehr ernsthaft stellen, wie das alles so ge-

kommen ist. Man darf auch z. B. nicht vorschnell die letzten paar Jahre oder Jahrzehnte beschuldigen. Die waren Ernte, nicht Aussaat. Wenn man z. B. Goethes »Dichtung und Wahrheit« liest oder die »Wanderjahre«, so spürt man trotz allem diesen Menschen schon am Kommen. Hier sieht man die Schwerpunktsverlagerungen schon geschehen und schon in der Auswirkung.

Es sind zwei Entwicklungen eingeleitet worden, deren Ergebnis wir heute sind: die innere Entwicklung der menschlichen Schwerpunktverlagerungen, die, einmal begonnen, ihre eigene Logik und Konsequenz hat, und die äußere Entwicklung der technischen, sozialen, wissenschaftlichen und wirtschaftlichen Welt. Diese Entwicklungen haben sich gegenseitig bedingt und gefördert. Der Mensch ist heute weithin der Gefangene und das Ergebnis der Welt, in der er lebt. Diese Welt ist aber zum großen Teil so geworden, weil diese äußeren Entwicklungsreihen den Menschen der inneren Schwerpunktverlagerung und Strukturauflösung antrafen und seiner Entscheidung und Meisterung anvertraut waren.

Was ist zu tun? Drei Möglichkeiten: Die Ordnung Gottes verkünden und von ihrer Wiederanerkennung alles erwarten, den Menschen in Ordnung bringen und von seiner Gesundheit die Gesundung erwarten, den Lebensraum in Ordnung bringen und von da einen Erfolg des Menschen erwarten. – Man muß alle drei tun:

Ich kann predigen, so viel ich will, und Menschen geschickt und ungeschickt behandeln und wieder aufrichten, solange ich will: solange der Mensch menschenunwürdig und unmenschlich leben muß, solange wird der Durchschnitt den Verhältnissen erliegen und weder beten noch denken. Es braucht die gründliche Änderung der Zustände des Lebens. Die Revolution des 20. Jahrhunderts braucht endlich ihr endgültiges Thema und die Möglichkeit der Schaffung erneuter beständiger Räume des Menschen.

Ich mag aber – die derzeitige Verfassung der Mehrzahl der Menschen vorausgesetzt – die Dinge ändern wie immer und sie diesem Menschen überlassen, so werden sie über kurz oder lang aufs neue vermurkst sein. Dieser Mensch ist krankhaft lebensunkundig geworden. Es muß ein eigenes, intensives Bemühen aufgewendet werden, den Menschen wieder seelisch und geistig bodenständig zu machen. Dazu gehören: Erziehung zur Selbständigkeit, Verantwortung, Urteilsfähigkeit, Gewissensfähigkeit; Erziehung zur Gesellung und echter Geselligkeit; Überwindung all der unzähligen Vermassungserscheinungen; Erziehung zur Transzendenz genauso wie zur Immanenz; Bildung zur Sache, zum Menschen, zu Gott hin. Dies alles hängt nämlich ineinander, und das eine geht ohne das andre nicht. Nur der Mensch eines Minimum an geistiger Wachheit, persönlicher Lebendigkeit und sachhafter Lebenskundigkeit wird überhaupt fähig sein, den Namen und das Wort Gottes noch einmal zu vernehmen und die Ordnung Gottes noch einmal anzuerkennen und zu vollziehen. Beides geht nicht ohne Ausrichtung nach dem Gesetz Gottes. Die neue Ordnung der Welt muß die geschichtlich-fällige Form der Ordnung Gottes sein, sonst gibt es einen neuen Turmbau und einen neuen Einsturz. Die Bemühung um den Menschen muß innerlich geführt sein vom Leitbild dessen, der vom Menschen gesagt hat: ad imaginem suam (nach seinem Bilde). Sonst gibt es noch einmal Hybris und Verirrung und einen neuen Wahn.

Was aber geht? Daß alle drei zusammengehören, ist wichtig und richtig. Aber wo anfangen? Und was zuerst tun und grundlegend tun?

Es muß eine Schicht Menschen geben, die das Ganze übersehen, um die Zusammenhänge wissen, die Verflechtungen kennen und die Wirklichkeitsfülle in all ihren Erscheinungen bis in den Grund verfolgt haben, in dem alles mit Gott zusammenhängt und von ihm getragen wird.

Diese Menschen müssen sich in zwei Ordnungen des Daseins vertiefen: der Erkennung und Anerkennung Gottes, also der eigentlichen Religiosität – und der Erkennung und Anerkennung der sachhaften Ordnungen des menschlichen Lebens und des Menschen selbst.

An und für sich könnten die beiden auseinanderfallen, und es bräuchte der Heilige nicht der Weltkundige zu sein. Auch heute darf dies sein. Wenn uns einige Heilige geschenkt würden, würden die Dinge auch in Bewegung zu ihrer Gesundung kommen. Denn die Leistung des Heiligen, eminente Rühmung Gottes, ist sachlich übereinstimmend mit der echten Ordnung der Dinge.

Trotzdem ist heute eine Vertiefung beider Tüchtigkeiten, der eigentlichen Religiosität und der eigentlichen, sachlichen Weltkundigkeit erwünscht, ja notwendig. Die Religion hat so oft in dieses moderne Leben nur grundsätzlich und praktisch ahnungslos gesprochen, daß sie allmählich den Kredit verloren hat, und die Weltkundigkeit hat sich so übernommen, daß sie das Zutrauen zu sich selbst verloren hat.

Die Anregung und Ausbildung dieser Menschen ist auch um der Widerherstellung der Religiosität willen eine Notwendigkeit.

Es ist alles zu fördern, was in Richtung auf eine Gesundung des Menschen oder der Verfassung des Lebens geschieht, auch wenn es noch nicht das Ganze ist.

Es ist der Mensch anzuleiten, sich selbst als Ordnungsentwurf ernst zu nehmen und zu deuten und zu befolgen (existentialer Humanismus). Dieser Humanismus ist dann vorsichtig und behutsam und verantwortungsbewußt auszuweiten zum theonomen (in Gott gründendem) Humanismus.

Es ist auf eine Ordnung des äußeren, sozialen, wirtschaftlichen, technischen etc. Lebens hinzuarbeiten, die dem Menschen ein relativ gesichertes Existenzminimum jeglicher Art (auch geistig, zeitlich, räumlich etc.) verbürgt. Das Maß des Zielbildes ist vom Menschen zu nehmen, das Ausmaß der jeweiligen Verwirklichung nach den sachlichen Möglichkeiten zu bemessen, die Durchführung ist bis zur Verwirklichung des personalen Sozialismus zu erzwingen.

Ob das nun eine Erziehung des Menschen zu Gott ist? Erst die unterste Voraussetzung. Erst die Bemühung um eine Ordnung und Verfassung des Lebens, in der ein Blick auf Gott für den Menschen nicht mehr eine übermenschliche Anstrengung bedeutet. Die Mühe um eine Verfassung des Daseins, in der das Menschenherz auch in seinen Sehnsüchten wieder gesund wird und so unruhig in jener heiligen Unruhe, die erst in Gott zu sich kommt und deshalb auch Gott wieder meint. Dann allerdings bedarf es erst der Hauptsache, des von Gott erfüllten und Gottes mächtigen gleichartigen Menschen, der den andern anspricht und anruft.

Alle die direkten religiösen Bemühungen halte ich in der gegenwärtigen geschichtlichen Stunde für ohne dauerhafte Fruchtbarkeit. Solange der Mensch an der Straße liegt, blutig geschlagen und ausgeplündert, wird ihm der der Nächste und damit der Zuständigste sein, der sich seiner annimmt und ihn beherbergt, nicht aber einer, der zum »heiligen Dienst« vorbeigeht, weil er hier nicht zuständig ist.

Also: Religiöse Vertiefung und Fülle bei denen, die noch religiös existent sind. Ausrichtung dieser auf die Verantwortung der Rettung und Gesundung aller. Aufzeigen der beiden sachlichen Voraussetzungen und somit Leistungen seiner Gesundung: Mensch wieder Mensch, in einer menschentümlichen und menschenwürdigen Ordnung. Intensive Darstellung der Religion durch religiöse Menschen. Das Amt ist in Verruf und muß sich neu legitimieren. Nur religiös existente Menschen sollen die nächsten Jahre verkünden. Mitarbeit an allen Bemühungen um Mensch und Ordnung. Autoritäres Drängen auf diese Bemühungen. Kein voreiliges Zufriedensein.

Damit ist gesagt, daß ich die sogenannten »rein religiösen« Bemühungen um den Menschen heute für unfruchtbar halte, da sie den Menschen nicht in der Fülle seiner Not treffen, sondern, obwohl sie von der Mitte reden, doch an der Peripherie bleiben. Als Bestätigung mag dienen, daß doch fast keine unserer gegenwärtigen religiösen Strömungen die Lage des Menschen als Menschen und als gesamte zum Ausgangspunkt nimmt, sondern eigentlich die Schwierigkeiten des religiösen Menschen, der noch religiös ist, aber die überkommene Form oder Gestalt mit der flüssig gewordenen Existenz nicht mehr zusammenbringt.

Andererseits sollen die Bemühungen auch um die geistige und physische Existenz nicht in der Absicht auf neue Machtpositionen geschehen. Der europäische Mensch verträgt die nächsten hundert Jahre keine Bündnisse zwischen Thronen irgendwelcher Art und den Altären. Es muß um den Menschen gehen, der an der Straße liegt, um seine Wiederherstellung und um die Entbindung des innersten Wertes seines Herzen und seines Gemütes. Es muß um den Menschen der Ehrfurcht, der Anbetung und der Liebe gehen. Nur dieser ist Mensch. All das andere ist Weg. Weiter, weiter und notwendiger Weg. Wir müssen ihn gehen, bis die wenigen Lichter der anbetenden und liebenden Herzen wieder angezündet sind. Dann ist die Menschheit wieder einmal für eine Stunde zu Hause, aber ihrem unruhigen Geist entspringen dann schon die Pläne zu einer neuen Fahrt.

Das Schicksal der Kirchen

Das Schicksal der Kirchen wird in der kommenden Zeit nicht von dem abhängen, was ihre Prälaten und führenden Instanzen an Klugheit, Gescheitheit, »politischen Fähigkeiten« usw. aufbringen. Auch nicht von den »Positionen«, die sich Menschen aus ihrer Mitte erringen konnten. Das alles ist überholt.

Innerhalb ihrer selbst müssen die Kirchen um ihrer Existenz willen entschieden fertigwerden mit der Schwärmerei und dem nachgeholten auflösenden Liberalismus. Hierarchie als echte Ordnung und Führung muß sein. Die Kirche soll dies wissen von ihren Ursprüngen her.

Aber Ordnung und Führung sind etwas anders als Formalismus und feudaler Personalismus. Vor allem muß die Ülerzeugung wieder mehr wachsen, daß die Hierarchie nicht nur Zutrauen zu den Irrtümern und Dummheiten der Menschheit hat; man muß wieder wissen und spüren und erfahren, daß sie die Rufe der Sehnsucht und der Zeit, der Gärung und der neuen Aufbrüche hört und beantwortet, daß die Anliegen der jeweils neuen Zeiten und Geschlechter nicht nur in den Aktenschränken abgelegt werden, sondern als »Anliegen« d. h. Sorgen und Aufgaben gewertet und behandelt werden.

Auch der andere Weg der fordernden Kirche im Namen des fordernden Gottes ist kein Weg mehr zu diesem Geschlecht und zu den kommenden Zeiten. Zwischen den klaren Schlüssen unserer Fundamentaltheologie und den vernehmenden Herzen der Menschen liegt der große Berg des Überdrusses, den das Erlebnis unserer selbst aufgetürmt hat. Wir haben durch unsere Existenz den Menschen das Vertrauen zu uns genommen. 2000 Jahre Geschichte sind nicht nur Segen und Empfehlung, sondern auch Last und schwere Hemmung. Und gerade in den letzten Zeiten hat ein müde gewordener Mensch in der Kirche auch nur den müde gewordenen Menschen gefunden. Der dann noch die Unehrlichkeit beging, seine Müdigkeit hinter frommen Worten und Gebärden zu tarnen. Eine kommende ehrliche Kultur- und Geistesgeschichte wird bittere Kapitel zu schreiben haben über die Beiträge der Kirchen zur Entstehung des Massenmenschen, des Kollektivismus, der diktatorischen Herrschaftsform usw.

Von zwei Sachverhalten wird es abhängen, ob die Kirche noch einmal einen Weg zu diesen Menschen finden wird. Das eine gleich vorweg: dies ist so selbstverständlich, daß ich es gar nicht weiter eigens aufzähle. Wenn die Kirchen der Menschheit noch einmal das Bild einer zankenden Christenheit zumuten, sind sie abgeschrieben. Wir sollen uns damit abfinden, die Spaltung als geschichtliches Schicksal zu tragen und zugleich als Kreuz. Von den heute Lebenden würde sie keiner noch einmal vollziehen. Und zugleich soll sie unsere dauernde Schmach und Schande sein, da wir nicht imstande waren, das Erbe Christi, seine Liebe, unzerrissen zu hüten.

Der eine Sachverhalt meint die Rückkehr der Kirchen in die »Diakonie«: in den Dienst an der Menschheit. Und zwar in einen Dienst, den die Not der Menschheit bestimmt, nicht unser Geschmack oder das Consuetudinarium (schriftliche Zusammenfassung der Gepflogenheiten) einer noch so bewährten kirchlichen Gemeinschaft. »Der Menschensohn ist nicht gekommen, sich bedienen zu lassen, sondern zu dienen« (Mk 10, 45). Man muß nur die verschiedenen Realitäten kirchlicher Existenz einmal unter dieses Gesetz rufen und an dieser Aussage messen und man weiß eigentlich genug. Es wird kein Mensch an die Botschaft vom Heil und vom Heiland glauben, solange wir uns nicht blutig geschunden haben im Dienste des physisch, psychisch, sozial, wirtschaftlich, sittlich oder sonstwie kranken Menschen. Der Mensch heute ist krank. Vielleicht komme ich in den nächsten Tagen dazu, ein paar Gedanken über die Krankheiten des Menschen zu Papier zu bringen. Und der Mensch heute ist zugleich auf vielen Gebieten des Lebens ein überragender Könner geworden, der den Raum menschlicher Macht und Herrschaft sehr ausgeweitet hat. Er ist noch ganz benommen von diesem seinem neuen Können. Er spürt noch nicht manche innere Einbuße und Organverkümmerung, die er dafür eintauscht. Und er braucht sie auch anfangs noch gar nicht zu spüren. Vor allem aber: man braucht sie ihm nicht dauernd zu sagen und vorzuhalten. Eine kluge und weise Führung wird sie in Rechnung setzen, aber nicht dauernd davon reden. Dieser könnende und weltkluge Mensch ist sehr empfindlich gegen jede vermeintliche oder wirkliche Anmaßung. Die Sorgfalt und Zuverlässigkeit, zu denen das technische Leben die Mehrzahl der heutigen Menschen zwingt, geben ihnen auch ein Auge für die Schlamperei und Sudelei, mit denen wir in der Kirche unsere »Funktionen« im weitesten Sinn des Wortes verrichten.

Rückkehr in die »Diakonie« habe ich gesagt. Damit meine ich das Sich-Gesellen zum Menschen in allen seinen Situationen mit der Absicht, sie ihm meistern zu helfen, ohne anschließend irgendwo eine Spalte und Sparte auszufüllen. Damit meine ich das Nachgehen und Nachwandern auch in die äußersten Verlorenheiten und Verstiegenheiten des Menschen, um bei ihm zu sein genau und gerade dann, wenn ihn Verlorenheit und Verstiegenheit umgeben. »Geht hinaus« hat der Meister gesagt, und nicht: »Setzt euch hin und wartet, ob einer kommt.« Damit meine ich die Sorge auch um den menschentümlichen Raum und die menschenwürdige Ordnung. Es hat keinen Sinn, mit einer Predigt- und Religionserlaubnis, mit einer Pfarrer- und Prälatenbesoldung zufrieden, die Menschheit ihrem Schicksal zu überlassen. Damit meine ich die geistige Begegnung als echten Dialog, nicht als monologische Ansprache und monotone Quengelei.

Dies alles wird aber nur verstanden und gewollt werden, wenn aus der Kirche wieder erfüllte Menschen kommen. πλήρωμα, die Fülle: das Wort ist wichtig für Paulus (Kol 2,9). Ist noch wichtiger für unser Anliegen. Die erfüllten Menschen, nicht die heilsängstlichen oder pfarrerhörigen erschreckten Karikaturen. Die sich wieder wissen als Sachwalter und nicht nur *Sach*walter Christi, sondern als die, die gebetet haben mit aller Offenheit: fac cor meum secundum cor tuum (bilde mein Herz nach deinem Herzen). Ob die Kirchen den erfüllten, den von den göttlichen Kräften erfüllten, schöpferischen Menschen noch einmal aus sich entlassen, das ist ihr Schicksal. Nur dann haben sie das Maß von Sicherheit und Selbstbewußtsein, das ihnen erlaubt, auf das dauernde Pochen auf »Recht« und »Herkommen« usw. zu verzichten. Nur dann haben sie die hellen Augen, die auch in den dunkelsten Stunden die Anliegen und Anrufe Gottes sehen. Und nur dann schlagen in ihnen die bereiten Herzen, denen es gar nicht darum geht, festzustellen, wir haben doch Recht gehabt; denen es nur um eines geht: im Namen Gottes zu helfen und zu heilen.

Aber wie dahin kommen? Die Kirchen scheinen sich hier durch die Art ihrer historisch gewordenen Daseinsweise selbst im Weg zu stehen. Ich glaube, überall da, wo wir uns nicht freiwillig um des Lebens willen von der Lebensweise trennen, wird die geschehende Geschichte uns als richtender und zerstörender Blitz treffen. Das gilt sowohl für das persönliche Schicksal des einzelnen kirchlichen Menschen wie auch für die Institutionen und Brauchtümer. Wir sind trotz aller Richtigkeit und Rechtgläubigkeit an einem toten Punkt. Die christliche Idee ist keine der führenden und gestaltenden Ideen dieses Jahrhunderts. Immer noch liegt der ausgeplünderte Mensch am Wege. Soll der Fremdling ihn noch einmal aufheben? Man muß, glaube ich, den Satz sehr ernst nehmen: was gegenwärtig die Kirche beunruhigt und bedrängt, ist der Mensch. Der Mensch außen, zu dem wir keinen Weg mehr haben und der uns nicht mehr glaubt. Und der Mensch innen, der sich selbst nicht glaubt, weil er zu wenig Liebe erlebt und gelebt hat. Man soll deshalb keine großen Reformreden halten und keine großen Reformprogramme entwerfen, sondern sich an die Bildung der christlichen Personalität begeben und zugleich sich rüsten, der ungeheuren Not des Menschen helfend und heilend zu begegnen.

Die meisten Menschen der Kirche und die amtliche Kirche selbst müssen einsehen, daß für die Gegenwart und ihre Menschen die Kirche nicht nur eine unverstandene und unverstehbare Wirklichkeit ist, sondern in vieler Hinsicht eine beunruhigende, bedrohliche, gefährliche Tatsache. Wir laufen auf zwei Parallelen, und es führen keine verbindenden Stege hinüber und herüber. Dazu kommt, daß sich jede der beiden Instanzen – die »natürliche« und die »übernatürliche« – der andern gegenüber als zuständiger Richter vorkommt. Für die Kirche ergibt sich daraus eine mehrfache Verpflichtung.

Die harte und ehrliche Überlegung, wie dies so werden konnte. Und zwar nicht eine Überlegung nach der Schuld des andern.

Die alte Frage, was sich für das Aufleben, die Erscheinungsweise der Kirche für Konsequenzen ergeben.

Viel wichtiger und tiefer: Erziehung zur Ehrfurcht dem anderen Menschen gegenüber. Weg von der Anmaßung zur Ehrfurcht.

Die Kirche muß sich selbst viel mehr als Sakrament, als Weg und Mittel begreifen, nicht als Ziel und Ende.

Die personale Verständigung ist heute wichtiger als die ursprüngliche sachliche Integrität.

Überhaupt entsteht die Frage, ob man das Urteil über das geschichtlich Gewordene immer und unter allen Umständen den geschichtlichen Werten überlassen könne, ja dürfe.

Ehrliche Nüchternheit in der Feststellung, daß die Kirche heute

nicht zu den führenden Mächten und Kräften der Menschheit gehört.
Und daß man diesen Sachverhalt nicht einseitig durch ein d'accord mit anderen mächtigen Instanzen der Geschichte darstellen kann (Thron und Altar in irgendwelchen Formen), sondern nur durch die Entbindung einer eigenen, inneren Lebendigkeit und Möglichkeit (puissance, nicht force) (Kraft, nicht Gewalt).
Die Wucht der immanenten Sendung der Kirche hängt ab vom Ernst ihrer transzendenten Hingabe und Anbetung.
Der anmaßende Mensch ist schon in der Nähe der Kirche immer vom Übel, geschweige denn in der Kirche und gar im Namen der Kirche oder als Kirche.

Die Orden

Die Orden werden für das kommende Leben der Kirche eine große Bedeutung haben. Zu der unorganisierten Vereinzelung, in der die Priester werden arbeiten müssen, bieten die Orden geistigen Raum und Heimat und Austausch und brüderliche Kameradschaft. Aber: es muß auch da die Bürgerlichkeit und der Historismus überwunden werden und zu einer neuen schöpferischen Begegnung zwischen Idee und Not kommen.
Von den historischen Orden empfinde ich nur *drei* von Bedeutung für die Überwindung der kommenden Not: die Kapuziner, die Benediktiner, die Gesellschaft Jesu.
Die Orden und ordensähnlichen Gemeinschaften einer alten partikulären Zielsetzung scheiden aus, da sie einen zu schmalen Menschen bilden, der der großen Zusammenhänge und Aufgaben, die gesehen werden müssen, selten fähig ist. Dagegen sind sehr zu fördern die gemeinschaftlichen Zusammenschlüsse von Weltpriestern (Oratorien usw.), da sie den Weltpriestern das geben, was sie über das Organisatorische hinaus brauchen und was ihnen die Diözesen in ihrer gegenwärtigen Struktur und Führung nicht geben können, und zugleich ein Obdach schaffen für die Zeiten, in denen wir ohne Organisation leben und schaffen werden müssen.
Von den großen Orden haben die *Dominikaner* noch keine deutsche Lebensform gefunden. Sie schwanken zwischen historischem Thomismus und einer hemmungslosen Modernität. Außerdem ist aber die Schicksalsfrage dieses Ordens: über Thomas zurück zu

Dominikus – in Deutschland noch nicht gespürt. Dazu kommt, daß auch die Modernität bestimmter Kreise im Orden nicht viel hat von der Leidenschaft und der Instinktsicherheit, die etwa den französischen Dominikanern – trotz der kirchlichen Zensur – eignet.

Die *Franziskaner* haben wenigstens in Zeiten seit Holzapfel (Heribert Holzapfel OFM, Lektor für Kirchenrecht, 1868–1936; Provinzial der Bayrischen Franziskaner-Provinz, 1912–1918; hervorragender Kenner der Geschichte des Franziskanerordens; Handbuch der Geschichte des Franziskanerordens, 1909) keine franziskanischen Führer mehr, sondern schweben und eigenbröteln und passen an. Die Ausrichtung des Münchner Studiums hat den Franziskanern die unmittelbare seraphische Glut genommen und damit die Unmittelbarkeit zum Volk.

Die *Kapuziner* werden – ähnlich wie nach der Reformation und nach dem Dreißigjährigen Krieg – wieder einmal eine ihrer großen Stunden erleben. Ihre solide Echtheit, ihr überwiegender, büßerischer Geist und ihre Unmittelbarkeit in Gotteswort und Menschensprache werden wieder zu einer großen Sendung berufen wie ihre nie angetastete, unmittelbare Verbindung mit dem Volk.

Bei den *Benediktinern* hängt alles von der Rückkehr zu Benedikt ab, von der Überwindung einer bürgerlichen Feudalität ebenso wie dieses geistigen und religiösen Ästhetizismus. Die erneute Verwirklichung der Idee des Kolonenordens (Kolone – Siedler, hier: sich irgendwo ansiedeln und von dort aus wirksam werden), physisch, geistig und religiös, wird in der nomadenhaften Zeit ein ungeheurer Segen sein.

Die *Gesellschaft Jesu* kann auch noch einmal eine große Stunde und Aufgabe finden, wenn auch vielleicht mit wenig Menschen und Mitteln. Aber auch hier müssen einige »liebe Dinge« fallen. Wir müssen von dem *legalen Formalismus* zu dem unser Gehorsam entartet ist, loskommen. Die zweite Gesellschaft hat in wenigen Menschen nur den Impuls und die Leidenschaft der ersten erreicht. Sie ist in zu vielen Lebensbeziehungen Rekonstruktion geblieben. Zurück zu Ignatius, von Konsuetudinarien (Zusammenfassungen »üblich« gewordener Lebensformen) zu den Konstitutionen. Dieser Formalismus hat tatsächlich dazu geführt, daß wir der modernen Vermassung nicht entgangen sind. Es wird viel Mühe auf die Bildung echter Individualitäten zu verwenden sein.

Damit ist schon die wichtige Frage der Aufnahme und Ausbildung berührt. Ein sehr wertvoller Mitbruder hat mir gesagt: Ich würde mich selbst, wenn ich Oberer geworden wäre, nicht aufgenommen haben. Das ist in dem Fall übertrieben, der Gedanke ist richtig. Er meinte damit aus dem Gesprächsganzen die Tatsache, daß infolge der modernen Verhältnisse die meisten jungen Leute in einer menschlichen Unfähigkeit in die Ordensausbildung kommen, mit der die Ausbildung nicht rechnet und die sie theoretisch nicht voraussetzt. Ein Minimum von menschlicher Entwicklung und Entfaltung, auch erlebnismäßiger, muß vorausgesetzt werden, damit die großen Fragen der Gesellschaft und der Kirche sich nicht in kleine Andachten und Gewohnheiten verwandeln. Die Erziehung zur großen religiösen und missionarischen *Leidenschaft* müßte sehr in der Absicht liegen. Dazu gehört auch die Entwicklung einer arteigenen Spiritualität und Mentalität und Philosophie und Theologie. Diese Dinge kommen ja vor lauter Vielwissen an sich kaum in den Blick. Der den deutschen Universitäten des neunzehnten Jahrhunderts abgequälte Studienbetrieb ist vom Teufel. Er hindert alle Geschlossenheit und Prägung. Die multa, die man wissen muß, um heute über die geistige Straße gehen zu können, können in einem Vierteljahr mitgeteilt werden. Die Erprobung zu Einem zeigt die Befähigung zu vielem, nicht umgekehrt. Der Orden müßte wieder ein Grund schöpferischer Quellen werden. Ich hoffe sehr, daß Karl Rahner theologisch das schafft. Ebenso wichtig ist eine neue Konzeption der Philosophie. Und dann eine intensive und schöpferische Mitarbeit an der Idee der neuen Bildung (theonomer Humanismus) und der geistigen Grundlegung der neuen Sozialordnung (personaler Sozialismus). Der Orden muß in diesen Schicksalsstunden sich in Deutschland eingemeinden, er muß von jetzt an kraft unserer Leistung beim Wiederaufbau einfach zu den geschichtlichen Grundkräften dieses schwierigen und wichtigen, entscheidend wichtigen Volkes gehören. Er muß mit Leidenschaften und Ehrlichkeit an diese Absicht herangehen und Geduld haben. Nur keine frühen reifen Früchte und Ergebnisse haben wollen. Unser ganzes Geschlecht ist Samen. Es hängt davon ab, was mit uns gesät wird; geehrt werden wir nicht. Die historischen Erinnerungen dürfen nicht als Binden vor den Augen den Blick hemmen für die geschichtlichen Aufgaben. Die christliche Idee ist in Deutschland keine gestaltende und bildende

Idee mehr. Wir müssen ganz von vorne anfangen bei der *Bildung* (nicht Abrichtung) der eigenen und der anderen Menschen. Die billige Vorliebe für den harmlosen und deshalb bequemen Menschen, auf den u. a. die Lebensweise unserer großen Männer abgestimmt ist, taugt nicht. Am Ende kommen doch schrullige Eigenbrötler heraus, aber jetzt nicht die spannungsreiche Kantigkeit des Typs, sondern die onkelhaften Eigenlieben des Bürgers. Bildung des in Freiheit gebundenen Menschen muß die spürbare Absicht bleiben, nicht die Resignation auf das unterste Niveau, das zur Verfügung steht.

Helmuth J. von Moltke –
Briefe
an P. Alfred Delp
im Gefängnis Tegel

Liebe Freunde, Euere Wünsche zum neuen Jahr haben mich sehr gefreut und ich erwidere sie von Herzen. Wenn wir dieses Jahr 45 teilweise schließen sollten, so können wir wahrlich mit dem 118. Psalm sagen: Es ist vom Herrn geschehen und ist ein Wunder vor unseren Augen. Um unseren Streitpunkt zu klären, will ich folgendes sagen: Der Herr hat uns wunderbar bis hierher geführt; er hat in den letzten zwei Monaten auch im menschlichen Kausalzusammenhang Stellen gezeigt, die uns günstige Wendungen vorbereiten und ermöglichen können; er hat uns durch vielerlei Zeichen gezeigt, daß er bei uns ist. Daraus schließe ich, daß, wenn ich ständig darum bitte, er weiter uns spüren lassen wird, daß er bei uns ist; aber das kann er am Galgen in Plötzensee genausogut tun, wie in der Freiheit in Kreisau oder sonstwo. Ich will meinem Fleisch nicht erlauben, sich auf das Faulbett angeblicher göttlicher Verheißung weiteren Lebens zu legen und das täte es so gerne. Ich muß es mit dem Bewußtsein des nach menschlicher Erkenntnis in wenigen Tagen oder höchstens Wochen bevorstehenden Todes ständig züchtigen, wenn ich es im rechten Zustand des »Wachet und Betet« erhalten will. Ich kann nicht glauben und kann mir auch nicht erlauben zu glauben, daß Gott mir heute offenbaren wird, was er morgen mit mir vorhat. Mir jedenfalls antwortet er, sobald ich neugierig werde, wie er es Paulus schon in anderem Zusammenhang getan hat: »Laß Dir an meiner Gnade genügen.« – Das dürft Ihr aber nicht Unglauben nennen, genausowenig wie ich Euch für Magier halte. Und damit Gott befohlen! Auch im neuen Jahr, ich halte Lukas 1,74 u. 75 für sehr schön, aber vielleicht darf ich meinem Temperament gemäß vorschlagen,

Röm 14, 8 nicht aus den Augen zu lassen. Eines aber ist ganz gewiß, daß wir ohne Unterlaß beten dürfen und müssen.   H.

Lieber Delp, lügen müßte ich, wenn ich behauptete, ich hätte Ihr Briefchen ganz entziffern können. Aber ich wüßte nicht, wieso ich Ihnen etwas zu vergeben hätte. Wenn Sie meinen, daß Sperr, Reisert und Fugger nicht gerade Säulen für uns waren, so tut das gar nichts. Wer kann wissen, wozu dies alles im Plan des Herrn nötig ist. Für uns gilt es nur eines: Uns freudig seiner Führung anvertrauen, auch dann, wenn wir im Dunkeln gehen müssen und unseren Pfad nicht vor uns sehen können. – Daß in den zwei Termintagen die drei »Kleinen« eine notwendige Rolle gespielt haben, ist klar. Reisert hat bekundet, daß ich ein merkwürdiger Adeliger und Großgrundbesitzer war, der eine großgrundbesitzerfeindliche und unjunkerliche Wirtschafts-, Agrar- und Kulturpolitik vertrat, und Sperr hat mich sozusagen von den Schlacken des meinem Namen anhaftenden Preußentums befreit. So bleiben Sie, Gerstenmaier und ich als das wahre Objekt des Prozesses übrig; und damit ging die wahre Offensive Freislers gegen die katholische Kirche und gegen die evangelische Kirche, gegen mich, der ich von allen Interessen, von aller Gewalt befreit war, der ich ein protestantischer Laie war, dessen Beziehungen zu Katholiken Gegenstand der schwersten Angriffe waren, gegen mich konnte der Nationalsozialist Freisler eben nur vorgehen als gegen den Christen schlechthin. Das hat ihn zu jenen extremen, klaren Äußerungen über die letzte Unvereinbarkeit von Christentum und Nationalsozialismus gezwungen, die, selbst wenn wir fallen, als fruchtbarer Same ins Land gehen werden. Diesen Gegenspieler zu Freisler, oder dieses Opfer konnte eben nur ich abgeben und auch nur in dieser merkwürdigen Konstellation. Darum ist nichts zu beschönigen, nichts zu vergeben. Wir haben als Leidende einen Auftrag erfüllt. Hat der Herr uns einen weiteren Auftrag erteilt, wie ich gehört zu haben meine, so wird er uns auch dafür erhalten. Will er uns zu sich rufen, so hat der 9.–11. Januar 1945 unserem Leben einen Sinn gegeben, den viele, ja die meisten, die heute sterben müssen, vermissen werden. Dafür kann es nur Dank geben, auch wenn der Weg nach Plötzensee führt.
Die Wartezeit, die uns noch geschenkt ist, wird mancherlei Prü-

fungen bringen. Glauben wir fest an unseren weiteren Auftrag! Aber Sie wissen, daß ich für meine Person der Meinung bin, daß, obwohl der Herr mir durch Freislers Mund einen Auftrag gegeben hat, er mir damit nicht kundtun wollte, ob er mir zur Erfüllung dieses Auftrags auch eine Lebensspanne von Stunden, Tagen oder Jahren gibt. Darum müssen wir im Glauben sicheren, festen, freudigen Schrittes unsere Bahn gehen, auch wenn wir den Weg nicht sehen.

Darum Gott befohlen! Der Weg führe uns in die Freiheit oder zum Galgen,

stets Ihr   Moltke

Im übrigen hoffe ich, daß Sie einen Bericht geschrieben haben, der jenes dramatische Moment des unüberbrückbaren Gegensatzes zum Christen klar hervortreten läßt, denn wir wollen, wenn man uns schon umbringt, doch auf alle Fälle reichlich Samen streuen.

Inhalt

Eine biographische Einführung
Alfred Delp – Zeugnis für den lebendigen Gott 6

Aus Delps Schriften
Katholische Aktion des Mannes 58
Kirche in der Zeitenwende 66
Christliche Persönlichkeit 72
Gelübde 80
Warum sie sich ärgern an uns 82
Tagebuch der Großen Exerzitien 87
Vertrauen zur Kirche 102
Das gegenwärtige Weltverständnis und die christliche Haltung gegenüber der Welt 117
Aufzeichnungen aus Wolferkam 120
Tragische Existenz. Zur Philosophie Martin Heideggers 127
Christ und Gegenwart 134
Der kranke Held 139
Weltgeschichte und Heilsgeschichte 147

Der Mensch vor sich selbst
Vorwort 154
Selbsterlebnis des Menschen 154
Die Frage 163
In der Welt 168
Schöpferischer Geist 176
Persönlichkeit und Gewissen 184
Über den Menschen hinaus 192

Mensch unter Menschen 195
Durch die Welt 201
Der dunkle Weg 207
Der Mensch vor sich selbst 212

Aus Delps Predigten
Unschuldige Kinder 222
Vierter Fastensonntag
Tröstet, tröstet mein Volk 228
Heiliger Josef 237
Ostern 240
Priesterweihe 247
Hölderlin 259

Briefe und Texte aus dem Gefängnis
Briefe 266

Meditationen
Adventsgestalten 313
Dritter Adventssonntag 318
Gestalten der Weihnacht 324
Epiphanie 1945 339
Vater Unser 347

Notizen –
Reflexionen über die Zukunft 361

Helmuth J. Graf von Moltke
Briefe an P. Alfred Delp im Gefängnis Tegel 377

Fotonachweis
Oberdeutsche Provinz der Gesellschaft Jesu,
München;
P. Otto Ogiermann SJ;
Zentralbild, Berlin

Verwendete Literatur
Grundlage für die vorliegende Auswahl
bildete folgende Ausgabe: Alfred Delp –
Gesammelte Schriften in vier Bänden,
herausgegeben von Roman Bleistein,
Verlag Josef Knecht, Frankfurt/M.
1982–1984

Verlag und Herausgeber danken dem Verlag
Josef Knecht, Frankfurt/M. für die groß-
zügige Abdruckerlaubnis. Insbesondere
danken wir Herrn Prof. Dr. P. Roman
Bleistein SJ, München, der in jahrelanger
Arbeit die vierbändige Ausgabe der Delp-
Texte besorgt und für unsere Auswahl
reichlich Fotos zur Verfügung gestellt hat.

Kirchliche Druckerlaubnis: Dresden, den 23. August 1985,
+ Weinhold, in Vertretung des Generalvikars

ISBN 3-7462-0026-1

© St. Benno-Verlag GmbH Leipzig 1986
1. Auflage 1986
Lizenznummer 480/67/86
LSV 6440
Lektor: Gottfried Probst
Printed in the German Democratic Republic
Gesamtherstellung: Druckwerkstätten Stollberg VOB
Gesamtgestaltung: Werner Sroka, Markkleeberg
01170

P. Alfred Delp SJ –
Bilder aus
seinem Leben

*»Ich hatte nicht daran gedacht,
daß dies mein Weg sein könnte.
Alle meine Segel
sollten steif vor dem Wind stehen;
mein Schiff wollte auf große Ausfahrt,
die Fahnen und Wimpel
sollten stolz und hoch in allen Stürmen
gehißt bleiben. ...
Es ist anders gekommen.
Gott halte mich in der Kraft,
ihm und seiner Fügung und Zulassung
gewachsen zu sein. ...«*

*Aus Delps Abschiedsbrief an seine Freunde
nach der Verurteilung.*

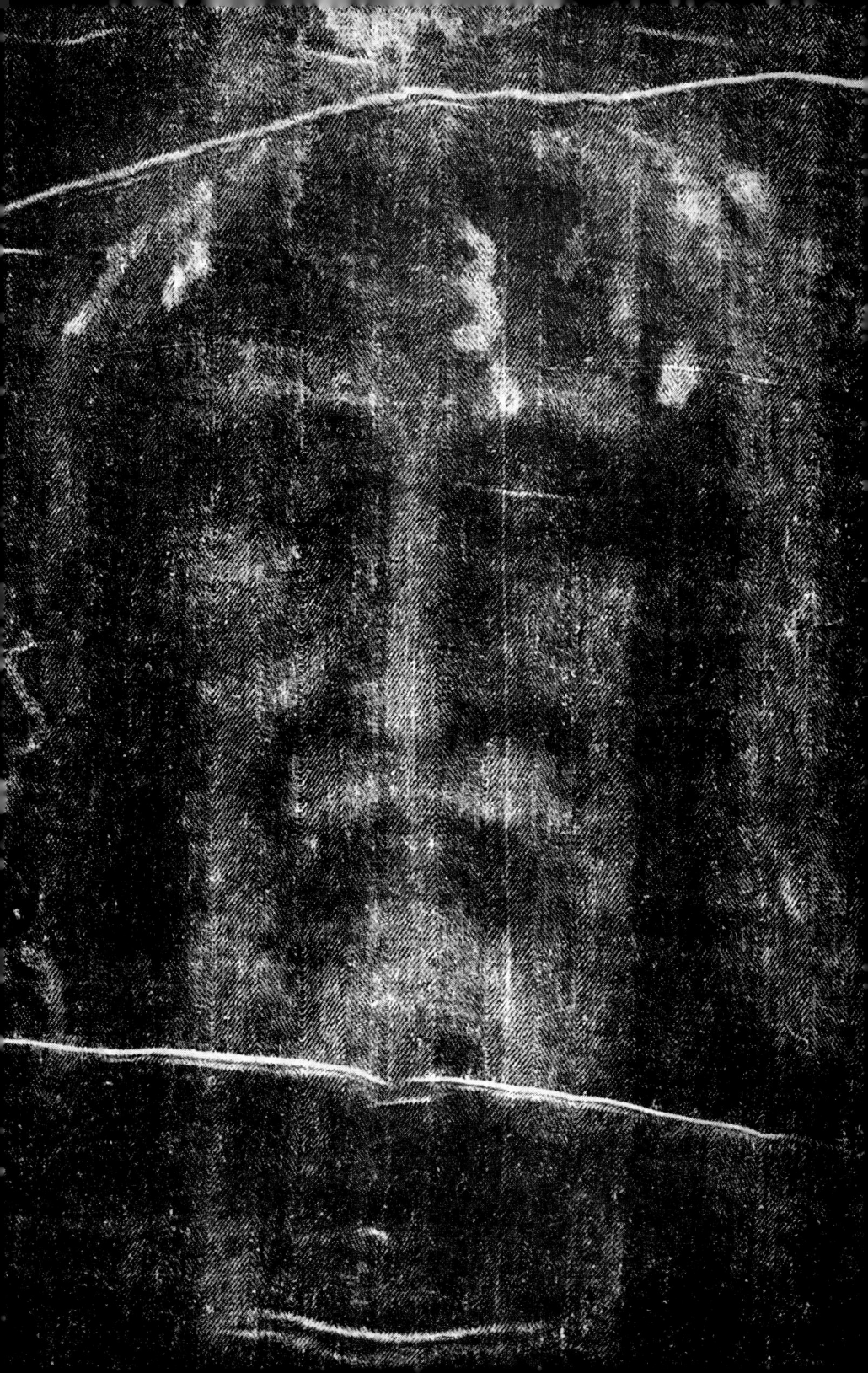

Vorhergehende Seite
1 Das ›Turiner Tuch‹:
Antlitz Christi.

2 Lampertheim: die katholische Kirche und das katholische Vereinshaus ›Zum Schwanen‹, in dessen oberem Stockwerk die Familie Delp wohnte.

3 Das katholische Pfarrhaus in Lampertheim.
4 Pfarrer Johannes Unger (1866–1935), der väterliche Freund der Familie Delp in Lampertheim.

Jugend

5 Alfred Delp als ›Neudeutscher‹ in seiner Dieburger Zeit.

6 Jesuitenpater Ludwig Esch, ›Bundeskanzler‹ des Bundes ›Neudeutschland‹, dem Alfred Delp seit seiner Dieburger Zeit angehörte.

7 Ein großes Treffen der ›Neudeutschen‹ – vorn in der Mitte sitzend der ›Bundeskanzler‹, P. Ludwig Esch SJ.

Jugend

Jugend

8 Burg Breuberg im Odenwald – Ziel für Treffen der ›Neudeutschen‹.
9 Klassenausflug in Dieburg. Alfred Delp neben dem Lehrer.

10 Die ›Goethe-Schule‹ in Dieburg, früher ›Hessisches Gymnasium zu Dieburg‹. Dort legte Alfred Delp 1926 sein Abitur ab.

11 Alfred Delp als Schüler in Dieburg an der ›Goethe-Schule‹. Delp in der zweiten Reihe, stehend, ganz rechts.

Jugend

12 W. E. Freiherr von Ketteler (1811–1877), Bischof von Mainz, Wortführer für kirchliche Freiheit und für Sozialpolitik, Erbauer des Dieburger Konvikts, in dem Delp während seiner Gymnasialzeit wohnte.

13 Der Altar mit der Schmerzensmutter in der Dieburger Wallfahrtskirche.

14 Das Bischöfliche Konvikt in Dieburg, erbaut von Bischof Ketteler.

Noviziat/Philosophiestudium

15 Das Noviziatshaus der Jesuiten in Feldkirch/Vorarlberg in Österreich. Hier lebte Delp als Novize der Jesuiten von 1926 bis 1928.

16 Das Berchmans-Kolleg der Jesuiten in Pullach bei München. Hier studierte Delp von 1928 bis 1931 Philosophie.

Philosophiestudium

17 Martin Heidegger (1889 bis 1976) wenige Jahre vor seinem Tode. Er korrigierte im Alter einige seiner früheren Aussagen.

18 Frater Delp auf einem Ausflug in den bayerischen Forst während seiner Zeit im Berchmans-Kolleg in Pullach.

19 ›Tragische Existenz‹, die Antwort Delps auf Heideggers Philosophie.

ALFRED DELP S.J.

Tragische Existenz

Zur Philosophie Martin Heideggers

Herder & Co. G.m.b.H. Verlagsbuchhandlung
Freiburg im Breisgau 1935

20 Umgebung von Feldkirch – im Hintergrund die Gurtisspitze. In Feldkirch absolvierte Delp nach dem Studium der Philosophie sein ›Interstiz‹.

Interstiz

21 ›Stella Matutina‹ – ›Morgenstern‹. Gymnasium und Internat der deutschen Jesuiten in Feldkirch/Österreich für deutsche, österreichische und schweizer Schüler.

22 Delp mit der ›Oberabteilung‹, der ›OA‹, der ›Stella‹ in Feldkirch (zweite Reihe Mitte).

Interstiz

23 Frater Delp als Präfekt der ›OA‹ im Kolleg ›Stella Matutina‹ in Feldkirch in den Jahren 1931 bis 1934.

24 Delp mit Jungen seiner Abteilung als Präfekt während des ›Interstizes‹.

25 Die Präfekten des Feldkirchener Kollegs mit ihrem Rektor P. Rösch (sitzend in der Mitte). Frater Delp stehend hinten in der Mitte.

Interstiz

26 Jesuitenkolleg in St. Blasien/Schwarzwald, wo der durch Nazi-Schikanen in Feldkirch unmöglich gewordene Unterricht ab April 1934 fortgeführt wurde.

27 Die deutschen Schüler der ›Stella Matutina‹ verlassen im April 1934 das Kolleg in Feldkirch – Frater Delp mit seiner ›Oberabteilung‹.

28 Delp in St. Blasien mit der ›OA‹ unterwegs zum Arbeitseinsatz für das Kolleg – Juni/Juli 1934.

Theologiestudium

29 Delp beim Studium.
30 Ignatiuskolleg in Valkenburg/Holland – Hochschule der deutschen Jesuiten für Philosophie und Theologie. Hier studierte Delp von 1934 bis 1936.

Theologiestudium

31 Die Professoren der philosophisch-theologischen Hochschule ›St. Georgen‹ in Frankfurt/Main – Aufnahme einige Jahre vor Delps Studienbeginn in ›St. Georgen‹.

32 Neuere Aufnahme von ›St. Georgen‹, Frankfurt/M. – hier absolvierte Delp sein drittes und viertes Jahr des Theologiestudiums.

Theologiestudium

33 Portal des Kaiserdomes in Frankfurt/M., wo Delp im März 1937 die Weihen des Subdiakonates und des Diakonates empfing.

Terziat

34 Die ›Rottmannshöhe‹ am Starnberger See. Hier verbrachte P. Delp von Herbst 1938 bis Sommer 1939 das Terziat, die Zeit der Besinnung und Festigung vor dem Eintritt in die eigentliche Arbeit als Priester der Gesellschaft Jesu.

35 Delp mit zwei Mitbrüdern auf einer Wanderung an einem Ferientage.

36 Erzbischof Kardinal Michael Faulhaber von München (1869–1952) unterstützte den Widerstand gegen die Nazis; entwarf für Pius XI. die Enzyklika ›Mit brennender Sorge‹; weihte Delp in der Münchner Jesuitenkirche St. Michael am 24. Juni 1937 zum Priester.

37 Während der Priesterweihe legt Kardinal Faulhaber Delp die Hände auf. Das Meßgewand ist noch nicht entfaltet.

38 Delp als Neupriester.

Priesterweihe

39 Innenaufnahme der Münchner Jesuitenkirche St. Michael.

40 Die St. Michaelskirche nach einem Bombenangriff auf München am 22. November 1944.

Priesterweihe

Heimatprimiz

41 Pater Delp (rechts außen) und die anderen Neupriester der Oberdeutschen Provinz mit dem Rektor des Berchmans-Kollegs, P. Schalk, vor dem Kollegsportal nach der Priesterweihe, am 25. Juni 1937.

42 P. Delp am Tage seiner Heimatprimiz, dem 4. Juli 1937, beim Auszug aus der Kirche nach der heiligen Messe, unmittelbar hinter dem Ortspfarrer.

Heimatprimiz

43 P. Delp mit seinen Eltern am Tage seiner Heimatprimiz, der ersten heiligen Messe daheim. Der Vater ist bereits gichtkrank.

44 Delp auf dem Gipfel der Kampenwand, unweit von Wolferkam, seinem Ferienort, vor seiner Verhaftung.
45 Der lachende P. Delp, Aufnahme in München.
46 P. Delp in den Tagen nach der Heimatprimiz in Lampertheim.
47 Damaliges Haus der ›Stimmen der Zeit‹ (Monatsschrift der deutschen Jesuiten) in München.
48 P. Delp war Mitarbeiter an den ›Stimmen der Zeit‹.

STIMMEN DER ZEIT

Christophorus-Verlag – Herder K.G., Freiburg i. Br.

69. Jahrgang
12. Heft
136. Band
September 1939

Abhandlungen

	Seite
Albert, Joseph, Das unbekannte Volk der Slowaken	96
Balthasar, Hans Urs v., Wendung nach Osten	32
—, Auch die Sünde	222
Braig, Friedrich, Religion und Poesie	9
Brunner, August, Maurice Blondels Philosophie des Menschen	273
Cahill, Edward, Eire	244
Delp, Alfred, Christ und Gegenwart	343
— M., Apologie des Christentums. Blaise Pascal und Thomas	365
... Das Weltbild Nicolai Hartmanns	21
... als Abschlußwissenschaft?	78
... Blüte und der Verfall der christ-	388
...	296

Chrift und Gegenwart
Von Alfred Delp S. J.

Die beiden Begriffe: Chrift und Gegenwart, meinen zwei Wirklichkeiten, die hiftorifch gefehen, irgendwie in einem gefpannten Verhältnis zueinander ftanden. Immer hatten die Chriften an ihrer jeweiligen Gegenwart etwas auszufeßen, und diefe Unzufriedenheit fteigerte fich bis zur Verfuchung der Flucht und des Fluches. Und immer war auch die jeweils »gegenwärtige Zeit« mit den Chriften unzufrieden und ftand oft genug gegen fie in Feindfchaft...

Arbeit als Priester

49 Kirche und Schule in Neukirchen am Simssee, unweit vom Chiemsee. Im nahegelegenen Wolferkam weilte Delp oft zur Erholung und Besinnung.

50 Das Bauernhaus in Wolferkam am Simssee, in dem P. Delp bei seinen Besuchen wohnte.

51 Marienbild im Kirchlein am Simssee, wo Delp gern in aller Stille verweilte – Maria, seine ›mütterliche Herrin‹.

Arbeit als Priester

52 Delp (rechts) und sein Ordensfreund P. von Tattenbach (links), zusammen mit einem Wehrmachtsangehörigen. Tattenbach half Delp während der Haftzeit.

53 »Wer nicht den Mut hat, Geschichte zu machen, wird ihr armes Objekt. Laßt uns tun. Ihr Alfred Delp« – ein Wort Delps für seine Freunde.

54 ›Die gefesselten Hände‹ von Tilman Riemenschneider – dieses Bild hatte Delp in seinem Zimmer auf dem Schreibtisch stehen.

Arbeit als Priester

Arbeit als Priester

München, den 25. August 1943

Lieber Heinz,

verzweifle nicht an mir. Ich hab Dich nicht vergessen. Nur war das Leben wieder einmal so viel mächtiger als meine besten Pläne. Aber jetzt bin ich da und jetzt sollst Du die öfteren Briefe haben, die wir ausgemacht haben. –
Wie geht es Dir, Freund? Du hast genug zeitlichen Abstand von damals und kannst nun ehrlich und nüchtern sehen, was war und was ist. Auf das Sein kommt es an, auf das ganz nüchterne und herbe und männliche Sein. Und glaub mir, auf die Dauer ist das Richtige auch allein das Schöne und Wohlgefällige. Auch wenn es manchmal seine Schönheit hinter einer herben Sprödigkeit verbirgt. Das Echte allein ist schön. Und nur um das Echte lohnt sich die Mühe und der Einsatz und die Plage, die wir immer wieder mit uns haben.
Ich freue mich auf Deine nächsten Nachrichten. Lass bald hören von Dir. Ich hoffe, es geht Dir gut. Zu Hause ist etwas Bombenaufregung. Hier ist grosse Evacuierungsaufregung. Von der Jugend werd'n wir nicht viel behalten. Die Buben Einsatz, Flack, Landhilfe, Die unteren Klassen werden evakuiert. Ein paar Trümmer liegen noch herum.
Nun behüt Dich Gott. Ich grüsse Dich in der alten Treue

[Unterschrift]

Nazi-Regime

55 Brief P. Delps an einen jungen Freund.
56 Nazikundgebung in Frankfurt/Main am 1. Mai 1933 – betrogenes, verführtes Volk.
57 Von Nazis mit Hakenkreuzen verschmierte jüdische Grabsteine.
58 Postausgabe im KZ Oranienburg bei Berlin – zur Zeit der Errichtung 1933.

59 Das Kirchlein ›St. Georg‹ in München-Bogenhausen. Dort war P. Delp Kirchenrektor. Er wurde am 28. Juli 1944 nach der heiligen Messe vor der Kirche verhaftet.

60 Fahndungsblatt: P. Delp war bereits verhaftet – P. Rösch und P. König wurden gesucht. Rösch wurde später festgenommen, König konnte sich bis Kriegsende verborgen halten.

Sonderausgabe
zum
Deutschen Kriminalpolizeiblatt

Herausgegeben vom Reichskriminalpolizeiamt in Berlin

Erscheint nach Bedarf	Zu beziehen durch die Geschäftsstelle Potsdam, Kaiserstraße 3
17. Jahrgang	Berlin, den 30. September 1944 Nummer 4996 a

Nur für deutsche Behörden bestimmt!
Die Sonderausgaben sind nach ihrer Auswertung sorgfältig zu sammeln und unter Verschluß zu halten.

A. Neuausschreibungen

I. Nach staatsfeindlicher Betätigung aus München flüchtige Jesuitenpater
(Vgl. Blitz-FS RSHA Nr. 91600 v. 17. 9. 44, IV A 4 a — Sond.)

Seit dem 18. bzw. 25. 8. 44 sind wegen Beteiligung an den Ereignissen am 20. 7. 44 aus München flüchtig:
Rösch, Augustin, 11. 5. 93 Schwandorf (Oberpf.), Jesuitenpater u. Provinzial der Oberdeutschen Provinz der Jesuiten, Reichsangehöriger, zuletzt wohnhaft: München 22, Kaulbachstraße 31 a (Ignatiushaus); flüchtig seit etwa 25. 8. 44. Angebl. Reiseziel: Württemberg, Baden und Speyer. Soll noch am 29. 8. 44 im Zuge zwischen Bruchsal u. Stuttgart kontrolliert worden sein. Beschr.: Etwa 1,70 m, untersetzt, blo. Haare, längl. schmal. Gesicht, leicht vorgebeugte Haltung, spricht Hochdeutsch. Erweckt den Anschein eines biederen Geschäftsmannes. Kleidung nicht bekannt, trägt mit Vorliebe schwa. Lodenmantel.
König, Lothar, Dr. biol. Studienprofessor, Jesuitenpater, 3. 1.

05 Stuttgart, Reichsangehöriger, zuletzt wohnhaft: Jesuitenniederlassung Berchmanskolleg, München-Pullach; flüchtig seit 3. 8. 44. Angebl. Reiseziel: Berlin. Beschr.: Etwa 1,72 m, ... schmal, blass. Gesicht, dklblo. lks. gescheitelte Haare, spricht Hochdeutsch. Kleidung nicht bekannt.
In beiden Fällen ist auf vorbereitete planmäßige Flucht zu schließen. Es ist anzunehmen, daß sie sich noch innerhalb der Reichsgrenzen aufhalten und entweder in Klöstern oder bei kirchlich gebundenen Personen Unterschlupf gefunden haben. Bei Ergreifung absolut sichere Ueberstellung an das RSHA Berlin zum Aktz. IV A 4 a — Sond — und Mitteilung an die Staatspolizeileitstelle München. R. und K. sind hierunter abgebildet.

Energische Fahndung! Festnahme!

15731/44 — IV 4 a 2 (27).   20. 9. 44.   **StapoISt München**

Augustin Rösch

sind festzunehmen.

Lothar König

Wenden!

61 Aus einem Delp-Brief vom 6. 1. 1945, der aus dem Gefängnis geschmuggelt worden ist – in der Mitte heißt es: »Ein elendes Geschmiere ist das. Aber die Pritsche ist so niedrig und bei Nacht kann man nicht an den Tisch heran, wenn die Pritsche los ist.«

62 Zellen in Berlin-Plötzensee, dem ›Totenhaus‹, wohin die Hinzurichtenden vor der Hinrichtung gebracht wurden.

63 Der einzige durch die Zensur gegangene Brief von P. Delp aus dem Gefängnis.

30.9.44.

Strafgefängnis Berlin-Tegel Gefgs. I

Name: *Delp* Vorname: *Alfred*

Abt.:

Zug.-L. Nr.: Kaff.-B. Nr.: Zelle:

Ihr guten Leute,

herzlichen Dank für die mütterliche Besorgung meiner Wäsche. Das hätten wir auch nicht gedacht, daß die Ferienbekanntschaft solche Früchte tragen müßte. – Bitte besorgt mir, wenn es geht, ein paar graue H. Hc. und eine Kopfbedeckung*), damit ich auch bei Regen die tägliche Freistunde halten kann. –

Grüße an meine Mutter und nach München. Und die Mutti täglich an ihr Gottvertrauen, das auch mich jetzt hält. Euch allen guten und herzlichen Dank

Alfred Delp

x) Größe 54–55.

i. V.

64 Dr. Roland Freisler, ›der rasende Roland‹, Vertreter der Anklage im ›Volksgerichtshof‹. Er verurteilte auch Moltke und Delp zum Tode.

65 Moltke vor dem ›Volksgerichtshof‹.
66 P. Delp vor dem ›Volksgerichtshof‹, rechts neben ihm Moltke.

67. In brutaler Form wurde von staatlicher Seite die Mutter Delps vom Tode ihres Sohnes benachrichtigt.

Der Oberreichsanwalt
beim Volksgerichtshof

Geschäftszeichen:
0 J 21/44 g.Rs.
(Bitte in der Antwort angeben)

An
Frau Marie D e l p
in Lampertheim/Hessen

Berlin W 9, den 15. Februar 1945.
Bellevuestraße 15
Fernsprecher 218341

Dienststelle Potsdam.

Der Ordensgeistliche Alfred D e l p ist wegen Hoch- und Landesverrats vom Volksgerichtshof des Grossdeutschen Reiches zum Tode verurteilt worden.

Das Urteil ist am 2. Februar 1945 vollstreckt worden. Die Veröffentlichung einer Todesanzeige ist uns zulässig.

Im Auftrage
[signature]

Nach dem Tode

68 Das Innere der Alfred-Delp-Kapelle in Lampertheim. Die vier Fenster schuf Ruth Kiener-Flamm, eine Bekannte Delps.

69 Grundstein der Pater-Alfred-Delp-Kapelle in Lampertheim.

70 Pietà in der Gedächtniskirche ›Maria Regina Martyrum‹ – ›Maria Königin der Martyrer‹ in Berlin-Plötzensee.

Nach dem Tode

71 Die Sühnekirche auf dem Gelände vom KZ Dachau, unweit von München.

72 Pater-Delp-Straße in Dieburg.

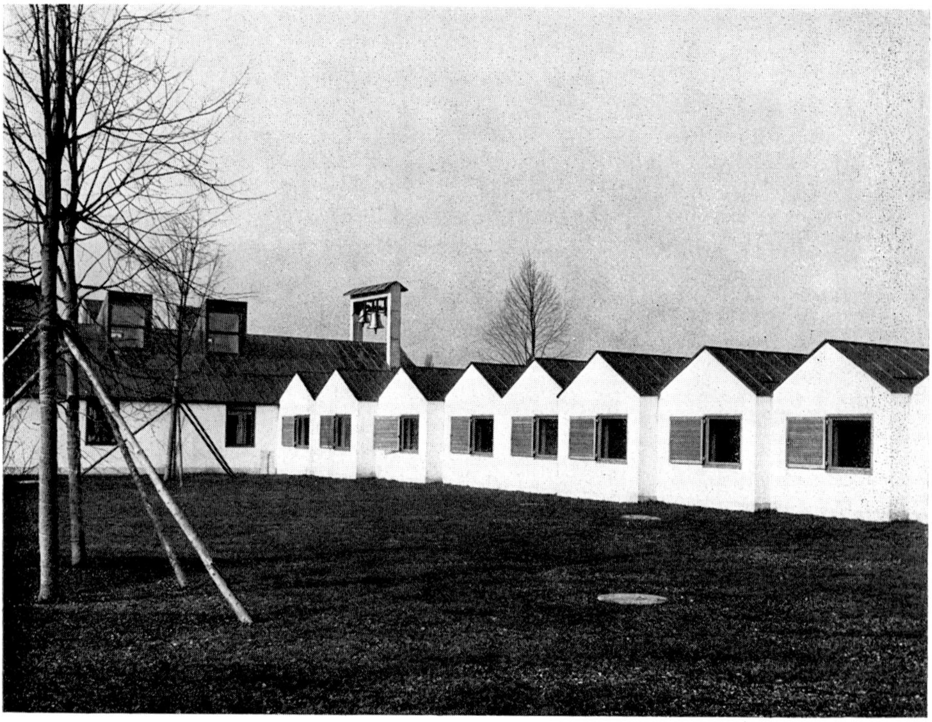

73 Das Sühnekloster des Karmel auf dem Gelände von Dachau. Die Anlage des Klosters soll die Erinnerung an die KZ-Baracken wachhalten.

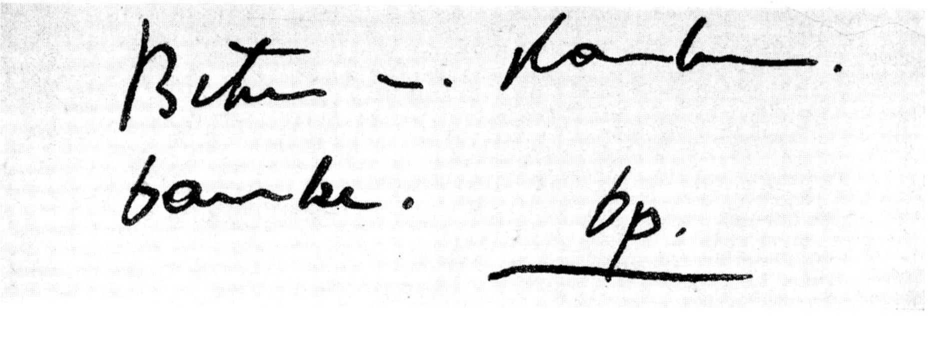
Beten u. glauben.
Danke. Dp.

74 »Beten und glauben. Danke. Dp.« – Delps letzte schriftliche Nachricht aus dem Gefängnis, kurz vor der Hinrichtung.

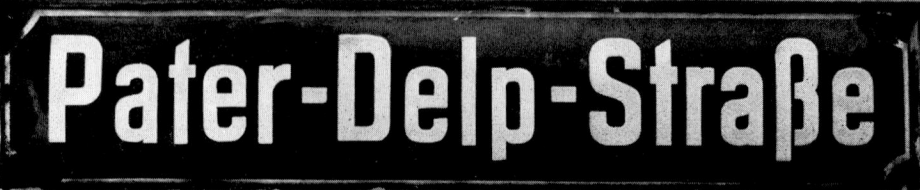

Nach dem Tode

75 Gedenktafel für Hingerichtete, darunter auch P. Delp, an der Kirchenmauer von St. Georg in München-Bogenhausen.

Folgende Seite
76 Delp-Büste von Friedrich Press, Dresden: Die Hand des Henkers umgreift Delps Hals und trägt die

Galgenschlinge. Delps Augen blicken durch alle Schrecken der Haftzeit und des Todes zur Ewigkeit hin – und zu uns.